華文第一本結合人文與現代心理占星觀點，專論圖形相位的學習經典

ASPECT PATTERNS IN ASTROLOGY

AOA國際占星研究院創辦人．英國占星學院首位華人客座講師
魯道夫 著

圖形相位全書

在星盤當中，複雜交錯的相位形成如網路般的連結，
這些連結象徵著人與人之間的互動方式，
也暗示著事物的特質。

本書從基礎談起，自行星與行星互動衍生的生命主題，
繼而認識相位所象徵與呈現的力量，
結合人文與現代心理占星觀點，
讓占星學習者們能更深入的透過解讀星盤，
找到生命的軌道，
協助他人與自己達成身心靈整合的目標。

目錄

第四章 圖形相位

在瞭解行星組合可能暗示的主題以及相位可能帶來的互動模式之後，深入認識常見的幾種圖形相位，以及在詮釋時該注意哪些事項與特質。

第五章 如何使用圖形相位分析表

第六章 圖形相位在流年與合盤的應用

作者序

二〇一三年我利用在澳洲旅行的時候開始思考這一本書的內容，圖形相位一直是許多初學者感到困擾的課題，由於涉及三顆以上的行星，經常讓人不知如何是好，在開始構思這本書時我也不知該如何下手，困惑於究竟要從哪些角度寫下圖形相位的特色才好？

在澳洲旅行的那一個月，有時我看著雪梨大橋與歌劇院，欣賞著他們的美，同時問自己為什麼我在這裡構思這本書？或許有它的意義。有一天我因為衝浪摔傷了肩膀，民宿老闆是一位退休的物理治療師，他一邊告訴我如何做一些復健的動作，一邊告訴我人體架構的奧妙，許多器官與構造都是相互牽連的，例如最簡單的腰痛有著許多原因，很可能是內臟的問題，也可能是腿部的問題造成腰部過多的壓力。物理治療師與按摩師在治療個案的時候，都必須根據個案全身的身體狀況及疼痛部位做出全盤的考量。突然之間，我對這本書有了想法，可以從結構、架構、全盤地考量不同角色組成可能帶來的變化。

圖形相位是許多占星初中階段學習者所面臨的最大挑戰，許多書籍都會提到圖形相位，雖然精彩地解釋了每一種圖形可能帶來的影響，但是讀者們仍然無法用這樣的方式來詮釋圖形相位。我開始問自己，如果我的個案有一組圖形相位，我會怎麼去分析？怎麼去詮釋？一個步驟一個步驟下來，成為了這本書的架構。

有了這些基礎構想之後，我開始書寫這一本書，但是在更多不同的學習場合以及對生活還有大自然的觀察當中，我不斷地更新這本書的內容。從二〇一三年一直到二〇一八年，這本書寫了整整五年才完成，這是我寫作生涯的第二十本書，卻也是寫得最久的一本。我要感謝 AOA 的小修、艾曼達、Cici、Brian、許展、Jupiter 與 Josephine 老師這幾年來一起為了學院努力。也感謝所有教過我占星的師長、同事、學生、客戶，是你們豐富了我對占星的認識，謝謝你們。

魯道夫
二〇一八年三月
倫敦

第一章 認識圖形相位

「圖形」是占星學中一門比較晚近的技巧，我們在傳統占星學裡也很少看到關於「圖形相位」的描述。

「圖形相位」的定義是三個以上的行星，彼此之間形成相位並且在星盤上產生了幾何圖形。例如大家所熟知的「大三角」，假設月亮、金星、土星組成了一組大三角，這說明著月亮與金星有一組三分相，月亮與土星也有一組三分相，而金星與土星之間也有一組三分相。這三個行星因為彼此的相位而交互影響，同時在星盤上我們也會看到一個三角形的圖案連結著這三個行星。常見的圖形相位，包括了T字三角、大十字、大三角、小三角、風箏、神祕矩形、上帝手指、世界手指等。

學習分析圖形相位是許多占星初學者的重大挑戰，在我多年的學習經驗當中，老師們總是不停地提醒我們圖形相位的重要性，圖形相位往往顯示著星盤當中複雜的祕密，然而當學生們畫好星盤之後，看見那如同蜘蛛網般的複雜圖形就不知道該如何是好。占星課本與占星老師告訴我們月亮與火星可能暗示著急躁的脾氣、情緒化的行動，可是當月亮、火星與冥王星形成大三角或大十字時，卻只告訴我們：「月亮火星冥王星彼此影響著」，或許這樣的方式對於聰穎以及想像力豐富的學生來說暗示著什麼，但是對我來說卻是腦中一片空白。彼此影響著？如何影響呢？從來沒有人告訴我三個行星的相位該如何解釋？到底誰影響誰？到底誰被影響？

特別是在學習圖形相位時，我們知道大三角象徵著輕鬆的能量整合，有些老師會很簡單的告訴你：「大三角是好的」，或者一些占星師會運用想像力的點出大三角在星盤的圖案上，如同城牆一般的把中心包圍起來，讓他人不易觸擊我們的內心，暗示著個案內心當中需要保護的議題，但這些也都只說明了「圖形」以及這些圖形背後可能突顯的特性，例如大三角所強調的星座元素，T 三角所帶來的性質衝突與端點所承受的壓力，但最後我們仍然對星盤上的內容感到模糊。

我必須承認圖形相位的詮釋是我在學習中最大的挫折，也或許我的星盤當中少有合相的因素，讓我把不同的事物整合在一起往往是我學習與工作上的最大挑戰，也因爲少有合相這些主題，因此這成爲我最好奇也最想知道的內容。學習星盤解釋的時候，我第一個遇到的大挫折就是解釋我家人星盤上天秤座當中冥王星、火星、太陽、金星的合相。是的，天秤座有很多星星，他們彼此影響著，這顯示著天秤座所象徵的婚姻、正義、人際關係對他來說很重要。老實說這讓我相當困擾，我根本連星群該怎麼解釋都無從下手。

一直到我學習中點時老師推薦了我一本經典——萊恩霍德·艾伯丁（ReinholdEbertin）的《星群影響的組合》（*The Combination of Stellar Influences*）。我當時一直有個疑問，爲什麼這本書不直接叫中點，而要給一個與中點技巧完全無關的奇怪的名稱？

可是當我開始閱讀這本書的時候，我逐漸清楚中點所描述的是三顆行星透過在黃道上的等距離產生的彼此影響。而艾伯丁的詮釋方式讓我開始對圖形相位有了不同的想法，那就是長久以來我們在詮釋圖形相位時所忽略的行星主題。

無論是大三角或 T 三角，都是由不同的行星所組合而成的，或許大三角象徵著輕鬆順利與發展的機會，或許 T 三角象徵著困難阻礙挑戰與巨大的壓力，但是如果這兩組圖形相位都是由金星、火星與木星所組合而成的，那麼這告訴我們生命當中這三個行星的主題交織在一起，金星所象徵的金錢，將會同時沾染上火星的急切，與冥王星的危機感受，於是所謂的「彼此影響著」就可以清楚地解釋為：個案對於金錢的態度往往帶有一種受到危機威脅、需要急切地採取行動的感受。用這樣的方式，我便可一步步的釐清星盤中的圖形相位與星群所帶來的影響。

然而我們也不能忽略不同相位帶來的不同作用力與感受，同樣以金星、火星、冥王星所暗示的「對金錢總是有受到威脅感受」的星盤主題為例，個案 A 受到大三角影響時，很可能利用溫和以及容易被個案接納的方式在生命當中呈現，並在不知不覺中成為個性的特質之一；但若這三組行星在個案 B 的星盤中所形成的是大十字，那麼個案 B 所承受的衝擊將遠大過於個案 A，他將可能明顯地意識到危機所帶來的巨大壓力以及難受。

所以我將在這本書中分享我學習圖形相位的經驗，我建議在看待圖形相位時，優先透過所組成的行星來判斷可能帶來的生命主題，接著透過認識圖形相位的架構，來了解這些行星所產生的交互相位如何在個案生命當中呈現？是輕鬆還是帶來巨大的壓力？接著我們再來考慮「是哪些相位組成這個圖形」？許多時候我們將太多的關注放在圖像上面，而忽略了圖形相位真正組成的成分是行星與相位。這就好像你吞下了一顆阿斯匹靈，卻只在乎這個阿斯匹靈是甜的還是苦的，而不知道他的成分組合以及是什麼原因讓你不再感到疼痛？

我們在考慮圖形相位時，必須根據組成的相位與行星分別做出下列幾點考量，這也是本書會在往後的章節當中詳述的重點。

1. 優先考慮組成的行星所強調的主題。這三個（四個）行星究竟會影響哪些生活層面？

2. 行星的影響範疇，考量組成的行星屬於個人或世代、強勢或弱勢。在感受上，個人的行星與個人切身的感受與事件較爲相關；世代的行星帶來較多的震撼改變（或被迫改變），並象徵著更廣泛的外界（大眾、社會、國家）的涉入可能性提高。

3. 相位的特質與衝擊強度。考量組成的相位究竟是強硬相位或柔和相位，這往往代表作用力的衝擊性。三分相與六分相屬於柔和相位，衝擊較低；一百五十度與三十度帶來敏感的刺激；而強硬相位多半象徵著強力的衝擊。

4. 考慮組成的相位有哪些？是否全都是強硬相位？例如 T 三角幾乎都是強硬相位，強調了力道與衝擊性；兩組以上的四分相行星相位，暗示著四分相需要去執行實現，暗示著感受上的壓力與張力的增加且少有彈性。彈性影響到個人的感受，沒有彈性往往會讓人產生較難接受的感覺（被迫接受）。含有六十度、一百二十度、一百五十度的圖形相位多半能夠發展出適當的適應力。

5. 作用的迫切性。我們可以根據角距的緊密度來分析作用的迫切性，一組大三角或許力道沒有 T 三角那麼明顯，但如果是角距緊密的大三角，或許就對個人有一種迫切實現的需求。在同一個圖形相位中，一組容許度緊密的組成相位，會比另一組相位在這一個循環組合中更突顯。

分析一組圖形相位中角距的緊密度也可以幫助我們了解個案在整個事件當中優先感受到哪一種迫切的壓力。例如在一組木星月亮火星的 T 三角當中，如果月亮與火星的四分象徵著生活基本需求的壓力，而月亮木星象徵著個人對自由的渴求，這時候如果月亮與木星的距離較緊密，那麼在自由與滿足生活基本需求的兩難當中，這個人會把對自由的渴求視爲優先考量，因為越是緊密的角距，越是迫切。

6. 用圖像型態的方式來看待圖形相位，往往會讓初學者陷入迷思，例如一張星盤當中出現了類似水星土星海王星 T 三角的組合，水星在十五度金牛座，海王星在五度水瓶座，土星在十度獅子座，這時候很多初學者會因爲角距限制而疑惑：海王星與水星之間有著十度以上的寬鬆角距，究竟能不能算是四分？這一組 T 三角能不能成立？事實上如果我們觀察到在這一組行星所產生的相位組合當中，就算是沒有產生「圖像」和「模式」（Pattern），但是土星已經同時被水星還有海王星影響了，類似 T 三角的感受仍會出現在一些事件上，透過了解不同相位對此行星組合的分析，我們仍可以進一步的探討水星土星海王星對此個案的複雜影響。

7. 考量星座與宮位所帶來的影響。星座往往描述著事件與感受的特質，而宮位象徵著事件呈現的領域，在圖形相位當中，我們可以分析事件的特質與可能涉及的生活領域。

8. 注意重複的元素與性質。許多人都相當清楚水元素的大三角強烈的影響著一個人在情緒感受上的呈現，而固定的大十字暗示著一個人堅守立場可能帶來的影響。我們之所以會有這樣的認知，是因爲水元素大三角將三個落在代表感受的水元素星座行星串連起來，情緒感受的主題在這張星盤上出現了三次；而固定大十字將堅守立場的四個固定星座的符號在星盤當中強調了出來，這些特質都是透過不斷重複的占星符號而引起我們的注意。

9. 就算不是這些顯著的重複，我們也依然可以透過分析來找出一組圖形相位中不斷重複出現的暗示。例如一組月亮在射手座第六宮，對分木星在雙子座第十二宮，而月亮木星同時四分火星在第九宮，這時候我們注意到，射手、木星、第九宮都暗示著外國與異國文化或者高深的學問，那麼這很可能就是這個圖形相位中相當需要被重視的領域。有人將這樣的特質稱作「三腳凳理論」，而我習慣說是重複出現的暗示。

在我們熟悉這些整合圖形相位的優先考量之後，我們會對圖形相位有著基礎的認識，這時候你可以將其他占星學上的技巧套用在這些分析的細部描述當中，例如我個人就覺得傳統的守護關係、行星與星座搭配上的強勢、弱勢、互融、收受會明顯的改變。但並不是每一個占星師都習慣這樣的判斷方式，所以我將這一部分放入進階的考量當中。

爲了幫助初學者更輕鬆地深入了解圖形相位，我在這本書的附錄放入了我們稱爲食譜（cookbook）的行星組合分析，在這些分析中，我盡量使用行星符號象徵與組合的方式，來說明每一組行星組合可能帶來的影響，希望對初學者帶來一些幫助。然而這一個部分卻是我最不希望讀者閱讀的部分，因爲仰賴食譜的行星組合說明，對占星學習還有個案的諮詢不會有太大的幫助。

行星組合的特質在宇宙之間的展現是有許多可能的，而我的文字與書本厚度的考量無法完全包含這些可能性。每個人都有著不同的文化背景與生活方式，不同方式讓同一張星盤呈現出不同的樣貌，就像是同樣的一首樂曲在不同的演奏家手上會變化出不同的風格一般。同樣一組日月火落入開創星座的大三角，會因爲環境、時空、教育、家庭、態度、個人意志力而有著不同的行爲與反應，而說出不同的故事，他可能是一個獨立的冒險者，可能是一個女性主義者，可能是一個有野心的投機客，甚至其他千萬種可能性。

最棒的方式，是讀者透過閱讀第二章的行星組合，反覆的練習探索這一組行星組合所可能帶來的描述，甚至更進一步找出可能對自己或個案有利的發展傾向，透過這樣的訓練，可以把一個占星初學者逐步訓練成爲專業的占星師，在熟悉這樣的練習之後，我們在看到星盤的行星組合時不但可以看見星盤與個案之間的呼應，同時也能理解個案究竟受到哪些機制的牽絆，甚至可以提供一些可能帶來改變困境的

「方向」。

現在，讓我們一同來探索星盤中行星組合的無限可能吧！

第二章

行星組合：圖形相位中的可能主題

許多人在關注圖形相位時，只注意到大十字可能帶來的困境，上帝手指可能帶來的焦慮，或大三角所帶來的「好運」，卻忽略了行星與相位是圖形相位中最重要的基礎，每一組不同的行星組合，可能會讓同樣的大三角在不同的領域中引發不同的事件。

一個人的大十字或許暗示著他生活中的許多層面充滿了挑戰，但如果他的大十字是由火星、木星、天王與冥王星組成，那麼這樣的挑戰可能會傾向於強調在這四個行星所暗示的層面，或許是與外界社會的互動，又或是對於社會階級不平等的憤恨與期盼。如果這四個行星沒有落在與伴侶關係有關的宮位，沒有落在四個軸點附近，這四個行星也沒有守護伴侶關係相關的宮位，也沒有落入與人我關係相關的牡羊天秤軸線、與親密關係有關的金牛天蠍軸線、或與父母家庭有關的魔羯巨蟹軸線，甚至沒有與伴侶關係密切關聯的金星月亮產生其他相位，那麼我們可以確定這樣的生活困擾會直接影響伴侶關係的可能性較低。

相反的，同樣的一組行星組合，會因為不同的相位產生不同的圖形，讓相似的生命主題在不同個案身上帶來不同的感受、激發不同的反應，並帶來不同的命運。

像是剛才所描述的火星、木星、天王與冥王星所組成的組合，所暗示的社會階級挑戰如果不是展現在大十字圖形相位當中，而是以風箏圖形相位呈現的話，因為這個組合中大量的三分相與六分相所帶來的衝擊較不激烈，而且風箏中的六分相增加了靈活反應的可能性，所以在這裡我們先暫且放下圖像可能帶來的神奇影響，專注在「是哪些行星出現在圖形相位當中」，透過關注組成的行星，找出這一組圖形相位所影響的「生命主題」，因為其中包含一些相當基礎且重要的占星訓練。如果你從來沒有這樣練習過，那麼接下來的練習將有助你強化星盤的解讀與分析能力。

我們或許都已相當熟悉相位的分析，在英國占星學院的初級課程當中，老師引導著學生去探索每一組相位可能帶來的影響，他可以是心理狀態的描述，外觀外表與身體上的特質，健康的困擾，生活當中的事件，甚至也可以作為一些靈性與精神成長的方向。

一組行星相位不會只侷限在某一種描述上，月亮土星的四分相，可能是情緒上的壓抑，可能是飲食上的克制，可能與母親之間的疏離，可能是消瘦的女性，也可能是身體上消化系統的困擾，甚至你可以用這樣的相位來描述業力的影響，或在行運的星盤上用來描述當日上了新聞首頁的女性企業家。當代占星的特色在於我們試著去看待一組行星符號「可以」描述的「可能性」，如此開放式的去探索占星符號帶來的可能性，不是天馬行空的言語，例如月亮與土星的所有相位就不會被用來描述歡樂的派對或思想上的奔放。

基礎的行星組合

讓我們先稍微停留在以兩個行星為一組的基礎相位詮釋上，每一組行星相位所帶來的影響，是根據我們對行星的基礎認識而做出的描述，我們試著把兩個行星的關鍵字擺在一起，然後找出有意義的組合，因為占星師認為無論形成的是暗示困難的四分相或暗示協調的三分相，只要是同樣的一組行星，他們可能就暗示著相似的可能主題，因為無論形成的是什麼相位，只要月亮與土星，他就脫離不了這兩個行星所給的主題。讓我們試著用這個兩個行星來做說明：

1. 我們找出兩個行星的關聯字詞，你能找出的關聯字詞越多，你就越能找出更多的可能性。

   月亮：母親、照顧、情緒、飲食、童年、家庭、保護、伴侶、安全感、歸屬感。

   土星：嚴肅、壓力、限制、成就、時間、蕭條、冷漠、保護、距離感、穩定規律。

2. 從這兩個行星當中各自找出一個字來組成句子，我們可能從月亮當中挑出「母親」這個關鍵字，從土星當中挑出「嚴肅」，這樣便組成了「嚴肅的母親」這一個描述。他也可以是「母親的成就」或「母親的憂鬱」。

3. 這時候你會問：「難道月亮只會是母親嗎？」當然不，它也可以是伴侶，可以是童年生活的描述，可以是飲食習慣，所以它可能是穩定的（土）飲食習慣（月）或有限制（土）的飲食（月）。透過這樣的練習方式，我們知道月亮與土星產生相位時，可能在伴侶關係上帶來壓力，也可能帶來穩定的伴侶關係，或是在親子關係上帶來距離、也可能加強一個人對隱私的保護、在飲食上暗示著限制，如果你知道月亮守護腸胃而土星暗示著緩慢，那麼月亮與土星的相位可能暗示著緩慢的消化或者下腹部的冰冷感受。

4. 如果你挑出的兩個字無法組成有意義的組合，建議你換一個字試試看。例如你挑選月亮象徵母親，土星象徵時間，這兩個字擺在一起就比較難產生有意義的描寫。

這樣的組合練習，可以讓每一個人都有不同的切入方式。因爲我長期學習外國語言，所以我習慣的方式是把和行星相關的字詞分成名詞、動詞、形容詞與副詞，這樣比較不會產生困擾。

例如，月亮＋土星可以是：

（伴侶關係）名詞＋（有距離）形容詞。

（進食）動詞＋（緩慢的）副詞。

最後再把「相位」當作一種作用力，放入字句中。

例如我們通常認爲三分相是認同的、容易被接受的，四分相是一種顯著的壓力與阻礙。如果是月亮土星三分相，可能顯示這個個案比較容易接受有距離的伴侶關係；但如果是月亮土星四分相，可能顯示個案認爲月亮土星所暗示的冷漠距離會帶來伴侶關係上的阻礙。

如果你還不是很熟悉每一種相位的特質，我們會在下一個章節中仔細檢驗每一種相位。

5. 在描寫完一組相位之後，我們會考慮這兩個行星所在的星座，並且加入特型描述，我們會考慮這兩個行星落入的宮位，並考慮這一特質最容易展現的生活領域。

例如，月亮在水瓶座與土星在天蠍座產生的四分相，很可能因爲希望理性的（水瓶特質）表達情感（月亮）而造成了一種親密感受（天蠍）的隔閡（土星）。如果這一組相位落在第十宮與第七宮，那麼這樣的壓力將明顯地在工作與伴侶關係當中感受到。如果是在第二宮與第五宮的四分相，那麼個案會透過與子女的互動觀察到上述的感受。

6. 有時候兩個行星之間會有相似的字詞，這代表與這個字詞有關的主題在個案生活當中「被強調了」，例如前面的案例中，月亮與土星都與「過去」這個字有關，也都有保護的意涵，那麼過去的體驗以及保護的議題將特別容易出現在個案的生活當中。

此外，如果行星星座、宮位都有相似的暗示，那麼他們就特別有可能在某一個領域中被突顯或更容易被個案察覺到。例如月亮與土星的四分相落入暗示著與父母關係有關的巨蟹、魔羯，或位於第四宮、第十宮、或者天頂附近，那麼這樣的相位便可能暗示著父母主題所帶來的壓力感受（四分相）。

7. 將行星的停滯與逆行納入考量。行星的停滯與逆行在占星學的判斷中具有顯著的差異性，一個行星的停滯暗示著個人對該行星主題的重要關注，因此，當停滯的行星出現在圖形相位中時必須特別注意，這個停滯狀況可能是個案在考慮全盤圖形相位的影響時，必須特別留意該行星所代表的意涵。至於逆行，象徵著一種與衆不同、或一種深入思索再出發的呈現方式。有些占星師認爲逆行代表著相反的行星特質或減弱的行星特質，我個人對這樣的說法持保留的態度。

8. 在訓練我的學生時，我通常會分享丹．魯德海雅（Dane Rudhyar）的概念，他認爲占星符號的象徵可以廣泛的應用在四種不同的層面上：心理層面、個人生活層面、世俗社會層面與精神心靈（transpersonal）層面。所以光是一組月亮土星的相位，可以在一個人的生命當中有著多重的表現。

在心理上感受到歸屬感（月）的阻礙（土）。

在個人生活上感受到與母親或伴侶（月）之間的距離（土）。

在社會上強調社會大眾（月）的安全感（土）。

在靈性上強調感受（月）與過去業力（土）的連結。

行星關鍵字

接下來我們要討論一些與行星有關的字詞，這將會對我們在相位的詮釋以及圖形相位的詮釋上有一些幫助。

月亮

名詞：

（人物）母親、女性、伴侶、照顧者。

（物品與身體）銀、食物、腸胃。

（心理與心靈）回憶、感覺、情緒、童年、安全感、歸屬感、本能反應（生理的）。

（社會、文化、經濟）家族、民眾、農業、漁業、婦女。

動作：照顧、餵養、依賴、保護、感受、回憶、吃喝、展現情緒。

形容特質：多變化的、每日生活中的事物、生活當中需要的、依賴的、過去的、敏感的、不安的、熟悉的、與情緒相關的、與母親的臍帶連結。

太陽

名詞：

（人物）父親、自我、男性、領導者、老闆、演員、貴族、有聲望的人、英雄。

（物品與身體）金、心臟、脊椎、生命力、光、熱、發光與閃耀的物品。

（心理與心靈）自我意識、自信、成就感、我所追求的事物、英雄之旅。

（社會、文化、經濟）榮耀、重要的事情、受矚目的事情、與領導者有關的事件。

動作：追求、成長、領導、指引、看見、察覺、演出、吸引他人的目光、發光、發熱、產生能量、成爲中心。

形容特質：自我的、驕傲的、光亮的、熱情的、有活力的、眞誠的。

水星

名詞：

（人物）小孩、學生、同學、手足、鄰居、親戚、商人、郵差、旅行者、以文字說話溝通爲行業內容的工作者。

（物品與身體）水銀、神經系統、手與肩膀、呼吸器官、通信用品、文件、書籍、筆、鑰匙、車子。

（心理與心靈）交流、意識與無意識之間的滲透、夢。

（社會、文化、經濟）信息、鄰近的地區、商店、通訊、短程旅行、基礎教育系統、商業。

動作：學習、表達、溝通、旅行、書寫、分析、思考、移動。

形容特質：靈敏的、快速的、移動不停的、停不下來的、交流的、傳遞的、仲介的。

停滯：水星停滯暗示著對上述事物有一種持續的關注，強調水星事物的重要性，認爲學習溝通或交流這些事物不能輕易地對待。在圖形相位中，暗示著持續關注或學習這些特質所帶來的影響。

逆行：在傳統的看法中，認爲水星逆行帶來溝通的不順暢，或暗示著更強調心靈的溝通、反覆地思考、在學習與交流時採取更謹愼的態度，或是不輕易地表達自我的想法。在圖形相位中，暗示著這些謹愼思考的特質所引發的變化與感受。

金星

名詞：

（人物）女性、女孩、所喜愛的人、大使、藝術工作者。

（物品與身體）銅、腎臟、腰部、糖、甜食、金錢、衣物、化妝品、珠寶、美麗的物品、藝術品。

（心理與心靈）女性原型、自我價値、價値觀、情感、人際關係、愛。

（社會、文化、經濟）女性議題、藝術相關事務、使節、和平、斡旋、金融與貨幣。

動作：愛、喜歡、談和、斡旋、睡覺、做愛、生產、生育、賦予價值。

形容特質：美麗的、可愛的、令人喜愛的、有價値的、美麗的、柔和的、舒適的、平靜的、懶散的、緩慢的。

停滯：專注在金星的事物上、著迷於藝術或甜點，對女性的關注，對金錢的著迷或深入探索、非常在意事物的價値。

逆行：當金星逆行時，暗示著從內心找尋「與眾不同」的價値或美感，暗示著採取與眾人期待不符合的方式表達自己對愛的看法，在愛與人際關係當中更爲謹慎。

火星

名詞：

（人物）男性、軍人、警察、歹徒、運動員、外科醫生、強調力氣或武力特質的人。

（物品與身體）鐵、血液、肌肉、刀、工具、武器、機械。

（心理與心靈）男性的原型、自我展現、競爭、求生意念、性慾、衝突、自我防衛、獨立。

（社會、文化、經濟）衝突、攻擊、傷亡、戰爭、比賽、體育活動、暴力事件。

動作：手術、切割、攻擊、保護、競爭、掠奪、破壞。

形容特質：刺激的、敏感的、加速的、衝突的、競爭的、破壞的、男性化的、憤怒的、生死攸關的、自我防衛的。

停滯：此人對於力量、或者生存的相關議題十分重視，出於對生存議題（適者生存）的衡量將左右許多決定。

逆行：對於行動、攻擊與衝突採取非常謹慎的態度，對外的衝突轉爲內心當中的強烈衝突。

木星

名詞：

（人物）好人、學者、長者、尊貴的人、高大的人、外國人。

（物品與身體）肝臟、錫、飛機、書籍、外國來的物品、宗教相關的物品。

（心理與心靈）理想、理念、信仰、宗教、自由。

（社會、文化、經濟）未來、異國文化、大眾出版、經濟發展。

動作：擴張、擴大、膨脹、調節、包容、旅行、研究、釋放、解脫、懷孕。

形容特質：自由的、幸運的、寬廣的、遙遠的、有遠見的、宏觀的、異國特質（異國情調）、冒險的、發展的、博學多聞。

停滯：停滯的木星象徵著對於觀點、信仰、文化差異或自由的強烈專注，以及可能帶來的堅持。

逆行：逆行的木星暗示此人對於宗教或相信他人的議題上，將採取更爲謹慎的態度，這些人通常不追隨大眾所相信的事情，試圖找出自己的眞相。

土星

名詞：

（人物）父親、祖先、老人、老闆、權威、警察、討厭的人。

（物品與身體）鉛、骨骼、皮膚、牙齒、架構、重物、堅硬物品、老舊物品、被拋棄的物品。

（心理與心靈）沮喪、憂慮、防衛機制、權威議題、安全感、業力、前世、過去。

（社會、文化、經濟）時間、責任、成就、組織、保守派、政府、當權者、傳統文化、傳統產業。

動作：施壓、排斥、拒絕、漠視、否認、檢查、測試、考驗、回朔、回憶、重複、負責任、收穫、成功。

形容特質：費時的、沉重的、蕭條的、失落的、辛苦的、麻煩的、討厭的、恐懼的、結構的、秩序的、權威性、謹慎的、考驗的。

停滯：土星的停滯暗示著個案對於權威、責任以及社會結構相當的在意以及堅持。

逆行：星盤中若有土星逆行，可能暗示著試圖在生活中找出自己對責任、權威、架構的定義，而不是遵從他人對責任架構還有權威的定義，以及這樣的概念可能引發的事件。

天王星

名詞：

（人物）革命者、叛亂者、陌生人、資本家、自由主義者、科學家、占星師。

（物品與身體）循環系統、鈾、放射物質。

（心理與心靈）距離、冷漠、排斥、釋放心靈、突破與舊有機制崩潰。

（社會、文化、經濟）社會改革、中產階級、科技、核能、自由主義、資本主義、自由化。

動作：切割、離開、驅逐、排擠、改變、革命、解脫、自由化。

形容特質：自由的、解脫的、冷漠的、改革的、科技化、菁英特質、資本化、全球化、排斥與被排斥。

停滯：天王星停滯象徵對於改變、對自由的專注、以及希望深入探討這些議題可能對社會還有個人所帶來的影響。

逆行：天王星逆行暗示著對於大環境的社會改革、科技議題、法規鬆綁，對個人自由與解脫的觀念上不願意遵循大眾的潮流，試圖找出自己對上述議題的定義。

海王星

名詞：

（人物）靈修者、靈媒、犧牲者、藝術工作者、善心人。

（物品與身體）病毒、酒精、毒品、藥品、化學品。

（心理與心靈）同理心、模糊、恍惚、幻覺、錯亂、無我。

（社會、文化、經濟）社會主義、共產主義、影像、藝術、熱潮、泡沫、毒害、污染。

動作：超脫、變得更偉大、失去界線、失去焦點、失真、脫離現實、神聖化、犧牲、被害。

形容特質：偉大的、仁慈的、犧牲的、無我的、包容的、分享的、純真的、完美的、理想化的、幻覺的、模糊的、不真實的。

停滯：海王星停滯帶給人們一種對於影像與藝術的關注，對於周遭事物感同身受般的強烈在乎。

逆行：海王星逆行並不是從模糊變清晰了，行星逆行時也不是那個行星的意義就變得相反。逆行的海王星暗示著藝術、毒品、社會福利對社會影響的反思；在個人範疇上可能暗示著在毒品、藝術、仁慈這一類海王星特質上不願意輕易接受他人的觀點，可能需要進一步尋找自己對藝術和慈悲的看法。

冥王星

名詞：

（人物）神祕人物、控制者、威脅者、讓人畏懼的人、洞悉者。

（物品與身體）性器官、腫瘤、被遮蓋掩埋的事物。

（心理與心靈）恐懼、死亡、羞恥、業力、集體無意識中的恐懼。

（社會、文化、經濟）醜聞、屠殺、大規模死亡、恐慌、集體無意識、心理分析與諮商。

動作：結束、重生、掩埋、清除、殺、威脅、挖掘、調查、掌控的。

形容特質：與死亡有關的、重生的、具威脅性的、醜聞的、控制的、令人恐懼的。

停滯：冥王星停滯暗示著對於威脅控制以及生死相當在乎，渴望深入地探討這些事情。

逆行：當冥王星逆行時，暗示著冥王星的事情包括醜聞、恐懼、心理與無意識的影響抱持著比較獨特的個人觀點，且不容易接受傳媒當中的醜聞，任何這一類的訊息都抱持著懷疑的態度。

凱龍

名詞：

（人物）受傷者、醫療者、老師、弱勢者。

（物品與身體）傷口、醫療。

（心理與心靈）傷痛、療癒、因傷痛而學習的專長。

（社會、文化、經濟）弱勢族群。

動作：傷害、被傷害、療癒、被療癒、均衡。

形容特質：傷痛的、痛苦的、療癒的、教導的、均衡的、與父母家族有關的傷痛。

停滯：凱龍的停滯暗示著對於傷痛與療癒的持續關注，以及強調傷痛療癒在生命中的特色。

逆行：凱龍的逆行暗示著人們回顧過去的傷痛、某些特定事件所帶來的傷害，以及如何在這些傷害經驗當中獲得治療。對於傷痛有著個人化的特殊觀點。

北交點

人生當中的學習成長經驗、吸收、前進、吸引的、公眾的。

南交點

人生當中的習慣部分，將所學的應用、結果呈現、作用的、公眾的。

上升

自我與世界的互動、自我的外在形象、自我的呈現、自我的認同、我。

天頂

贏得尊敬的特質、與職業有關的、獲得榮耀的、眾人眼中的你、雙親、權威。

圖形相位的應用

我們可以透過行星的組合來找出這一組圖形相位的主題是什麼，在現代占星學中，透過行星所顯現的主題不會只有一個，水星可以是學生也可以是車子，當不同的行星湊在一起時，主題的範圍可以是很多、很廣泛的。或許這會引起初學者對占星學準確性的懷疑，因爲這似乎把很多生活主題都涵蓋進來了，如此還能說占星學「精準」或預言對了嗎？事實上，占星學是一門符號解讀的學問，而一個符號往往可以指向很多不同的事物，這些不同的事物都會有相似的特質，所以我們需要專注的「準確」是在這些事物共同特質的描述上，而不是單一的事件或人物。但是在更深入地學習占星學的過程當中，我們可以逐漸了解到，占星學所帶給客戶的潛在發展可能比起「準確」來得更有幫助。

也就是說，或許我們會以爲一個水星土星有四分相的人不擅長溝通，這可以是一個「準確」的事實，也可能是某一個時間的狀態。但是土星也是證據，土星暗示著務實的態度，這時候產生了一些可能性，或許他不擅長聊天，但是給他實際的物品（土）來說明（水），請他引述（水）經典（土）就呼應了這樣的特質，或許日後他在產品說明會上口若懸河，或是在法庭或大學殿堂上引經據典，這就是現代占星師所說的潛在可能。如果你沒有在一個擁有水星土星相位的人身上看到這些特質，並不代表你沒學好，也不代表占星學「不準」，或許我們更深入地觀察時就會發現他的水土特質，只表現在遵守交通（水）規則（土）上面？

我們已經學會了兩個行星的分析，接著我們可以試試看如何把三個行星組合起來，當你熟悉了解這樣的方式之後，我們甚至可以把四到五個行星的主題找出來。不過這只是圖形相位的主題部分，個人如何感受這個主題在生活中的動力與衝擊，就必須回到圖形相位所組成的相位來看。

最簡單的三個行星的主題探索方式，是將其中一個行星當作被描述的主體。例如一組由太陽、木星、凱龍星所組成的圖形相位，我們可以先選定太陽作爲被描述的主題，然後用木星、凱龍的動作或特質來描述這個太陽。我們可以用太陽所象徵的父親作爲描述，也可以說這是他對社會上領導人的看法、他如何爭取成就，或是描述哪些事情將影響這個人的生命活力。

首先，我們找出這三個行星的關鍵字詞：

日：父親、領導人、自我實現、榮耀、成就、什麼讓我成功。

木：發展、信念、自由、哲學、包容、大學、學問、成就、遠方海外、書籍。

凱龍：傷痛、治療、老師、兩個極端的整合、薩滿。

然後以太陽所象徵的「父親」作爲木星與凱龍的描述對象，我們可以得到這些句子：

- 父親（日）的信念（木）是我的傷痛（凱）。
- 父親的自由（木）是我的傷痛（凱）。
- 父親的脆弱傷痛（凱）幫助我在信念上成長（木）。
- 來自於父親（日）的傷害（凱）促使前往海外（木）。

如果這時候我們把太陽所象徵著主題換掉，不再討論父親，而討論太陽可能帶來的個人成就，我們可以得到以下句子：

- 我的成就（日）是哲學上（木）不同觀點的整合（凱）。

哲學也可以替換成「信念、學問、海外議題、語言、社會」。

我的建議是，不要把你看到的相位組合侷限在你認識的範圍當中，透過更多的字句組合來達成。太陽的議題不會只發生在你父親身上，可能發生在領導人，可能發生在自己，可能發生在男性伴侶。

對於上述這個人來說，我們會說他的太陽主題具有強烈的發展整合色彩，例如學問上的整合、思想信念上的整合，對於療癒的發展，以及對於神祕學的發展。

我建議你們這麼做：每次遇到圖形相位時，先想想主題。順序是：

1. 把這組相位中的行星拉出來，看看他們有哪些特質。

2. 將這些特質個別列出來。

3. 將其中一個行星設定爲被影響的主題。

在圖形相位中，任何一個行星都可以被當作主題描述，但如果是壓力點的話，則可能是最明顯、最容易受到影響的主題。也就是說，如果上述案例中的凱龍星是壓力點，那麼凱龍星可能是「最明顯」的主題，而太陽、木星的主題相較而言略不明顯而已。

太陽主題：關於父親、什麼讓他獲得成就。

你能不能寫出三個都不要重複意思的句子？

什麼讓他獲得成就（日）＝相信的事物（木）＋不同方向的整合（凱）

於是這一組太陽、木星、凱龍的組合可能是：他的成就在於不同觀點的信仰整合。

什麼讓他獲得成就（日）＝釋放、自由（木）＋傷痛（凱）

他的成就在於讓眾人從過去的傷痛中的解脫。

什麼讓他獲得成就（日）＝冒險、探索（木）＋薩滿信仰、神祕學領域（凱）

他的成就主要在於薩滿與神祕學上的探索。

從剛剛的示範中，我們看到了在成就的主題上，我們可以找到許多不同的發展方向，可能是傷痛的釋放，可能是神祕學領域的探索，這些都可能是他可以發展的方向。我們必須進一步地針對這三個行星所在的星座與宮位來探索，然後在諮商中，結合當事人的生活經驗，引領他走向他渴望的生活發展方向。不過，我們知道太陽的主題不會只是「成就」，所以我們可以再進一步地找到其他太陽主題來替換，並且帶來不同的可能性。在這裡我雖然只使用信念來表達木星，使用不同事物的整合來代表凱龍，但事實上這幾個字詞也是可以替代的。

我怎麼帶來光和熱（日）＝信念（木）＋不同層次整合（凱）

不同的信念的整合替我帶來了榮耀。

我怎麼看待父親與男性＝信念（木）＋不同層次整合（凱）

我的父親把不同的信仰整合起來。

我怎麼影響、領導別人＝信念（木）＋不同層次整合（凱）

我對他人最重要的影響，在於我把不同的信仰觀念整合在一起。

4. 接著我們可以把不同的的行星當作主題，利用圖形當中的其他行星來做不同的觀察。例如我們已經了解太陽的主題，現在我們可以改用木星或凱龍作爲主題，並且用太陽與凱龍作爲描述。

木星＝太陽＋凱龍

成長（木）是透過對傷痛（凱）的察覺（日）而得到的。

學術探索的方向（木）傾向於了解傷害與療癒（凱）的重要性（日）。

凱龍＝太陽＋木星

傷痛＝擴大的（木）自我（日）

膨脹的自我（ego）可能帶來的傷害。

過去的傷痛（凱）＝釋放（木）太陽（日）

對於過去傷痛（凱）的釋懷（木）讓我更有自信（日）。

5. 有時我們可以只挑選關鍵字詞，並且去思考不同方向的可能性。

社會的發展特質（木）＝領導者、英雄（日）傷痛（凱）

領導者造成了整個社會的傷痛，或是領導者對當前社會的發展感到傷痛，甚至是英雄主義造成了當前社會的傷痛，或者整個社會透過這個英雄事蹟（領導人的作爲）而獲得傷痛的療癒。

6. 將不同的占星符號整合在一起，對初學者來說是一大困難，有時候必要的分類與定義可以幫助我們更清楚如何分析這些主題。我們經常用行星所在的星座來描述這一個行星的細節特質，或相關的特性，有些時候我們會把它們放在形容與描述上。

在下面星盤中，我們可以看見一組 T 三角，天王星在獅子座第一宮，對分凱龍在水瓶座第七宮，同時四分太陽在天蠍座第五宮。

我們可以先找出主題：

天王星（科技、進步、與眾不同）、太陽（英雄、領導、成就）、凱龍（傷害、療癒、整合）。因此這一個主題可以是：

太陽（成就）＝天王星（科技、革命、創新）＋凱龍（療癒、整合）

他的成就在於科技的整合，或是他的成就在於創新的療癒方式。

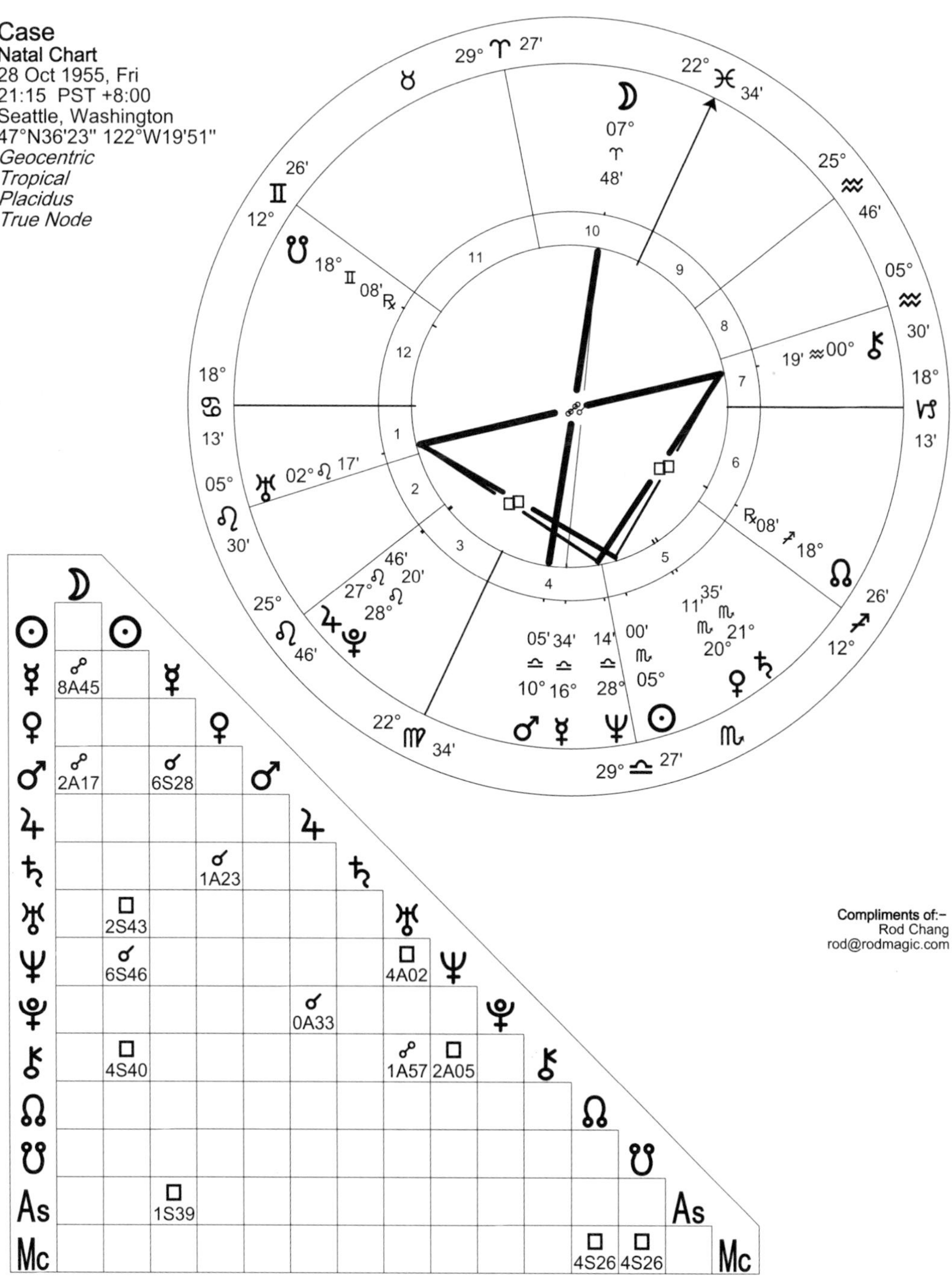
Case
Natal Chart
28 Oct 1955, Fri
21:15 PST +8:00
Seattle, Washington
47°N36'23" 122°W19'51"
Geocentric
Tropical
Placidus
True Node
8A45
2A17
6S28
1A23
2S43
6S46
4A02
0A33
4S40
1A57
2A05
1S39
4S26
4S26
As
Mc
Compliments of:-
Rod Chang
rod@rodmagic.com

找到主題之後，我們可以進一步加入星座的描述：

天王星獅子座＝誇張與戲劇化的改變、在科技上的榮耀

凱龍在水瓶座＝利用科技來療癒傷痛、透過分離而造成傷痛

太陽在天蠍座＝在危機中顯現成就、具有危機處理能力的領導者，帶來恐懼的英雄人物

接著，讓我們重新觀察這三者將如何彼此影響。此時我們把這些句子擺在一起，他們可能串起一個故事，不過這些故事只是占星師的揣測，並非真實的事件，我們的個案往往會用不同的方式串起這些符號象徵。

〔可能性一〕

天王星獅子座＝在科技上的榮耀

凱龍在水瓶座＝利用科技來療癒傷痛

太陽在天蠍座＝在危機當中顯現成就

在科技上的榮耀＋運用科技來療癒傷痛＋在危機當中顯現成就

他在危機時運用科技來治療病痛，並且獲得相當大的榮耀。

〔可能性二〕

天王星獅子座＝誇張與戲劇化的改變

凱龍在水瓶座＝透過分離而造成傷痛

太陽在天蠍座＝帶來恐懼的英雄人物

一個帶來劇烈改變與分離傷痛，並且令人感到恐懼的英雄人物。

7. 我們可以不斷地找出其他的可能性並且做進一步的描寫。不過接下來我們可以稍微把焦點放在另一個方向，因爲在圖形相位中，星座有兩種功能，第一用來描述行星的特色，第二則是在整合的時候去比對這些特質或關聯的事物，並找出強調的主題。

在剛才這一組圖形相位中，我們看到了天王星落入獅子座由太陽來守護，太陽落入第五宮，這裡有一些重複出現的暗示。

太陽、獅子座與第五宮在占星學上都有著強調創造力與創意能力的特色，所以我們從三個重複出現的符號中可以推測，創造力、創意、領導特色這些重複出現的特質，會是這一組圖形相位或是這一個人的生命中相當被強調的特色。其次，天王星出現在這一組圖形相位當中，並且與他對分相的凱龍落入了被天王星守護的水瓶座，這時候我們可以說另一個被強調的主題則是科技改變革命與社會福利。

8. 在星盤上，宮位象徵著事物發生的生活領域，當我們觀察到一組圖形相位所座落的宮位時，可以知道這個議題會在哪些生活領域中被突顯出來。有些占星師認爲星座也可能暗示著事物發生的領域，如果你也認同這一點，當然你可以納入考量，但是對初學者來說如果會造成困擾或矛盾，我建議可以先不必這麼做。

通常我仍然會關注並試圖找出重複出現的訊息，也就是說，如果太陽出現在一組圖形相位當中，而且太陽守護的獅子座也出現在這一組圖形相位時，這已經強調了此主題與太陽還有獅子座有關的創意、創造力、尊貴、發光發熱有關，如果這時圖形相位中有一行星正好落入第五宮，那麼上述的關鍵字，不但會在第五宮的娛樂、競賽、兒童、個人目標領域中出現，更明顯的是我們看到了重複了三次的訊息，這已經是我們不能夠忽略的重複暗示了。

有時候重複暗示不僅僅會出現在守護星與星座的關聯，或者宮位與相關的星座上，我們還可以透過主題的重複暗示來思考。例如和太陽相關的其中一個關鍵字是父親與權威，如果宮位落在與父親有關的四宮（或四宮十宮軸線），或者圖形相位中另一個行星是土星，又或者圖形相位中另一個行星守護四宮十宮軸線、圖形相位中行星落入與父親形象相似的魔羯座，這些都可以讓我們判斷父親主題在此圖形相位中是個重要的議題。

占星學是一門透過符號來判斷、預測事物發展生命發展的學問，當你觀察到符號的象徵重複出現，或不同的符號指向同一主題時，建議你毫不猶豫地深入檢視，思考究竟這個太陽主題象徵著他創意上的發展？還是他跟父親的關係？或是他跟老闆的關係？不要害怕發問，占星師了解的是星盤與符號詮釋的藝術，但只有當事人最了解自己的經歷，星盤主人最清楚這一組符號在他生活中象徵著什麼。只有占星師與當事人合作，才能夠一起解讀過去並且找出未來發展的趨勢，甚或討論出應對處理的態度或方向。當你相當熟悉這樣的技巧時，你甚至可以從不存在圖形相位中的符號找出重複出現的資訊。如果一個人的星盤有著天王星、木星與金星的 T 三角，同時又有水瓶座上升卻又是月亮巨蟹，太陽在射手座卻土星合相軸點，是不是可能重複暗示了這個人在舒適安全與自由當中掙扎的議題？

9. 許多老師都曾一再提醒我，在圖形相位的詮釋中，不必把上升、天頂、南北交考慮進來，這一點我相當認同，因此在這本書的案例中你將很少看到我去討論涉及南北交或上升天頂的圖形相位。它們都是星盤中相當重要的部分，不過我選擇不詮釋它們所組成的圖形相位。如果你認為有必要考慮包含上升、天頂、南北交所組成的圖形相位，你當然可以這麼做，你只要找出它們的意涵，並且用上述方式來詮釋，相信這麼做並不困難。

行星組合

當我們在強調行星與行星之間可以互相組合，產生一些關於生活主題的暗示時，我們根據的是行星在占星學上的自然特質。例如當太陽與土星產生相位時，我們知道星盤或個案生活中的太陽特質與土星特質有了「連結」，而且會彼此影響、彼此形容，像是土星的嚴肅特質可以用來描述太陽的自我或父親。

不過我們也會注意到，有些時候，有些行星具有相同的特質，或者兩個行星的符號都指向同一個人物，例如太陽與土星都具有權威人士的意涵，這可能暗示權威人士對此人的生活有著重要的影響。如果出現這樣的狀況，我們就必須小心謹慎的尋求第三次或者第四次的重複暗示，這一組圖形相位中有沒有其他與權威人事有關的星座、宮位、行星包含其中呢？或者這個人的星盤中有沒有其他強調權威對他的影響呢？如果這個人有太陽土星相位，再加上他的上升（或月亮）在魔羯座、獅子座，或者他同時有天王星、土星對分相，或是他有許多行星落在象徵權威的第十宮，這些都暗示著權威主題的重複出現，也提醒著占星師，個案對於這方面的議題相當敏感，必須更為謹慎細心地面對。

在中世紀的占星學中，行星除了本身的自然特質之外，還會因為星盤中的宮頭起點（Cusps）落入某個星座，而與某個宮位產生連結，也就是我們稱為的「守護關係」。例如你的土星或許與金錢財富無關，但是當你的星盤第二宮的宮頭是摩羯座或水瓶座時，這時候因為土星守護這兩個星座，所以土星也就成了第二宮的守護星，土星對你而言也就代表著金錢、財富、資源、價值或者心理意涵上的自我價值，同時也影響著你對價值的判斷等等。有些現代占星師不使用這樣的概念，這並沒有對或錯，或許他們認為其他的詮釋方式更為重要，但是我覺得這樣的傳統占星學概念相當有趣，也幫助我找出許多重複暗示的議題。所以在接下來的行星組合討論中，我會包含宮位守護星的概念，如果你對這樣的方式沒有興趣，不妨可以略過。

接下來我會列出每一個行星，並且討論每一個行星與其他行星產生相位時可能強調的主題。某些是根據占星上的行星特質，某些是根據其延伸的意涵，有時候這些不同行星連結時所產生的強調主題，會因爲占星師的成長環境、教育背景而有所不同，我相當鼓勵讀者們找出屬於自己的行星組合的強調特質。

月亮

名詞：

（人物）母親、女性、伴侶、照顧者。

（物品與身體）銀、食物、腸胃。

（心理與心靈）回憶、感覺、情緒、童年、安全感、歸屬感、本能反應（生理的）。

（社會、文化、經濟）家族、民眾、農業、漁業、婦女。

動作：照顧、餵養、依賴、保護、感受、回憶、吃喝、展現情緒。

形容特質：多變化的、每日生活中的事物、生活當中需要的、依賴的、過去的、敏感的、不安的、熟悉的、與情緒相關的、與母親的臍帶連結。

兩個行星共同強調的議題：

月亮－太陽：父母親主題、個人生活基礎主題、內外整合主題、男性與女性的關係、伴侶主題。

月亮－水星：快速變動的特質、與人的連結。

月亮－金星：女性主題（與女性的關係或女性的身分認同）。

月亮－火星：保護主題、內心當中的防衛機制、生存基礎條件（吃、喝、養育）。

月亮－木星：懷孕、孕育。

月亮－土星：家庭主題、過去（童年、過往、祖先、前世）。

月亮－冥王星：生存的主題被強調。

月亮－凱龍：親子主題、過往。

月亮－南北交：父母親主題、與人群的互動、強調過往與家庭環境。

月亮－四宮守護（或巨蟹座行星）：家庭主題、歸屬感。

月亮－六宮守護（或處女座行星）：每日生活需求。

月亮－七宮守護（或天秤座行星）：伴侶關係。

月亮－八宮守護（或天蠍座行星）：擔憂、憂慮。

月亮－十宮守護（或巨蟹、摩羯行星）：母親、雙親與家庭。

其他行星組合強調的議題：

太陽

太陽－金星：自我價值。

太陽－火星：陽性、男性身分的認同、與男性的關係、自我實現的主題。

太陽－木星：尊敬、尊貴、被看見、被注視。

太陽－土星：權威主題、父親議題。

太陽－天王星：獨立特質。

太陽－冥王星：生命力、重生、生死議題。

太陽－凱龍：雙親主題。

太陽－南北交：強調成長與學習發展。

太陽－一宮守護：自我認同、自我意識、自我的不同層面。

太陽－四宮守護：父親主題。

太陽－五宮守護：創意力、創造力、孩童。

太陽－七宮守護：人我關係、伴侶關係的互動。

太陽－九宮守護：眞理、眞相。

太陽－十宮守護：父母議題、權威主題。

水星

水星－木星：教育、學習。

水星－南北交：學習、人群互動。

水星－三宮守護：兄弟姐妹、旅行、鄰居、溝通。

水星－五宮守護：孩童。

水星－十一宮守護：朋友。

金星

金星－火星：性、情感、伴侶關係。

金星－木星：舒適、愉快。

金星－天王星：情慾。

金星－海王星：美。

金星－二宮守護：金錢、價值、資源。

金星－五宮守護：喜愛的人事物。

金星－十宮守護：母親。

火星

火星－天王星：切割、獨立特質。

火星－冥王星：生命力、重生、生死議題。

火星－一宮守護：自我呈現。

木星

木星－土星：社會議題。

木星－天王星：自由、未來。

木星－海王星：和善、仁慈、強調精神性。

木星－凱龍：教育、學習。

木星－南北交：強調成長、學習發展與人群互動。

木星－九宮守護：眞理、眞相、學習研究。

土星

土星－天王星：新舊衝突。

土星－海王星：劃清界線與模糊界線。

土星－冥王星：不愉快的、難受的、業力的。

土星－凱龍：雙親主題。

土星－南北交：熟識的、業力的。

土星－四宮守護：家庭主題。

土星－十宮守護：父母關係與權威主題。

天王星

天王星－十宮守護：父母議題、權威主題。

天王星－十一宮守護：未來議題。

海王星

海王星－十二宮守護：消融主題、失去、犧牲與奉獻。

冥王星

冥王星－凱龍星：傷痛。

冥王星－南北交：業力感受。

冥王星－八宮守護：困境、掙扎、危機、生死議題。

冥王星－十二宮守護：業力、無法自主、受囚禁控制。

凱龍

凱龍－南北交：雙親主題。

凱龍－四宮守護：家庭主題。

凱龍－六宮守護：療癒主題。

凱龍－八宮守護：傷痛議題。

凱龍－九宮守護：教育、智慧。

凱龍－十宮守護：父母議題、權威主題。

凱龍－十二宮守護：祖先議題。

練習

下面這張星盤中有一組 T 三角，分別由金星、天王星與海王星組成，我們一起依序從行星主題、星座與宮位的結合來練習。在這個階段，我們先不要考慮這一組 T 三角可能帶來的影響（下一個章節中再做講解與練習），我們先專注在「找出此圖形相位可能影響的主題與生活領域」上。

天王星：巨蟹座二十四度，第十宮。

海王星：天秤座二十八度，第二宮。

金星：魔羯座二十一度，第四宮。

第一步：找出每個行星的相關字詞。

金星：金錢、女性、喜愛、藝術、美麗的、有價值的。

天王星：改革、科技、背叛、切割。

海王星：夢想、影像、崇高理念、病毒、狂熱。

第二步：以每個行星作為主題，以另外兩個行星作為描述。

（以下只是舉例，請你試著自己找出其他主題。）

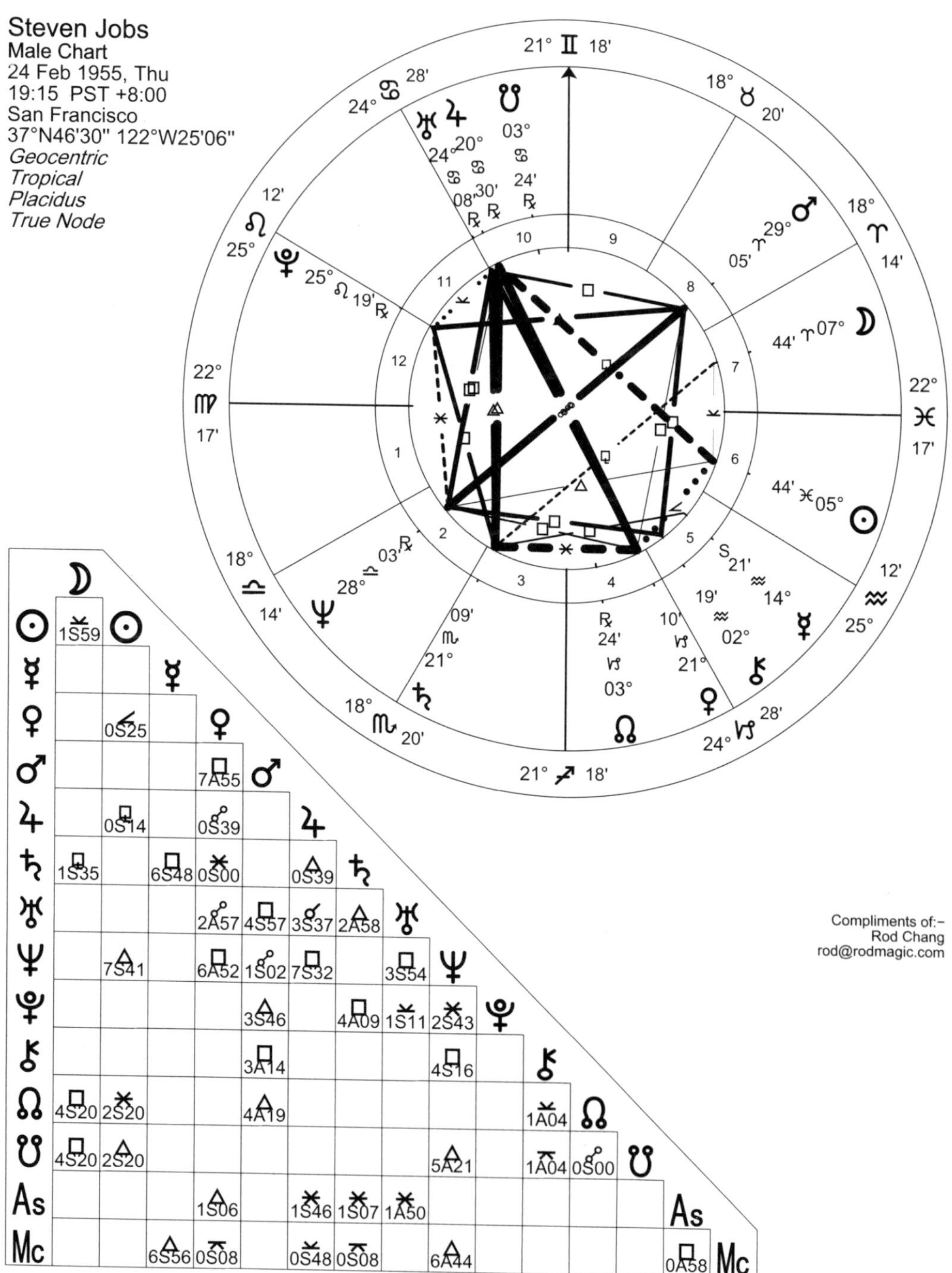
Steven Jobs
Male Chart
24 Feb 1955, Thu
19:15 PST +8:00
San Francisco
37°N46'30" 122°W25'06"
Geocentric
Tropical
Placidus
True Node
Compliments of:-
Rod Chang
rod@rodmagic.com

金星主題：

金錢（金）＝科技（天）＋影像（海）

〔可能性一〕透過影像科技來獲得金錢。

金錢（金）＝科技（天）＋泡沫（海）

〔可能性二〕透過人們對投資科技的夢幻來獲得金錢。

〔可能性三〕自身的財務可能在科技投資的泡沫中受到影響。

練習：

____（金）＝____（天）＋____（海）

天王星主題：

科技（天）＝美感（金）＋視覺影像（海）

〔可能性四〕將科技應用在視覺影響的美感上。

徹底改變（天）＝有價值的（金）＋狂熱（海）

〔可能性五〕對於金錢財物與價值的狂熱可能徹底改變他的生活。

練習：

____（天）＝____（金）＋____（海）

海王星主題：

精神信仰（海）＝價値觀（金）＋徹底轉變（天）

〔可能性六〕宗教與精神信仰可能帶來他在價値觀上的徹底改變。

理想與期盼（海）＝美學（金）＋科技（天）

〔可能性七〕此人對於科技與美學的結合有著高度的理想期盼。

練習：

____（海）＝____（金）＋____（天）

第三步：試著加入「星座」來描述每個行星。

現在我們試著找出每個行星所在的星座，並且加入進一步的星座詮釋，看看是不是能夠套入我們剛才的幾個句子當中。

天王星（改變、科技）在巨蟹（熟悉的、女性的、照護的、每天的、家族的）

海王星（夢幻、理想、犧牲）在天秤（人我互動、對等的、協調的、柔和的）

金星（金錢、價值、美感）在魔羯（權威的、現實的、架構的、組織的）

科技（天）居家生活（巨蟹）＝美感（金）有結構（魔羯）＋視覺影像（海）柔和的（天秤）

將柔和協調的視覺影像與有結構的美感，呈現在居家生活的科技當中。

夢幻（海）天秤（伴侶關係）＝金錢（金）現實的（魔羯）＋切割分離（天）家族與熟悉的環境（巨蟹）

一段夢幻般的伴侶關係，最終可能因爲財務上的現實考量使他離開熟悉的環境。

第四步：試著加入「宮位」來分析可能被影響的生活領域。

第二宮：金錢、財務、自我價值。

第十宮：尊嚴、職業、權威、廣爲人知。

第四宮：家族、父母親、熟悉的環境。

將柔和協調的視覺影像與有結構的美感呈現在居家生活的科技當中，可能替此人帶來職業名聲與財富上的收入。

一段因爲期盼豐碩物質生活夢幻般的伴侶關係，最終可能因爲財務上的現實考量，使他離開熟悉的職場環境。

第五步：從整體來看這一組圖形相位可能強調的重點。

我們注意到這個圖形中的所有行星，都位在開創星座所暗示的強勁動能中，金星與象徵著金錢的第二宮都出現了，暗示著金錢、財物在這組圖形相位的重要性。

象徵家庭的第四宮與巨蟹座，暗示著情緒感受與熟悉的感覺，在此圖形相位中有著重要的影響。金星落在魔羯，天王星落在巨蟹，海王星落在天秤，暗示著人我互動、家庭關係與父母親之間的互動都與這主題有著密切的關連。再加上魔羯座與天王星都有著稍微疏離的特質，很可能在關係當中的疏離與切割，與巨蟹座第四宮所強調的緊密熟悉的特質有著衝突。

我知道有些人會考慮天王星緊密合相十一宮起點，似乎應該考慮十一宮的影響，如果你抱持這樣的看法，那麼你或許應該考慮社會福利、朋友友情在這組圖形相位中的影響；同時金星相當靠近第五宮的起點，那麼創意、親子關係可能需要被拿來討論。

結論

這個案例顯示了當事人在家庭關係還有其他的人我關係上，可能會因爲金錢財物的議題而分割或分離。通常這種分離的起因，可能是一種對金錢或者合作關係有著美麗夢幻的期盼，在職業上可能暗示著對於有架構的美學與能夠被應用的美學若能夠應用在生活科技上，將有可能帶來財務上瘋狂的收入。

這些主題也可能還包含其他的內容，有些人有著相似的出生圖，但是卻因為居家環境與年代背景、教育背景的不同，而有著不同的命運發展。現代的占星學教導我們占星的符號充滿了不同演變的可能性，一個好的占星師需要盡力找出這些占星符號所象徵的發展可能，然後與個案一同討論，並讓星盤上的符號有機會根據個案的意願去盡情發揮。

這是賈伯斯（Steve Jobs）的星盤，在我們剛剛做出的結論中的確相當符合他的遭遇，他出生時就因爲親生母親無力負擔而被送給養父母，他的養父母在領養他時必須承諾要讓這個孩子念到大學。海王星在第二宮對金錢的夢想、因爲財務困擾所做的犧牲，與在第四宮金星對分巨蟹座的天王星象徵著與親生母親的分離。

此外，他在經營蘋果公司時，爲了更棒的營收，邀請專業經理人約翰．史考利（John Sculley）作爲合作夥伴，最後卻因爲經營理念不同，約翰．史考利與董事會迫使賈伯斯離開自己開創的蘋果電腦。這是不是符合我們先前的描述？一段因爲期盼豐碩的物質生活、夢幻般的伴侶關係，最終可能因爲財務上的現實考量，使他離開他熟悉的職場環境。

其實我會寫出這樣的結論，是在案例教學中爲了讓學生們了解符號發展所做的多樣性分析，在分析時我已經知道這是賈伯斯，所以刻意選用了這些關鍵字。我們必須了解，並不是每個人有這樣的星盤都會有相同的遭遇，如果不是在美國舊金山長大的賈伯斯，同樣的星盤若套用在中國或歐洲長大的另一個人，或者他會成爲財務金融投資者也不一定。有沒有可能同樣的符號象徵，不是因爲母親無力扶養把他送給養父母，而是父母親對未來生活有著美夢，舉家遷居異國而離開熟悉的地方？又或者有沒有可能此人對金錢財物的熟悉程度，讓他不至於遭到合作夥伴的背叛？我個人認爲，同樣的一組行星符號確實會因爲不同的生活環境、背景、與個人的意願，而有不同的呈現結果。

第三章

相位：圖形相位中的作用力

在這個章節中，我們要一起來認識圖形相位的另一個基礎結構，也是組成圖形相位的重要因素——相位。

當我們了解主題之後，我們必須進一步分析在這個主題中的行星互動狀況。例如在賈伯斯的圖形相位中有金星、天王、海王星的主題，我們姑且說這是「透過科技發展所帶來的財富泡沫」。他星盤中的圖形相位都是強硬相位，象徵此一主題所暗示的事件將帶給賈伯斯的生活相當大的衝擊，當他面對這些事情的時候較容易有強烈的感受。如果這些相位的組成是柔和相位中的三分相或六分相，那麼他比較能夠用一種輕鬆的態度來面對這個生命主題。

接著，讓我帶著各位運用幾個步驟，來分析相位在圖形相位中所扮演的角色。首先，再檢視一次如何觀察圖形相位，透過這個動作我們可以更清楚「相位」在圖形相位中的角色。

步驟一 找出行星主題

每一個圖形相位都有特色，過去我們多半從相位的圖像形狀來詮釋。例如「大三角」是能量的傳遞順暢，擁有「大十字」相位的人多半易有命運的衝突與挑戰，初學者常常做出這樣簡單的判斷之後，就把圖形相位放在一邊，這麼做相當於忽略圖形相位眞正的影響。

我們在先前的章節中了解到行星的主題，因爲每一個圖形相位的主題都像是一個房屋結構體，我們不能分開來解讀。當我們看到一棟房子，不能說：「這是水泥，那是鋼筋，另一部分是玻璃或木板。」我們看到的是一個由水泥鋼筋與玻璃組成的現代公寓，或是由磚塊堆砌出來的維多利亞時代的建築。我們透過行星的組合詮釋，找出整個圖形相位的外貌與風格。我們必須清楚一件事：圖形相位是組合的、一體的、互動牽連影響的。例如當太陽與月亮、火星、海王星產生一組大十字時，我們必須同時解讀月亮、火星、海王星對太陽的影響，而不是只解讀月亮對太陽的影響，然後分開解讀火星對太陽的影響，最後才去解讀海王星對太陽的影響。這樣的做法就仿佛此人有三個太陽，而每一個太陽的特質都不同一樣。我們可以透過前一個章節學習如何把這些影響同時納入觀察，透過這個方法，就算這四個行星並沒有組成一組漂亮的十字或風箏，我們仍然可以找出一個這四個行星互相影響時的主題。

步驟二　觀察行星之間的相位所帶來的動力

接下來我們要做的是細部分析這個結構中的主要動力，辨別這組圖形相位容易帶給當事人的感受與體驗，是辛苦具有挑戰性的？還是自然輕鬆的？在此我們必須分析組成的相位，例如T三角兩組四分時，特性是阻礙、阻擾、堆積、累積、建立、厚實、踏實，對分時是看見、覺察、合作競爭，所以我們現在可以了解，除了行星主題之外，T三角是透過對於阻礙與干擾的察覺，以及不斷的堆積、累積衝突與合作的關係來達成一件事情。我們對相位基礎詮釋越熟悉，就越容易分析這個部分。

步驟三 把行星與相位整合在一起

接著我們必須看行星與行星之間的相位關係。行星的相位，顯示在圖形相位中的壓力、阻力或靈活可調整部分。請記住，四分相不是糟糕的，而是代表延誤或阻擾；三分相不是幸運而是順暢，在此仍要記得用一個整體的概念來看待。假設太陽是一組風箏的端點，分別與月亮對分、火星六分、海王星六分。這時候我們知道這四個行星無論是什麼圖形相位，他都可能與家庭中父母親的競爭合作與包容有關，或是父母的行動是否能夠達成我們的期盼、甚或是在競爭比賽中我們是否達到父母理想化期待有關。

接著再觀察太陽與月亮之間的對分相，這暗示著此組圖形相位中太陽月亮的主題將帶來挑戰，可能是父母親的關係緊張，可能暗示著男性與女性特質的區別與對立。太陽與火星的關係是六分相，暗示著一種溫和刺激與靈活的處理，暗示著在這個家庭議題當中競爭特質或生存議題，能調和男女區別議題的緊繃。而太陽與海王星的六分相，可能暗示著某位英雄人物犧牲或退讓的特質，緩和了家庭中雙親之間原本的緊繃對峙，或男女性別角色的模糊反而讓衝突更容易調解。因此我們可以這麼說：這個人的星盤顯示出當事人觀察到父母間不同角色的區別，這樣傳統的性別模式可能會在當事人生命中帶來摩擦。另一種描述是，當事人的觀察背後仍存在著男女有別的概念，但在遇到重要的競爭或生存議題時，父母卻能以退讓與包容這樣靈活的處理方式來完成挑戰。

步驟四 細節的描述

我們也可以加入細節的描述，例如我們先前注意到的星座宮位，許多傳統占星學的概念都可以幫助我們進一步理解。例如行星在本質上的強勢、弱勢可能暗示著特質，行星的角距緊密度可能暗示著迫切與否，兩個角距零度的行星所暗示的 A 事件對我們來說比較迫切，而同一圖形相位當中寬鬆角距的 B 相位主題可能就沒有那麼迫切。傳統的占星師還會注意本質上的強弱，或者入相位、出相位這些可以參考的特質，我們也會在後面的章節中另行說明。

相位可以告訴我們，在這些可能的行星主題當中，個案的感受為何？在複雜的圖形相位中，我們可以藉由強硬相位去阻擋、抵抗，可以透過柔和相位來轉換、調整甚至是紓壓，我們透過對相位的認識，可以進一步觀察相位如何影響圖形相位。

相位是占星初學者們經常感到頭痛的部分，我們在上一個章節已經學過，現在我們將透過一組相位的兩個行星來分析主題，然後套入相位所帶來的動力。

許多人喜歡說相位是能量特質，我個人比較習慣的說法是「一種互動的方式，以及所帶來的感受」。如果我們了解力量的運作方式，我們會更清楚相位可能帶來的影響方向。力量可以是推，可以是拉，可以是你送出力量之後的反作用力，更可以是吸收與接納；可以是輕輕地掃過或者重擊，可以是順勢的推送或逆勢的阻擋。

許多人認為對抗時必須使出全力以阻擋攻擊，可是學過太極拳的人就知道，有時候順著對方推送過來的力量去轉換自己的重心，反而能避開正面衝擊的傷害，並達到防禦的效果。

有些力量的呈現方式是晃動，很多人以為晃動是不穩定，但事實上晃動是平衡的過程。我的家鄉台灣是一個地震相當多的國家，當宣布當時全世界最高的大樓將蓋在這個地震帶時曾引發相當大的憂慮，許多人都擔心地震與颱風來襲時大樓會不會垮掉。建築師在設計這棟超高大樓時已考量到力學的影響，他們在大樓頂樓加裝一種類似巨大球型的擺動裝置，稱為阻尼器（Shock absorber）。當大樓受到強大風力或地震的襲擊時，這個機器會隨著大樓「晃動」，但卻是消耗外力動能並減少了衝擊，因為晃動也是維持平衡的一種方式。不同的相位有著不同的特性，我們必須清楚如何使用這些特性在生活當中維持平衡。

相位是構成星盤的重要元件，也是占星師在解讀星盤時重要的基石。我小時候最喜愛的玩具就是 Lego 積木，每一塊積木都有不同的特性，有不同的長短，不同的高度，有不同的形狀，藍色的方塊可以堆疊成爲城堡，有些甚至有活動的軸，你可以拿它當作門的軸或是人的關節。當我把磚塊形狀的積木放在門軸位置時，門就打不開，當我把活動的軸放在城牆部位的時候，那一整面牆就會鬆動。

相位在占星盤中也可以這樣看待。每一種相位都有自己的特性，並不是好與不好，而在於我們是否認識這個相位的功能，並如何善用它，就像有人說：「你不能夠根據一隻魚會不會爬樹，而來判斷魚的能力好壞。」

接下來我將介紹一些常見的相位，並透過現代占星師的幾何與泛音（Harmonic）觀點來討論，同時也會加入一些傳統的看法。

數字幾何

近代的占星學多半採取數字幾何的態度來看待相位，也就是從數字還有度數來探討相位的特質。例如對分相的位置是一個圓形星圖中相對的星座，所以將一個圓切成二等分，於是對分相與數字二有關係；九十度的相位，則因爲佔據了一個圓的四分之一，所以與數字四的意義有關。

人文占星的觀點

相對於現代占星師使用圓形的星盤，中世紀的占星師較常使用方形的星盤，也不常使用數字的意義來看待相位，而是以人與人的關係來看待。同一個星座的合相有同夥、家人的關係，對分相與四分相的星座則是敵對關係，三分和六分則是友好的關係。

月相循環

二十世紀人文占星師魯德海雅提出的月相循環與相位的關聯，對當代占星師來說有著重要的啓發，這樣的觀點將合相視爲起點，日月的合相也就是新月，因而有了新開始的意涵；滿月時月亮被完整的呈現，是月相循環的最高潮，也是太陽與月亮對分相的時刻。因此，任何行星的對分相都有著「被呈現、被看見」的意思，而我們也會在稍後更進一步地說明。

主要相位

傳統相位考量的主要內容，是兩行星之間在黃道上有顯而易見的關聯、明顯的互動。例如兩個行星在同一個黃道星座、兩個行星在同一性質的星座、兩個行星在同一元素等等。

從傳統的角度來詮釋，主要相位經常描述人與人的關係，可以顯而易見地發揮，並非主要相位特別重要或力量比較強，而是容易被認知與理解。

次要相位

次要相位並不是傳統占星師主要觀察的對象，我們在解釋的時候可以辨別他們的差異，第一類的次要相位是一百五十度與三十度，這兩組相位並沒有傳統占星學的星座關聯，從星座上來看，這兩個行星所在的位置並沒有共同的元素、性質與陰陽性，所以可以解釋爲「不認識、不瞭解」的特色；第二組則是四十五度與一百三十五度，與前一組的差異在於，這兩組相位所在的位置，是會出現在主要相位的星座，例如一個行星在牡羊座與它產生四十五度相位的行星落在雙子，但這兩個星座的互動有著六分相的基礎調性，卻因爲產生了四十五度而有著細節上的差異與衝突。

主要相位

合相（0 度）

在傳統占星學中，「合相」並不視爲「相位」，因爲在拉丁文中，aspect 這個字有「看見」的意思，「合相」一般來說被認爲是相遇與結合，而不是只有「看見」，所以合相在古代的占星學中被特別的看待。現代占星師將合相視爲相位的其中一環，有些占星師認爲合相是所有相位中最強的，是一種最直接的影響力，因爲兩行星彼此在相近的度數上互動。

幾何圖形與數字：數字一、結合、一體

三百六十度的黃道中，相距零度的行星在同一個位置上，是一致的，所以與數字一有關聯。也因此，這是一個強調一體、一致、不區分的特性。

傳統概念：結合、認同

傳統占星學對「相位」這個字的定義是「被看見」，合相並不屬於這個範圍。傳統占星學將每一個星座當成一個國度或地區，同一個星座的行星被視爲同一個國度的人，或者是同一家人，他們認識彼此，對古代人來說，住在同一村的人多半也有相近的血緣關係，也因爲熟識而彼此友善。因此，「合相」在此帶有一種熟識、認識的特質，在遇到挑戰時，合相的行星可以結合起來共同面對挑戰。

動力特質：融合與參雜、合成、起點、啓發、開始

合相具有結合的力量，兩行星產生合相代表它們分享彼此的特質。太陽與水星合相可以視爲水星也擁有太陽的特質，水星的思考會以太陽的自我以及尊貴爲重要

的出發點。金星與土星的合相，暗示著金星的歡娛享樂同時帶有土星的嚴肅特質，讓一個人變得不那麼容易處於歡樂的狀態，或是他可能希望娛樂時仍具有一些重要的生命意涵。這種融合的特色在他人眼中看似怪異或矛盾，無法輕易貼上某一種標籤來歸類，但對個案本身卻是與生俱來的「合成」。例如前面舉例的金土合相，金星的歡愉與土星的嚴肅並不一致，在他人眼中這個人不容易取悅，但也不是那麼完全的嚴肅，甚至有些人會認爲這個人同時具有兩面個性。但事實上，對這個人來說，娛樂就是要帶有一點點的嚴肅與實際功用，他也可以在嚴肅的事情中找到舒適的位置，對他來說，金星和土星是一起的。蘇．湯普金老師在她的《占星相位研究》中提到：「有時候合相的兩個行星就像是一個『新星』，金星土星合相就是一個稱爲『金土』的行星，它同時具備柔和與嚴肅的特色。」

合相除了讓行星彼此的特質交互影響之外，也因爲被認爲是行星相位循環的起點，暗示著開始、開啓、事物的開端，因此當事人往往能夠利用合相的行星去啓動某些事情，或者獲得啓發，找到起點。

合相（0度）關鍵字：

融合、整合主題、自我認同主題、起點、事物的開端。

對分相（180度）

幾何圖形與數字：數字二、兩極、一體兩面、合作與對抗

在一個三百六十度圓圈的黃道上，當兩個行星各自佔據一百八十度的一端遙遙相望時，呈現了一種觀察、注視、對峙的特質。一百八十度是圓的一半，是一條線把圓切割成兩半，因此對分相與數字二有著密切的關聯，看見、察覺、相對、對

立、衝突、二元、兩極、一體兩面、合作與對抗。

傳統概念：衝突、敵對

波納提（Guido Bonatti）認爲對分相是一種邪惡的相位，帶著極端的敵意與異議[1]。從古代的觀點來看太陽與月亮守護的獅子巨蟹與土星守護的水瓶摩羯是一百八十度的星座，也是對分相的星座。

在傳統占星學中，黃道上兩個對立的星座是相互對抗的兩個國家，因此對分相不被視爲好的相位，具有衝突、困難、分離並且強調負面的特色。

有些占星師認爲正面與負面的意涵與吉凶的意涵，不應當從相位本身來詮釋，應當觀察是哪兩個行星組成對分相，這兩個行星是吉利的？還是凶星？對分相強調過程的不順暢與衝突對峙的特性，也就是說，這可能是一個吉利的事件但過程卻極爲不順暢，甚至在好事發生之後雙方仍有一種後悔的感受。

從傳統的角度來考慮對分相，我們不妨可以檢視是否有土星的距離、排斥、拒絕、冰冷、謹慎、緩慢、聚合的特質。

動力特質：人我互動、伴侶關係、成果、呈現、高潮

人文占星師透過兩種角度來看待對分相，第一種角度是星座，他們多半認爲對分相與天秤座相似，暗示著合作與人我互動。事實上，如果我們從對分相在黃道上的兩端彼此相望這件事來看，我們的確可以了解這個概念。對分相特別強調關係、人與人的互動、伴侶關係、合作關係、競爭關係等等。另一種人文占星師觀察對分相的特色是透過月相，在日月對分相時正是滿月時刻，於是對分又有了成果、呈現、被看見的特色，同時也象徵事件發展的高潮、轉折點或分水嶺。因爲滿月的位

1　Dr. Benjamin Dykes Bonatti on Basic Astrology p.63.

置將日月循環的週期劃成兩半，在此之前是象徵成長的上弦階段，在滿月之後月亮逐漸變小而暗示著衰退，因此滿月象徵著最高潮，同時也是分界點。

對分相（180 度）關鍵字：
對立、衝突、競爭、合作、伴侶關係主題。

四分相（90 度）

幾何圖形與數字：數字四、穩定、穩固、具體

四分相將一個圓平均分割成爲四等分，三百六十度除以四得到了九十度。四分相與數字四有著密切的關聯。數字四具有穩固、穩定、重要、完成與完整的意涵，象徵著四個主要的季節，東西南北四個方向。在星盤中，象徵著水平軸線的兩端，上升與下降點，以及垂直軸線的兩端，天頂與天底。

傳統概念：辛苦與掠奪

過去占星師認爲這一組相位代表的是與獅子座四分相的天蠍座，以及與巨蟹座四分相的牡羊座，這兩個星座都是由火星守護，象徵著敵意與衝突。與對分相不同的是，這裡並非全然的衝突，而是部分的衝突與不友善。

在傳統的占星概念中，四分相的星座擁有更明顯的阻力與抗拒，因爲四分相的星座具有同樣的性質，卻有不同的方向，因此與對分相相似被視爲是一種不友善的狀態。或許不像是對分相的直接衝突，卻有著顯著與具體的威脅，暗示著阻礙、摩

擦、不友善[2]。

從這個角度來看，傳統占星師認爲火星像是在外的辛苦旅程，充滿辛苦、不舒適、可能遭到掠奪以及傷害等危險[3]，這些都可以應用在四分相的影響當中。

動力特質：抵銷、壓力、訓練、重要決定、關鍵時刻

根據物理學，我們知道當兩股力量均等卻來自於不同方向時，會有彼此力量抵銷的狀況，更有趣的是蘇．湯普金老師在她的《占星相位研究》中告訴我們，英文字 Square 本身就有一筆勾銷、打平的意涵。人文占星師認爲，四分相具有某種程度的對抗、壓力、緊張，這些字眼都突顯出「力量」這個字對四分相的重要性。若我們從牡羊座出發來到巨蟹座，象徵著個人到家庭的演變，從個人的狀態到進入婚姻狀態再進而生育而組成家庭，一種被社會認定爲完整的生命歷程。從牡羊座出發來到摩羯座，從心理占星的角度而言，這是一個個人爭取榮耀的過程，達到生命頂峰的特質，而摩羯和巨蟹這兩個星座又通常暗示著我們與父母之間的關聯，一種由上往下的傳承，同時具有承接與承擔壓力的特色，或是我們從孩童到成人過程之間漫長的成長磨練。四分相或許象徵著衝突與辛苦，但若回到四分相的星座來觀察，它們對彼此之間的生活重點或許並不認同，但卻有著相似的行動特色，因此在觀察時需要從這個相似特性來解讀。

在月相的觀察當中，太陽與月亮之間產生四分相的時刻是上弦月與下弦月，新月到滿月之間的中間點，是稱作第一象限月的起點（First quarter Moon），以及滿月到下一次新月的中間點，最後象限月的起點（last quarter Moon），也因此不只是太陽月亮的四分相，包括任何行星組合的四分相，都帶有這種中間轉變的特質，象徵著一種飽滿與衝擊轉變的時刻。人文占星師認爲，若我們用快速運行的行星象

2 Ibin.,p62.

3 Ibin.,p159.

徵月亮，慢速運行的行星象徵太陽，那麼合相之後快速運行行星第一次與慢速運行行星的四分相，象徵著上弦月，傳統概念的上弦月是發展的過程，於是這個上弦四分相又被稱爲發展過程當中重要的抉擇。而過了兩個行星的對分相之後，快速行星來到了另一次四分相的位置時，由於這時已經處於兩行星循環的結束週期，這時像是下弦月一樣，這組下弦四分相又有一種透過衝突帶來消散與捨棄的重要關鍵時刻。

四分相（90 度）關鍵字：
壓力、阻礙、干擾、拖延、漫長、訓練、建設、成立、完成。

三分相（120 度）

幾何圖形與數字：數字三、和諧、完整

如果我們將一個圓的三百六十度分成三等分就會得到一百二十度。這是一組與數字三有關的相位，代表著幸福快樂與完美。數字三最經常被用來描述基督教義中的三位一體，象徵著一種完美的神性。而這種三位一體的形象早在埃及文明中地獄之神奧西里斯、魔法女神伊西絲與他們的兒子太陽神荷魯斯的關係中可以看見，這象徵著最基礎的家庭組合——父親、母親與兒子的關係。在星盤中產生三分相的行星多半落入相同元素的星座，因此有著一種和諧與完整的關係。

傳統概念：調節與混合

在傳統占星師的眼中，三分相的行星除了因爲落入相同元素而有和諧互動的意涵之外，從獅子座出發產生三分相的射手座，與從巨蟹座出發產生三分相的雙魚座都由木星守護，因此三分相帶有一種木星的意涵，是最吉利的相位，象徵著完美的友誼、完全的同意、充滿善意的互動。也因此，當我們從這個角度來解釋三分相時，不難理解現代占星師爲何認爲三分相具有擴張與成長的意涵。同時，我們也必須看見木星在傳統占星學的角度中之所以被認爲是最吉利的行星，是因爲木星的調節與混合，並且不走極端的性質，這似乎在今日很少被關注到。

動力特質：行動、成長、擴張、表現、調和、和諧

如果我們從牡羊座出發順時鐘來到射手座，這是一個代表著自信、信念觀點與高等學問的星座，有一種木星式的擴張與成長的意涵，無論是在信念或是行動上的提升，也因此三分相經常與行動的順暢、成長、擴張有著密切關連。而從牡羊座逆時針來到三分相的星座則是獅子座，近代的占星師認爲這是一個代表著自我呈現、證明自我、被關注的星座，也因此三分相具有某種程度的表現和被觀察的意味。由於這三個星座都屬於同樣的元素，也就是說，三分相的星座都對生活的某一種層面有著共同的關注。同在火元素的行星強調行動與成長，同在土元素的行星強調秩序與實體，同在風元素的星座強調溝通與人的互動，同在水元素的星座突顯感受與滋養。三分相暗示著兩個行星之間，彼此有著共鳴且了解彼此，蘇・湯普金老師在她的著作中也強調了三分相的接受特質相當明顯。

在月相的概念中，太陽與月亮的第一次三分相出現在上弦月與滿月之間的第一象限月（First quarter Moon）與凸月（Gibbous Moon）之間，在這個上弦月階段，月亮逐漸呈現飽滿的過程，被視爲是一種成長、行動與事物建構的發展過程。而第二次的三分相出現在滿月過後的傳播月相階段（Disseminating Moon），象徵著事物發展到一個成熟階段之後，與此事物相關的概念、價值觀開始在人群中擴散與傳播開來。從月相與三分相的連結中，我們可以看到建構、行動、擴散、傳播、教育都與三分相的特色有關。

三分相（120度）關鍵字：
接受、成長、擴張、調和、和諧的。

六分相（60度）

幾何圖形與數字：數字六、創造、均衡

若我們將黃道的三百六十度均分成爲六個等分，我們就會得到六個六十度的區塊。六十度這個相位與數字六有著密切的關連，數字六一直有著複雜的意涵，許多數字占卜者認爲數字六有著完美的特色，基督教與猶太教的神話當中，天神用了六天創造了世界，也因此六被認爲是與創造有關。在卡巴拉中，數字六與太陽連結，象徵著一種陰性與陽性的均衡和創造力。數字六的複雜來自於它可以被視爲是2x3，同時具有數字二與數字三的特性，衝突與對抗結合了和諧與成長。有占星師認爲這與傳統概念中六分相並不是最吉利的相位，而是稍微吉利的相位有關，而現代占星師跳脫了過度簡化的吉凶思維，認爲六分相的和諧與衝突並存的特質，可以帶來一股行動上更爲靈活的特色。

傳統概念

波納提指出，若我們從日月這兩個發光體所守護的獅子與巨蟹來觀察，與他們產生六十度的星座都由金星守護，金星在傳統概念中是影響力次於木星的吉星，被認爲影響力稍弱、吉利的性質更小。也因此在相位的詮釋上，六分相被認爲是中等程度的友善，而不是非常友善，以及是部分認同的意涵。

動力特質

六分相或許不是最吉利的相位，但卻相當符合現代社會的需求。在過去，許多事情被認爲應當非黑即白，但隨著社會的進步，我們了解到人們之間儘管可能有敵意，卻仍有可以共事的可能；人們或許有同樣的想法，卻可能有著不同的執行方式。簡單來看六分相的兩個星座，他們或許元素不同、性質不同，但卻有著一致的陰陽性，他們在某部分上可以認同彼此，但對生活領域的重視以及在行動方式上卻不盡相同。這種最低限度的認同與理解，帶來了友誼的基礎，而不同的重視領域與行動方式進一步帶來了合作與互補的可能性，也像是金星的特色帶來了友誼與互動。蘇·湯普金更認爲六分相還帶來了一種引誘的特性，促使我們去接觸新的事物。

人文占星學重視月亮循環的影響，並且在相位與行星的循環中採用大量的相位觀點。在月亮與太陽循環的月相關係中，第一次的日月六分出現在新月之後的牛角上弦月階段，象徵著新領域的發現、成長過程中的抉擇、意志上的考驗、準備將想法具體呈現。而下弦月的階段也有一次六分相，這一個六分相位在最後象限月相，是一個艱苦的體認過程，由於下弦月象徵著傳播與消散，在這個過程中，我們經歷一些衝突與危機，體認到舊的循環必須結束，才能讓新的事物有成長的空間。從這兩個階段中，我們看見六分相都帶著些許的挑戰，並且與如何呈現想法、一種行動前的準備特質相關。

六分相（60 度）關鍵字：

誘使、機會、靈活、愉快、互動、學習。

次要相位

45 度

幾何圖形與數字：數字八

當我們將一個圓的三百六十度區分成八等分時，可以得到四十五度，因此半四分相的四十五度與數字八有著密切的關連。若你將一百八十度減去四十五也會得到一百三十五度這個相位，因此這兩個相位都被認爲是與數字八有關的相位。在數字占卜中，數字八有著力量的意涵，數學當中無限大的符號也是一個橫躺的八。占星師們認爲數字八因此有著力量、用力、使力、努力的意涵。從另一個方面來看，四十五度是一百三十五度的一半，也因此有著挑戰的特色，面對四十五度與一百三十五度的挑戰，我們通常得花上許多的時間與精力，有時甚至會覺得得到的收穫與付出的時間、力量不成正比而感到挫折。

動力特質

從牡羊座出發，四十五度會來到雙子座與水瓶座的位置，若我們觀察彼此之間的關係，可知牡羊座的火元素強調行動，而雙子、水瓶的風元素強調觀察與思考，這當中的衝突可能存在於思考分析與直覺之間的衝突。從直覺的角度來看，若要分析那種強烈的召喚，有時候得浪費相當多的時間；若從思考的角度來看待內心中強烈的悸動與召喚的力量，就如同是無止盡的心理諮商療程的對話，將會需要相當多的時間耐心與毅力。

在月相的觀察中，新月之後的第一次合相是進入上弦月的時期，這時候月亮逐漸散發出光芒，從月相來說，這一組四分相與六分相同屬於牛角上弦月，暗示著強調學習與發展過程中意志力的考驗與挑戰，同時也與如何將概念、想法實現出來的挑戰有關。當我們將這一組月相對應在行星相位時，所指的是兩個行星在合相之後，第一次產生的四十五度，象徵事物發展過程中如何落實想法的考驗。如果新月暗示著新事物出現的可能性，那麼在此階段，為了將有限的時間與力量專注於重要的事物上，這一個四十五度經常必須面對一些選擇。

在月相循環的最末端也有一個四十五度，這一個四十五度是循環中最後一個階段（消散月相）的起點，也因此，兩個行星在合相之前產生的四十五度也對應著循環結束的特質。消散月相暗示著我們面對事物發展的末端，此刻最大的挑戰不是如何保護舊有的事物，而是接受那些即將被淘汰的事物開始消失的事實。這一個階段的掙扎與挑戰是在於如何放手，讓舊的事物離開，新的事物才能有成長的空間。

45 度關鍵字：

辛勤、來回奔波、不容易的、沮喪的、挫折的。

135 度

動力特質

一百三十五度的幾何與數字的關連與四十五度是一樣的，不妨請參考四十五度的描述。但是從人文占星學的角度來看，一百三十五經常出現在同樣元素的星座，但因為與數字八的關連，於是我們必須在詮釋的時候考慮這兩者。一百三十五度與四十五度同樣都會帶來辛苦、努力、吃力、筋疲力竭的感受，但如果發生在同樣元素的星座上，我們需要考慮的是事件的外表看來並不如當事人經歷的那般難受，很可能在表面的相似與和諧之下，有著許多細節上的差異。我們可以從性質來觀察，例如同樣的元素或許都有對同一種生活領域的共鳴，但若是其中一個行星落入開創星座，強調立即、當下的行動，另一個行星落在固定星座，要求緩慢與保守的態度，這便會產生衝突。因此一百三十五度的特質帶有繁瑣細節所帶來的費力感受。

在月相的循環中，一百三十五度有兩組，分別是滿月前與滿月後的階段。若以兩個行星的循環來看，第一次的一百三十五度發生在兩行星合相之後、對分相之前，這樣的一百三十五對應著凸月（Gibbous Moon），象徵一種演進與成長的成熟狀態，同時不再只是關注到自己，也開始注意到人我之間的互動，也因此帶來更多的克服自身挑戰的特色。如果說滿月引發人們的關注，像是舞台上的表現，那麼這位在凸月的一百三十五度像是登台亮相之前的改進與準備，通常是爲了更好的表現而需要做很多繁瑣費力的工作，衝突與挫折也可能起因於準備工作中的溝通不良或認知差異。

另一組一百三十五度發生在兩個行星對分相之後，當月亮在滿月之後進入下弦月的階段，就如同植物從幼苗開始一路成長來到開花結果，這一個階段的特質是傳播與分享，因此在這個強硬相位中，暗示著在傳播與分享的過程中遭遇的辛苦以及挫折。儘管有同樣的想法，但是不同的執行方式也可能引發衝突，也有可能是不同的信念相遇而引發的挑戰。

135 度關鍵字：

辛勤、努力的、不斷付出、事倍功半、沮喪的。

30 度

幾何圖形與數字

若將黃道三百六十度每三十度做一個區隔，我們會得到數字十二，這個數字被視爲 3x2x2，包含了三的完整特質，卻也將數字二的挑戰重複了兩次，因此許多占星師認爲這樣的一組相位更強調衝突。

從圓形的三百六十度來看，若不轉動頭部，我們幾乎看不見兩側三十度的範圍，也成爲了視覺上的死角，象徵那裡發生了什麼事情我都不知道。

動力特質

從現代的觀點來看待這種無法理解的差異性，有一部分強調了因爲全然相異的特質，而無法彼此溝通與理解。許多占星師強調三十度具有一種個人無法察覺的刺激，這種惱人的刺激，因爲無法被觀察和形容，而讓人感到不悅。

產生三十度相位的兩個行星會位在相鄰的星座，從牡羊座的角度出發，一邊是金牛座，另一邊是雙魚座，這兩組差異可以給我們一些啓發：牡羊與金牛無法理解的層面在於衝動是否應該付諸行動，用訴諸事實的金牛觀點來探討牡羊的直覺，往往會讓雙方都無法理解與接受；而雙魚和牡羊所強調的直覺與感受並沒有強烈的差異性，但是在衝動之餘，腦海中仍有許多的質疑需要釐清，因爲從傳統的角度來看這兩個星座，元素不同，也沒有相同的性質，甚至陰陽性也不同，因此我們會有一種完全無法理解的感受。在黃道上產生的三十度相位，以及將一百八十度減去三十度的一百五十度，這兩個相位都擁有這樣的特質。

從月相的角度來看，新月之後的第一個三十度相位，是新月開始的階段，像是種子仍舊埋在土裡的時刻，充滿了生命力與發展潛力，但此時仍不知未來的方向，這種焦慮與刺激帶有一些對未知的不安，但這時必須抱持敞開與多方嘗試的態度，允許任何事物的可能性發生。而滿月之後、新月之前的三十度則處於消散月相之中，與新月前的四十五度一樣是一整個循環的結束部分。這樣的三十度帶有一種失落的特性，掙扎與放手並不是容易學習的課題，不願面對失去的感受可能干擾著我們，但若對舊事物不放手，那我們也很難有機會接受新的事物進入到生命中。

30 度關鍵字：
盲點、無法察覺、不愉快卻又不能理解的刺激。

150 度

動力特質

在占星學上，一百五十度被視爲是一百八十度減去三十度，因此與三十度是相似的相位。在數字觀點的討論上也被認爲與數字十二有關，不妨可以參考前面關於三十度的詮釋。但是從幾何圖形的位置上，一百五十度多了一種視野的角度，也就是說，一百五十度並非視野上的死角，我們可以看見這個位置。但是在傳統的觀點上，兩個位於一百五十度星座的行星既沒有相同的元素、沒有相同的性質，也沒有陰陽性的共鳴，這一點帶來了不熟悉與無法理解的感受。對於一個可以看見也可以觀察的事物，卻沒有辦法理解，這樣的互動會帶來不信任與緊張的關係，通常也暗示著一種渴望看清事物面貌，渴望理解或渴望被理解的焦慮。許多占星師認爲一百五十度象徵一種調整的態度，而這種調整卻帶來更明顯的挫折感受，因爲我們不知道這樣做究竟是對還是錯。

要了解一百五十度，人文占星師建議我們從牡羊座出發來看座落於一百五十度的星座，一端落在處女座，像是一種爲了更美好而不斷進行細節的修補，一種略帶不滿足或還可以更好的心態，或者在作品中看見瑕疵而產生的後悔，這些都經常在一百五十度的相位中被觀察到。另外一個一百五十度落在天蠍座，這種強調內心中的不安與危機感受，有時希望更深入地挖掘事實的眞相，同時也有一種擔憂失去的危機感。

從月相的角度來看，滿月之前的一百五十度像是一種結果呈現之前的焦慮，因爲擔心不夠完美而渴望做更多的調整或學習，我們可能聚焦於一些無法理解的事物，或爲了調整某些事物而聚焦於細節上，因此產生焦慮與緊繃的感受。滿月之後的一百五十度，強調人我之間互動的衝突，暗示著無法察覺個體的差異而引發的焦慮，或暗示因爲這樣的焦慮帶來更多調整改變的費時費力。

而我個人認爲，在這樣的焦慮、調整、適應並且有著虧欠感的同時，我們可以同時培養出一種包容以及尊重不同事物存在的態度，也就是說，你不一定要完全了解一件事情才能夠尊重它的存在，有些事物就算你不理解，它也仍然有權利存在。這樣的刺激或許難以忍受，但是卻可以打開我們的眼界，同時我也經常在諮商時引用心理學家羅洛梅的概念：「焦慮是創意之母」，當我在與我的個案討論星盤上一百五十度的焦慮特質時，我總是鼓勵他們面對這樣的焦慮，並導向創作與尋求事物解決之道上，當這樣的焦慮累積到足夠的能量時，創意往往因此誕生。

150 度關鍵字：

視而不見、調節、適應、焦慮、虧欠感、罪惡感、包容。

其他相位

五分相

某些占星師使用五分相以及倍五分相，分別是七十二度與一百四十四度。若要考量這個相位的影響，建議從數字五來觀察，這一個位置暗示著整合、雕琢、調整、綑綁包裝，與創作型態或生活型態有著比較密切的關連。

七分相

七分相與倍七分相分別是五十二度與一〇四度，這是一組與數字七有關的度數，暗示著啓發、影響、靈感與幻想，有時候暗示著狂熱與激動的情緒。

相位的好與壞

許多占星初學者都會詢問這個問題，哪些相位好？哪些相位壞？回答這個問題前，我們必須回到相當根本的議題：好與壞。或許從簡單的角度來看，把事物區分成善惡好壞可以讓我們快速的回答問題，但事實上，人生中很少有事情是絕對的好或壞。一件事情從不同的角度來看，有些人認為是好事，有些人認為是壞事；從不同的生命時段來看，年輕時與情人的分手或許是壞事，但是到了年老的時候你會許會發現如果當時沒有跟那個人分手，你或許不會遇到現在的伴侶，因此我不建議用好與壞來分析相位。不過在古代，你的確會聽到好的相位是三分相與六分相，象徵著順暢和諧，壞的相位是四分相與對分相，象徵著拒絕與衝突，合相的吉凶則需要從合相的行星來做判斷。

相位的強與弱

這是另一個學習占星的初學者經常會遇到的課題：怎麼判斷一個相位的強弱呢？我仍然覺得這是一個相當簡化的判斷方式，如果經常使用這樣的方式來判斷一組相位，我們會錯失精細的描述。強與弱是一種力量的判斷，但在過去也被人當作是好或壞的判斷。

若真要以強弱區分，從現代的占星學觀念出發，我建議這樣看待：影響力的強弱。一組相位在圖形相位中是否具有強而有力的影響？一組相位是否在人生當中有強而有力的影響，這個問題我們可以先觀察行星的重要性，例如這個行星是否是當代占星師口中的個人行星？或者這個行星是否守護個人星盤的上升或天頂，這些都與個人日常生活中的重要議題有關，因此我們可以說它影響力強。

我們也經常使用柔和與強硬的性質，一組相位的柔和或強硬性質，可用來區分這一組相位是否會帶來巨大的衝擊。現代占星師習慣稱柔和相位與強硬相位，把傳統的三分相與六分相稱作柔和相位，認爲這兩組相位都具有一種溫和的特色，所代表的事件或感受都比較容易被接受；合相、對分相、四分相、半四分相、補半四分相等稱爲強硬相位，認爲這些相位的衝擊較大，容易帶來不舒服的感受。

主要相位與次要相位，主要相位指的是在傳統占星學中經常被使用的相位，包括合相、對分相、四分相、三分相、六分相，除此之外的相位都被視爲次要相位。許多當代占星師區分這兩種相位的原因在於容許度，主要相位多半給予較寬鬆的容許度，例如八度到十度之間；給予次要相位較小的容許度，例如一度到三度之間。

請注意，主要與次要並不代表著主要相位比較重要或次要相位比較不重要，如果在你的占星盤中，你習慣使用一種相位，那麼它就具有意義。影響力的強弱多半從容許度來判斷，也就是說，一組容許度相差一度的一百五十度相位，在影響力上可能強過一組八度容許度的四分相。

容許度

容許度是當代占星學在判斷一組相位是否具有龐大影響力的根據，當兩個行星產生相位時，他們不一定都在精準沒有誤差的度數上，因此容許度的判斷與計算在占星學中是相當重要的，最常見的有兩種不同的容許度判斷方式。

根據行星判斷容許度

傳統的占星師根據不同的行星給予不同的容許距離，例如太陽是明亮的發光體，當他在某個度數時，往前七度三十分、往後七度三十分的行星都會受到太陽的影響，因此被認定為產生相位。例如太陽在牡羊座十五度〇分時，從牡羊座八度三十分到二十二度三十分都會被認為是跟太陽合相，如果任何行星在天秤座八度三十分到二十二度三十分，就會被認為是跟太陽對分相。而金星與水星沒有太陽、月亮發光體這般的亮度，所以在傳統上，他們的容許度是前後三度半，在判斷的時候我們會把兩個行星的容許度相加，看他們是否產生相位。例如當太陽的容許度是七度半，而月亮的容許度是六度，當他們彼此距離十三度三十分時（七度半＋六度）就會產生相位。這樣的判斷方式在當代較不常使用，也因此現代行星通常會給予比較小的容許度。

傳統的相位容許度

行星	容許度
太陽	7 度 30 分
月亮	6 度
水星	3 度 30 分
金星	3 度 30 分
火星	4 度
木星	4 度 30 分
土星	4 度 30 分

根據相位來判斷容許度

這是當代較為流行的方式，現代占星師習慣給予主要相位較大的容許度，而給予次要相位較小的容許度。例如在英國占星學院（Faculty of Astrological studies）的教學當中，就給予在本命盤上合相八度的容許度，也就是說，在本命盤上兩個行星只要在同一星座並且距離八度以內就可以視為合相，而不是從行星來判斷容許度。

在流年與合盤上則會給予比較小的容許度。英國占星學院慣用的容許度只是一種參考範例，並不是說這就是絕對的判斷標準，許多占星師都有自己習慣使用的方式，有些占星師甚至會運用這種方法並同時考慮傳統的方式，給予太陽、月亮的主要相位較大的容許度，給予三王星的次要相位最小的容許度。占星師往往會在自己的學習與執業生涯中摸索出一套適合自己的容許度判斷方式。

英國占星學院（Faculty of Astrological studies）給予的相位容許度

本命盤 Natal chart	容許度
合相、對分相、三分相、四分相	8 度
六分相	6 度
所有其他次要相位	2 度

行運與合盤	容許度
合相、對分相、三分相、四分相	5 度
六分相	3 度
所有其他次要相位	1 度

無論你使用哪一種容許度的判斷方式，容許度的緊密與否，與個案的感受有著密切的關連，越是緊密接近〇度的相位，對個案來說越有一種緊急迫切的感受；當容許度越寬鬆，就算是有影響，但個案或許不會感到迫切。在圖形相位的不同行星相位組合中，個案或許比較容易感受到緊密容許度的領域或相關的事件。

入相位、出相位、正相位的影響

最後我們要來討論一下出相位與入相位，這在當代占星學中被部分占星師所忽略，不過仍有許多占星師利用行星的出相位與入相位來判斷影響，這也經常被視爲是一種強或弱的判斷方式。要了解入相位與出相位是否能夠判斷強弱，我們必須先了解什麼是入相位？什麼是出相位？什麼又是正相位？

正相位

兩個行星位在產生容許度接近〇度的位置上，例如太陽和月亮都在牡羊座十度，這是一組正相位的合相。水星在巨蟹座十度，木星在天秤座十度，這是一組正相位的四分相。

入相位

兩個行星產生相位時，快速移動的行星在黃道上正要往慢速運行的行星靠近。例如木星在金牛座十度，月亮在水瓶座五度，這時候運行速度比較快的月亮，正往十度這個正相位的度數靠近，於是我們說它們正彼此接近，逐漸要進入正相位的範圍當中。

出相位

兩個在星盤上產生相位的行星，快速運行的行星已經跟慢速的行星產生過正相位，並且繼續地往前進，快速運行的行星會在一段時期之後離開了容許度，不再形成相位。例如水星在雙子座十五度沿著黃道前進，而木星在射手座十四度，水星運行的比木星快，而且在此之前水星已經與木星產生了正相位的對分相，而現在正要離開這個度數，幾天之後，這一組對分相就會因爲水星離開容許度的範圍而失去影響力。

當我們了解這些定義之後，不妨仔細地思考一下，入相位與出相位眞的暗示著強而有力或柔弱無力嗎？從某個角度來看或許是的，從時間的軸線來看，正相位與入相位代表著正在發生、或之後會發生的事情，而出相位則是已經發生過的事情。若是從預測未來的角度來看待占星學，我們可以理解爲什麼過去的占星師們比較重視入相位與正相位，不過有些現代的占星師不認為出相位就不具有參考的價值，如果一組入相位象徵著逐漸逼近的事物或感受，而出相位代表著逐漸淡去與失去影響力的因素、或是過去發生過的事情，那麼在當代的分析判斷技巧當中，我們仍舊可以從過去發生過的事情（出相位）來判斷這一組相位對個案曾經帶來的影響。

在接下來的章節中，我們要深入研究許多常見的圖形相位，包括 T 三角、大十字、大三角、小三角、風箏、神祕信封、上帝手指、世界手指。

這些常見的圖形都略有一些差異，文中我會盡量涵蓋並說明，但我沒有提到的圖形相位並不代表它們不存在或不能被解讀，我們會在下一個章節中運用深入分析的方式，分享如何分析解釋那些沒有包含在這個章節裡的圖形相位，以及一些獨特的變數。

T 三角

T 三角是一種十分常見的圖形相位，這個圖形相位是透過一組行星分別位在對分軸線上，同時又與另一個行星產生四分相所組成，由於十分常見也常被許多人所關注，更因爲這組圖形相位都是強硬的相位，所以許多占星師以及初學者都不認爲這是一個「好的」圖形相位。但我不喜歡從好與壞這種簡化的判斷方式來看待圖形相位或詮釋星盤，在這組圖形相位中，兩個行星彼此產生對分相，並同時與第三個行星產生兩組四分相。

組成：一組以上的對分相與兩組以上的四分相

對分相的定義：看見

對抗、競爭、衝突、挫折、合作、觀察、覺察、投射、伴侶關係。可能帶來合作與整合的機會，讓自己的人生與生活更爲完整。若從這個角度看完整特質，可以降低對分相的對抗與衝突性。

四分相的定義：執行

阻礙、由外對內的壓力、由內向外的張力、堆積、漫長、拖延、挫折。可能透過反覆漫長的訓練與挫折來獲得成就，穩固紮實是特質，向內扎根深入了解自己，向外透過對抗壓力而獲得成就。

綜合的相位特色

都是強硬相位，缺乏彈性與包容，都具有明顯的衝突與壓力，容易帶來挫折特性。有時端點行星扮演的特色是：我們透過對分看見了需要整合或衝突的地方，卻忽略了端點行星同時承受兩端的壓力。即使我們注意到端點行星需要同時承受雙方的壓力，但也會因爲複雜漫長的處理過程感到困擾。

對分軸線

對分相的兩端是我們看見的，端點的兩端是必須去執行的，在此常遇到的挑戰是沒有重視執行細節，或者眼高手低，想是一回事做又是另一回事，必須透過漫長的調整與訓練，讓軸線的兩端得以完整。

對分軸線往往呈現了重要主題，像是個案生活中呈現的主題，或是經常在人我互動中容易被觀察、注意到的事件主題，其影響的關鍵就在於端點的行星。若從人際關係的角度來看，對分相像是兩人之間的互動、合作甚至是衝突，而這一層關係受到位於端點的第三行星介入，可以藉此獲得幫助或者是被干擾。

端點行星

這是一個壓力呈現的領域，是感受挫折的位置，是讓衝突更爲複雜化的因素，卻也是整合的關鍵，往往可以透過長時間的鍛鍊（練習）而獲得成就的關鍵。有時候，若我們將對分相的主題視爲衝突時，端點的行星也可能象徵著深陷衝突兩難的人事物主題，因此有人也將端點視爲調停、調解的方式。

有些占星師認爲我們應當特別注意那一個同時接收到兩個四分相的行星，通常又被稱作端點的行星，也就是同時被兩組四分相擊中的行星，因爲這個行星承擔了較大的壓力。這或許是一個簡單的開始，但如果我們認爲只有這個行星承受壓力，而忽略其他在此圖形相位的行星時，那就有點可惜了，因爲圖形相位中的每一個行星都是值得被關注的。但是在詮釋這一個端點行星時，的確由於同時承受兩組四分相的影響，所以當我們考慮這個位於端點的行星時，必須加入四分相的壓力、壓抑、塑造、延遲、困境、難受、建立、架構等特色。

T 字三角與大十字都具有一種在同一時間內需要處理許多事物的感受，同時這些事物又如同 Catch-22 一樣相互箝制著，讓人一時之間無從下手。我在英國占星學院的老師卡羅泰勒曾經提醒我：「從創造的角度來看 T 三角，往往象徵著我們如何將對分相兩端行星所象徵的原料組合成與端點行星有關的成品。」對我來說這是一個對個案相當有建設性的論述，當我們在觀察個案的 T 三角所產生的可能生活呈現時，不要忘記他如何能將這樣的可能性發揮在他自己的生活當中。

占星師們可以細心的觀察，組成的相位是否因爲分離相位而落入同樣元素或同樣陰陽性的星座，這可以透過認同、理解、幫助，而帶來整合的關鍵；其次，占星師可以透過行星、星座、宮位之間的相似特質，尋求認同、互動、整合以及安排優先順序。請記住，不同的星座性質仍必須在詮釋的時候被考量，強調開創性質的別忘記他們總是希望一口氣完成所有事情，或者專注於一件事情上，此刻先後順序是他們需要認知的；強調固定星座的可能對於改變興趣缺缺，常常得在深刻認知與研究之後，才能在既有事物上做出妥協；強調變動星座的 T 三角可能需要在執行的安排上符合更多選擇，才不會使他們覺得無聊。

占星是一門詮釋符號的學科，我們經常將 T 三角詮釋爲困難的事物，但請不要忘記 T 三角是由強勁能量的對分相與四分相所組成，就如同強勁的動力或是強勁的電流，我們可能遭受動力或電力的衝擊而受傷，但若能了解如何使用這些強勁的動力與電力，便可造就可觀的生產力。所以這一個端點位置不應該只被視為干擾，他也可以是一個整合的方向、解決衝突與困難的可能方向。

許多占星師都建議在觀察 T 三角時，優先關注這三個行星座落的位置是否都在同一種性質，開創、固定、或變動。因爲三個端點經常落在相同性質的星座，不同的性質帶來的不同的行動方式，也往往成爲 T 三角最強烈的特色。

強調的性質（同樣適用在星群與大十字）

開創性質的 T 三角或大十字

當一組圖形相位的行星都落入開創星座時，在處理與這些行星、星座、宮位、相位相關的事物時往往帶有非常積極主動的特色，重視當下、強調周邊事物的重要性與急迫性，可能帶有一種急迫與當機立斷的特質，這種特色也可能是造成自身困擾的原因。

固定性質的 T 三角或大十字

當此一圖形的幾個行星都落入固定星座時，處理與這一組 T 三角有關的主題時，可能帶有強烈堅持的色彩，達成目的才會放手，而且不容易改變、不輕易妥協，有時候要他們放下過去的態度與觀念，或是放下掌握在手上的事物時，需要花費相當長的一段時間。

變動性質的 T 三角或大十字

當個圖形相位的行星都落入變動星座時，這一組圖形所牽涉的事物多半會強調彈性與機動的態度，適應、調整與學習是一種方式，變動的 T 三角重視未來的發展，多元的思路與靈活的手法是其特色，但是諸多變數與太多選項也可能是帶來困擾的原因。

分離性質圖形相位的詮釋

並不是所有的 T 三角或大十字都位在同樣的性質星座中，許多時候，當產生 T 三角的行星都落在星座開頭或後端的度數時，我們就會發現一組 T 三角（大十字）擁有兩種以上的性質，在詮釋上，此時我們必須加入另一個性質的影響。通常這樣的 T 三角增添了調和的可能，因爲 T 三角爲個案帶來的困擾可能涉及該圖形相位的生活領域，且習慣以一種積極或調整的態度來處理，有時候這樣的欠缺彈性或太過堅持，在加入另一組特質時可以讓處理事情的方式多些不同的選擇。

此外，三個行星所落入的星座中，很可能其中兩個星座是相同的元素，或者相同陰陽性的星座，此時增加了一些調和與認同的原因，並稍微降低了因爲四分相與對分相所強調的緊張與壓力。

開創－固定的 T 三角（大十字）

較多行星落入開創星座時，仍然強調事物當下所帶來的緊迫感受，落入固定星座的行星可能帶來一種拖延不易改變的特色，此時同元素或同樣陰陽性的行星可帶來同理、理解、包容、甚至協助的特質以加速腳步。這樣組合的優點是在強調即時反應的開創性質中加入謹慎的作爲。

較多的行星落入固定的組合，重視原則、習慣與規定，在日常生活中扮演著規律運作的機制，但是遇到突發狀況以及遇到一些新的構想時可能沒有快速反應的動力，在這組圖形相位中加入了開創星座時，帶來了當機立斷的可能，也增加進步創新的動力。

固定－變動的 T 三角（大十字）

當一組圖形相位有較多的行星落入固定性質，暗示著個案處理相關事物的態度較爲謹慎保守，有時候會因爲考慮太多而延遲回應，也可能錯失反應的時機。此時落入變動星座的行星帶來了一種靈活的態度，或許是溝通協調，也或許是透過不同的管道來彌補損失。

當這組圖形相位有比較多的變動性質的行星時，個案的態度會傾向用調節與適應的思維來面對相關事物，多樣的思維模式可以增加選擇，卻也可能帶來無所適從，固定星座的加入提供一種從過去經驗來判斷的特色。

變動－開創的 T 三角（大十字）

圖形相位中有較多的變動行星時，暗示著靈活的手段與思維模式帶來的幫助，同樣的也可能帶來複雜的考量；而開創星座行星的介入則採取權衡事物對「當下」影響的輕重，或是以當下能夠處理的課題來考量處理的優先順序。

較多開創星座行星組成的 T 三角暗示著強勁的動力，以及處理事情的果斷特性，相關主題往往帶來一種同時需要完成許多事情的急迫感受，而變動星座的行星則可能舒緩這種急迫性，並且提供不同的觀點，或者透過調整處理事物的節奏，盡可能地達成同步進行的目的。

T 三角圖形相位特色

- 對分相的行星可能暗示著衝突的主題（也請注意星座與宮位）。
- 端點行星（星座、宮位）可能承受較多的阻礙、拖延與壓力的內容。
- 端點行星（星座、宮位）也經常扮演著中間的協調者、或者讓問題更複雜的干擾因素。
- 注意此 T 三角的性質究竟是積極的開創、堅持的固定、或者靈活的變動。
- T 三角往往象徵著長時間面對的生命課題，也帶有清晰的個人特色。

案例：海明威

圖形相位名稱：T 三角

圖形：

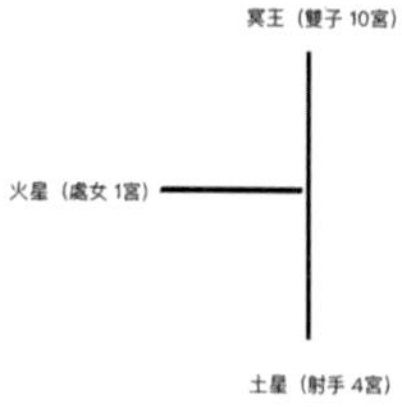

冥王（雙子 10宮）

火星（處女 1宮）

土星（射手 4宮）

所組成的行星：火星、土星、冥王星

所組成的相位與容許度：火星四分土星、火星四分冥王、土星對分冥王

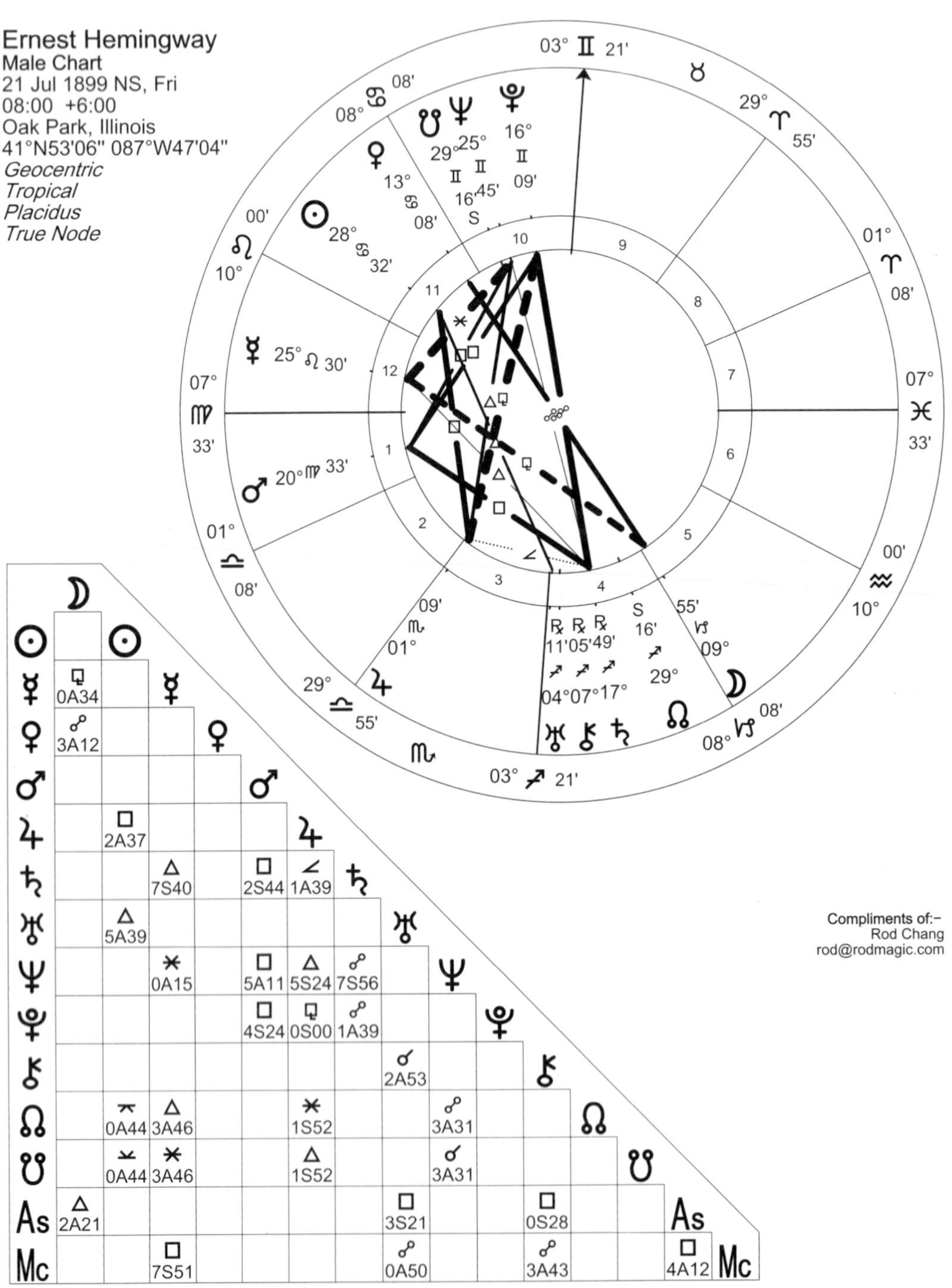

海明威（Ernest Miller Hemingway）

行星	火星	土星	冥王星
該行星定義（可能主題）	生存議題、攻擊、保護、男性	長者、權威、謹慎、恐懼、實現	生死存亡的課題、危機、恐懼
落入星座與定義（可能主題）	處女：辨別、服務	射手：旅行、成長、生命意涵	雙子：學習、溝通、兄弟姊妹
是否逆行或停滯（象徵意涵）		逆行：對於土星象徵的權威與實際有更多審思。	
落入宮位與領域（影響的範疇）	一宮：自我呈現	四宮：家庭、內心世界	十宮：成就、事業、社會地位
守護宮位與領域（影響的範疇）	九宮：高等教育、哲學、國外事務	五宮：娛樂遊戲兒童	六宮：工作、生活步調
產生相位特質（可能感受）	四分土星（阻礙） 四分冥王（困擾）	對分冥王（衝突） 四分火星（延遲）	對分土星（衝突） 四分火星（困難）
在圖形中位置（是否為端點或特殊位置）	端點	對分軸線	對分軸線
與其他行星的容許度緊迫性與危機性	火星冥王 4 度 火星土星 3 度	土星冥王 1 度（緊密迫切）	
強調主題與可能主題： • 火星（生存、行動、競爭）／土星（權威、壓力、困境）／冥王星（隱藏、危機、死亡）。			

- 生存（火）的壓力（土）是一種巨大的危機（冥）。
- 以獨立思考後實際（土星逆行）行動（火）對抗死亡與危機（冥）。
- 信念與信仰（九宮守護星火星）受到危機（冥）的挑戰而更加堅定（土）。

可能呈現的動力：

變動的 T 三角可能暗示著強大的挑戰，也通常帶來充滿壓力且不斷變化的環境，雖然具有挑戰性，但也能帶來以適應力爲主軸的強勁動能。

對此圖形相位的描述：

因爲火星與冥王都有著生存危機的暗示，也因此這一組 T 三角的主題可能偏向行動的困境與掙扎，由於落入一、四、十的角宮，突顯了這組 T 三角在海明威生活中的重要影響。

變動的星座暗示著用調整與學習適應的態度來面對這組圖形相位帶來的衝突。土星、冥王星的對分，暗示著對於死亡或權威的的恐懼將是個案優先察覺的主題，由於端點行星是火星，行動與勇氣成爲突破的關鍵，卻需要不斷的演練才有可能帶來改變。落入處女座與第一宮守護第九宮，暗示著對自我在這個世界的位置、世界觀與人生觀、與行動細節的考量將在這些衝突當中扮演關鍵角色。

其他涉及行星（帶來的舒緩或更複雜化的暗示）：

- 火星海王星四分、土海對分、木土半四分、木土 135 度：理念、想像、理想化帶來的牽絆。
- 水土三分：透過溝通書寫，獲得成長與接納。

大十字

組成：兩組對分相，四組四分相

大十字的組成是由四個行星組成兩組對分相，而這四個行星又彼此產生四分相。許多人認爲大十字是一組相當不好的圖形相位，正因爲組成的都是傳統的的凶相位。這一組相位的形成有一個特色，那就是強調性質，與 T 三角一樣，如果四個行星都落入同一種性質，那麼個案的星盤通常已過度強調某方面的性質。

如果個案的大十字都落入某一種性質，那麼我們需要注意這一種性質可能帶來的影響以及發展趨勢，如果他們落入不同的性質，也可能帶來調整與困擾。我在 T 三角的章節中詳細的描述了這些內容，建議沒有讀過這一個部分的讀者可以參閱 T 三角關於性質與分離相位的部分。

除了重視性質之外，還需要注意的是，大十字出現的時候，多半四個元素都會包含在其中，也就是說，這是一組要求四個元素均衡的相位，這同時說明了此人對於不同領域的生命探索有著比別人更多的渴求，這一點卻是我們經常忘記對個案說明的。

當大十字落入四種元素的時候，帶來衝突與壓力的不是元素，而是相同性質所代表的行動與態度。但或許我們也可能會注意到，他要火元素的生命力與動能，他要水元素的滋潤與感受，要風元素的資訊與分析，他要土元素的踏實與秩序。更重要的是，這樣的人暗示著生命當中絕大部分的事情，都需要四種元素的共同參與。

分佈在四種元素的大十字，象徵個案生命中有四種元素的資源，但是卻有整合上的困難。的確，每一種資源都有的人就得面對如何將各種元素整合進生命當中的議題。關於這個部分，我們在分析相位的時候會有深入的探討，如果因爲分離相位的因素，大十字中沒有出現某一組元素的話，我們或許會問此人星盤上是否完全缺乏那個元素？如果並非如此，我們也不必刻意詢問爲什麼缺乏這個元素。本命盤中缺乏元素議題的人，容易對那個元素所代表的生活態度產生陌生好奇或特別的追求，像是完全沒有行星落入火元素的人，可能對行動與果決感到不熟悉，並且對於行動與獨立的特質好奇而進行探索，或接觸較具動態與表演性質的工作。命盤中完全沒有行星落入土元素的人，可能對物質架構、秩序還有金錢財務的議題感到陌生且好奇，可能因此產生強烈的探索興趣，甚至傾向長期接觸相關的工作或長期與強調土元素的人互動來認識土元素。星盤當中完全沒有行星落入風元素的人，對於溝通、教育、人際互動的議題有著謎一般的態度，探索與長期的接觸可能滿足這樣的特質。本命盤當中完全沒有行星落入水元素的人則可能在情緒、感受與情感呈現上較爲陌生，對於相關的議題可能採取長期的探索而進一步的促成對生命全盤的認識。

對分相的定義：看見

對抗、競爭、衝突、挫折、合作、觀察、覺察、投射、伴侶關係。可能帶來合作與整合的機會，讓自己的人生與生活更爲完整。若從這個角度看完整特質，可以降低對分相的對抗與衝突性。

四分相的定義：執行

阻礙、由外對內的壓力、由內向外的張力、堆積、漫長、拖延、挫折。可能透過反覆漫長的訓練與挫折來獲得成就，穩固紮實是特質，向內扎根深入了解自己，向外透過對抗壓力而獲得成就。

綜合的相位特色

在許多層面中，大十字與 T 三角並沒有很大的差別，他們都是由四分相與對分相共同組成的，差別在於 T 三角同時承受著兩個四分相端點，而端點經常被視爲一個顯著的壓力點，也可能是帶來整合的起點。反觀大十字，在這一組圖形相位中，每一個行星都至少承受著一個對分相與兩個四分相，每一個行星都可以被視爲端點，在這組圖形相位中每個行星都承受了巨大的壓力，或者也可以說，每個行星都擁有高度的動能。

對分相：觀察、衝突、合作、對抗、與人互動

在這一組圖形中，每一個行星所代表的主題都需要做到至少兩件事情，第一是這個行星與對分相的行星主題需要去觀察、去看見；再者，這兩個行星的主題經常會透過伴侶關係或人際互動來呈現，無論是相愛、衝突或競爭，這兩個對分軸線的主題會優先的呈現，並且引發個案的關注。

四分相：挫折、執行、壓力

關注與認識僅是對分相的特色而已，在這個議題當中，更複雜的是另外兩個四分相的行星在執行上對細節的考量。舉例來說，如果在一組大十字中，凱龍與另外三個行星產生了大十字，與木星產生了對分相，同時與土星海王星產生了四分相。當我在思考與凱龍有關的傷痛以及帶來困擾的主題時，可以先從對分相的木星著手，木星象徵著歡樂、傳播、信念、成長、擴張、放縱等特色，於是在與他人合作競爭甚至是伴侶關係的主題上，此人的歡樂或放肆所帶來的困擾容易被關注到，也或許此人的信仰理念、過度自信可能帶來合作關係上的痛楚。

當我們明白這一個觀察重點之後，接著再把第一個四分相的行星——土星加

入，在伴侶與合作關係上因為信念而帶來困擾時，可以考慮土星可能帶來的複雜影響。由於這是一組四分相，四分相的特質有著執行、衝突與挫折，土星象徵著約束、法律、權威，因此，權威、法律（土星）將可能緊密地約束這個人的自信與膨脹（木星）在合作互動（對分）上可能帶來的傷痛（凱龍）。我們可以多找一些不同的描述，例如：

- 成為某個領域的的權威（土）可能替此人帶來在成長過程（木）中與人互動（對分）時遭遇過的傷痛的療癒（凱）。
- 權威與長輩（土）可能是此人在大學階段時期（木）當中傷痛（凱）的主要因素。

接著我們再把另一個四分相的行星加進來考慮。海王星，象徵夢幻、熱忱、憧憬、想像、犧牲或者藝術，從凱龍的觀點來看，仍然可將這一個行星定義為帶來執行層面的困擾。土星象徵著約束、法律、權威，那麼：

- 權威、法律（土）可能緊密地約束這個人的自信與膨脹（木）在合作互動（對分）上可能帶來的傷痛（凱），而他對於理想熱忱的追逐渴望（海）更讓他左右為難。
- 成為某個領域的權威（土）可能替此人帶來在成長過程（木）中與人互動（對分）時遭遇過的傷痛的療癒（凱），但對於周遭事情的超越眞實性的強烈感受（海），使得療癒的途徑更具挑戰性（四分）。

透過這樣的方式，我們可以了解當我們在大十字的圖形相位中挑選一個行星作為詮釋主題時，其對分相的行星可以從人際互動模式、伴侶關係模式、觀察得來的體驗來詮釋，而另外的四分相則是在這個觀察與人際互動之下，帶來影響、干擾、刺激、協助、長期訓練的行動。

大十字擁有高度覺察與高度整合、強勁的動能，關鍵在於整合，不只是「去看見」，還要「去做」，同時要花相當長的時間進行。就如同高空走鋼索，不僅是看見對岸的目標，同時要保持左右的均衡，這需要相當長時間的訓練。

在所有的相位中，對分相與四分相最缺乏彈性，但是動力最為強大。這樣的相位總是強而有力的直接影響著我們，促使我們對生命做出回應，也往往讓渴望舒適生活的人感到不愉快，這也是爲什麼在古代時這樣的相位總是帶有不吉利的色彩。我習慣使用人文觀點來詮釋星盤，這樣的大十字的確帶來相當多生活中的不愉快與不順暢，但是生命的挑戰不會因爲我們感到不愉快就停止，外界的轉變對我們的影響也不會因爲我們想要趨吉避凶就停滯下來。**大十字象徵著當事人需要用認真與複雜的態度去面對每一個受到大十字影響的環節**，命運女神並不會因爲你逃避人生責任就停止追逐你，但是當你認眞面對時，就如同經濟學家凱恩斯所說的：「就算是打破一面窗戶，也可以讓修補窗戶的工人賺到錢。」大十字不是最順暢的生命流動，但當我們仔細檢視並且面對時，我們會知道生命或許要我們花較長的時間在準備工作上，用更多的考驗與挑戰，好讓我們更專精於我們所要面對的課題。對於某些人來說，大十字或許就像是鮭魚從大海洄游，不斷地向更高的海拔挑戰，不斷地抵抗水流的衝擊，然後終於回到出生地產卵，完成這一生延續生命脈動的任務。

最後，我們仍有釐清主題的必要。透過組成的行星來釐清這組大十字的主題是什麼？接著再透過容許度的寬鬆與緊密，來判斷哪些主題更爲迫切？通常四分的兩端帶來動力，並「協助」完美地成就這項工作（就如同四分兩端扮演警察督導，讓你頭痛卻必須精確地完成他們的要求）。更別忘記整合兩個端點有兩組課題要完成，比起 T 十字又多了一組，或許在這麼多的課題當中，別忘記透過分析與判斷組成的行星、星座、宮位找出重複性最高的主題，那或許正是你應該優先下手的地方。

大十字圖形相位特色

- 大十字的主題往往對生活有著全面性的影響，需要長時間與不斷地面對。
- 大十字的主題要求我們透過不斷地訓練，以達到完美零誤差的成果。
- 大十字強調在獲得觀察或者遭遇到衝突之後，可以發現的處理方式。
- 大十字或許不會帶來順暢，但卻可以帶來強勁的動能，並要我們緩慢、仔細、迂迴地獲得成就。
- 試著從行星、星座、宮位中找出不斷重複出現的重要主題。

案例分析

圖形相位名稱：大十字

所組成的行星：金星、木星、海王星、火星

所組成的相位與容許度：見表格

圖形：

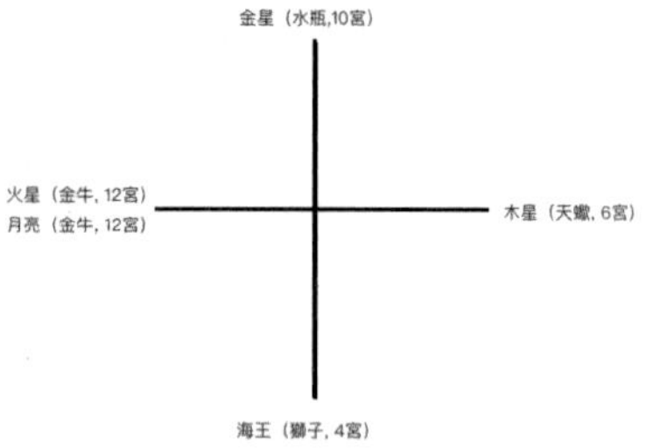

金星（水瓶,10宮）
火星（金牛, 12宮）
月亮（金牛, 12宮）
木星（天蠍, 6宮）
海王（獅子, 4宮）

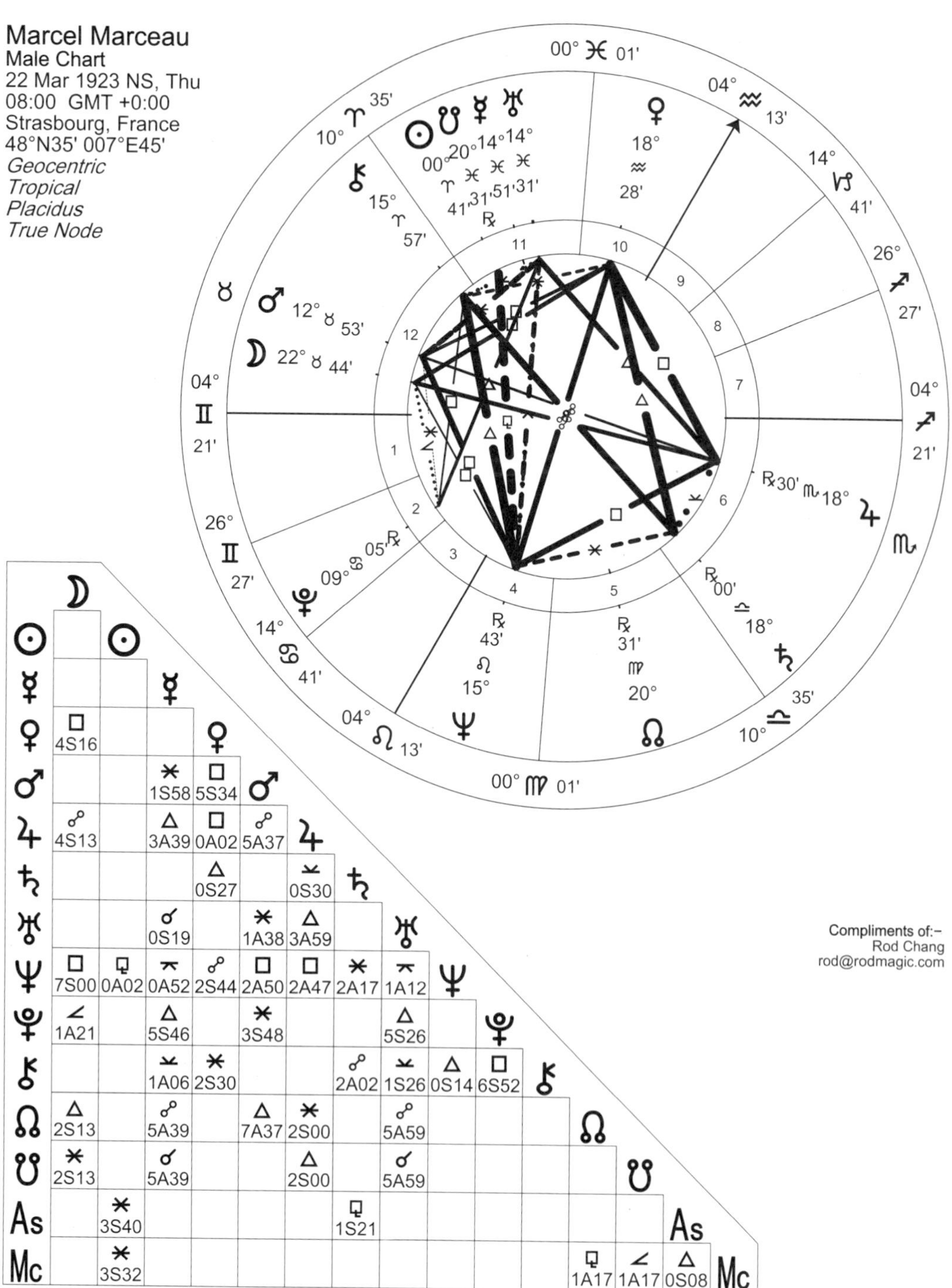

	☽	☉	☿	♀	♂	♃	♄	♅	♆	♇	⚷	☊	☋	As
☉														
☿														
♀	□ 4S16													
♂			⚹ 1S58	□ 5S34										
♃	☍ 4S13		△ 3A39	□ 0A02	☍ 5A37									
♄				△ 0S27		⚺ 0S30								
♅			☌ 0S19		⚹ 1A38	△ 3A59								
♆	□ 7S00	⚼ 0A02	⚻ 0A52	☍ 2S44	□ 2A50	□ 2A47	⚹ 2A17	⚻ 1A12						
♇	∠ 1A21		△ 5S46		⚹ 3S48			△ 5S26						
⚷			⚺ 1A06	⚹ 2S30			☍ 2A02	⚺ 1S26	△ 0S14	□ 6S52				
☊	△ 2S13		☍ 5A39		△ 7A37	⚹ 2S00		☍ 5A59						
☋	⚹ 2S13		☌ 5A39			△ 2S00		☌ 5A59						
As		⚹ 3S40					⚼ 1S21							
Mc		⚹ 3S32										⚼ 1A17	∠ 1A17	△ 0S08

馬歇·馬叟（Marcel Marceau）

行星	金星	海王星	木星	火星	月亮
該行星定義（可能主題）	藝術、和平、舒適、女性	消融、超越、犧牲、消失	信仰、哲學、海外、擴張	行動、生存、攻擊、保護	女性、感受、家庭、母親、日常生活
落入星座與定義（可能主題）	水瓶座：人道主義、自由、獨立、科技	獅子座：創意、創造力、戲劇化、光榮	天蠍座：意志力、洞悉、危機、情感堅持	金牛座：保有、累積、資源、物質	金牛座：保有、累積、資源、物質
是否逆行或停滯（象徵意涵）		逆行：對於海王星象徵的夢幻榮景有更多的內在思考			
落入宮位與領域（影響的範疇）	十宮：成就、榮耀、社會地位、父母親	四宮：家庭、父母親、內在世界	六宮：服務、勞動、訓練、日常生活	十二宮：自我消融、隱藏敵人、自我摧毀、奉獻	十二宮：自我消融、隱藏敵人、自我摧毀、奉獻
守護宮位與領域（影響的範疇）	六宮	十一宮	七、八、十一宮	十二宮	三宮
產生相位特質（可能感受）	對分海王（衝突） 四分木星（壓力） 四分火星（張力） 四分月亮（否定）	對分金星（對抗） 四分火星（壓力） 四分木星（張力） 四分月亮（延誤）	對分火星（衝突） 對分月亮（對抗） 四分金星（阻礙） 四分海王（受困）	對分木星（衝突） 四分金星（延誤） 四分海王（壓力）	對分木星（對抗） 四分金星（張力） 四分海王（阻礙）
在圖形中位置（是否為端點或特殊位置）					
與其他行星的容許度緊迫性與危機性	金星海王3度 金星木星0度 （緊密迫切） 金星火星6度 金星月亮4度	海王月亮7度 海王火星3度 海王木星3度	木星火星6度 木星月亮4度		

強調主題與可能主題：

- 反覆出現視覺上（海王逆行）的美感（金）來自於誇張的（木）行動（火）挑起情緒反應（月）。
- 有為了理念（木）與他人衝撞（火）的衝動，但又顧及人我關係（金）以及家庭關係（月）而打消念頭（海）的內在衝突。
- 試圖以包容的態度（木）化解（海）兄弟姊妹（三宮守護星月亮）之間因為金錢或人際關係（金）上的衝突（火）。

可能呈現的動力：

這是一組屬於固定性質的大十字，強調不退讓、不妥協的特質，具有強勁的動能，但以固定星座的耐力方式呈現。

對此圖形相位的描述：

在這組大十字中，火星可能暗示著衝突，卻落入弱勢的金牛，但金星海王與月亮等陰性行星的特色也帶來了對平和的渴求，以及內在的憤怒與衝動如何釋放。這樣的衝突與憤怒容易展現在社會名聲（十宮）、家庭環境（四宮）與日常生活（六宮）之中，也可能與社會福利或人群福祉（水瓶與十一宮）有著密切關聯。由於是固定大十字，如何在衝突當中堅持不退讓，這是此星盤值得關注的地方。

其他涉及行星（帶來的舒緩或更複雜化的暗示）：

- 在此圖形相位中，月亮與火星並沒有合相，因此需要特別留意。在處理火星議題時可忽略月亮影響，同樣的，在處理月亮議題時可以忽略火星的影響。
- 此外，土星與金星三分與海王六分，象徵著藝術或想法的實踐與呈現，凱龍與金星六分與海王三分，暗示著在藝術當中尋找到對過去傷痛的療癒。

大三角

大三角在星盤上呈現的方式是三個行星（以上）彼此之間產生三組三分相的相位，大多時候這三個行星會落入同樣元素的星座。

組成：三組三分相

三分相的定義：接受、自然、成長

三分相具有和諧共鳴的意涵，三分相的星座都位在同樣元素，同一元素的不同星座又代表著對同一種生活層面的關注的不同切入點。行星的三分相是透過共同的關注而感受到共鳴，同時又因爲接觸到不同的切入點，而有著接受與成長的意涵。透過三分相，不同星座的差異可以表現在對事物不同樣貌的接受度。

大三角特質

這一組相位經常被一些占星師們視爲幸運的相位，因爲這一組相位都是由古代占星師眼中的吉相位所組成的。大多數占星師認爲這樣的圖形相位可以帶來舒適的感受，不過也有占星師認爲大三角需要一些其他強硬相位的刺激才能夠發揮其特色。例如占星師馬琪與麥克艾弗（Marion D. March & Joan McEvers）所著的《學習占星的唯一途徑》（*The only way to learn Astrology*）提到，若沒有其他強硬相位刺激大三角，可能讓人躺在那裡不做事浪費了天賦。而諾泰爾（Noel Tyl）則透過圖形的方式，描述這樣的相位暗示著一種自給自足的特質以減少與他人互動的可能，而強硬相位的介入則刺激與打破了大三角自給自足的限制。

若要充分認識大三角所帶來的影響，除了透過行星主題的研究之外，我們必須回到三分相之上，因爲這一組圖形相位除了三分相之外別無其他。在前一個章節中我們提到過三分相最主要的特質是和諧。大三角中的三個行星多半落入相同元素的星座，暗示著和諧與一致性，這當中或許會有些細節的差異，但是每一組元素的三個星座都有著共同重視的生活領域，也因此能夠充分的接納。三分相顯示接受與包容的特色，這也呼應著在傳統占星中三分相與木星有著呼應的關聯，木星的溫和與調節不同事物，使它成爲最吉利的行星象徵。

大三角的三分相替個案帶來了一種舒適與自在，這種自在可以是每日生活中的輕鬆，以及對周遭事物的接納。他們能夠處在一些改變之中，並透過不同的方式「接受」這些改變，也能夠接受事物的差異性。對於生活在當下，以及對此大三角所相連的主題事物處之泰然則是一種特色。

由於三分相接納和包容的特色帶有明顯的彈性，與三分相有關的木星本身又具有「調和」的意涵，這些彈性允許擁有大三角的個案可以輕鬆地改變生活態度、模式、或是觀點來接受轉變。換句話說，如果個案的生活中發生了一些狀況，而這些狀況又與星盤中大三角的行星、星座、宮位有關時，個案大多會接受這些改變，就如同遇到巨大的衝擊時，大三角會成爲一種相當有彈性避震的阻尼器。當衝擊發生在其他人身上時，他們可能會與之對抗，或者挺身面對衝擊與壓力，而星盤中有大三角的人，一方面透過多種管道的調整減輕衝擊，一方面可以讓自己隨著周圍的變化而改變。

三分相的包容與溫和降低了衝突與刺激，這並不代表三分相就是一種無力的特質，現代占星觀點認爲三分相也具有某種程度的成長與擴張，不過這樣的成長與擴張不強調衝突的色彩，或許像是一種溫和的演進，一種舒適自然的成長態度，自然地流動並順應周圍的擴張方式，非常像是道德經當中的「無爲」。大三角擁有的態度是一種不勉強、不給予壓力、不限制的特色，這也可能是星盤中有大三角的人可以擁抱的生活態度。

有趣的是，在我的諮商觀察當中，一些擁有大三角的人並不容易察覺自己星盤中所擁有的資源與才華。我曾經與一位相當知名的作者討論他星盤中座落於三、七、十一宮的大三角，我們都知道他在寫作上的成就，但是他卻認爲這項才能並不「特殊」，在他眼中，每一個人都應當擁有適當的溝通書寫與深入思考某些議題的能力。這或許是因爲大三角有一種舒適與自然的特色，這種舒適讓我們減低對於自身才華與資源的察覺，他們或許更在意星盤中缺乏的元素或是其他的強硬相位，但是對於占星師來說，大三角所突顯的資源卻是個案相當值得更深入認識並學習如何應用的方向。此外有些人會將自身大三角的特色視爲其他人也都應該具備的特質。沒有看見並不代表不存在，自身擁有某種才能並不表示其他人也一定擁有這樣能力，這兩個方向往往需要與擁有大三角的個案做進一步討論。

有些占星師認爲大三角強調三分相，因此不具有積極的特色，這或許有他的道理，但事實上我們很少看到一張星盤只有單純的大三角而不具有其他的強硬相位。同時，我們必須更留意具有刺激性的行星像是火星、天王、冥王星等落入不同元素的星座時，都可能替這樣的大三角帶來刺激與衝突的特質，當然這仍然可以透過三分相的互動找到共識。更値得關注的是，這些衝突與刺激可以替大三角帶來更多的推進力量。

有時候我們會聽到一些人說大三角有著「過多」舒適的三分相，所以降低了一個人去爭取機會和努力的意願。我完全同意這樣的說法，因爲我自己有一組由太陽月亮天王星組成的風元素大三角，的確帶來了語言溝通上的舒適與流暢，甚至有著在人際關係上避開與他人衝突的傾向。曾經有一位占星師朋友就指出我星盤中的大三角會讓我逃避應有的人生責任（而我知道他這段話是從 Bil Tierney 的書中複製過來的）。不過如果從較人文的一面來思考，一個人如果安於自身的狀態時，占星師有什麼理由揮舞著皮鞭來指責他？又是誰賦予占星師如此偉大的權力呢？占星師可以指出大三角所強調的生活領域、可能帶來的舒適與和諧自在的特質與主題，但若一組大三角眞的造就了一個人舒適的特質，要他去積極爭取究竟是否違背了他的本性？占星究竟是要讓一個人更認識自己、更擁抱自己，還是要他去做其他人眼中成功認眞負責的人？占星師應當好好地思考一下，我認爲只有在個案對自己的生活感到靜止與無聊而求助於占星師的時候，我們或許可以在這時點出大三角的舒適與自滿，可能是他遲遲無法離開舒適圈的主要原因，並透過星盤中其他暗示著動力的象徵，建議他在不否定自我的舒適與無爭的狀態下，仍然可以去突破這種過於平淡無聊的狀態，而不是在不考慮整體星盤與個人本質的情況下就要一個人去改變自我。

從另外一個角度來看，三分相強調著成長，許多占星師們認爲三分相的安逸與舒適帶來了發展的限制，我並不完全同意，因爲無論從傳統的角度來看三分相與木星發展的關聯，以及從人文角度來看它與射手、獅子的關聯，我們都會看到「成長」在三分相當中出現。或許這種成長不是傳統權威式，不是斯巴達式的強硬特質，但卻是一種身心協調的自由成長，或許三分相不強調克服困難，不強調通過抗爭以取得成就，但從某方面來看，在危機發生時大三角不具備對抗的能力，但是大三角強調融入、調和、融合，是一種較不具有侵略性質的擴張與成長，或許這樣的溫和態度需要當事人花更長的時間來察覺細微奧妙的生命演進。

由於大三角容易出現在同樣元素的星座，三個以上的行星落入同一種元素的星座時，象徵著個案對該元素的重視與熟悉，有時這種熟悉感受像是一種與生俱來的特質，因此在與個案討論星盤時，認識該元素成爲我們解讀大三角的首要重點。

元素的特質

火元素星座大三角

在古代的占星師眼中，元素象徵著一些特質，可以描述環境、氣候、或者人們的身體狀態。

火元素象徵著乾燥與炙熱的環境特質，夏天和中午，與體液當中的黃膽汁有關聯，他們認爲這樣的乾燥與炙熱讓人將身體的水分排出，就像是行動時揮汗如雨的結果，也因此將火元素與行動結合。古代的四液說理論當中認爲黃膽汁讓人急躁、容易生氣，具有統治領導的特色，這些特質也經常與火元素有關。

從元素的符號詮釋來觀察，火元素強調熱力、行動。火元素的符號是向上的三角形，而在物理特質當中熱空氣是往上升的。向上攀伸、提升、成長成爲火元素的另一種特質。在物理學當中，熱力的傳播不僅僅是向上而已，也具有輻射的特質，因熱力往周圍散發，也往往暗示著火元素強調著對周圍熱力擴散，將溫暖帶給周圍的人。火的熱度能令人流汗，也因此火元素對應著熱、熱情以及那些與流汗有關的行動，運動冒險，同時刺激、興奮的感受也經常讓人汗流浹背。

火的出現讓人們能夠在黑暗中看清事物，也因此光亮、明朗、清晰也與火元素的特質有關。這種清晰與明朗暗示著直接、不隱藏的特色，用這種特性來描述人格的話，火元素是一種爽朗積極的個性，將這種特質應用在行動時，行動的方向清晰明確，一旦展開，將會是一種直接、不曲折、不妥協也不停滯的行動。也因此意志、信念、力量等特色經常與火元素作連結。

當代的占星師經常將四元素結合榮格四種人格特質，認爲火元素象徵著一種「直覺」，接近於天啓或召喚的特質，或者說自動自發的態度。因爲這些星座強調的是一種不經思索的即刻行動，不是等待刺激之後才作出反應，不是經過思考與證實之後才採取行動。

因此，與星盤中有火元素的人討論他的星盤時，建議先與他們一同探索他們對生命的熱愛、無須督促的自主態度，以及鮮明的個人特質，看見他們積極生活的美好，這些態度如何幫助他們突破生命的重重限制，這些熱情如何讓他們在社會中成爲個性鮮明與他人不同的角色。火元素大三角中的牡羊座行星帶來行動所需的開啓動能，誘發我們展開行動；獅子座的行星透過創造力、創意以及榮耀，幫助我們發揮個人特點並堅持行動；射手座行星則根據成長的方向與對未來的洞見，幫助我們在生活中做出行動的調整。

落入牡羊座的行星象徵著強烈的生存奮鬥特質，落入牡羊座的行星都與生存的行動有著密切的關連，此行星所涉及的根本議題就包括了生存、存在、活著。爲了存活下去，競爭是爭取工作機會的方式，與商業同行的競爭、工作上爭取個人的成就與表現、情感與關係上可能與爭奪伴侶引發的衝突有關，這些對當事人來說或許只是一種自發舉動，但從牡羊座所象徵著生存奮鬥特質來看，這是一種近乎動物本能的天性，而這種最原始的動物本性往往可以帶來最強烈的動機與競爭力，當事人或許可以善用三角當中的此一主題來展開整個計畫。古代的占星師提醒我們，太陽與火星在此星座具有優勢，因此火星與太陽落入牡羊座的人往往在事件的啓動、行動的展開，以及競爭當中帶有一定程度的優勢。在考慮他們的火元素大三角時，占星師不妨點出這項天賦，並與當事人共同探討如何將這樣的特色納入行動與計畫之中。金星與土星落入這個星座時，可以提醒因個人遲疑所可能帶來的干擾，以及面對人際關係、權威議題時引發的衝動所可能帶來的困擾。

落入獅子座的行星重視具體的成果呈現，由於是固定星座，所以持續性成爲其中的優點。許多人都知道落入獅子座的行星強調榮耀與光芒四射，但他們也願意爲了一種認同的榮譽而長時間努力。如何看見生命中的事件所能夠帶來的榮譽，可以刺激火元素大三角中的獅子座部分，並帶來堅持與具有延續性的行動力。創意與創造力是獅子座的另一項特質，透過落入獅子座的行星來取得源源不絕的創造力，一方面可以提升整個火元素所象徵的個人特質，另一方面，這些創造力就像是豐富的能源一樣支撐著整個行動的運作。傳統占星師認爲太陽是獅子座的守護，在火元素大三角中，有太陽落入獅子或者太陽與獅子座行星產生相位時，都強調了獅子座主題的創造力與自信可能帶來的優勢，強烈的自信與創造力成爲大三角主題中強烈的推進力。而土星落在此處時可能帶來個人的信心危機，在發揮整個火元素大三角的強烈行動力時，自我設限可能成爲人生發展中需要關注與探討的主題。

現代占星師認爲落入射手座的行星尋求更高、更深遠的意義，這些行星帶有成長與擴張的特質，同時帶來轉變可能性。這是整組火元素大三角靈活的樞紐，落在射手座的行星告訴我們，當遇到衝突與挑戰時如何靈活的反應。由於射手座象徵著高深的哲理以及異國文化，這提醒我們接觸到的新思想可能有別於日常習慣，一方面這可以創造更多的個人特質，另一方面協助我們用不同的方式面對生活中的衝突。意義的追尋是射手座行星在無形中滋養整個大三角的動作，這可以讓整體走向個人成長與提升的方向，同時也讓個人在遇到挑戰和衝突時，更清楚自己爲什麼做這件事情。在占星學中，木星是守護射手座的行星，如果在這組大三角中有木星落入射手座，或者木星與射手座行星產生相位，我們都會建議當事人關注一下木星的成長、信念、樂觀、尋求生命意義的特質，這將會是此人星盤中可以充分運用的優勢。而水星落入射手座則是傳統的失勢，這並不代表此人的學習溝通能力不好，而是在溝通與學習過程中的急躁與不重視細節，將有可能帶來一些困擾並值得個案更加謹愼。

火元素的大三角強調星盤中的行動力與個人意志，重視個人成長、找尋生活的方向、明白生活的意義，行動上的獨立自主以及生活當中不願意受到任何限制，都是這個大三角的明顯特色。或許這樣的特質在與他人互動時可能帶來一些挑戰，但卻是一種強烈的個人生活哲學，因爲他們渴望活出自己。

在我的諮商當中，我會先讓個案看見這樣的圖形相位所暗示的獨立從何而來，與四宮、十宮、月亮、太陽、土星、凱龍有關時，是否是家庭環境的促成？與十宮、十一宮、十二宮、或者外行星有關時，是否是不可抗拒的時代環境變遷？與七宮、八宮、金星、月亮有關時，是否暗示著在人我互動時的體驗？根據這些特質了解當事人之所以強調「獨立自主、不受干預」的背景之後，我們才能夠進一步地讓對方知道並非所有的事物都需要自己一個人面對。我們也必須了解到並不是每一組大三角都是純粹的大三角，一定有其他的行星與這大三角產生其他相位，特別值得關注的是角距緊密的相位以及強硬相位。帶來這個相位的行星所關聯的事物，這個行星所在的星座、宮位所暗示的主題，都會讓個案深刻體會關於「個人成長、獨立不受干預」的甘苦，並進一步地了解這一組火相大三角所帶來的成長意涵，也可以刺激當事人在遇到生命的挑戰課題時，充分運用堅強的意志與積極樂觀的行動來回應。

我知道一些占星師喜歡討論這些個性帶來的「問題」，並建議對方修正，或許在媒體書寫時這樣的辛辣文筆可以博得許多人的認同，但諮商並不是媒體行銷，生命更不是機器，人格特質的確會在某些時候帶來一些生活的困擾，但如果我們一再強調這些特質所帶來的「問題」，反而限制了此人擁抱自身的才能。

我在諮商時習慣的做法是讓個案看見這些特質是生命當中富足的資源，在遇到生命的挑戰時不妨回到這些特質中以尋求出路，只有在意識到自身的熱情或積極的態度會帶來困擾時再來進行檢視，也就是說，在個案並不因爲這樣的生活態度是一種問題時，占星師的指責可能會成爲一種干擾個人成長的限制。

土元素星座大三角

土元素在傳統的占星學當中屬於乾燥與冷的環境氣候特質，從古代醫學的四液說中，土元素與身體中的黑膽汁（melancholy）相關，黑膽汁的拉丁文最後成了現代醫學中憂鬱以及憂鬱症的字根。因爲古代醫學認爲黑膽汁過剩將會讓人被動、憂慮、保守、嚴肅。

對人格特質來說，這種特性是敏感的，有些人會詮釋爲傷春悲秋，這樣的人格特質也經常會與水元素的特質搞混。事實上，土元素的感傷出自於一種擔憂，一種對於環境敏銳感受而有的憂慮，以及嚴肅地看待周圍環境，這一點與水元素的情緒反應有些差異。在榮格的四種特質當中土與感受有關，這樣的感受並不是強調情感，而是強調對於現實狀況的感受而做出的判斷與反應。

從元素的論點來看，土元素是四大元素中唯一能夠被掌握的，具有一種實體的存在感，火元素與風元素幾乎完全無法被觸碰，水元素可以被觸碰但是很難被掌握控制。但是土元素的實體物質、大地土壤卻是人們可以觸碰、雕塑、拿捏、甚至耕作的元素。也因此土元素經常被認爲與觸感有關，能夠握在手中，所以剛剛所說的觸碰、雕塑、拿捏、耕作都與土元素的生命特質有關。土元素象徵著人們與物質世界的緊密連結，土元素可以是物質世界中的一切，除了大地、農作、高山、沙漠、土壤、田園之外，我們的身體也與土元素有著緊密的關聯，從糧食到金錢財富甚至到如何取得與應用，社會與經濟的規劃與管理都習習相關。也因爲強調觸感與掌握，通常現代占星師認爲土元素帶有強調實際與存在的特質。

星盤中落入土元素星座的行星，暗示我們在哪些領域與實際生活有著更密切的接觸，這些領域包含了身體健康、金錢財富、資源、社會經濟的運作、職場考量與日常生活當中的吃喝睡等。土元素大三角中的摩羯座行星幫助我們認清社會運作的基礎架構，金牛座行星帶來鑑賞與保有物質資源的能力，而處女座行星則在事物產生變化時，提供我們靈活的態度，將人事物安排在最適當的位置。擁有兩個以上的行星落入土元素或甚至形成土相星座大三角時，暗示著對於物質生活、感官世界、社會與個人生活的運作秩序比較容易理解與應用。當然我必須再次提醒初學者，個案如何在實際生活中呈現？個案是否眞的善於理財？是否重視健康？這些仍必須觀察整張星盤，以及配合個案的生活環境、成長背景，才能夠清楚土元素星座與落入土元素的行星如何在個案生命當中眞實呈現。

落入金牛座的行星象徵著我們對於資源的認知與應用態度，包括了我們的身體、我們所擁有的物品、我們的財富，近代占星師更進一步地將金牛座的連結推升到我們的能力以及價值觀。土元素的大三角強調我們對生活的實際態度，而在金牛座的行星幫助我們認清手邊的資源與自身的才能、我們手上擁有什麼，這可以是我們如何看待財富金錢與個人價值，也可以是我們從哪裡賺取生活所需。充分應用落入金牛座的行星可以幫助我們有效率地取得資源，也由於是固定星座，這些行星象徵著生活中不輕易改變的主題，或許是金星的價值觀，或許是土星對權威的重視或者對生命的謹慎，也或許是天王星的客觀態度。這些堅守的原則、緊緊抓住的事物，與生存的維繫，彼此間勢必有著關聯，才會使得個案不容易輕易放手。認清這一點對於個案將有相當大的幫助，重點不在於規勸對方放手，而是讓他看見這行星背後可能存在的生存危機，才能讓個案在適當時機做出是否該放手的選擇。

在傳統占星學當中，落在金牛座的金星與月亮有著一定的優勢，他們象徵著生活中豐富的資源，如果大三角中有這樣的位置，或者金星、月亮與落入金牛座的行星產生相位，多少都能夠幫助個案體驗生命的豐盛，以及透過尋求豐富的資源來創造個人優勢。而火星在此處於失勢的位置，面對競爭時的堅持與緩慢，或因過於謹慎而容易錯失機會、帶來的悔恨，這是當事人需要注意的，但就算如此，我們仍然可以提醒個案保護所擁有的事物是火星金牛的優勢。

落入處女座的行星象徵著人們對於物質轉變的認知，同樣是土元素強調對物質與資源的關注，但因爲落在變動星座上，因此傾向於採取調整、改變與整合的執行方式。在土元素的大三角強調物質與資源的議題上，處女座行星暗示著我們如何區別、調整、轉變、控制、整合手上的資源，這也是爲什麼處女座的行星經常與技藝有關。落在這個星座的行星帶來了土元素大三角整合上的靈活，我們用一種實際的態度把手邊的資源整合在一起，例如水星落入處女座強調觀察、區別、分析能力的物質整合態度，更因爲落在處女座的水星在傳統占星學中有著守護與強勢的優勢，有這一組行星星座配置的人可以善用此優點。如果水星與落入處女座的行星產生相位，也多少會替這個土相大三角帶來顯著的分析能力，並擁有更多的競爭優勢，就算木星在處女座是傳統占星觀點的弱勢組合，亦可強調是理念的整合、想法的落實。金星在處女也是傳統占星學中認爲落陷行星的星座組合，但依然可用謹慎專注的態度完成美學的生活應用、或者在日常生活細節之中發現情感與人際互動在生命中的意義。而對於弱勢與落陷的行星，占星師多半都會建議個案謹愼地處理與該行星有關的生活領域。

落入摩羯座的行星象徵著人們對於物質世界發展的動力，因爲是開創星座，所以比起其他土元素星座擁有更顯著的行動力，這樣的行動力並非莽撞，而是一個經過審慎思考、縝密安排之後採取的行動。落入該星座的行星象徵著土元素大三角的前進驅力，如何拓展個案在社會上的視野？如何爭取更多生存的契機？如何取得更多的成就？在社會結構中透過哪些特質可以發揮影響力？例如天王星落入摩羯座的人或許是透過謹愼的改革以取得社會成就；金星落入摩羯座的人可能會透過人際互動與情感來提升自己的視野，並鞏固自身的社會地位。計劃與執行是現代占星師最常與摩羯座產生連結的幾個字詞之一，土星是摩羯座的守護星，當土星進入摩羯座、或者土星與摩羯座的行星產生相位時，都會替這一組大三角帶來更顯著的摩羯座特質，占星師也認爲這樣的配置或相位，可以透過經驗與謹愼行動來增強這組大三角爭取物質與社會資源的能力。火星落入摩羯座也是傳統中的強勢，火星摩羯會讓個案在面對競爭與爭取成就的過程更加謹慎，強調經由計算與安排之後採取行動的優點，若是火星與大三角中位在摩羯座的行星產生相位，也會帶來相似的益處。相對的，太陽與月亮落入摩羯是傳統占星中認爲需要多加關注的配置，謹愼地面對自身的能力與情緒的渴求是最常被提醒的，但是我們更常注意到太陽摩羯對自身質疑所帶來的生活困擾，以及月亮摩羯對情感與需求的否定，這些都需要占星師在諮詢時給予更多的關注與討論。

風元素星座大三角

風元素在傳統的四液觀念中與血液有關，血液與風元素的性質同樣屬於溫熱、潮濕，是有利於生命生長的環境。這樣的環境像是春天，像是早晨，也像是人類成長過程中的嬰兒時期。對於傳統的占星師來說，風元素強調的是一種樂觀活潑的態度、人與人之間的社交活動、生活當中的對話與互動，這些都是風元素所強調的性質，也因此，這個元素被認爲與社會交流有著密切關聯。

存在於自然界的風元素是風，移動的空氣，從呼吸、微風到風暴，風元素的某種意涵象徵著無所不在並且總是在移動變化當中。在傳統的占星學中，風元素的幾個星座都沒有動物的圖像在其中，雙子的圖像是兩個孩童，天秤是女神手持的秤子，水瓶則是少年捧著水缸，這些星座又被稱爲人類星座。在古代占星師的眼中這暗示著人類的社會活動、與人有關的接觸、人煙聚集的地方，象徵著人類的文明和文化。

在榮格之後的許多現代占星師將風元素與人格特質中的思考功能做連結，認爲風元素象徵著思想、傳播、教育、溝通，社交生活、社會互動與社會議題等等。同時也強調因爲與人的互動所帶來的視野增長、對話交流、思想交流、人我之間對等關係的重視。我們必須注意個案在這些生活議題的發展，雖然風元素重視思想傳播或者是溝通，但不代表星盤中強調風元素的人就是聰明的，對理性與訊息傳播重視並不代表天才或高智商。

風元素的星座廣泛地和人與人之間的關聯結合，風元素大三角象徵個案生活中強調社會交流的特質，從兄弟姊妹、伴侶關係到社群互動等不同層次的人際關係都會帶來顯著的生活議題。風元素大三角中的天秤座行星帶來了關係串連的能力與對等尊重的基礎，水瓶座的行星提升視野並且帶來對於思想、人群互動大原則的堅守，雙子座的行星則在日常生活當中帶來適應與轉變的圓融。

落入雙子座的行星象徵著重視人與人之間最開始的交流，在生活層面中實用知識的觀察與應用。雙子座是風元素中的變動星座，強調整合與交流的能力，在一組大三角中，變動星座依照所在元素重視的生活層面（在此為風元素）去整合不可變的原則與驅動力，並且根據實際的環境情況來落實。也因此，在大三角中的雙子座行星象徵整個風元素的思想交流中最容易被理解與應用的範圍，也就是那些能夠在生活中被使用的，雙子座的行星象徵我們傳播那些層面的實用知識，以及用什麼樣的方式去傳遞。例如木星雖然在雙子座是傳統中的弱勢，但是木星雙子的人可能以木星的宏觀、開朗的態度去傳遞木星所象徵的旅行知識與實用的國際新聞，甚至那些能夠在生活中運用的哲學宗教思想。雙子也象徵著我們溝通與表達的態度、學習與搜集資訊的習性，水星是傳統的雙子守護，暗示著快速反應，在風元素大三角中若有水星在雙子或是水星與雙子座行星產生相位，都會更加強調這種快速溝通與反應的特色。

落入天秤座的行星象徵人與人公平與對等的互動，代表著合作、婚姻、親密關係、對等的關係，以及規範社會互動的法律、約定等。天秤座是風元素的開創星座，象徵著風元素流動的動力，在對等的交流中促進人與人之間的互動，因為任何人都不喜歡在不對等的情況下長久互動。在風元素大三角中落入天秤座的行星象徵著互動的根源、交流的動力，並且強調彼此互利互助的主題，也可能暗示著牽涉合作、關係、法律、約定的議題。天秤座的行星暗示著我們如何與他人互動、互助，生命中的合作關係，例如火星在天秤座時，可能帶來直接、刺激、活躍的伴侶互動的特質，甚至象徵著我們對伴侶關係與合作的期待是快速直接的，雖然在傳統占星當中這被視爲弱勢的行星配置，但也象徵著伴侶關係與合作議題能夠提供整個知性生活源源不絕的動力。太陽在天秤座也被視爲落陷，這樣的配置無法增強太陽的耀眼光芒，卻比較適合與人合作或透過人我互動來強調自身的優勢。金星是天秤座的守護星，在大三角中有金星落在天秤，或者有金星與落入天秤座的行星產生相位時，都能夠增進風元素大三角中和諧交流、達成協議的可能。而土星在天秤座爲強勢，在大三角中有土星落在天秤，或者有土星與落入天秤座的行星產生相位時，更強調合作與婚姻當中的法律約束力量，以及落實想法的可能。

落入水瓶座的行星代表的是風元素中人與人交流更廣泛的層面，也就是個人與群體的互動，在這一層關係中我們不再只是跟熟悉的人互動，不再只是一對一的互動，而是一整個社會、群體，我們在群體中的位置、我們如何處理社群關係、社會如何影響你我，都與落入水瓶座的行星有關。風元素大三角中，由於水瓶座的固定特質，象徵著我們思想當中執著的部分，天秤座的行星帶來動力與交流互動的起點，水瓶座的行星讓我們更宏觀、抽離地觀察這些互動，並找出那些必須堅持的事項，讓雙子座的行星去執行因爲落實而需要調整的部分。土星與天王星都是這個星座的守護，它們都提醒我們在看待社會與群體互動時，不能急促簡略，需要長久的時間，保持客觀、冷靜，並與他人保持距離。當這兩個行星落入水瓶座或是與水瓶座的行星產生相位時都加強了這一層意涵。而太陽落入水瓶座，這是不適合太陽本性的位置，我們必須謹愼地處理太陽所象徵的自信、權威、榮耀、創造力，個案究竟是過度強調權威的重要性與自我的突顯，或是在某些議題上此人不夠有自信、漠視創造力，甚至將這樣的特質投射到他人身上。

水元素星座大三角

水是組成地球上生命的重要元素之一，也被許多科學家用來判定是否有利於生命成長的重要因素。在四元素當中，水元素代表著潮濕與寒冷的環境氣候特質，也與夜晚還有冬天有著相似的關聯，更代表著人生中年老的狀態。在古代的四液說當中，與水元素有關的體液是黏液，它所指的是黏稠的痰液特質，有時候中文也會直接翻譯成爲痰液，這包括了濕冷、黏稠、流動不順暢的物理特質。在拉丁文中的 Phlegm 有著排出的意思，黏液在以四液說爲主的古代醫學觀念中象徵著排除出身體的液體，像是眼淚、尿液、鼻涕，許多身體上的排泄、排除功能也與黏液有關。

古代人認爲水元素強調著緩慢與被動的態度，這樣的人格特質強調內向並且重視隱私，由於水元素本身寒冷的特質，古代占星師們也認爲星盤中強調水元素的人有一種冷靜的特色，他們的冷靜並不是我們認爲的那種有距離的理性判斷，而是一種強調內向不外顯、帶有細膩思維、強調包容力與接受性的處事態度。在這樣的基礎特質中，水元素不像強調風元素的人習慣在人群中移動，他們與人的連結是屬於感性的、感受的、與包容的。

現代的占星師則根據榮格的觀點來看待水元素，他是一種內向的並且強調感覺的元素，強調水元素的人具有內向與被動的態度，占星學中會使用「陰性」這個字詞來表達。所謂的被動並非「靜止」，而是受到刺激之後採取的反應與行動。強調陰性特質的土元素與水元素，必須先有外來的刺激才會採取回應。同時水元素強調情緒與感覺，特別是我們受到外界事物的刺激之後，或者在觀察到自身與外界變化時所產生的感受、我們如何回應周遭環境的改變。每一個星盤中的強調元素，都暗示著我們所重視的生活特質，進入水元素的行星被認爲強調生命的孕育與滋養，以及我們與周圍人事物透過情感產生的連結。火元素強調他們在生活中的行動，風元素強調生活中的思維與溝通，土元素重視生命中的形體與架構，而水元素則重視滋養與哺育、感受與情緒。但身為占星師，我們必須非常小心地描述這樣的特質，而不是誇大或刻意突顯水元素重視情感所以會情緒化，「情緒化」這個字眼在今天已經些許帶有負面的標籤，也讓許多強調水元素的人無法感受在生活中所帶來的優勢。在水元素的大三角中，巨蟹座的行星強調透過感情產生的連結，以及我們如何以情感與歸屬感作為動力；天蠍座的行星透過釐清眞實的感受來延續這股動力，並且守護、保衛珍貴的事物；而雙魚座的行星則透過交流來豐富我們的情緒與感受，並且藉由對周圍環境的敏銳觀察來調整自身的態度與情感的流向。

落入巨蟹座的行星象徵著我們如何哺育滋養自己與身邊的人們，不僅是我們對子女的照顧、父母對我們的照顧，也是我們如何照顧自己。在埃及，巨蟹座的符號是聖甲蟲，聖甲蟲將卵產於動物的糞便中，讓牠們的後代一出生就有食物，這些後代在成長之後從糞便中爬出，埃及人認為這是死去的甲蟲重生，與太陽神每天從東方重生相似。哺育、生產、滋養、親子之間的連結符號與巨蟹座緊密相連。

家是我們日常生活中休息滋養與親子互動的場所，從家庭關係、家族影響到居家環境的議題，甚至是民族情感、還有我們與國家土地的連結，也都可以透過進入巨蟹座的行星來描述。

這些我們與親人、家族、鄉土的連結議題，在心理範疇則與歸屬感有關，這是我們面對血緣關係或種族關係所屬的群體時的態度，也可以是我們與親密伴侶之間的歸屬感。在水元素大三角中，落入巨蟹座的行星象徵著豐富的感受力與想像力所提供的協助，由於開創星座象徵著開啓的動能，巨蟹座的行星也帶來了行動所需的那種發自內心情感的強烈驅動力，促使我們透過滋養、照顧來與周圍產生緊密的連結。若要善用這個位置的行星，我們必須先看清內心的歸屬感，或許是與家的連結，或者是與土地血緣的連結，也可以是來自於家族祖先與家庭環境當中賜予我們的能力。例如月亮與木星都是傳統占星中被視為在巨蟹座強勢的行星，在水元素的大三角中，若有月亮與木星進入巨蟹座，或者與巨蟹座行星產生三分相，都可能透過感受、滋養、照顧的能力來增進水元素大三角的生活優勢。土星的冷漠、實事求是與火星的切割、激進的態度，並非一般人習慣的滋養與情感態度，若出現在巨蟹座時屬於弱勢的象徵，也因此，當這兩個行星出現在巨蟹座，或者在水相大三角中與巨蟹座行星產生相位時，或多或少提醒我們需要更謹慎地面對情感與家庭的事務，是否冷漠激進已經造成自身不愉快的感受？是否有其他的方式能夠展現我們對家人的情感以及對生命的熱愛。

落入天蠍座的行星象徵著對情緒、感受、情感的堅持與保有。相較於開創星座巨蟹座在情感層面的的開啓與創造的動能，固定星座象徵在某個領域的堅定立場，水元素的固定星座天蠍座就象徵著內心領域的堅定與守護。許多人說固定型態的水就像是冰雪一樣，能夠保存許多事物，也因此在水元素大三角中，落入天蠍座的行星強調著那些爲了保存曾經發生過的經歷而帶來的堅定意志力。這個位置的行星告訴我們如何從內心中對事物和生命的深刻情感，去找到無論發生什麼事都不會退縮的堅定力量，這些特色或許在日常中不曾顯現，就如同被祕密守護著的寶藏。隱藏經常是天蠍座的一種行動特色，落入天蠍座的行星可能暗示著你渴望隱藏起來的祕密或珍寶，也象徵著我們如何挖掘出重要的事物，無論你是刻意守護或者無意地隱藏，因爲這些深刻情感的珍貴只能在重要的危機關鍵時顯現。天蠍座的行星總是與面對重大危機時的表現、生死存亡關頭的態度與行動有關，這也是爲什麼在談論天蠍座時總是離不開死亡與重生，死亡不正是生存中最重大的危機？而渡過重大危機的威脅不也往往有一種恍如隔世的重生感受？在傳統占星學中守護天蠍座的行星是火星，而現代占星師們則加入了冥王星作爲天蠍座的共同守護，當這兩個行星在水相大三角中進入天蠍座，或者與天蠍座的行星產生相位時，都會更加強調深刻情感、堅定意志力、危機處理、挖掘眞相的能力，對於個案來說，這些特色是必須被鼓勵發展的方向。而金星在天蠍座則處於無法輕鬆發揮自身強調愛與美的位置，但是回頭想想，那些火星與天蠍座所象徵的戰爭與攻擊，是不是有時候也是出自於保護內心珍愛事物的行動？這告訴我們即使金星在天蠍座弱勢，卻也象徵在危機中我們必須加倍謹慎地釐清最重要的價值、與生命中深刻摯愛的人事物。

落入雙魚座的行星強調著因時因地調整我們的感受，以及如何根據內心的感受來轉變我們的態度與行動。變動星座強調調整、適應與混合，水元素的雙魚座會根據內心的感受來進行這些調整。感情的流瀉與流動是情感體現的一種方式，也是無形的內心情感最容易被觀察到的原因。落入雙魚座的行星帶給人們透過情感的交流而產生的緊密連結的能力，也同時掌管著我們如何根據感受而做出的調整。在大三角中，落入雙魚座的行星負責轉變、調整、包容、接納，該如何進行這些調整則以水元素的情感、滋養爲判斷基礎。我們對某些事物也會因時間環境的影響而轉變，甚至遺忘，遺忘並非全然的壞事，背負著太多記憶或回憶，往往會對生活產生負擔與困擾，雙魚座的行星有時也暗示著哪些事情我們容易混淆、哪些感受我們可能需要重新考量、以及哪些事情比較需要放下或遺忘，讓情緒與感受呈現流動的態度，也讓生活有更多的彈性。在占星學中，木星是傳統的雙魚座守護星，金星在雙魚則具有強勢的影響力，而現代占星師認爲海王星與木星共同守護雙魚座。當這三個行星在雙魚座或者是在大三角中與雙魚座的行星產生相位時，都提醒我們鼓勵個案盡情地發揮自身的包容力、感受力、想像力，他們對周圍的敏銳觀察，可以提升他們在環境變遷中的適應力。而水星則是傳統占星學中認爲比較不能在雙魚座發揮自身特色的行星，這時個案的言論與想法往往因爲有著強烈的包容力與想像力，而不符合社會對於學術研究、嚴肅的言論發表的期盼，因此，如何巧妙地運用言語和文字、謹慎地面對需要釐清的事物，便是水星在雙魚需要注意的範圍。

混合元素的大三角

並不是所有的大三角都有著一致的元素，有時候當一個行星落在星座開頭或結尾的度數時，會造成混合元素的三分相。例如水星在牡羊座二十九度，與處女座一度的火星產生了角距八度內的三分相，並且與海王星在射手座二十八度形成大三角。首先我們得判斷哪一個元素較多？在這組大三角中擁有大多數行星的元素可以為這一組大三角定調，像是舉例中有火元素的海王星與水星，所以火元素主導著這一個大三角，而落入處女座的火星則根據所在星座與性質帶來了調整與調節的功能。在詮釋上，我們會說這是一組火元素的大三角，但因為有了處女座的火星，使得這一組大三角混合了土元素的特質，暗示著除了對行動與生命活力的重視之外，當事人會因為火星在處女座而在行動上更加審慎地觀察實際狀況並做出調整，或許這樣的調整會減低行動的流暢，但卻能讓行動更加因時制宜。

其實也不一定要刻意強調哪個元素主導、哪個元素較少而處於輔助的位置，這並不是詮釋的重點，如果你能夠完整地根據每個行星與星座的搭配，闡述它們在這一組大三角的貢獻，那將會更貼近大三角所要描述的內容。其次，我們要留意分離相位帶來的相位性質的轉變，原本同一元素的三分相，因為角距容許度的關係而跟不同元素的星座產生三分相，但這樣的三分相會帶來一些細微的差異，用剛剛的例子來說，牡羊座的水星與處女座的火星產生三分相，從星座來看，處女座與牡羊座並非同一元素，從牡羊零度到處女零度有著一百五十度的距離，此時這一組三分相會同時帶有一百五十度的焦慮與調整特色。而大三角的另一邊處女座與射手座的三分相，則因為兩者都是變動星座，同時處女座零度到射手零度是九十度的距離，因此在考慮這一組三分相時便多了變動的性質與四分相的延遲與阻礙的特色。一組混合元素的大三角仍然具有強調成長與和諧的主題，而上述的內容則是一些細節與微調，就算如此也依然不會改變這組大三角的主題，所以初學者若感到困擾則不一定要考慮這些的細節。接下來我們來看一看常見的混合元素的大三角。

火元素與土元素混合

火元素的大三角暗示著個案對生活中行動的重視，他們將以積極的行動來處理這一個大三角所暗示的主題（透過行星組合來找出主題），但是當土元素的行星加入，產生混合的大三角時，則會帶來對周圍實際狀況的觀察與重視，當然也有人會將這樣的狀況視為一種干擾，但占星師必須指出在這種不可避免的情況下，個案可以使用的星盤優勢正是加強對實際狀況的關注。

另一種情況，是土元素的大三角加入了火元素的行星，土元素的大三角強調著對物質世界的熟悉，身體、健康、金錢、財富、食物、秩序、架構、管理等，對於周圍事物變化的謹慎觀察與審慎衡量是一個優點，而火元素的行星加入這一組大三角時帶來了行動力以及熱情與勇氣，當然我們也可能聽見關於個案內心焦躁的怨言。

土元素與風元素混合

土元素的大三角強調著個案在生活中對於周遭物質與架構變化的實際關注，以一種審慎仔細的觀察來處理生活的事件，而風元素重視觀察與思考，當風元素的行星介入土元素大三角時，可以帶來溝通以及多元的思考，更有助於事情的發展，除了安全的考慮之外，也有開放性與更多彈性。

風元素的大三角重視生活的溝通與思考，強調著人與人之間的互動。思考，計畫、意涵與理想性是風元素大三角所重視的。當有土元素的行星進入風元素大三角時，能夠將風元素的研究、觀察、理想與討論拉回到現實層面，這些論點如何應用？可以透過人際關係帶來實質幫助。

風元素與水元素混合

風元素的大三角暗示著個案對理性、邏輯以及人際互動的重視，面對事物時會優先從人際互動與理性層面來判斷，思考、溝通是個案的優勢層面。當水元素的行星加入風元素大三角時，情緒與感受成爲另一個判斷事物的依據，面對必須同時符合理性與情緒感受的決定時，可能會產生一些困擾。

水元素的大三角重視情感與感受，感受力、想像力、周遭無形的氛圍變化的察覺是水元素大三角的優勢，在生活當中也以個人感覺爲判斷的首要衡量條件。當水元素的大三角加入了風元素的行星時，在感受的同時，個案可能會自問這樣的態度是否合乎邏輯？這樣感受的合理性是否足夠？判斷如何與在反射性的行動搭配會是一個具有挑戰性的訓練。

水元素與火元素混合

水元素以及火元素都象徵著對感受的重視，其中的差異在於水元素的特質往往是隱藏與被動的，需要經過刺激才可能呈現，在水元素的大三角中加入火元素的星座，可以幫助原先較爲被動的情感與關懷的態度順利地表現出來。

火元素的大三角強調來自於內心的感召與立即的行動，這個大三角較關注可望達成的目標與成就，多過於其他生活細節。在火元素大三角中帶入水元素的行星，並不會減低既有的熱情，卻可增添更多想像空間，以及顧及周遭人的感受，或許降低了行動的順暢卻多了關懷。

大三角圖形相位特色

- 大三角象徵著和諧主題與個案容易自然接受的生活主題。
- 大三角的主題往往暗示著可以去成長、擴張的領域。
- 注意那些與大三角產生強硬相位的行星，它們帶來刺激與動力，讓大三角展現其豐富的資源與能力。

案例分析

圖形相位名稱：大三角

所組成的行星：月亮、金星、土星

所組成的相位與容許度：見表格

圖形：

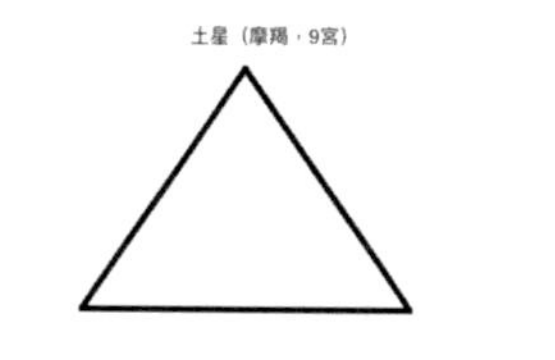

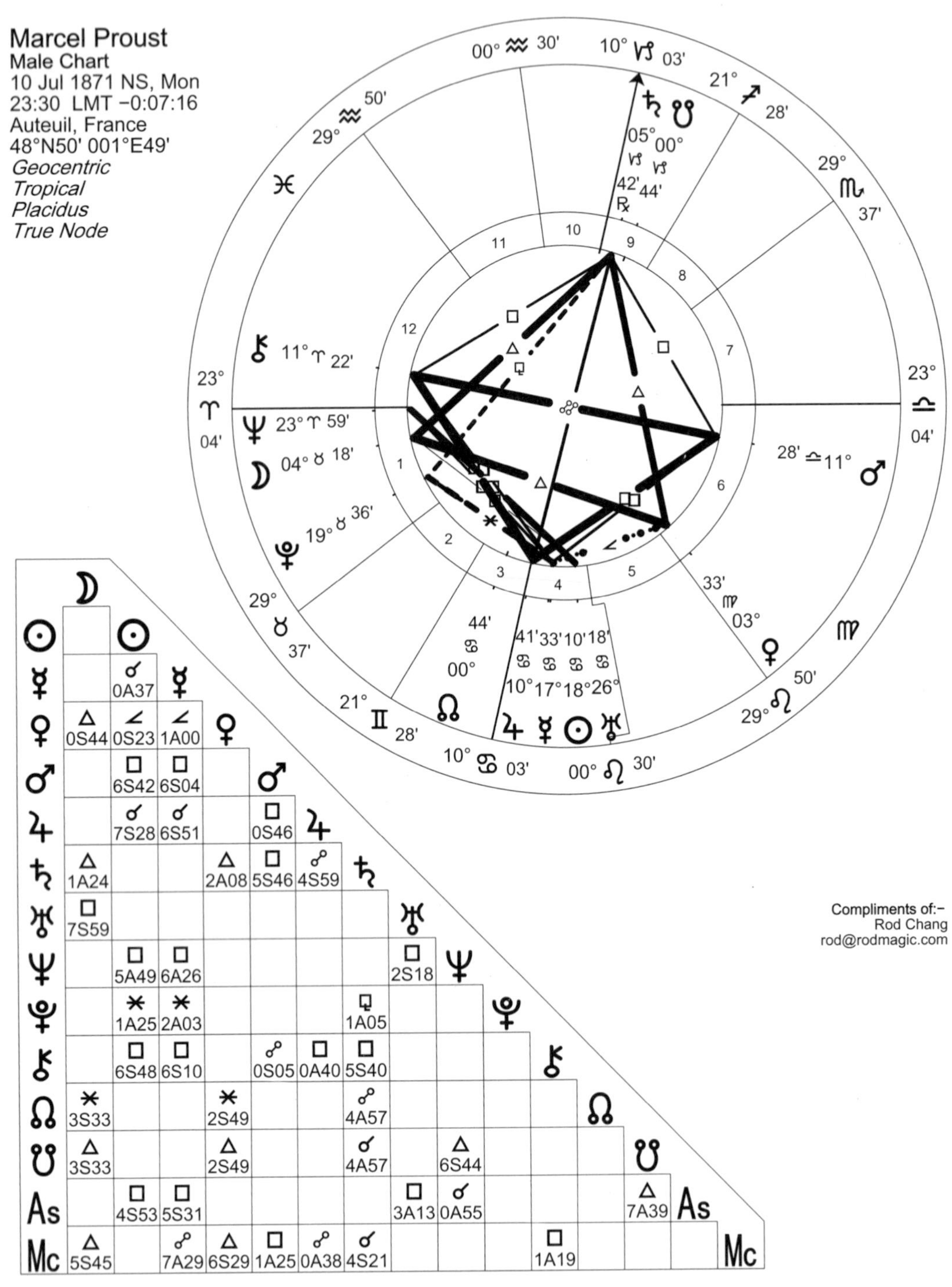

馬塞爾・普魯斯特（Marcel Proust）

行星	月亮	金星	土星
該行星定義（可能主題）	需求、童年、家庭、母親、女性、情緒	女性、喜愛的人事物、美麗的、舒適的	過去、權威、壓力、責任、實際、討厭的
落入星座與定義（可能主題）	金牛：物質、財富、堆積、感官、擁有	處女：物質、秩序、分析、區別、服務	摩羯：物質、權威、成就、秩序、規矩
是否逆行或停滯（象徵意涵）			逆行：對於土星象徵的權威與實際有更多審思
落入宮位與領域（影響的範疇）	一宮：自我、外表、我與世界的關係	六宮：工作、日常生活、傭人屬下、身體健康	九宮：人生意義、高等教育、宗教、法律、外國事務
守護宮位與領域（影響的範疇）	四宮：家庭、房屋、內心世界	二宮：物質金錢 七宮：伴侶關係	十宮：社會地位、成就 十一宮：社群關係 十二宮：犧牲、消融
產生相位特質（可能感受）	與金星三分相（接納） 與土星三分相（融合）	與月亮三分相（成長） 與土星三分相（認同）	與金星三分相（融合） 與月亮三分相（接納）
在圖形中位置（是否為端點或特殊位置）			
與其他行星的容許度緊迫性與危機性	月亮金星 0 度（緊密迫切） 月亮土星 1 度（緊密迫切）	土星冥王 1 度（緊密迫切） 金星土星 2 度	

強調主題與可能主題：

- 喜歡的人事物（金）多半帶有過去（土）生活的回憶（月）。
- 謹慎地對於權威（土星逆行）的仰賴（月）並建立和諧的關係（金）。
- 與女性（月）的良好關係（金）有助於爭取更高的社會地位（十宮守護星土星）。

可能呈現的動力：

大三角所呈現的動力是溫和與成長，三個行星的主題互相支援，而與此三個行星產生強硬相位的行星將來更強勁的動力。例如在這個案例中帶來四分相的天王星或對分土星的木星，這些議題都與進步、自由、開放有關。

對此圖形相位的描述：

這是一組強調土元素的大三角，暗示著對物質世界、現實生活的重視，落在金牛的月亮為強勢、落在摩羯座的土星也在自己守護的星座，這有一種適切與應用得宜的意涵。相對的金星屬於落陷的位置，在美好的回憶之中有一種失去影響力或不再美好的意涵。這組大三角座落於一、五、九宮，暗示明確的生活方向、以及對自我的認知成長探索的重視。

其他涉及行星（帶來的舒緩或更複雜化的暗示）：

- 木星：木星與土星對分但並沒有與月亮、金星產生六分，否則會成為風箏圖形，木星守護土星所在的第九宮，強調了哲學、宗教、人生意義的特質。
- 天王星：天王星與月亮有一組非常寬鬆的四分相，這可能暗示著從過去的回憶中得到不同生活方式的啟發，或者切斷與過去的連結，但由於角距相當寬鬆，當事人不一定可以感受得到或有必要面對這個議題。
- 太陽、水星：太陽水星都與金星產生半四分相，或許在生活中意識到了事物的不夠美好而盡力追逐探索。

小三角

六分相型態：這些小三角有三種型態，基本上都與六分相有著一些關聯，這三種組包括了：

- 一組對分相與一組三分相加上一組六分相。
- 一組三分相加上兩組六分相。
- 一組六分相加上兩組半六分相。

這些組合都帶有六分相的活躍特質，促使個案去學習、將所知的事物靈活地應用在生活中。六分相帶著溫和的刺激，並不會使人特別難受，也不會舒適到讓我們無法察覺應當重視的議題。接下來，將分別透過相位來分析這三組小三角的不同之處。

1. 一組對分相與一組三分相加上一組六分相

對分相：個案容易透過人際互動與伴侶關係當中察覺到的議題，進而帶來學習、成長與接受。

三分相：透過那些察覺與學習到的議題帶來成長與接受自身原本的樣貌。

六分相：在遭遇到對分相所暗示的察覺與觀察到的衝突，進一步地交流、互動、學習。

小三角特質：

這樣的小三角有著對分相的強烈動能，對分相的主題或許在某些時候帶來衝突與挑戰，然而卻會刺激六分相的行星組合，我們可以透過六分相的行星組合來學習認識對分相主題的衝突，同時也透過三分相主題所暗示的包容與成長，去接受那些存在生命當中的挑戰與衝突（特別是在此一組圖形相位中的對分相行星所關聯的議題），並且更進一步地將這些挑戰、衝突、學習與成長，應用在生活中的其他領域。

2. 一組三分相加上兩組六分相

三分相：組成三分相的兩個行星所指出的主題，是個案在生活中覺得舒適自然之處，或許他人無法理解，但對個案來說卻是稀鬆平常的事情。

六分相：透過六分相行星的主題帶來些許刺激，並引導當事人透過與他人和諧的互動，深入探索原本習以爲常的事物。

小三角特質：

這一組小三角帶來輕鬆活潑的學習機會，六分相可將原本覺得平常的生活議題變得更爲豐富，而這樣的深化與理解更能夠靈活應用在其他的領域上，特別是產生六分相行星有關的生活議題當中。

3. 一組六分相加上兩組半六分相

六分相：六分相的行星主題會透過與周遭的互動，循序漸進地引導個案去學習與認識，這種和諧、輕鬆卻又帶有些刺激的互動並不會讓人感到不適。

半六分相：半六分相具有盲點的特質，讓人無法理解究竟爲何會對這兩個行星的主題感到不適，但占星師可以透過行星所在的星座之間的差異找出造成不適應的原因可能在哪，並進一步透過這組圖形相位的六分相主題來做更爲靈活的探討和應用。

小三角特質：

半六分相很少被討論，這一組相位通常有著無法捉摸、無法理解的盲點，半六分相的行星帶來可能出現盲點的主題，而兩個行星所落的星座之間的差異則點出了造成不舒服的原因爲何。多半當事人需要透過與他人的探討來找出這種不適，而六分相正好給予一個具刺激感卻又愉快的機會，有利於更深入地探索在生活中被忽略的、感到不適的議題。

4. 其他型態

- 一組對分相與一組半四分相與一組一百三十五度。
- 一組對分相與一組半六分相與一組一百五十度。
- 一組四分相與兩組半四分相。
- 一組一百三十五度，加上一組四分相與一組半四分相。
- 一組一百五十度，與一組半六分相與一組三分相。

這些三個端點的組合很少被人討論，但卻經常出現在星盤組合當中。在處理這些圖形相位時，我們必須牢記是哪些行星組成的主題，其次再來仔細考量每一組相位之間的關係，最後將這些關係綜合起來描述這一組圖形相位可能帶來的影響。

小三角圖形相位特色

- 擁有六分相的小三角多半強調學習與靈活應用的意涵。
- 擁有強硬相位的小三角象徵著透過較多的挑戰學習此生活主題。
- 一百五十度與半六分相的小三角很可能帶來需要不斷地調節與適應的主題。

案例分析

圖形相位名稱：小三角

圖形：

土星（獅子，2宮）
冥王（獅子，2宮）
水星（射手，6宮）
海王（天秤，4宮）

所組成的行星：水星、土星、冥王星、海王星

所組成的相位與容許度：見表格

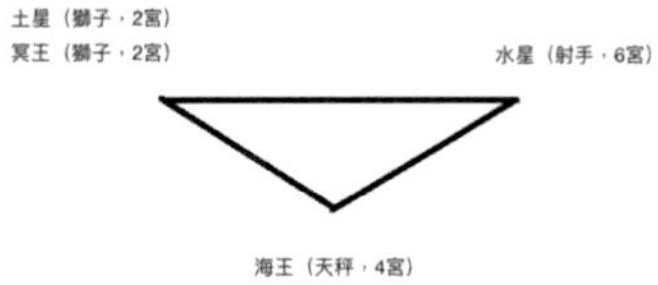

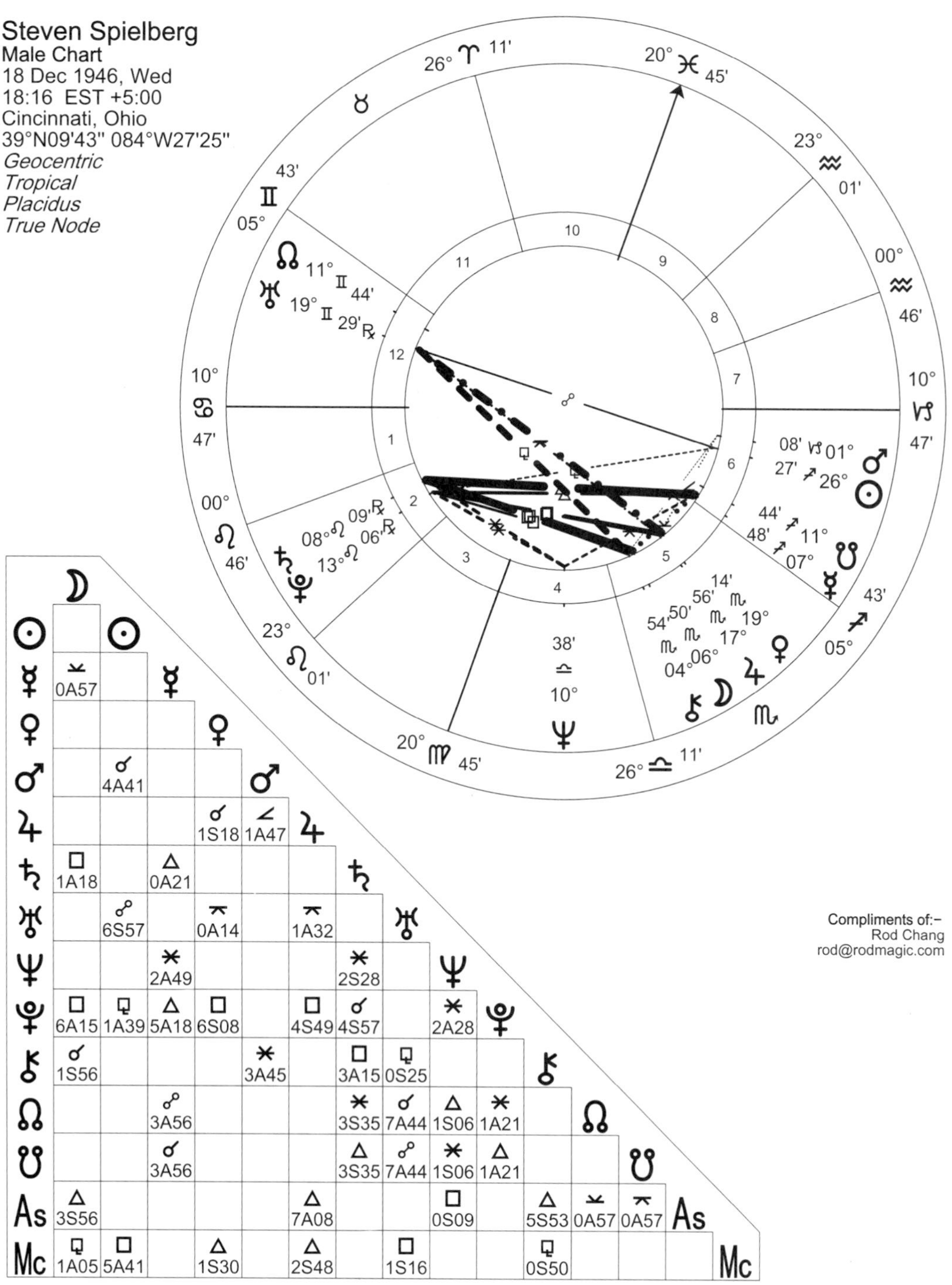

史蒂芬・史匹柏（Steven Spielberg）

行星	水星	土星	冥王星	海王星
該行星定義 （可能主題）	溝通、交流、學習、思考、分析	定義、懷疑、保護、阻礙、恐懼、權威	危機、恐懼、掩埋、挖掘、死亡、重生	影像、幻想、美好、消失、狂熱、超越、偉大
落入星座與定義 （可能主題）	射手座：異國文化、信念、信仰、飛行	獅子座：熱情、創意、創造力、榮耀、娛樂、個人成就	獅子座：熱情、創意、創造力、榮耀、娛樂、個人成就	天秤座：關係、溫和、美好、人我互動、公平、正義
是否逆行或停滯 （象徵意涵）		對於土星所象徵的定義、權威反覆深入思考	對於冥王星所象徵的恐懼、危機有更深入的探討	
落入宮位與領域 （影響的範疇）	五宮：遊戲、娛樂、情感、個人目標	一宮：自我呈現、與外界的互動	二宮：物質、金錢、資源與價值觀	三宮：溝通、學習、兄弟姊妹、鄰居
守護宮位與領域 （影響的範疇）	三宮、十二宮	七宮、八宮	五宮	九宮
產生相位特質 （可能感受）	與土星三分（接納） 與冥王三分（融合） 與海王六分（學習）	與冥王合相（整合） 與海王六分（機會）	與海王六分（活躍）	
在圖形中位置 （是否為端點或特殊位置）				
與其他行星的容許度緊迫性與危機性	與土星0度（緊密） 與冥王3度 與海王5度	與冥王5度 與海王2度	與海王2度	

強調主題與可能主題：

- 討論（水）關於不斷重複的恐懼（冥王逆行）以及害怕（土星逆行）的事物並且如何超越（海）它們。

- 探討（水）如何透過影像或冥想（海）而超越恐懼（冥）限制（土）。
- 在受到限制（土）的艱困（冥）環境之中帶來療癒（海）的訊息（水）。
- 透過分析思考（水）那些過去沒有被關注（冥）的影響力以踏實地（土）實現夢想（海）。
- 透過影像（海）的具體呈現（土）表達（水）自己所喜歡的事物（五宮守護星冥王星）。

可能呈現的動力：

這是一組三分相與六分相組成的小三角，象徵著靈活多變的動能，爭取機會並且隨機應變。

對此圖形相位的描述：

這是一組充滿活力以及柔和相位的小三角，因爲涉及的行星多半爲外行星，暗示著上述主題可能透過外界生活的劇烈變動而引起。六分相的水星海王星暗示著透過影響傳遞訊息或學習；另一組六分的土海可能暗示著對於實現夢想的靈活務實態度；而冥王海王的六分相可能是對於時代背景的狂熱、恐懼或對於失去自我的反省。水星與土星冥王的三分相則暗示著對於恐懼事物、生存掙扎的積極正向思考，從中發現未來的成長方向。由於水星土星相位最爲緊密，所以務實的態度將會是整組圖形相位的主軸。

其他涉及行星（帶來的舒緩或更複雜化的暗示）：

土星同時涉及了月亮與凱龍的強硬相位，可能暗示著童年環境或家族（種族）身分所帶來的壓力，與此務實態度的展現有關。冥王星與日月水金等個人行星都有關係，暗示著如何面對冥王星所象徵的生命恐懼、黑暗、權力控制，也是影響這一組圖形相位的一股強大的動機。

風箏

風箏是大三角的變化型態，當大三角其中一端的對面多了一個對分相的行星時，此時它會與另外兩端的行星產生六分相。

組成：三組三分相、兩組六分相、一組對分相

三分相的定義：接受、自然、成長

三分相具有和諧共鳴的意涵，三分相的星座彼此位在同樣的元素，每一元素的不同星座又代表著對同一種生活層面關注的不同切入點。行星的三分相透過共同的關注而感受到共鳴，同時又因爲不同的切入點而有著接受與成長的意涵，透過三分相不同星座的差異，能夠自然地接受事物在生活中的不同樣貌。在風箏圖形相位中，這三組三分相所形成的大三角的和諧被對分相給擊破，原有的寧靜和諧遭受到衝擊，卻也帶來成長與前進的動力，同時又有六分相帶來學習動機，在衝突與刺激中，大三角顯得更爲活躍並發揮更大的作用。

六分相的定義：引誘、機會、學習、互動、靈活

六分相所在的星座擁有同樣的陰陽性質，也因此這兩個行星所形成的主題將會透過與周遭的互動，循序地引導我們去學習認識，這樣和諧輕鬆卻又帶些刺激的互動並不會讓人感到不適。在風箏的圖形相位中，受到對分相所暗示的察覺與觀察到的衝突，也透過三分相體認、接受這些刺激可以帶來成長，進一步地嘗試交流與互動學習。

對分相的定義：看見、對抗、競爭、衝突、挫折、合作、觀察、覺察、投射、伴侶關係

對分相不僅僅是衝突與對立，也帶來合作的可能，在沒有其他柔和相位的調節下，對分相的主題多半讓人感到難受，可能是帶來人際關係的挑戰或內在的心靈衝突，透過這些衝突，可以了解自我不同面向的渴求。但在風箏中，這組對分相的衝突主題會透過六分相學習，透過三分相接受並獲得成長，繼而帶來合作整合的機會，讓自己的人生與生活更爲完整。若從這個角度來看，風箏可以降低對分相的對抗與衝突性，同時也讓大三角更爲活躍。

風箏特質

風箏的組成包括了一組大三角與一組小三角，同時一組對分相帶來了刺激與衝突。

比起大三角，風箏多了對分相的刺激、衝突、投射，讓我們不再舒適地待在其中，強硬相位會刺激大三角運作，大三角的協調與包容性會因爲對分的衝突更加顯現出價值，而小三角的學習動力帶來了適應力與加速成長。

端點行星是重要關鍵，許多占星師將風箏圖形相位中存在於對分相且同時跟另外兩個行星產生六分相的那顆行星稱之爲端點，這一個行星是唯一沒有處於大三角之中的行星，被視爲是帶來最大挑戰的主題，也是整個風箏圖形相位的重要關鍵，因爲它將整個完整的循環協調打破並產生衝突。對分相透過投射，讓我們看見想要整合的議題，它或許帶來了衝突與刺激，在風箏中不會感覺到這股壓力，因爲內部的循環會自動紓解這股壓力。更特殊的是六分相，六分相的兩個行星負責刺激、活化整個結構，並以此靈活的方式減輕對分相端點的壓力。

風箏圖形相位特色

- 端點行星暗示著重要挑戰的主題，並藉此帶來個人生活整合的契機。
- 大三角的元素以及行星象徵著面對挑戰時可以應用的資源。
- 擁有六分相的行星可帶來著靈活變化與機會。
- 或許不同的主題象徵著不同生活領域的影響，但最終個案會察覺這一切都可整合成為重要的個人生活的主題。

案例分析

圖形相位名稱：風箏

所組成的行星：

太陽、木星、海王星、冥王星、凱龍

所組成的相位與容許度：見表格

圖形：

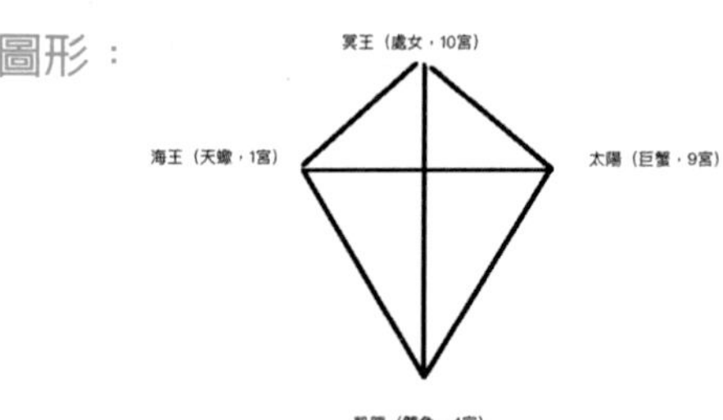

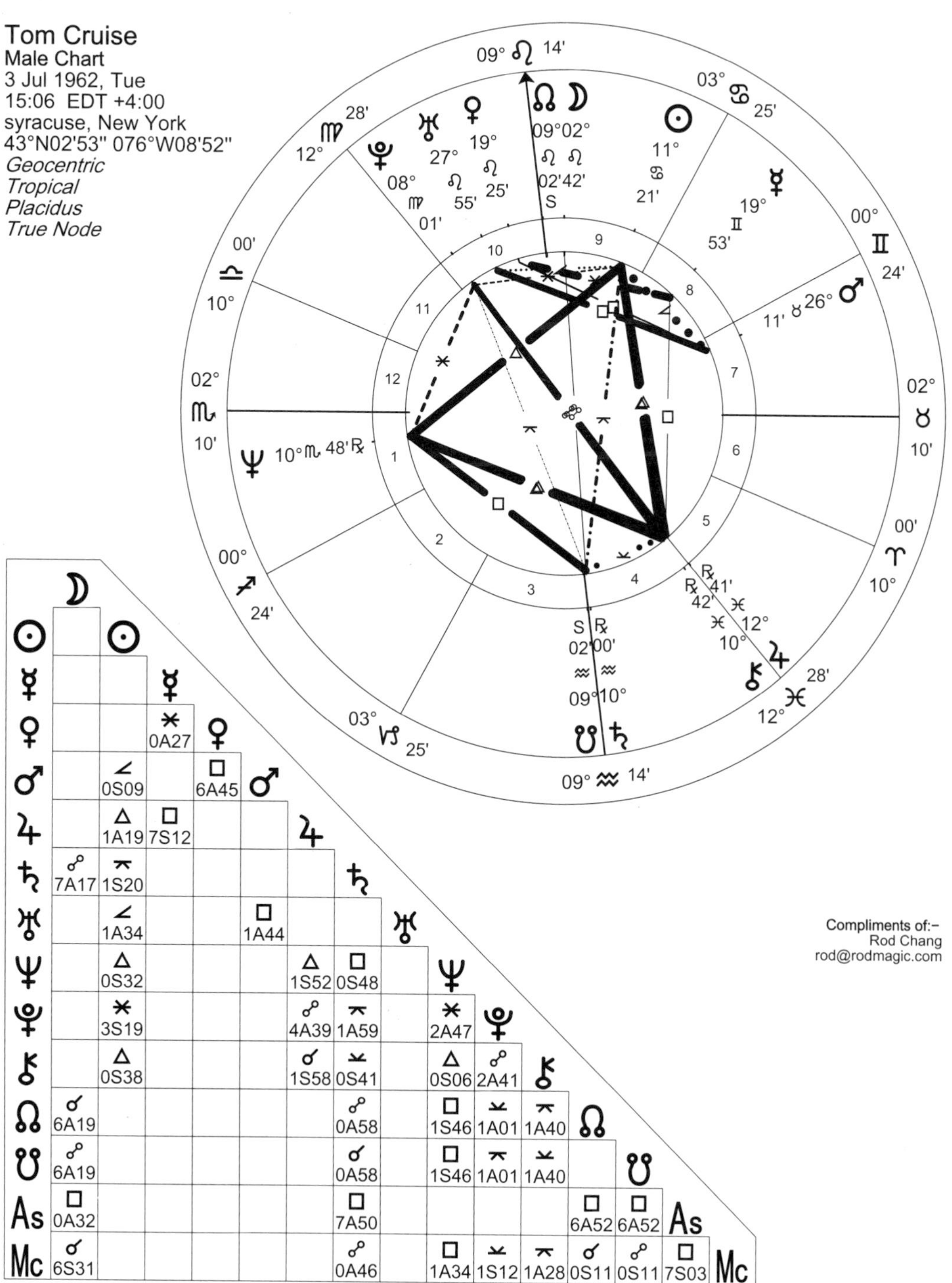

	☽	☉	☿	♀	♂	♃	♄	♅	♆	♇	⚷	☊	☋	As	Mc
☉															
☿															
♀			⚹ 0A27												
♂		∠ 0S09		□ 6A45											
♃		△ 1A19	□ 7S12												
♄	☍ 7A17	⚻ 1S20													
♅		∠ 1A34			□ 1A44										
♆		△ 0S32				△ 1S52	□ 0S48								
♇		⚹ 3S19				☍ 4A39	⚻ 1A59		⚹ 2A47						
⚷		△ 0S38				☌ 1S58	⚺ 0S41		△ 0S06	☍ 2A41					
☊	☌ 6A19						☍ 0A58		□ 1S46	⚺ 1A01	⚻ 1A40				
☋	☍ 6A19						☌ 0A58		□ 1S46	⚻ 1A01	⚺ 1A40				
As	□ 0A32						□ 7A50					□ 6A52	□ 6A52		
Mc	☌ 6S31						☍ 0A46		□ 1A34	⚺ 1S12	⚻ 1A28	☌ 0S11	☍ 0S11	□ 7S03	

湯姆．克魯斯（Tom Cruise）

行星	冥王星	木星	凱龍	太陽	海王星
該行星定義（可能主題）	隱藏、恐懼、危機、生存議題	信仰、信念、海外、成長	傷痛、療癒、局外人	自我、父親、男性、創造力	夢想、影像、完美、超越、融合
落入星座與定義（可能主題）	處女座：辨別、分析、應用、實際、服務	雙魚座：情感交流、滋潤、感覺感受、融合	雙魚座：情感交流、滋潤、感覺感受、融合	巨蟹座：生產、滋養、哺育、照護、家庭	天蠍座：危機、生存議題、洞悉、影響力
是否逆行或停滯（象徵意涵）		逆行：對於信念與成長的定義保持獨立思考判斷	逆行：對於傷痛與療癒有著反覆的思考		逆行：對於夢想與影響有著反覆地探討或回顧
落入宮位與領域（影響的範疇）	十二宮：消融、放下自我、犧牲、隱藏的敵人	六宮：服務、勞動、訓練、日常生活	六宮：服務、勞動、訓練、日常生活	十宮：權威、公眾形象、社會地位、雙親（母親）	二宮：金錢、財富、資源、自我價值、能力
守護宮位與領域（影響的範疇）	三宮：言語、學習、手足、鄰里、交通	四宮：家庭、住家、雙親（父親）、歸屬感 七宮：伴侶、合作夥伴、公開敵人			七宮：伴侶、合作夥伴、公開敵人
產生相位特質（可能感受）	對分木星（衝突） 對分凱龍（對抗） 六分太陽（機會） 六分海王星（活躍）	合相凱龍（融合） 對分冥王（對立） 三分太陽（接受） 三分海王（和諧）	合相木星（融合） 對分冥王（合作） 三分太陽（成長） 三分海王（接受）	六分冥王（機會） 三分木星（成長） 三分凱龍（包容） 三分海王（接受）	六分冥王（活潑） 三分木星（成長） 三分凱龍（接納） 三分太陽（和諧）
在圖形中位置（是否為端點或特殊位置）	端點	與端點對分	與端點對分		
與其他行星的容許度緊迫性與危機性	與太陽 3 度 與木星 4 度 與凱龍 2 度 與海王 2 度	與太陽 1 度 與凱龍 2 度 與海王 1 度	與太陽 0 度（緊密） 與海王 0 度（緊密）	與海王星 0 度（緊密）	

強調主題與可能主題：

- 透過信念與信仰（木）危機（冥）或是大型的危機與個人的犧牲（海）呈現受傷的英雄（日）形象。
- 對於不斷重複的宗教（木逆行）與理想的狂熱（海逆行）可能招致個人名聲（日）的危機（冥）與不被社群接納的狀態（凱逆行）。
- 透過影像（海）發揮創造力（日）藉此療癒（凱）過去與外界社會（木）接觸的恐懼（冥），因爲對於權威（日）信任（木）的消失（海）而透過言語（三宮守護冥王星）表達傷痛（凱）。

可能呈現的動力：

對分相的木星冥王與凱龍冥王將是帶來衝擊與動力的主題，太陽與海王星所提供的三分相、六分相一方面能減輕衝擊，以太陽的自信、海王的寬容或影像靈活處理衝突；另一方面受到刺激，將衝擊的議題作爲資源與動力，靈活應用在生活之中。

對此圖形相位的描述：

- 冥王與木凱的對分相暗示著衝突以及動能的來源，對人的信任招來的危機，權力、暴力可能帶來的傷痛，自信可能帶來的麻煩，以及重新找到自信的過程。透過三分相太陽的創造力與海王的藝術、宗教、寬容慈悲的特質，可以幫助個案接納這些難受的議題。透過靈活應用的六分相，這些傷痛將提供動力促成太陽的光榮以及海王星的偉大。
- 冥王星的端點暗示著黑暗、恐懼、危機、生存議題將是一個重要關鍵。
- 水元素的大三角暗示著滋潤、養育、照顧、藝術，以及將身心靈領域的事物作爲個人資源。

- 二、六、十宮暗示著物質資源、身體、日常生活的關照與工作職場領域將是這議題呈現最顯著的地方。
- 在這一組圖形相位之中，雙魚座與相對應的十二宮還有守護雙魚座的木星、海王星都出現了，這暗示著與這些主題有關的精神、宗教、包容、慈悲、影像、病毒、沉溺、上癮，將強烈地被突顯。

其他涉及行星（帶來的舒緩或更複雜化的暗示）：

- 土星雖然不在這組圖形之中，但是與太陽、凱龍、海王、冥王都有相位。土星在水瓶並與南交點合相，暗示著過去或童年的限制與困境，可以替這組風箏增加實用性與保護特質，透過這一組風箏來療癒過去的難受。土星也與冥王月亮產生上帝之指（Yod）圖形相位，在主題上再次強調過去的不愉快所帶來的強烈影響。
- 天王與火星也透過與太陽、冥王的相位，替這一組風箏添加色彩，特別提供了力量、勇氣與果決的態度，切斷過去的連結，活出不一樣的人生。

神祕矩形（信封）

這一組圖形相位在圖像上看起來像是個信封一樣的長方形，於是又被稱爲「信封」圖形相位。在長方形的中間是兩組對分相的交錯，但是四個行星之間並沒有產生四分相，相對的四個行星之間都有著六分相與三分相的互動。

組成：兩組對分相、兩組三分相、兩組六分相

在這裡衝突與對照的主題增加，但在詮釋上與風箏並無太大差異。這裡沒有端點行星，我們必須用不同的方式來詮釋，也就是每一個行星作爲主題的詮釋方法。

對分相的定義：看見、對抗、競爭、衝突、挫折、合作、觀察、覺察、投射、伴侶關係

在神祕矩形中，對分相行星帶來的主題容易突顯在合作關係，伴侶關係，競爭關係上，讓我們看見個人身上需要去了解和認識的主題。但這些衝突卻可以透過三分相與六分相的行星，來找到學習理解以及接受與包容的能力。

六分相的定義：引誘、機會、學習、互動、靈活

六分相所在的星座擁有同樣的陰陽性質，也因此這兩個行星所形成的主題將會透過與周遭的互動循序地引導我們去學習認識，這樣和諧輕鬆卻又帶些刺激的互動並不會讓人感到不適。

透過六分相的兩個行星所找出的主題或該行星象徵的事物，可讓我們用靈活的方式去處理需要整合的主題，不再只是僵化，有機會透過活潑積極的方式促成整合。它們連結了兩個對分相的端點，讓我們能夠比對，甚至可以用彈性調節的手法整合原本衝突的位置。

三分相的定義：和諧、成長、包容、接受

三分相具有和諧共鳴的意涵，三分相的星座彼此位在同樣的元素，每一元素的不同星座又代表著對同一種生活層面的不同切入點。行星的三分相透過共同的關注而感受到共鳴，在神祕矩形的三分相行星所組成的主題或該行星的相關事物，會替我們帶來更多包容性與彈性，讓我們在處理對分相主題時具有更宏觀的視野。從另一個角度來看，這原本是不具刺激的位置，受到對分相主題的刺激反而更有能力去看見並應用充沛的資源。

雖然神祕矩形與大十字一樣都有著兩組對分相，但是卻多了象徵靈活的六分相

與象徵包容的三分相，每一組的對分、三分與六分，都是一組象徵著刺激帶來學習能力的小三角，不過四個行星彼此互相牽連，帶來了複雜的考量，卻也替個案帶來更多不同處理事務的方式。

神秘矩形圖形相位特色

- 神秘矩形中的六分相帶來靈活的學習能力。
- 三分相充滿和諧特質的擴張方式。
- 對分相的行星主題可能暗示著衝突，但可以用三分相、六分相行星的靈活方式處理對立與衝突。

案例分析

圖形相位名稱：神祕矩形

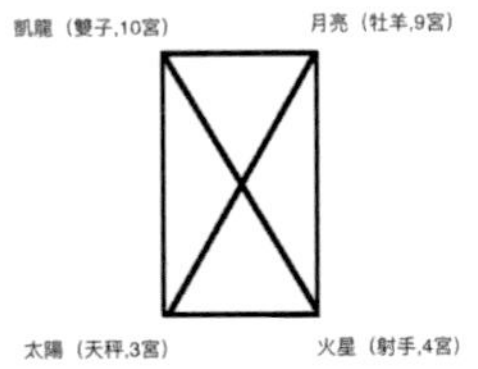

所組成的行星：月亮、太陽、火星、凱龍

所組成的相位與容許度：見表格

圖形：

凱龍（雙子,10宮）　月亮（牡羊,9宮）

太陽（天秤,3宮）　火星（射手,4宮）

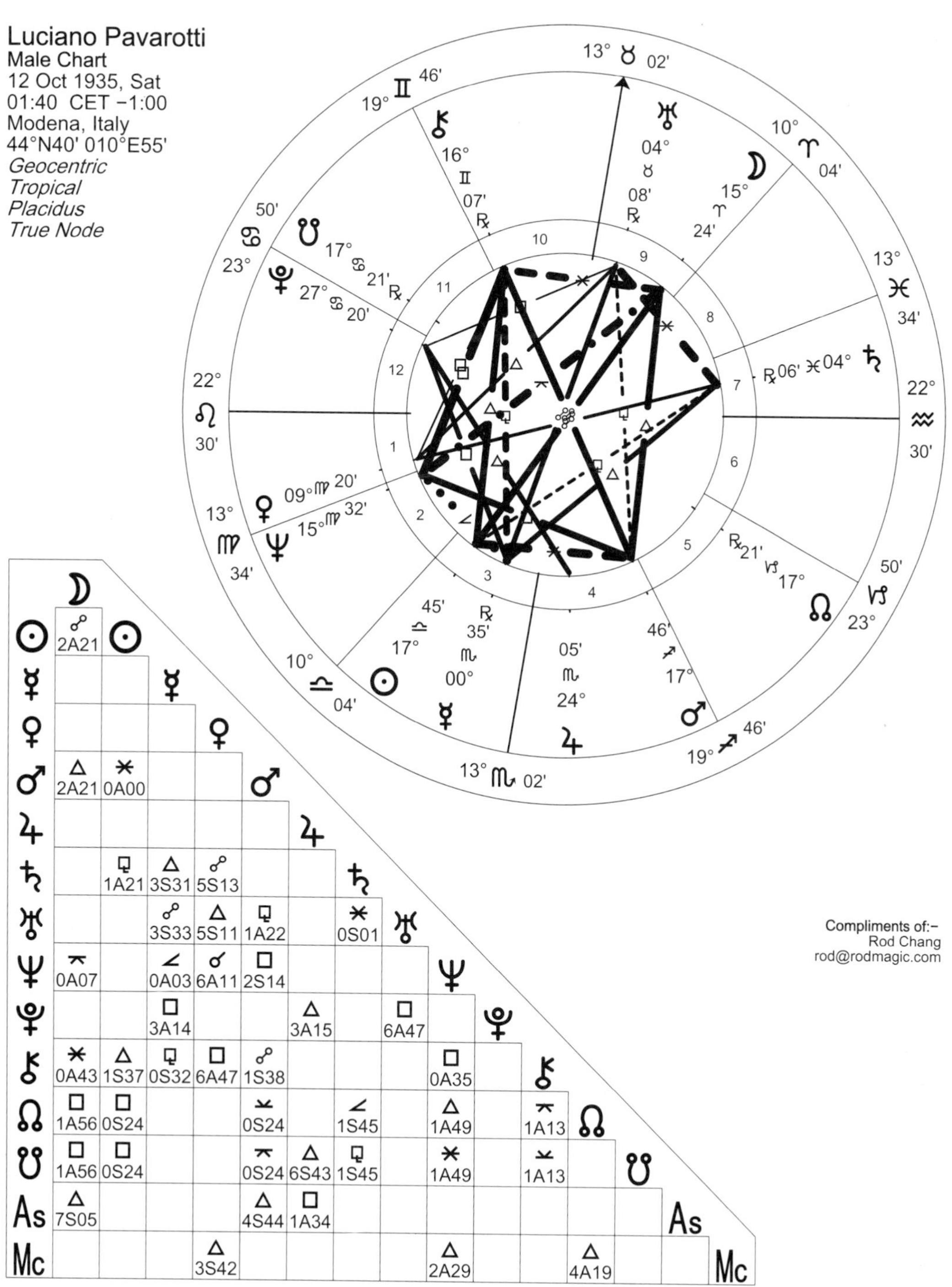

盧奇亞諾・帕華洛帝（Luciano Pavarotti）

行星	月亮	太陽	火星	凱龍
該行星定義（可能主題）	女性、母親、飲食、童年、記憶、需求	男性、父親、英雄、成就、追求、生命活力	行動、攻擊、保護、衝突、憤怒、競爭、生存議題	傷痛、療癒、局外人、教師、收養
落入星座與定義（可能主題）	牡羊座：活力、行動、競爭、生存、優先	天秤座：伴侶關係、合作、競爭、外交、法律	射手座：宗教、異國文化、理想理念、高等教育	雙子座：溝通、學習、傳播交通、兄弟姊妹、鄰居
是否逆行或停滯（象徵意涵）				逆行：反覆地進行傷痛的療癒
落入宮位與領域（影響的範疇）	九宮：信仰、信念、高等教育、與國外的關係	三宮：溝通、傳播、學習、思考、表達	十宮：社會地位、事業、權威、父母親（母親）	四宮：房屋、家庭、歸屬感、父母親（父親）
守護宮位與領域（影響的範疇）	十二宮：失去自我、犧牲、奉獻	上升：自我形象、與外界的互動	四宮：家庭、父母	九宮
產生相位特質（可能感受）	對分太陽（衝突） 三分火星（接受） 六分凱龍（學習）	對分月亮（合作） 三分凱龍（和諧） 六分火星（活潑）	對分凱龍（對抗） 三分月亮（成長） 六分太陽（機會）	對分火星（衝突） 三分太陽（成長） 六分月亮（活潑）
在圖形中位置（是否為端點或特殊位置）				
與其他行星的容許度緊迫性與危機性	太陽：2度 火星：2度 凱龍：0度	火星：0度（緊密） 凱龍：1度	凱龍：1度	

強調主題與可能主題：

- 因爲父母的關係（日月）獨立與勇氣（火）是一個相當敏感的議題（凱）。

- 因爲自身克服（火）困難而追求成功榮耀（日）與自身需求（月）不斷地替人們帶來療癒（凱逆行）。
- 自信（九宮守護星火星）的傷痛可透過創造力（日）滿足自身需求（月）而獲得療癒（凱）。

可能呈現的動力：

涉及家庭、男女關係、伴侶關係、勇氣表現、爭取利益、獨立的議題上可能帶來相當大的衝擊，但是透過自信、關懷、以及不過分強求也不消極放棄的態度，逐漸學會靈活的表達的方式。

對此圖形相位的描述：

相當強調父母親與家庭的議題，此外也強調學習、溝通表達、高等教育上的課題。

其他涉及行星（帶來的舒緩或更複雜化的暗示）：

海王星：在這一圖形相位中，海王星與月亮、火星、凱龍都有相位，一方面強調了犧牲、消融、藝術、理想、慈悲的主題，同時也強調想像力、幻想力、模仿能力、慈悲心、同理心可以幫助自己追求目標。

上帝手指

這一組圖形相位經常被認爲有著言語難以描繪的影響力，令人覺得難以適應，又稱爲 Yod，是希伯來文中「手」的象徵，又因爲兩組一百五十度同時尖銳指向一個行星，又被稱爲上帝手指，往往背負著一種業力與命運的特質。

組成：兩組一百五十度、一組六分相

一百五十度的定義：視而不見、調節、適應、焦慮、虧欠感、罪惡感、包容

一百五十度並非傳統的相位，但這組相位卻經常與業力、疾病扯上關聯。從傳統的區塊相位觀點來看，相距一百五十度的兩個星座在陰陽性、性質、元素上都不相同，幾乎完全沒有共同點，當形成相位時，他們完全沒有共通性，甚至有一種相見不相識的感受，卻因爲相位而產生互動，在互動中必須彼此調節適應，此間容易產生摩擦和焦慮，因爲不了解的摩擦可能帶來厭惡、虧欠甚至罪惡感。我個人認爲一百五十度的摩擦與不適應是引導我們去「承認」不同事物的存在，你無法理解的人事物也有存在的理由，那些人、那些事也有存在的權利。其次，一百五十度帶來的強烈焦慮可帶來創造力，在一次次的嘗試與失敗中，驚人的創意也將油然而生。

六分相的定義：引誘、機會、學習、互動、靈活

六分相所在的星座擁有同樣的陰陽性質，也因此這兩個行星所形成的主題將會透過與周遭的互動循序地引導我們去學習認識，這樣和諧輕鬆卻又帶些刺激的互動並不會跟一百五十度一樣讓人感到不適。也因此在上帝手指中，我們可以透過六十度的兩個行星主題來舒緩、引導整個主題的學習。

端點行星

因爲一百五十度的焦慮、厭惡、虧欠感與罪惡感，卻又不得不面對那些無法理解與接受的人、事、物時，總會讓人感到一種命運捉弄的感受，也無怪乎許多人將一百五十度視爲一種強調業力特色的相位。當兩組一百五十度同時都指向一顆行星時，這一個行星成爲端點，像是遭遇到進退兩難的局面，每一組一百五十度的主題都帶來明顯的焦慮，並且不容許我們脫逃。不斷地調節、調整自己的行爲來配合當

前的狀況，並且在情緒感受上學會適應，焦慮、忙碌與匆促，端點行星的確承受了相當程度的挑戰，我也會特別注意此一行星在身體、心理、心靈上的象徵事物以及相關的健康狀態。

我們根據組成此一圖形相位的行星找出整體的主題，這一個主題有種焦慮、不斷調整並且帶來成長的特色，接著找出端點行星的相關事物，這一個行星的占星學象徵、這一個行星落入的星座與宮位主題、這個行星守護的宮位主題等等，都有可能是他明顯感受到挑戰、焦慮、虧欠與罪惡感的所在。接著再分析每一組一百五十度行星的各自主題，並且從這些主題中找出與個案焦慮或不適應有關的議題，並且進一步深入探討。我們的目的並不在於要客戶即刻接受或放下，而是透過星盤的符號象徵，幫助他說出當下的焦慮與感受，在透過傾聽與同理心給予客戶支持之外，另一方面也讓他承認、看見，的確是他無法接受的人事物的存在，否定與漠視並不會使情況好轉，承認那些事物的存在才是上帝手指開始帶來創造力的起點。我經常告訴我的客戶，Yod 在卡巴拉的意涵中象徵著事物創造的源頭、這個字的形象「י」像是精子與種子，是宇宙事物的起始點，也是創造力的根源。這整個圖形相位的主題或許讓他承受許多挑戰與不舒服的感受，但是其中累積的能量、經驗與擴展的視野，將可能帶來生活中旺盛的創造力。

上帝手指圖形相位特色

- 上帝手指或許會帶來許多不適應的感受，但卻是相當具有創造力的圖形。
- 在不斷尋覓、適應的過程中創造出許多重要的事物。
- 上帝手指所帶來的焦慮，是諮商時相當值得深入探討的議題，了解焦慮的根源並去看見所創造的成果爲何。
- 從這個主題中學會如何發現焦慮的根源、如何面對焦慮主題、接受焦慮的存在以及如何（何時）釋放焦慮所帶來的壓力都是重要的課題。

案例分析

圖形相位名稱：上帝手指

所組成的行星：凱龍、月亮、土星

所組成的相位與容許度：見表格

圖形：

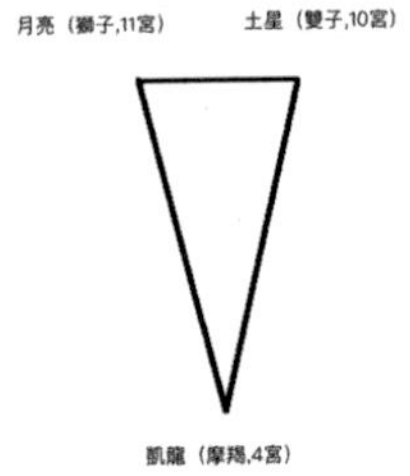

Oscar Wilde
Male Chart
16 Oct 1854 NS, Mon
03:00 LMT +0:25
Dublin, Ireland
53°N20' 006°W15'
Geocentric
Tropical
Placidus
True Node

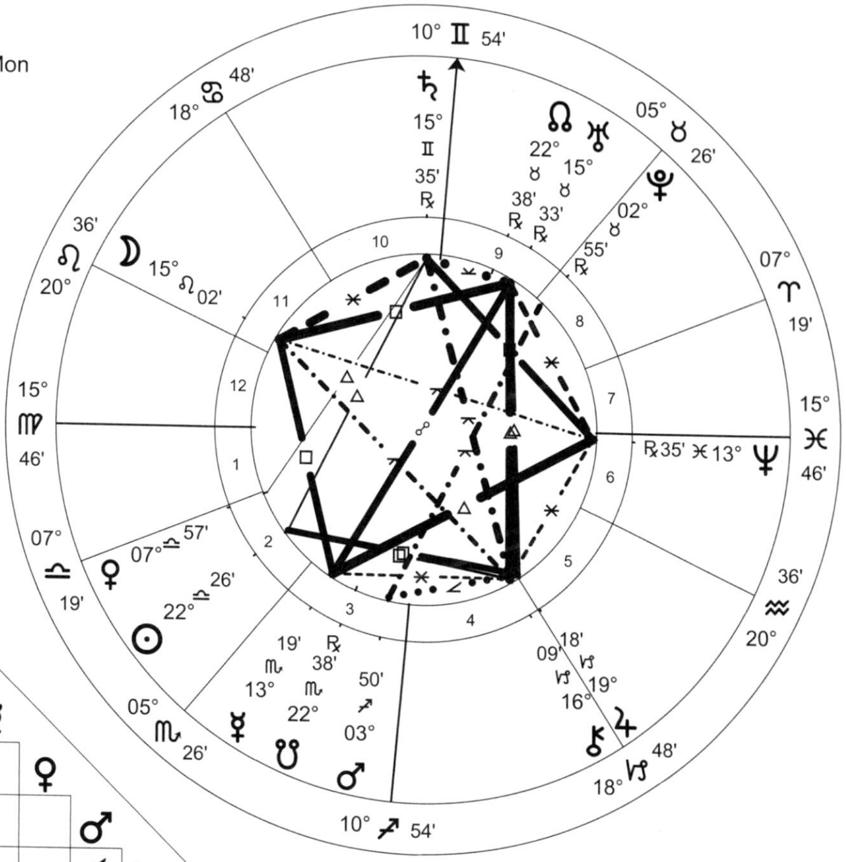

	☽	☉	☿	♀	♂	♃	♄	♅	♆	♇	⚷	☊	☋	As
☉														
☿	□ 1S43													
♀														
♂														
♃		□ 3S08			∠ 0A28									
♄	✶ 0A32	△ 6S51		△ 7A37										
♅	□ 0A30		☍ 2A13			△ 3S45	⚺ 0S02							
♆	⚻ 1S27		△ 0A15				□ 2A00	✶ 1A57						
♇					⚻ 0S54									
⚷	⚻ 1A07	□ 6S17	✶ 2A50			☌ 3S08	⚻ 0S34	△ 0S36	✶ 2S34					
☊	□ 7A35	⚻ 0A11		⚼ 0S19		△ 3A19		☌ 7A05			△ 6A28			
☋	□ 7A35	⚺ 0A11		∠ 0S19		✶ 3A19		☍ 7A05						
As	⚺ 0S44		✶ 2S27			△ 3A31	□ 0S11	△ 0S13	☍ 2S11		△ 0A23	△ 6A51		
Mc				△ 2S56	☍ 7S04		☌ 4A40		□ 2A40					□ 4A52

Compliments of:-
Rod Chang
rod@rodmagic.com

奧斯卡・王爾德（Oscar Wilde）

行星	凱龍	月亮	土星
該行星定義（可能主題）	傷痛、療癒、收養、照護、局外人	需求、情緒、感受、飲食、女性、家庭	嚴肅、制度、政權、時間、專業、權威
落入星座與定義（可能主題）	摩羯座：組織、架構、制度、文化、權威	獅子座：創造力、創意、娛樂、尊貴	雙子座：溝通、傳播、交流、學習、移動
是否逆行或停滯（象徵意涵）			逆行：對於土星所象徵的權威、挑戰，有著獨立思考的見解
落入宮位與領域（影響的範疇）	四宮：家庭、土地、歸屬感	十一宮：朋友、社交、人際	十宮：社會地位、權威、統治者
守護宮位與領域（影響的範疇）		十一宮：朋友、社交、人際	五宮：子女、創造力 六宮：每日生活步調、服務
產生相位特質（可能感受）	與月亮 150 度（焦慮） 與土星 150 度（焦慮）	與土星 60 度（學習） 與凱龍 150 度（愧疚）	與月亮 60 度（活潑） 與凱龍 150 度（調整）
在圖形中位置（是否為端點或特殊位置）	上帝手指端點		
與其他行星的容許度緊迫性與危機性	與月亮 1 度 與土星 0 度	與土星 0 度	

強調主題與可能主題：

- 因為制度與法律（土）而產生了與女性或親人（月）之間的傷痛（凱）。
- 透過關懷滋養（月）療癒了社會制度所不斷重複（土逆行）對弱勢團體（凱）的忽略。
- 與權威（土）介入伴侶關係（月）而受到傷害（凱）。
- 朋友之間的關係（十一宮守護星土星）因為親密關係的發生（月）而受到傷害（凱）。

可能呈現的動力：

月亮土星的六分可能暗示著對生活的重視，以及以實際的態度看待生活，或者與權威之間維持著和諧彈性的關係。但兩個行星都同時一百五十度凱龍，這暗示著在每天的生活中為了保有某些安全而妥協隱忍傷痛，並在這層關係中來回調整自己每日的生活步調、伴侶關係與感受。這些隱忍與難受可能造成身心的傷痛。

對此圖形相位的描述：

月亮土星與凱龍都暗示著家庭的議題，而座落的宮位也進入四宮與十宮，再一次強調了與父母的關係、身為父母的責任、與權威的關係成為傷痛的主題，並在生活中不斷地調整適應，可能在內心裡產生了羞愧或歉疚的感受。

其他涉及行星（帶來的舒緩或更複雜化的暗示）：

- 木星：木星與凱龍合相，但沒有與月亮土星產生相位，在傷痛這個主題中，暗示著從制度與權威而來的傷痛中解放，並透過出版寫作與更高深的學問以帶來療癒的可能。

世界手指（雷神之鎚）

從圖形上來看，世界手指與上帝手指非常相似，但卻是完全不同的組合。它是由兩組一百三十五度與一組四分相組成的，也因此在詮釋上也完全不同。

組成：兩組一百三十五度、一組四分相

一百三十五度的定義：不容易、費力、辛勤、事倍功半、筋疲力竭、挫折感、不滿意

一百三十五度帶來相當多的挑戰，這一組相位代表著辛苦努力爲了一件事情付出，得到的成果卻不如人意。與這組相位有關的議題，或許不是什麼重大變故，但也不是輕鬆的課題，總讓人來回奔波不斷地付出，有著竭盡心力與筋疲力竭的感受。

四分相的定義：阻礙、執行、堆積、漫長、拖延、挫折

四分相往往具有拖延與阻礙的意味、在這裡形成四分相的行星很可能是生命中重大的議題，令當事人感受到極大的壓力，也希望在面對這個議題時能夠有周全的準備，在謹慎與顧慮中不但延長了工作的時間，同時因爲更多的考量不斷湧入，出現不停的修正，造成工作有著窒礙難行的狀況。

儘管世界手指的名稱與上帝手指相似，但感受卻是截然不同的。上帝手指有著獨特的「視而不見」的特質，因此帶來了慌張與焦慮；世界手指的組成相位全都是強硬相位，一組四分相的重大挑戰，兩組一百三十五度的辛勤與挫折，就如同擺在你眼前的大大小小的生活課題。舉例來說，就像你剛搬了家，要支付一大筆的房屋

貸款，雖然整個心思都在未來全家的財務該如何安排，卻也希望添購傢俱並且裝潢新屋，更想帶著全家大小出國旅行，但是你還是得上班、完成即將到期的工作計畫、採購日常生活用品等等。可能爲了房屋貸款的大筆支出，你得不停節省開銷，並因爲無法以夢想中的昂貴設備來裝潢房子而沮喪；而出國計畫，最後可能因爲希望加班多賺些錢來償還貸款，而成爲全家到附近的海灘度過一個週末。

世界手指總是環繞著一個重大的課題，為了讓事物有更美好的呈現而不斷地付出，讓人有疲憊的感受。有人給這組圖形相位取了一個有趣的名字——「雷神之鎚」，環繞著這組圖形相位的課題就好像是打鐵師傅的鐵鎚一樣，不僅是在炙熱的環境中費力地敲打，還得不時地停下來從各種角度檢視修正，有時候稍微有一個環節疏漏，整個工作又要重來一次。

案例分析

圖形相位名稱：世界手指

所組成的行星：凱龍、火星、太陽

所組成的相位與容許度：見表格

圖形：

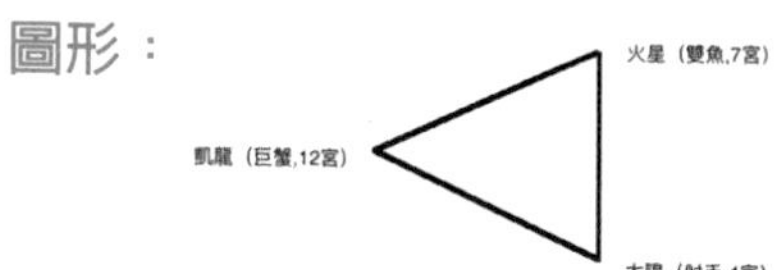

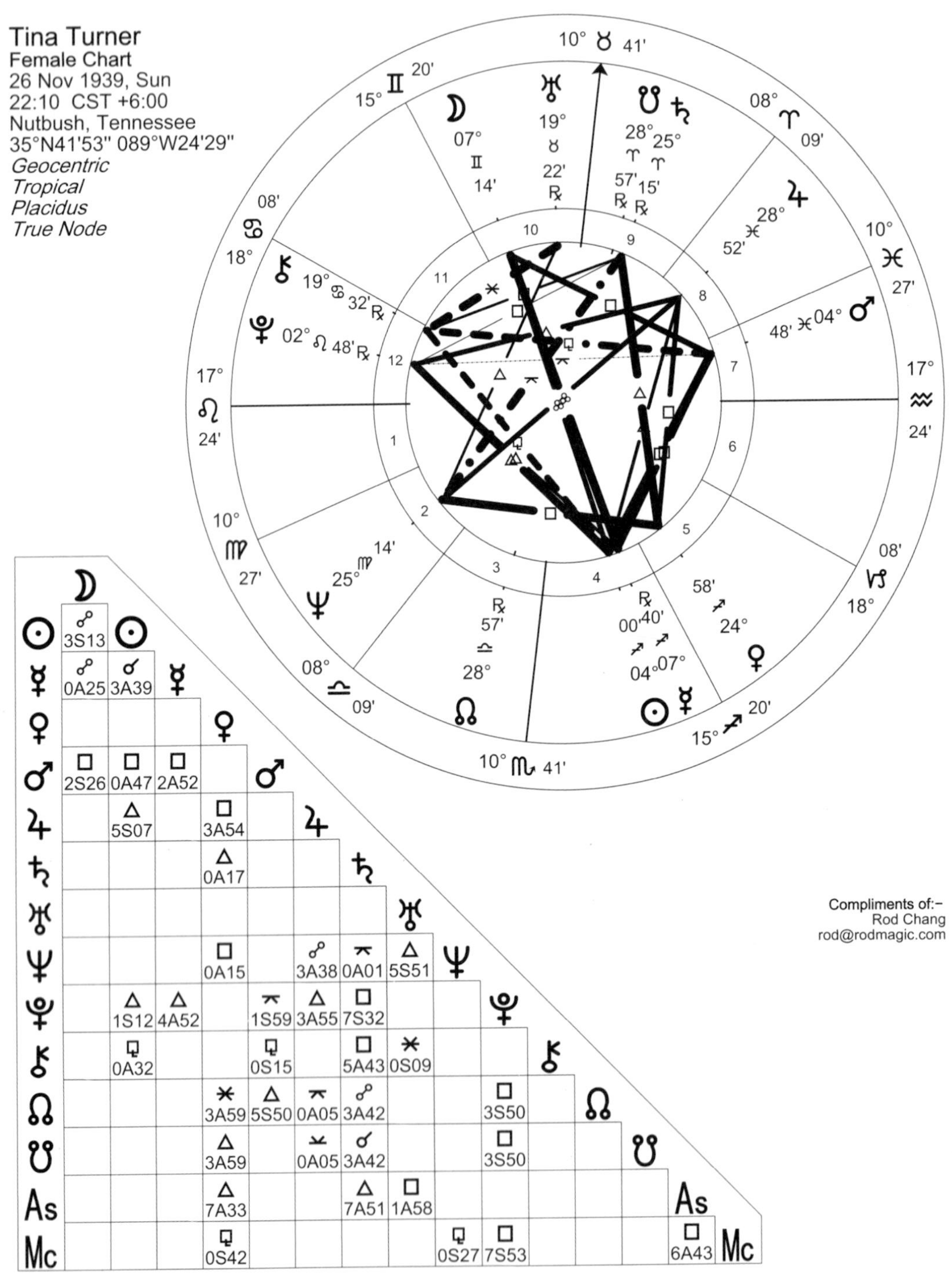

	☽	☉	☿	♀	♂	♃	♄	♅	♆	♇	⚷	☊	☋	As
☉	☍ 3S13													
☿	☍ 0A25	☌ 3A39												
♀														
♂	□ 2S26	□ 0A47	□ 2A52											
♃		△ 5S07		□ 3A54										
♄				△ 0A17										
♅														
♆				□ 0A15		☍ 3A38	⚻ 0A01	△ 5S51						
♇		△ 1S12	△ 4A52		⚻ 1S59	△ 3A55	□ 7S32							
⚷		⚼ 0A32			⚼ 0S15		□ 5A43	⚹ 0S09						
☊				⚹ 3A59	△ 5S50	⚻ 0A05	☍ 3A42			□ 3S50				
☋				△ 3A59		⚺ 0A05	☌ 3A42			□ 3S50				
As				△ 7A33			△ 7A51	□ 1A58						
Mc				⚼ 0S42					⚼ 0S27	□ 7S53				□ 6A43

蒂娜・透娜（Tina Turner）

行星	凱龍	火星	太陽
該行星定義（可能主題）	傷痛、療癒、收養、照護、局外人	生存、刺激、加速、興奮、憤怒、男性、力量	重要的事物、自我、父親、領導、男性、生命活力
落入星座與定義（可能主題）	巨蟹座：家庭、滋養、照顧、母親、生產	雙魚座：漂流、融合、滋潤、情感交流	射手座：異國文化、意見觀點、行動調整
是否逆行或停滯（象徵意涵）	逆行：反覆地進行傷痛的療癒		
落入宮位與領域（影響的範疇）	十二宮：隱藏的敵人、遺忘、放下	七宮：伴侶、合作夥伴、公開敵人	四宮：家庭、父母、根源
守護宮位與領域（影響的範疇）		四宮：父母、家、歸屬感	五宮：子女、創造力 六宮：每日生活步調、服務
產生相位特質（可能感受）	與火星 135 度（挫折） 與太陽 135 度（盡全力）	與太陽四分（阻礙、拖延）	
在圖形中位置（是否為端點或特殊位置）	端點		
與其他行星的容許度緊迫性與危機性	與火星 0 度（緊密） 與太陽 0 度（緊密）	與太陽 0 度（緊密）	

強調主題與可能主題：

- 內心的傷痛透過奮力地呈現自我（火）才華（太陽）來療癒（凱龍）。
- 與男性權威之間的衝突而受到傷痛。
- 在薩滿的靈性世界（凱）中不停尋找自我（日）與生命力（火）。
- 透過信仰（九宮守護星火星）療癒（凱）了自我（日）。

可能呈現的動力：

太陽與火星的四分相在實現自我的路途中充滿了阻礙與挑戰，而凱龍所象徵的過去的傷痛，與太陽產生一百三十五度的相位，讓個案對自我表現有著嚴格的要求，不斷努力地實現自我，也不斷的感受到挫折。

對此圖形相位的描述：

這組圖形相位可以盡全力地讓自己發光發亮、盡全力地保護自我，同時也對遭遇相同的人給予大力幫助。努力、盡全力、挫折感則是個案在面對自我展現、創意能力、自我保護、與男性的關係之間的顯著感受。自我展現的壓力來自於過去的傷痛，因此不斷地自我要求。

其他涉及行星（帶來的舒緩或更複雜化的暗示）：

- 冥王星與太陽火星也同時產生相位，重複暗示著與男性、自我展現之間的強烈緊張，同時也帶來堅定的意志力。
- 天王星與凱龍的六分相提供了一個以距離、冷漠、突然切割或者令人意想不到的方式，從傷痛當中獲得解脫。

第五章

如何使用圖形相位分析表

認識圖形相位分析表

面對圖形相位的錯綜複雜關係，許多人都有分析上的困擾，前面章節中我們提到了先將重點放在行星組合可能帶來的生命議題上，接著再觀察不同的相位可能替這些議題帶來什麼樣的動態與感受。

這份表格是我在指導學生分析圖形相位時常用的工具，透過這一份表格，可以一步驟一步驟地慢慢釐清行星彼此之間的關係。

圖形相位名稱：	圖形：
所組成的行星：	
所組成的相位與容許度：	

行星				
該行星定義 （可能主題）				
落入星座與定義 （可能主題）				
是否逆行或停滯 （象徵意涵）				
落入宮位與領域 （影響的範疇）				
守護宮位與領域 （影響的範疇）				
產生相位特質 （可能感受）				
在圖形中位置 （是否為端點或特殊位置）				
與其他行星的容許度緊迫性與危機性				

強調主題與可能主題：

可能呈現的動力：

對此圖形相位的描述：

其他涉及行星（帶來的舒緩或更複雜化的暗示）：

步驟一

首先，寫下要分析的圖形相位名稱，並簡單地將行星符號與組成的圖形繪製在右上方。接著列出所組成的行星名稱，因為這與主題有關，接著再展開分析。

圖形相位名稱：世界手指

圖形：

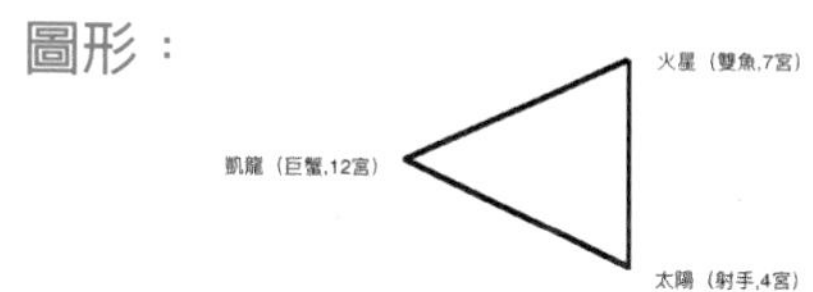

所組成的行星：凱龍、太陽、火星

步驟二

寫下形成此圖形相位的行星以及每一個行星分別代表的定義，開始思考行星之間的主題會有哪些可能性。例如，凱龍火星太陽是否有可能是內心的傷痛透過奮力地呈現自我（火）才華（太陽）來療癒（凱龍）。請注意，你所想像的內容不一定會發生在個案身上，但是我們可以試圖從多方面思考行星組合的可能性，並在諮商時保持開放的思路，去察覺個案所描述的狀況是否符合星盤之中的特質。

行星	凱龍	火星	太陽
該行星定義（可能主題）	傷痛、療癒、收養、照護、局外人	生存、刺激、加速、興奮、憤怒、男性、力量	重要的事物、自我、父親、領導、男性、生命活力

步驟三

寫下每一個行星落入的星座，這給予我們該行星如何展現其特質的描述，在此亦可加入一些更細節的形容。同樣請記住這是我們試圖探索的，是根據我們自己的經驗與環境所做出的推論，而非個案本人的體驗。在真正的占星諮商中，個案的生活體驗才是最重要的，我們在這裡所做的只是一種推測，若個案真正的生活描述與遭遇不符合你的推測，並不代表你是錯的，也不代表占星學不對，我們必須思考的是這些描述究竟符合星盤中哪一個部分，從中找出對個案有幫助的特質並加以討論。

例如火星在雙魚座，對於情感的流動感到興奮刺激，凱龍在巨蟹座對於滋養照顧的議題可能感到傷痛。家庭帶來的內心傷痛（凱龍巨蟹），透過具有行動特質的才華創意（射手太陽），奮力地呈現自我感受（火雙魚）來療癒。

行星	凱龍	火星	太陽
該行星定義（可能主題）	傷痛、療癒、收養、照護、局外人	生存、刺激、加速、興奮、憤怒、男性、力量	重要的事物、自我、父親、領導、男性、生命活力
落入星座與定義（可能主題）	巨蟹座：家庭、滋養、照顧、母親、生產	雙魚座：漂流、融合、滋潤、情感交流	射手座：異國文化、意見觀點、行動調整

步驟四

檢查是否有行星逆行或停滯，在此描述逆行或停滯的行星可能帶來的影響。逆行的行星可能暗示著行動上的重複、延遲、相關人事物的獨立思考、與眾不同的態度、深入地檢視與審思。例如，個案的凱龍逆行，可能暗示著不斷重複的回顧傷痛或不斷重複地進行傷痛的療癒。

是否逆行或停滯（象徵意涵）	凱龍逆行：反覆地進行傷痛的療癒		

步驟五

寫下每個行星所在的宮位，藉此可知這一個充滿挑戰與挫折的世界手指會對個案的哪些生活領域產生影響。這個案例裡包括了七宮的婚姻、伴侶關係；四宮的父母與家庭；十二宮的犧牲、放下自我的領域。

落入宮位與領域（影響的範疇）	凱龍十二宮：隱藏的敵人、遺忘、放下	火星七宮：伴侶、合作夥伴、公開敵人	太陽四宮：家庭、父母、根源

步驟六

標示出每一個行星所守護的宮位，幫助我們知道哪些生活領域受到其他行星的影響，並可解釋個案那個宮位所象徵的生活領域可能有的體驗。例如，火星守護第九宮，此時我們可以用凱龍與太陽對第九宮的影響來描述，他可能象徵著透過信仰（九宮守護星火星）療癒（凱）了自我（日）。

守護宮位與領域（影響的範疇）	凱龍：無	火星 四宮：父母、家、歸屬感 九宮：異國文化、信念	太陽 一宮：自我、自我的形象、自我的呈現、我與世界的關聯

步驟七

在此列出相位。若是初學者，建議可以在相位之後寫下一些與這個相位有關的關鍵字。此處可以開始思考這些行星主題之中，彼此的狀態是和諧還是充滿著張力。在案例中，火星與太陽的主題是象徵阻礙與張力的四分相，因此我們知道個案在呈現自我（火星）的創造力（太陽）時容易感受到壓力並且需要長時間的訓練。

而凱龍與太陽的一百三十五度則象徵著因爲內心的傷痛，使得自己在表現才華上有著費盡心力去爭取，並且不斷感到挫折的特質。

產生相位特質（可能感受）	凱龍與火星 135 度（挫折） 凱龍與太陽 135 度（盡全力）	火星與太陽四分（阻礙、拖延）	

步驟八

接著，如果一組圖形相位中有特殊的位置，我們可以將它列出來，包括了 T 三角的端點、上帝手指的端點、世界手指的端點、風箏的把手等。端點的行星以及其象徵的事物，多半暗示著經常要夾在中間面對兩難的局面。

在圖形中位置（是否為端點或特殊位置）	凱龍位在世界手指的端點		

步驟九

每一組行星所產生的相位都會有容許度，在此列出這些容許度是因爲一度以內的容許度往往象徵著密切重要的議題，並帶來一種需要時時刻刻關注的迫切感受。因此在分析時，我們會特別注意這些議題，當相位超出四度以外的時候，這個議題對個案來說不會有強烈的迫切感受。在這個案例中，每一組相位都十分的緊密，象徵著這些議題對個案產生極爲迫切的影響。

與其他行星的容許度緊迫性與危機性	凱龍與火星0度（緊密） 凱龍與太陽0度（緊密）	火星與太陽0度（緊密）	

步驟十

接著試著寫下一些行星組合可能帶來的議題。

強調主題與可能主題：

- 內心的傷痛透過奮力地呈現自我（火）才華（太陽）來療癒（凱龍）。
- 與男性權威之間的衝突而受到傷痛。
- 在薩滿的靈性世界（凱）中不停尋找自我（日）與生命力（火）。
- 透過信仰（九宮守護星火星）療癒（凱）了自我（日）。

步驟十一

把不同行星之間透過相位所呈現的動力描寫出來。

可能呈現的動力：

太陽與火星的四分相在實現自我的路途中充滿了阻礙與挑戰，而凱龍所象徵的過去的傷痛，與太陽產生一百三十五度的相位，讓個案對自我表現有著嚴格的要求，不斷努力地實現自我，也不斷的感受到挫折。

步驟十二

現在我們應該對這一個圖形相位有著更清楚的概念了！在此可寫下一些對此圖形相位的完整描述。

對此圖形相位的描述：

這組圖形相位可以盡全力地讓自己發光發亮、盡全力地保護自我，同時也對遭遇相同的人給予大力幫助。努力、盡全力、挫折感則是個案在面對自我展現、創意能力、自我保護、與男性的關係之間的顯著感受。自我展現的壓力來自於過去的傷痛，因此不斷地自我要求。

步驟十三

最後再觀察一下整張星盤，是不是有其他行星同時與這一組圖形相位產生相位？是不是柔和相位？有沒有可能暗示著舒緩壓力？是不是強硬相位？有沒有可能帶來更複雜的挑戰？有沒有重複出現的主題？

其他涉及行星（帶來的舒緩或更複雜化的暗示）：

- 冥王星與太陽火星也同時產生相位，重複暗示著與男性、自我展現之間的強烈緊張，同時也帶來堅定的意志力。
- 天王星與凱龍的六分相提供了一個以距離、冷漠、突然切割或者令人意想不到的方式，從傷痛當中獲得解脫。

案例分析

圖形相位名稱：世界手指

所組成的行星：凱龍、火星、太陽

圖形：

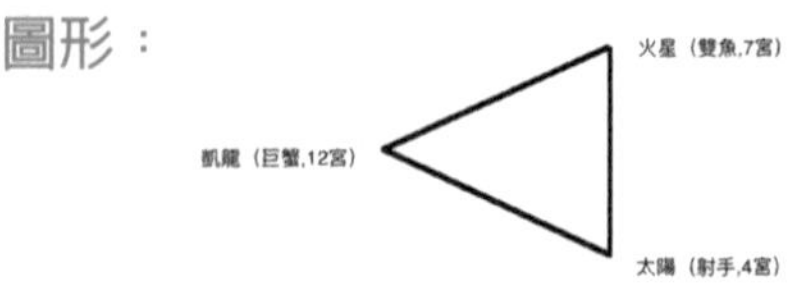

所組成的相位與 OR（容許度）：

行星	凱龍	火星	太陽
該行星定義（可能主題）	傷痛、療癒、收養、照護、局外人	生存、刺激、加速、興奮、憤怒、男性、力量	重要的事物、自我、父親、領導、男性、生命活力
落入星座與定義（可能主題）	巨蟹座：家庭、滋養、照顧、母親、生產	雙魚座：漂流、融合、滋潤、情感交流	射手座：異國文化、意見觀點、行動調整
是否逆行或停滯（象徵意涵）	逆行：反覆地進行傷痛的療癒		
落入宮位與領域（影響的範疇）	十二宮：隱藏的敵人、遺忘、放下	七宮：伴侶、合作夥伴、公開敵人	四宮：家庭、父母、根源
守護宮位與領域（影響的範疇）		四宮：父母、家、歸屬感	五宮：子女、創造力 六宮：每日生活步調、服務
產生相位特質（可能感受）	與火星 135 度（挫折） 與太陽 135 度（盡全力）	與太陽四分（阻礙、拖延）	
在圖形中位置（是否為端點或特殊位置）	端點		
與其他行星的容許度緊迫性與危機性	與火星 0 度（緊密） 與太陽 0 度（緊密）	與太陽 0 度（緊密）	

強調主題與可能主題：

- 內心的傷痛透過奮力地呈現自我（火）才華（太陽）來療癒（凱龍）。
- 與男性權威之間的衝突而受到傷痛。
- 在薩滿的靈性世界（凱）中不停尋找自我（日）與生命力（火）。
- 透過信仰（九宮守護星火星）療癒（凱）了自我（日）。

可能呈現的動力：

太陽與火星的四分相在實現自我的路途中充滿了阻礙與挑戰，而凱龍所象徵的過去的傷痛，與太陽產生一百三十五度的相位，讓個案對自我表現有著嚴格的要求，不斷努力地實現自我，也不斷的感受到挫折。

對此圖形相位的描述：

這組圖形相位可以盡全力地讓自己發光發亮、盡全力地保護自我，同時也對遭遇相同的人給予大力幫助。努力、盡全力、挫折感則是個案在面對自我展現、創意能力、自我保護、與男性的關係之間的顯著感受。自我展現的壓力來自於過去的傷痛，因此不斷地自我要求。

其他涉及行星（帶來的舒緩或更複雜化的暗示）：

- 冥王星與太陽火星也同時產生相位，重複暗示著與男性、自我展現之間的強烈緊張，同時也帶來堅定的意志力。
- • 天王星與凱龍的六分相提供了一個以距離、冷漠、突然切割或者令人意想不到的方式，從傷痛當中獲得解脫。

如何詮釋其他圖形相位

在本書中，我們介紹了八種常見的圖形相位，我相信許多讀者或許仍有疑問，因為你聽過一些書中沒有介紹的圖形相位，例如「大衛之星」、「天使之羽」或者是由上帝手指變化出來的「迴力鏢」等等。或許你也會發現自己或他人的星盤中有幾個行星的相位組成了一個圖案，因而懷疑是不是該稱之為圖形相位。在本章中，我會透過清楚的步驟來分享我是如何解讀這些沒有列在本書中的圖形相位。

在此使用一張客戶的星盤作為解讀其他圖形相位的示範，我已徵得對方同意，在之後的實際案例章節中也會再次分享星盤諮詢的經驗。

Emma 的星盤並沒有任何我們熟悉的圖形相位，但是星盤中的月亮、凱龍、金星、冥王組成了一個有趣的圖像。我使用這款表格做了一些分析，雖然這不是一組常見的圖形相位，但是在諮商討論的過程中，這一個圖像與組合替我與 Emma 帶來了相當多的幫助。

1. 釐清哪些行星彼此產生相位。

Emma 的月亮、金星、凱龍、冥王之間組成了一組特殊的圖形，彼此之間產生了相位。或許你會注意到火星與金星相當的靠近，但是火星並沒有與月亮產生相位，所以我會在最後才討論火星可能帶來的影響。

圖形相位名稱：無

所組成的行星：月亮、金星、冥王星、凱龍

圖形：

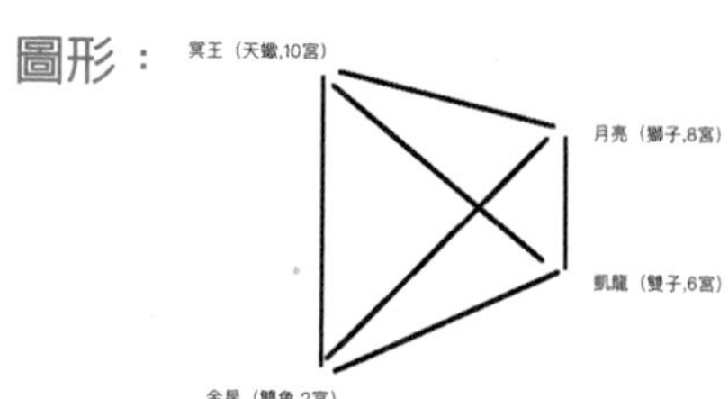

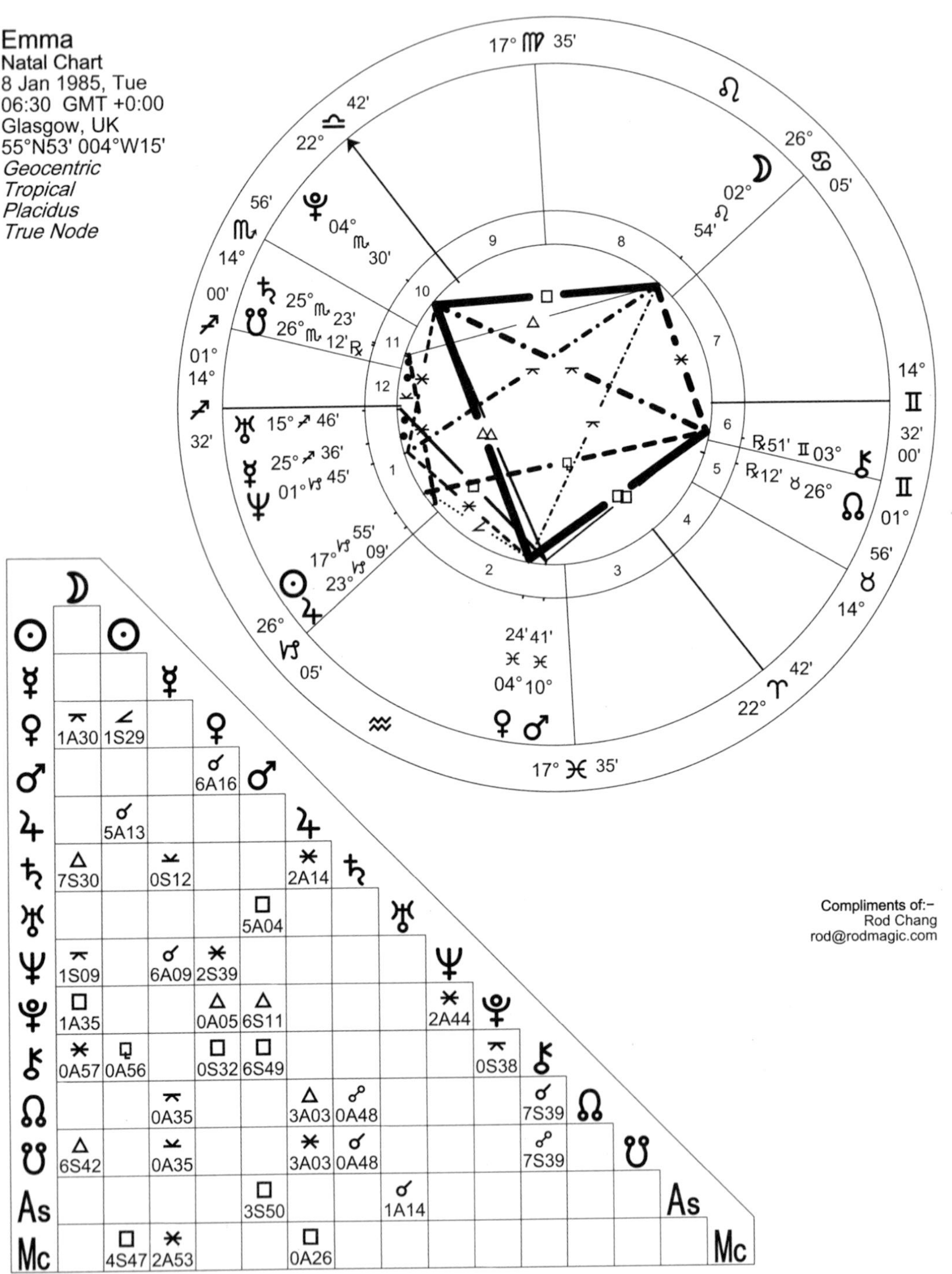

	☽	☉	☿	♀	♂	♃	♄	♅	♆	♇	⚷	☊	☋	As
☉														
☿														
♀	⚻ 1A30	∠ 1S29												
♂				☌ 6A16										
♃		☌ 5A13												
♄	△ 7S30		⚺ 0S12			✶ 2A14								
♅					□ 5A04									
♆	⚻ 1S09		☌ 6A09	✶ 2S39										
♇	□ 1A35			△ 0A05	△ 6S11				✶ 2A44					
⚷	✶ 0A57	⚼ 0A56		□ 0S32	□ 6S49					⚻ 0S38				
☊			⚻ 0A35			△ 3A03	☍ 0A48				☌ 7S39			
☋	△ 6S42		⚺ 0A35			✶ 3A03	☌ 0A48				☍ 7S39			
As					□ 3S50			☌ 1A14						
Mc		□ 4S47	✶ 2A53			□ 0A26								

Emma 星盤

2. 寫下形成此圖形相位的行星，以及每一個行星分別代表的定義，並可開始思考行星之間的主題有哪些可能性。

- 與母親有關：與母親之間（月）的緊張關係（冥）導致自我價值（金）受到傷害（凱）。

- 與金錢有關的主題：透過照護滋養（月）受到病痛（凱）威脅（冥）的人而賺取金錢（金）。

行星	月亮	金星	冥王星	凱龍
該行星定義（可能主題）	母親、情緒、滋養、照顧、親密關係、個人需求	喜愛、金錢、自我價值、女性、和平、人際關係	危機、隱藏、掩埋、死而復生、緊迫、控制	傷痛、療癒、收養、照護、局外人

3. 寫下每一個行星落入的星座，這給予我們該行星如何展現其特質的描述，在此亦可加入一些更細節的形容。

- 與母親有關：與富有創造力的母親之間（月亮獅子）的隱藏緊張關係（冥王天蠍）導致原本就迷惘的自我價值（金星雙魚）受到傷害，特別是言語之間的傷痛（凱龍雙子）。

落入星座與定義（可能主題）	月亮獅子座：創造力、尊貴、榮耀、驕傲、熱情溫暖	金星雙魚座：隨性、滋養、感受、流動、迷惘、無私無我	冥王星天蠍座：危機、隱藏、保護、專注在感受上	凱龍雙子座：資訊交流、溝通、理性、鄰近的事物

4. 檢查是否有行星逆行或停滯，在此描述逆行或停滯的行星可能帶來的影響。逆行的行星可能暗示著行動上的重複、延遲，相關人事物的獨立思考、與眾不同的態度、深入地檢視與審思。

5. 寫下每個行星所在的宮位。此案例中，包括了二宮的自我價值與金錢，六宮的工作、每天生活步調，八宮的危機與死亡，十宮的職業、社會地位與父母親。這些議題都可能會在 Emma 的自我價值、金錢、工作以及與父母的關係當中展現。

落入宮位與領域（影響的範疇）	月亮八宮：危機感、死亡與重生、他人的金錢、共享資源	金星二宮：金錢、財富、個人價值、資源	冥王星十宮：社會地位、職業、權威、父母親	凱龍六宮：每日生活步調、工作、僱員、下屬、小動物

6. 標示出每一個行星所守護的宮位，這也可以幫助我們知道那些生活領域受到其他行星的影響，並且可以試圖解釋個案那一個宮位所象徵的生活領域可能有的體驗。在這個案例中，金星守護第十宮，我們可以用職業與社會地位取代金星，並思考月亮、冥王、凱龍對 Emma 的職業與社會地位的影響。你也可以考慮月亮守護八宮，以危機一詞來取代月亮，並且判斷金星、冥王、凱龍會描述什麼樣的危機。

- 職業與社會地位（金星守護十宮）：從事與照護（月）療癒（凱）以及面臨重大危機（冥）的人的職業（金星守護十宮）。

7. 在此列出相位。若是初學者，建議可以在相位之後寫下一些與這個相位有關的關鍵字。此處可以開始思考這些行星主題之中，彼此的狀態是和諧還是充滿著張力。

在 Emma 的星盤上，我們可以看到月亮與金星一百五十度，暗示著對生活舒適的焦慮，或者是對於母女關係感到歉疚、不舒服的感受。而與凱龍的四分相暗示著她可能想要修復這段關係，但卻需要花很長的時間去訓練如何處理母女關係的不舒服。最後冥王星與金星三分相暗示著如果去探查心裡的祕密，挖掘過去的不愉快，甚至是研究整個家族的母女關係議題，或許能幫助她接受已經發生過的不愉快，並改善與母親之間的互動。

產生相位特質（可能感受）	月亮與金星150度（焦慮、調整） 月亮與冥王四分（阻礙、緊張） 月亮與凱龍六分（靈活、學習、應用）	金星與冥王星三分（接受、和諧） 金星與凱龍四分（抵抗、阻礙）	冥王星與凱龍150度（調整、焦慮、罪惡感）	

8. 接著，如果一組圖形相位中有特殊的位置，我們可以將它列出來。

在 Emma 的這一組圖形相位中，並沒有產生端點，但若仔細觀察星盤，月亮與金星海王同時形成了上帝手指，這暗示著月亮端點同時所受到的壓力來自於金星象徵的舒適價值、女性，以及海王星象徵的超越、偉大、犧牲、虛弱、遺忘。我們可以把這一些資訊列在表格後面的其他考量之中。

9. 每一組行星所產生的相位都會有容許度，在此列出這些容許度是因爲一度以內的容許度往往象徵著密切重要的議題，並帶來一種需要時時刻刻關注的迫切感受。因此在分析時我們會特別注意這些議題，當相位超出四度以外的時候，我們知道那一個議題對個案來說不會有如此強烈的迫切感受。

- 這個圖形相位暗示著十分迫切地渴望透過深度心靈探索（冥）療癒（凱）來幫助自己提升自我價值或母女關係（金星）的議題。

與其他行星的容許度緊迫性與危機性	月亮與金星1度 月亮與冥王1度 月亮與凱龍1度	金星與冥王星0度 金星與凱龍0度	冥王星與凱龍0度	

10. 接著我們試著寫下一些行星組合可能帶來的議題。

- 與母親有關：與母親之間（月）的緊張關係（冥）導致自我價值（金）受到傷害（凱）。或是爲了照護受傷（凱）的母親（月）而造成人際或情感關係（金）的緊張狀態（冥）。

- 與金錢有關的主題：透過照護滋養（月）受到過去病痛（凱龍逆行）威脅（冥）的人而賺取金錢（金）。

- 與恐懼有關的主題：由於過去家族不斷重複的傷痛（凱龍逆行）而對於情感與親密關係之間（月）的甜蜜喜悅（金）感到恐懼（冥）。

- 職業與社會地位（金星守護十宮）：從事與照護（月）療癒（凱）那些面臨重大危機（冥）的人的職業（金星守護十宮）。

11. 把不同行星之間透過相位所呈現的動力描寫出來。

在此與金星凱龍有關的議題，以及冥王月亮之間的議題可能有較爲明顯的壓力。與女性之間的關係可能感受到阻礙與緊張；對於內心莫名的不安感到愧疚，不斷調整自己的生活態度與價值觀試圖讓自己更有價值；探索挖掘過去以及心理，可以幫助療癒與母親、女性以及伴侶的關係。

12. 現在我們應該對這一個圖形相位有著更清楚的概念了，不妨寫下對這一個圖形相位的完整描述。在此，考慮到整體的互動，我們可以試著把整個圖形的主題以及可能出現的互動狀態完整地描寫出來。

- 月亮與金星一百五十度，暗示著對於生活舒適的焦慮，或者是對母女關係感到歉疚、不舒服的感受。而與凱龍的四分相，暗示著她可能想要修復這段關係，但卻需要花非常久的時間去訓練如何處理與母女之間的不舒服。最後冥王星與金星三分相暗示著，如果探查心裡的祕密、挖掘過去的不愉快，甚至是研究整個家族的母女關係議題，或許能幫助她接受已經發生過的不愉快並改善與母親之間的互動。

13. 最後再觀察一下整張星盤，是不是有其他行星同時與這一組圖形相位產生相位？是不是柔和相位？有沒有可能暗示著舒緩壓力？是不是強硬相位？有沒有可能帶來更複雜的挑戰？有沒有重複出現的主題？

- 剛剛提到的月亮與金星海王的上帝手指是一個考量，接著，思考這組圖形相位中有沒有不斷重複的暗示？例如金星與月亮都象徵著女性議題，我們可以推測與女性關係的緊張會讓 Emma 有強烈的感受。

- 在這組圖形相位之中有冥王星的符號、天蠍座的符號，月亮落在第八宮並且守護第八宮，這些符號都暗示著危機與看不見的隱憂，這也是一個特質。

- 星盤中象徵物質生活領域與日常生活領域的二、六、十宮都出現在這一組圖形相位中。這些因爲壓力而不斷調整自己的狀態，很可能也與物質、金錢、工作、社會形象有著密切的關連。

案例分析

圖形相位名稱：無

所組成的行星：月亮、金星、冥王星、凱龍

所組成的相位與容許度：

圖形：

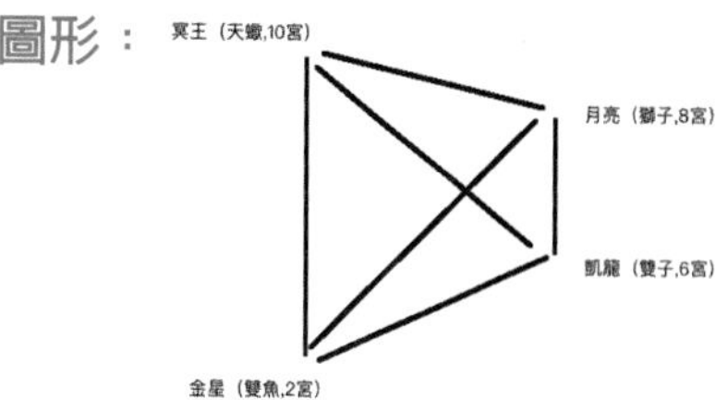

行星	月亮	金星	冥王星	凱龍
該行星定義（可能主題）	母親、情緒、滋養、照顧、親密關係、個人需求	喜愛、金錢、自我價值、女性、和平、人際關係	危機、隱藏、掩埋、死而復生、緊迫、控制	傷痛、療癒、收養、照護、局外人
落入星座與定義（可能主題）	獅子座：創造力、尊貴、榮耀、驕傲、熱情溫暖	雙魚座：隨性、滋養、感受、流動、迷惘、無私無我	天蠍座：危機、隱藏、保護、專注在感受上	雙子座：資訊交流、溝通、理性、鄰近的事物
落入宮位與領域（影響的範疇）	八宮：危機感、死亡與重生、他人的金錢、共享資源	二宮：金錢、財富、個人價值、資源	十宮：社會地位、職業、權威、父母親	六宮：每日生活步調、工作、僱員、下屬、小動物
守護宮位與領域（影響的範疇）	八宮：危機感、死亡與重生、他人的金錢、共享資源	五宮：子女、喜愛的事物、娛樂 十宮：社會地位、職業、權威、父母親	十一宮：社交生活、朋友、對未來的期盼	無
產生相位特質（可能感受）	月亮與金星 150 度（焦慮、調整） 月亮與冥王四分（阻礙、緊張） 月亮與凱龍六分（靈活、學習、應用	金星與冥王星三分（接受、和諧） 金星與凱龍四分（抵抗、阻礙）	冥王星與凱龍 150 度（調整、焦慮、罪惡感）	
在圖形中位置（是否為端點或特殊位置）				
與其他行星的容許度緊迫性與危機性	月亮與金星 1 度 月亮與冥王 1 度 月亮與凱龍 1 度	金星與冥王星 0 度 金星與凱龍 0 度	冥王星與凱龍 0 度	

強調主題與可能主題：

- 與母親有關：與母親之間（月）的緊張關係（冥）導致自我價值（金）受到傷害（凱）。或是爲了照護受傷（凱）的母親（月）而造成人際或情感關係（金）的緊張狀態（冥）。
- 與金錢有關的主題：透過照護滋養（月）受到過去病痛（凱龍逆行）威脅（冥）的人而賺取金錢（金）。
- 與恐懼有關的主題：由於過去家族不斷重複的傷痛（凱龍逆行）而對於情感與親密關係之間（月）的甜蜜喜悅（金）感到恐懼（冥）。
- 職業與社會地位（金星守護十宮）：從事與照護（月）療癒（凱）那些面臨重大危機（冥）的人的職業（金星守護十宮）。

可能呈現的動力：

在此與金星凱龍有關的議題，以及冥王月亮之間的議題可能有較爲顯著的壓力。凱龍與冥王的一百五十度，對於內心莫名的不安感到愧疚，並且不斷調整自己的生活態度與價值觀試圖讓自己更有價值。金星與冥王的三分相暗示著一種和諧。

對此圖形相位的描述：

月亮與金星一百五十度，暗示著對於生活舒適的焦慮，或者是對母女關係感到歉疚、不舒服的感受。而與凱龍的四分相，暗示著她可能想要修復這段關係，但卻需要花非常久的時間去訓練如何處理與母女之間的不舒服。最後冥王星與金星三分相暗示著，如果探查心裡的祕密、挖掘過去的不愉快，甚至是研究整個家族的母女關係議題，或許能幫助她接受已經發生過的不愉快並改善與母親之間的互動。

其他涉及行星（帶來的舒緩或更複雜化的暗示）：

- 在 Emma 的這一組圖形相位當中，並沒有產生端點，但若仔細觀察星盤，月亮與金星海王同時形成了上帝手指，這暗示著月亮端點所受到的壓力來自於金星象徵的舒適價值、女性，以及海王星象徵的超越、偉大、犧牲、虛弱、遺忘。可能會讓這組圖型相位的主題更為複雜。
- 金星與月亮都象徵著女性議題，我們可以推測與女性關係的緊張會讓 Emma 有強烈的感受。
- 在這組圖形相位之中有冥王星的符號、天蠍座的符號，月亮落在第八宮並且守護第八宮，這些符號都暗示著危機與看不見的隱憂，這也是一個特質。
- 星盤中象徵物質生活領域與日常生活領域的二、六、十宮都出現在這一組圖形相位中。這些因為壓力而不斷調整自己的狀態，很可能也與物質、金錢、工作、社會形象有著密切的關連。

第六章

圖形相位在流年與合盤的應用

當你了解圖形相位之後，便可理解行星組合會將星盤中的許多象徵，透過複雜的方式結合在一起。當其中一個行星被影響，圖形相位中的其他行星也會被影響，這樣的影響可以透過運勢推測（流年）技巧中的二次推運、太陽弧正向推運、太陽回歸、月亮回歸、行運等等來呈現。

舉例來說，如果你的本命盤有一組月亮、水星、冥王的 T 三角，在最近的行運中，土星與你的月亮產生相位，那麼這會被視爲一個重要的人生時刻，因爲你本命盤的圖形相位被觸動了。

另外一種應用圖形相位的方式，是透過兩個人的合盤來產生影響。假設你的本命盤有一組月亮、水星、冥王的 T 三角，而你的好友、上司、伴侶的太陽與你星盤上的太陽正好與你的月亮、水星或冥王星其中一個行星產生相位，那麼這也會突顯兩人相處上的重要議題。

最後需要特別注意的是，有時星盤上原本沒有圖形相位，但因爲行運、推運或者合盤而產生了一組圖形相位，我們將會在接下來的章節中討論這些議題。

行運與推運中的圖形相位

圖形相位被觸動

在這裡我們只專注在行運技巧或推運技巧之中圖形相位如何被觸動以及如何解釋。在此要提醒各位，進行流年預測之前，一定要仔細研究過本命盤，這是每一位專業占星師都知道的事，在不了解本命盤的情況下，直接預測運勢或討論合盤，都是相當片面而且不專業的做法。

在此我們以英國哈利王子的星盤來做示範。哈利王子的星盤上有一組月亮在金牛座十五度、金星在天秤座十七度、火星在射手座十六度的上帝手指。我們可以透過分析表來認識這一組圖形相位對哈利王子的影響，當然在專業的諮詢工作中，最好能夠先進行完整的本命盤分析，再來做運勢分析的工作。

案例：哈利王子

圖形相位名稱：上帝手指

圖形：

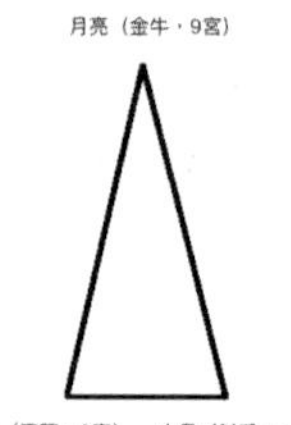

所組成的行星：月亮、金星、火星

所組成的相位與容許度：

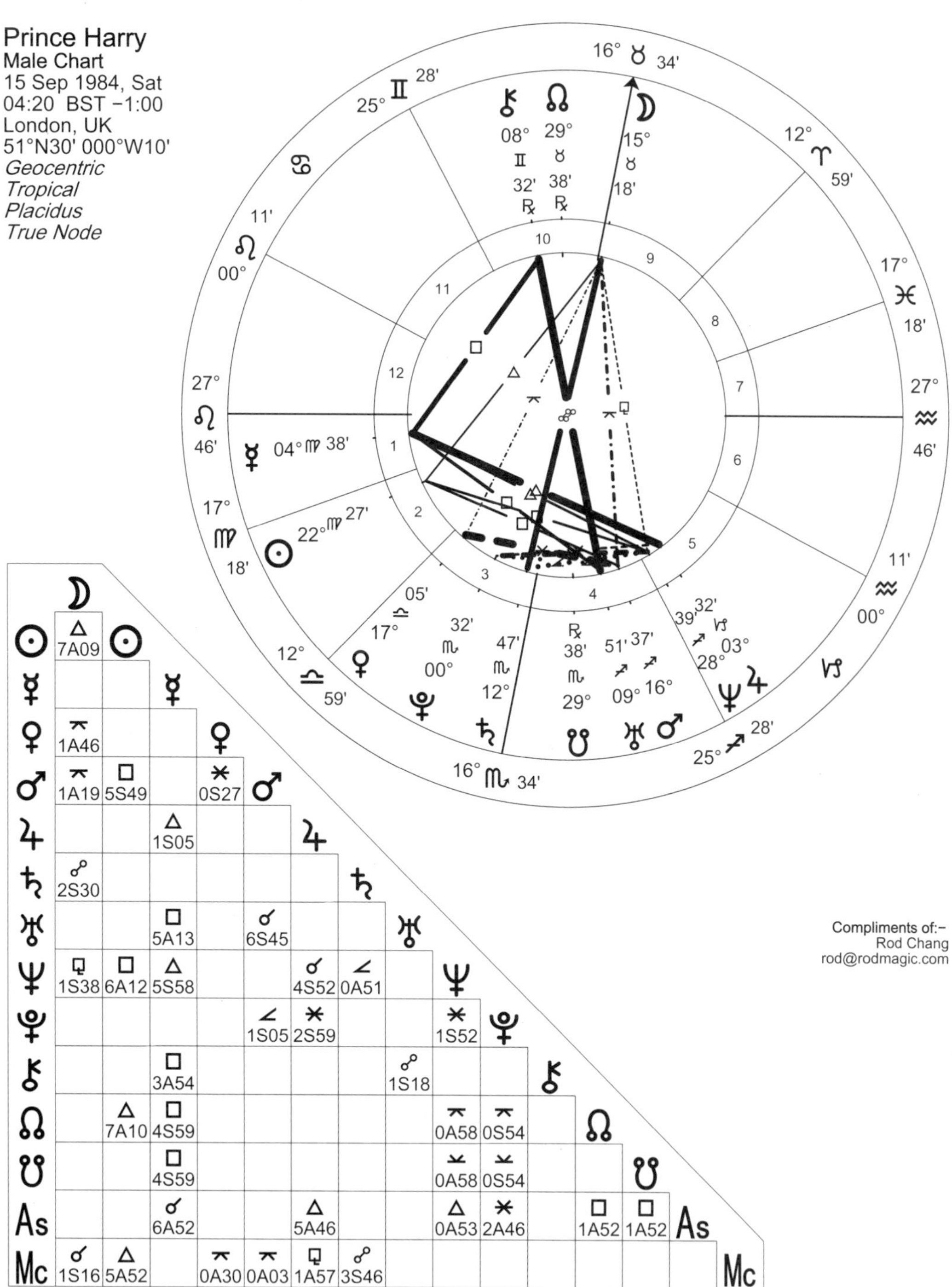

哈利王子（Prince Harry）

行星	凱龍	火星	太陽
該行星定義（可能主題）	母親、女性、情緒、滋養、關懷、需求	情感、喜愛的人事物、愛情、喜好、財富、價值觀	行動、爭取、保護、自我展現、意志力、衝突
落入星座與定義（可能主題）	金牛：資源、財富、土地、穩定、豐盛	天秤：伴侶關係、合作關係、法律、公平公正	射手座：遠方、未來、國外、高等教育
是否逆行或停滯（象徵意涵）			
落入宮位與領域（影響的範疇）	九宮：國外、高等教育、宗教、信念 天頂：社會地位、名聲名望、事業	三宮：學習、溝通、兄弟姊妹、鄰里關係	四宮：家庭、父母、根源、歸屬感
守護宮位與領域（影響的範疇）	無	十宮、天頂：社會地位、名聲名望、事業	四宮：家庭、父母、根源、歸屬感 九宮：國外、高等教育、宗教、信念
產生相位特質（可能感受）	月亮與金星 150 度（焦慮） 月亮與火星 150 度（調整）	金星與火星六分相（機會、學習）	
在圖形中位置（是否為端點或特殊位置）	端點		

與其他行星的容許度緊迫性與危機性	月亮與金星 1 度 月亮與火星 1 度	金星火星 0 度	

強調主題與可能主題：

- 與所喜愛（金）的女性（月）之間有著相當刺激活躍（火）的互動。
- 對於生活（月）的舒適（金）感到虧欠或是不滿足，也因此不斷地去爭取（火）並藉此證明自我。
- 個人的公眾形象（十宮守護星金星）經常環繞著對母親（月）的保護與憤怒（火）。

可能呈現的動力：

不斷調整、刺激、不舒適、內心當中的虧欠愧疚罪惡感與不滿足。

對此圖形相位的描述：

金星與火星象徵著爭取喜愛的人事物的活潑和諧態度，但是個案並不容易因爲這樣的事物而感到安定，反而感到自己應該去做些什麼、去改變或調整行動。月亮與金星的主題，例如與女性關係、與母親的關係，對生活的舒適態度，帶有一種不斷調整的特質，並且在這特質背後有一種不明瞭、不了解、甚至因此引發的不愉快、不滿足、罪惡感受的特色。同樣的特質也出現在月亮與火星爭取每日需求的行動上、情緒表達或者保護家人的議題上，焦慮與調整十分地明顯。

月亮作爲焦點，強調著母親、伴侶關係、情緒、安全感爲重要的議題。

其他涉及行星（帶來的舒緩或更複雜化的暗示）：

- 土星合相天底（IC）對分月亮，土星象徵著規矩、制度，而土星守護六宮與七宮，暗示著每天的生活步調、工作、健康、伴侶關係等議題，受到這組圖形相位主題的強烈影響，但通常不容易被觀察到。

當我們了解這一組本命盤的上帝手指對哈利王子可能帶來的影響之後，應該可以發現家庭、父母關係、社會地位、職業、個人情感、與女性的關係等，可能是這一組圖形相位所突顯的主題。因此在運勢推測的時候，如果這一組圖形相位被觸動，剛才提到的那些領域的事物便需要加倍關注。接下來，讓我們繼續以這個案例來介紹如何在運勢推測技巧上分析圖形相位。

行運

當我們關注行運對圖形相位的影響時，有幾個重要的訣竅，但若你需要更詳細的行運技巧，請參考我的另一本著作《占星流年》。

Tip 1

優先觀察外行星的位置，包括凱龍、冥王星、海王星、天王星、土星、木星以及南北交在當下行運的位置，因爲如果外行星對本命盤產生影響時，影響的時間可以從一兩個月到兩三年。也就是說，生活中的挑戰可能會持續幾個月到兩三年。但是當你考慮內行星與太陽、月亮在行運的影響時，它們的時間相對較短，約莫是幾天至一兩週。

Tip 2

任何外行星開始對星盤上的圖形相位行星產生入相位時，整個圖形相位便開始被影響，越是接近正相位時，影響力越大，到了出相位時，事件才會逐漸消退。入相位與出相位必須考慮距角（Orb），每一位占星師使用不同的距角，在行運時，我個人習慣的距角如下：

- 合相、四分相、對分相、三分相：五度距角
- 六分相：三度距角
- 其他相位：一度距角

也就是說，如果行運土星即將合相本命在天秤座十七度的金星時，影響力大約會從土星位在天秤座十二度開始出現，越是靠近本命金星，影響力越大、越明顯。但是當行運土星過了天秤座十七度之後，事情雖然仍受影響，但已逐漸地減弱消退，當行運土星移動到天秤座二十二度之外，這些影響將從我們的注意力中消失。

如果是行運行星的次要相位，例如一百五十度或半四分相，那麼我們僅需考慮一度的距角，像是行運土星來到雙魚座十六到十八度之間，才會影響到本命盤位在天秤座十七度的金星。

Tip 3

接著必須留意影響的時間範疇。若本命火星在射手十六度，與這個位置合相的影響範圍是射手座十一度到射手座二十一度之間，所以我們檢查星曆表，土星在二〇一六年一月就進入這個位置，一直要到二〇一七年一月才會離開射手座二十一度。也就是說，這層影響會長達至少一年。而我們需要注意的是，在這一年中如果有其他行星同時與這一組圖形相位的行星產生相位，將會提高事件被我們注意到的機率。如果是內行星，很可能就暗示著那幾天會是事件發生的日期。

Tip 4

當我們分析過本命盤後，便可知道哪些本命盤的議題是這一組圖形相位的主題方向，所以若有流年行運行星經過這一段時間，這些議題極可能引起我們的注意，或是產生與這些主題有關的事情。

Tip 5

若我們把本命盤的圖形相位視爲已經存在的經驗，或是生命中某些重要的任務，而行運行星在這時候可能扮演了引發事件發生的原因，或者引發我們回顧那些內在體驗的事件。透過行運行星的特質，以及行運行星在行運的星座宮位，甚至行運行星在本命盤中的位置，我們便可推測是哪些事情帶來這些影響。

二次推運與太陽弧正向推運

「二次推運」與「太陽弧正向推運」，在當代的占星運勢推測技巧中佔有重要的位置，進行專業的占星諮詢時，占星師至少會參考三種以上不同的運勢推測技巧來分析未來的運勢。與行運技巧不同的是，二次推運與太陽弧正向推運是透過出生之後的行星移動來分析較長期的輪廓。二次推運有著一天等於一年的概念，利用生日之後第二天的行星移動位置，來預測出生之後第二年的運勢。而太陽弧正向推運則是以每年所有的行星都會移動將近一度的方式，來預測每一年的運勢。同樣地，我們必須了解本命盤的特質，接著再觀察是否有行星在最近二次的推運與太陽弧正向推運之中與本命盤的圖形相位行星產生相位。

1. 在二次推運中，我們通常會優先關注太陽、月亮、水星、金星、火星是否與本命盤的行星產生相位；在太陽弧正向推運中，我們則會關注所有的行星是否與本命盤行星產生相位。

2. 任何行星開始對星盤中的圖形相位行星產生入相位時，整個圖形相位就開始被影響，越是接近正相位時，影響越大，到了出相位時，事件便會逐漸消退。入相位與出相位必須考慮距角（Orb），每一位占星師會使用不同的距角，我個人的習慣則是使用一度。

3. 影響的時間週期，在使用二次推運時我們必須觀察推運內行星與本命盤的行星何時產生一度的入相位，然後在行星產生一度出相位的時候影響力減弱。二次推運月亮大約有兩個月的影響，太陽、水星、金星大約是兩年左右，而火星則可以長達四年。太陽弧的行星影響則都是兩年。

4. 當我們分析過本命盤後，可以知道哪些本命盤的議題是這一組圖形相位的主題方向，每當推運行星經過這一段時間，這些議題便有極大的可能引發我們的注意，或是產生與這些主題有關的事件。

5. 若我們把本命盤的圖形相位，視爲已存在的體驗，或是生命中某些重要的事件任務，而推運行星在這時可能扮演了引發事件發生的原因，或者引發我們回顧那些內在體驗的事件。透過推運行星的特質，以及推運行星在此時的星座宮位，甚至推運行星在本命盤當中的位置，我們便可推測是哪些事情帶來這些影響。

案例：英國皇室宣布哈利王子與女星梅根馬克爾交往（二〇一六年十一月八日）

二〇一六年底，英國皇室正式宣布哈利王子正在與女星梅根馬克爾交往的新聞，這對於哈利王子來說是一個重大的事件，正式承認有一位女友，當然這個女友的身分、職業、國籍、膚色、家庭關係都成爲媒體焦點。雖然兩人應該早在這個時間前就認識並且交往，但是透過皇室發言人的宣告，這是某種重要的象徵。

首先我們知道哈利王子星盤上的月亮、金星、火星的上帝手指，與社會地位、伴侶關係、與女性的互動、家庭關係、失去母親的傷痛都有著密切的關連。

行運上的圖形相位變化：

在皇室宣布消息的當天，行運土星正好位在射手座十五度，合相了這一組上帝

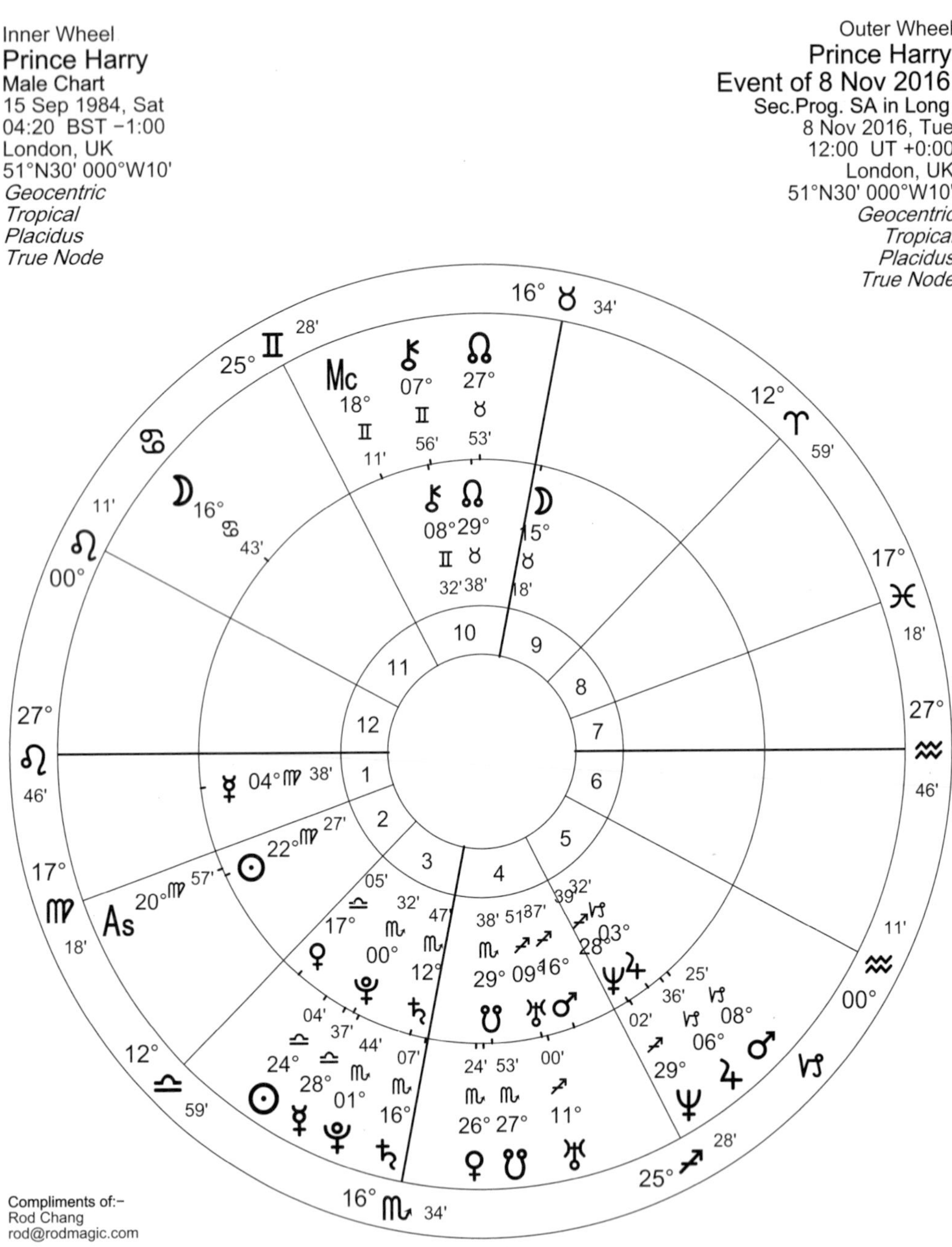

2016 年 11 月 8 日星盤

手指的火星，我們會優先考慮他的火星，是因爲在前面的表格中，我們知道他的火星在射手座、第四宮，並且守護四宮和九宮，所以家庭、歸屬感、根源、與國外的關係、信念等內容都直接地被行運土星的經驗、務實、踏實、挑戰、壓力、延遲、制度化、具體化給影響。然而更重要的是，我們不能只考慮本命火星，因爲本命火星已經與本命盤上的月亮、金星形成了一個集團，所以這整個上帝手指的主題也會在此刻會被觸動。所以在這段時間，我們可以預測將發生一些事情，與社會地位、感情、伴侶關係、女性互動有關的重要事件，而且會相當具體，與法律制度有關，或者帶有些壓力挑戰的色彩，因爲這些都是土星的特色。當然我們也必須參考土星在本命盤中的位置以及守護宮位，本命土星在第三宮象徵著訊息、傳播、兄弟姊妹，本命土星非常靠近天底，也可能與家庭有關，同時本命土星守護六宮與七宮，這暗示著將有可能與日常生活步驟、下屬、伴侶關係、合作或競爭有關。如果我們把這些資訊組合起來，就能夠觀察出這些特色正好描述了皇室正式宣布（第十宮、天頂）哈利王子與新的對象交往（第七宮）的訊息（第三宮）。這對眾人來說無疑地又把哈利王子母親黛安娜王妃的回憶都拉回來。

同時，消息宣布當天的太陽在天蠍座十六度，合相哈利王子的土星，同時對分哈利王子的本命月亮。在這裡我們需要知道的是，行運土星以他的特質影響了整個上帝手指接近一年的時間，而太陽在這時合相本命土星，並對分本命月亮，對這組上帝手指再度帶來了刺激。

推運上的圖形相位變化：

在皇室宣布消息的這一天，二次推運月亮移動到巨蟹座十六度，與本命星盤上位在金牛座十五度的月亮產生六分相，與本命盤的金星產生四分相，與本命盤的火星產生一百五十度的相位，這些距角都在一度內。由於是二次推運月亮，所以影響的時期是前後一個月的範圍。

產生圖形相位：

在我們觀察行運推運的時候，我們也可以特別注意在特定的行運推運時刻是否有圖形相位的產生，也就是說，在某一段時間的行運推運行星與本命盤原有的相位組成了一組圖形相位，並在那一段時間影響個案，直到行運推運行星離開爲止。

這可能是本命盤的四分相變成T三角，本命盤的三分相變成大三角、小三角或風箏，本命盤的一百五十度或一百三十五度成爲上帝手指或者世界手指，也可能是本命盤的T三角成爲大十字，本命盤的小三角、大三角暫時變成風箏。

例如哈利王子的本命盤有太陽在處女座二十二度，四分火星在十六度，當行運的凱龍經過雙魚座的十一到二十一度時會刺激火星，當行運凱龍經過雙魚座十七到二十七度時會對分太陽，產生一組臨時的T三角，所以行運凱龍從十一到二十七度的時刻，會讓哈利王子擁有一組臨時的T三角。

想要了解這段時間的狀況，必須先定義影響力從何時開始出現？何時結束？凱龍從二〇一三年的春天接近雙魚座十一度，要到二〇一八年三月才會離開雙魚座二十七度。於是在這五年的時間中，哈利王子本命盤的太陽火星四分相會形成一組行運的T三角。

我們該怎麼樣看待這些變化呢？首先，這是一個長達五年的課題，相信這會是相當重要的議題。接下來我們有兩種方式來處理這個議題，第一，將凱龍太陽火星的T三角擺在一起，並且利用我們分析圖形相位的表格來分析，找出主題以及了解T三角可能帶來的困難與壓力、可能影響哪些生活領域，可能是獨立展現自我，成爲英雄過程的傷痛？或是對於自我創造力的傷痛感到困窘？

另一種方式，先專注於本命盤的太陽與火星的四分相之上，討論火星與太陽四分相在本命盤中可能突顯對權威的抗爭壓力，成爲個人英雄的不斷努力，突顯個人

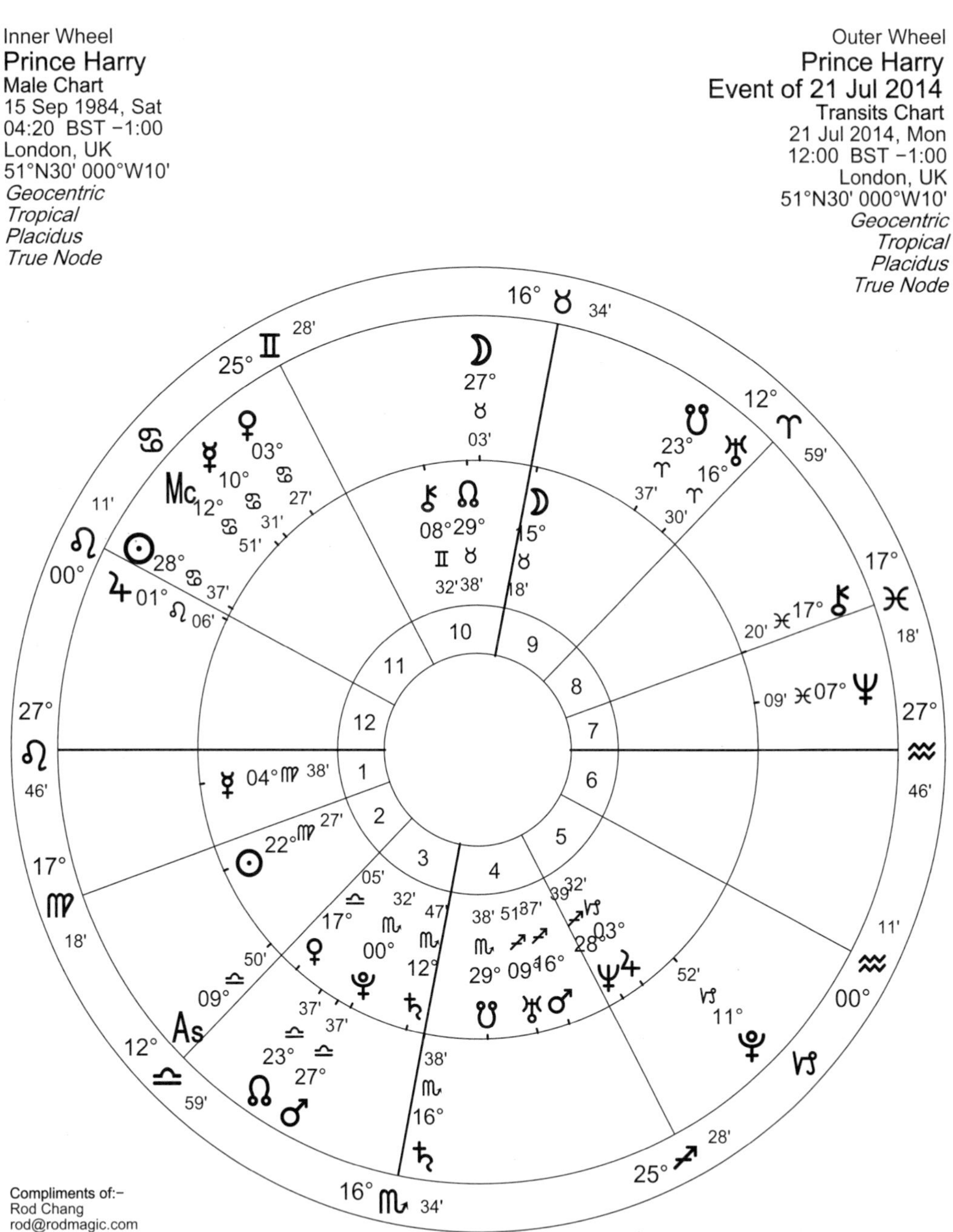

哈利王子的行運盤（2014 年 7 月）

特色的過程所遭遇的挫折，甚至是個人獨立的艱苦過程。然後我們將凱龍視為一種臨時的變化，在這五年中，這一個本命抗爭議題因為凱龍的加入而更為突顯、更為複雜，除了「我要如何對抗權威、我要如何成為獨立的英雄」之外，凱龍所象徵的過去傷痛、家族的傷痛、傷者、照顧者、醫療者、局外人的特質，會因為行運的四分相，讓獨立、對抗還有成就自我的意圖更為困難複雜。

哈利王子在這段時間離開了軍旅生涯，在此之前，他曾經在中東參戰，藉此突顯個人的勇敢，二〇一四年左右被調回英國，在最後的一段時間中，曾有恐怖分子針對哈利王子襲擊，讓英國皇室（太陽）與國防部（火星）感到窘困與為難（凱龍）。我們可以看到這一段時間中的太陽火星凱龍如何展現，從二〇一四年起，哈利王子展開一連串支持英國因戰爭受傷的退伍軍人的行動，沒有哪三顆行星的組合能比太陽、火星、凱龍更貼切地描述受傷（凱龍）的退伍軍人（火）的榮耀（日）。

合盤中的圖形相位

除了因為不同的時間使得行星移動，並且刺激本命盤的圖形相位之外，因為外來刺激而影響圖形相位的狀況還有合盤。當你將一個人的本命盤與另一個人的本命盤疊在一起，觀察兩個人的星盤對彼此的影響時，經常可以發現其中一方的行星刺激了對方的圖形相位，或者讓圖形相位變得更複雜，甚至將原有的相位變成了圖形相位。

因為合盤產生的圖形相位也帶有一些特色，當兩個人的互動越久，這樣的影響就越容易被突顯，當距角越是緊密，雙方的感受就越是強烈。

若兩個人的互動時間不長，這樣的特色就不容易被觀察到，除非當合盤中圖形相位的行星越靠近上升下降軸線、天頂天底軸線、南北交軸線時，圖形相位的影響也會更容易被當事人視爲重要的轉變。就算是另一方離開且不再相見，但這樣的刺激仍可能會影響當事人日後的生活態度。

個人的圖形相位因為合盤而產生刺激

許多人在觀察合盤的時候，很有可能只注意到單一的相位互動，而忽略了因爲行星在本命盤中已經產生了圖形相位而有著錯綜複雜的影響。舉例來說，約翰藍儂有水星在天蠍座八度，而他的伴侶小野洋子的土星在水瓶座九度，四分了藍儂的水星。許多人會判斷他們之間的溝通並不是很順暢，這一點並沒有錯，但如果再仔細觀察約翰藍儂的星盤，會發現他的水星與本命盤上的水瓶座三度的月亮四分，對分金牛座十三度的木星與土星，又同時四分位在獅子座四度的冥王時，便知道這是一組固定大十字。

小野洋子的土星並不只是四分了約翰的水星，而是刺激了整組固定星座的大十字，這當中的議題就不僅僅是溝通不順暢而已。如果我們利用表格做出整理，將可發現這一組大十字所暗示的可能性，並且透過小野洋子的土星來影響藍儂。

找出月、水、木、土、冥王的固定大十字對藍儂的影響，是我們在判斷小野洋子的土星如何影響藍儂生活的第一步驟。他可能象徵著：

- 親密關係（月）的溝通（水）可能因爲不同信念（木）的實踐（土）方式而遇到危機（冥）。
- 個人對母親或女性關係（月）的恐懼（冥）來自於對自由（木）與責任、制度（土）的衝突。

甚至你可以根據表格，練習找出更多不同的可能性，而這些可能主題都會在合盤時，因爲小野洋子的土星四分藍儂的水星、四分藍儂的木星土星而帶來影響。第

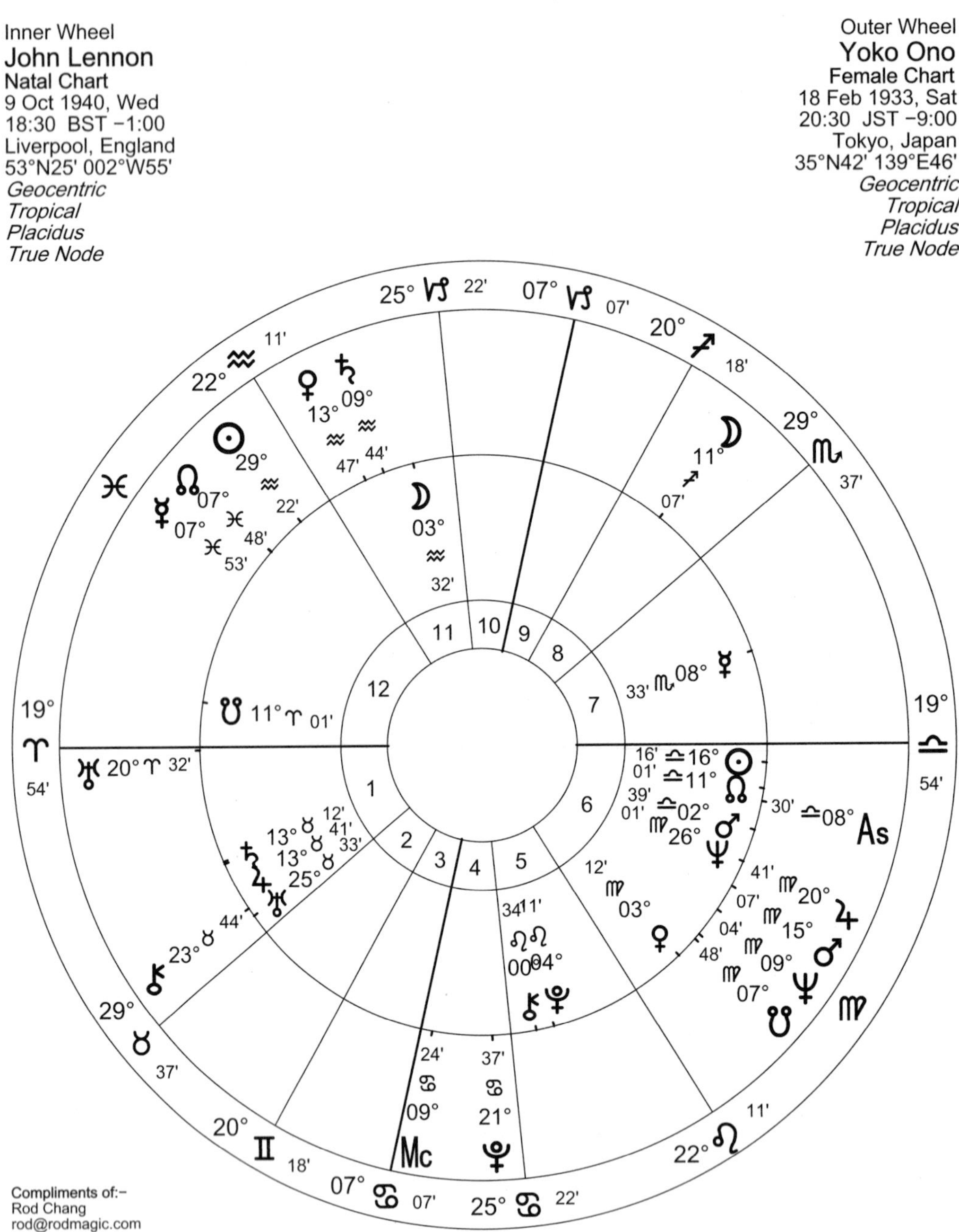

約翰藍儂與小野洋子的合盤

一層影響是，跟洋子相處時，藍儂越能夠意識到他本身星盤當中固定大十字的危機、恐懼、親密關係等主題；第二層，當藍儂注意到小野洋子的土星所象徵的生活層面，如洋子的擔憂、洋子對責任的看法、當洋子提出與法律、制度、傳統有關的見解時，就可能加重刺激藍儂本身大十字所帶來的感受。很多人會把這些困境或挫折的感受怪罪於對方，認爲這是對方所帶來的挑戰，也可能因此發生衝突，或結束情感與合作關係。

許多初學者可能會急著找解決的辦法，事實上，除非被影響的這一方觀察到這是原本就存在自身上的議題，否則很難眞的有所謂的解決辦法。這些自身原有的議題（例如藍儂本身的固定大十字），只不過透過你的情人、伴侶、夥伴來突顯本身需要面對的生命課題，伴侶如同一面鏡子，讓你看到你過去不曾注意到的自己。

所以下次當你要做合盤觀察時，請先專注在其中一張本命盤上，觀察個案是否有圖形相位，或是仔細地分析整張星盤，然後再把另一張星盤拿來製作合盤，這時候你腦中已有清晰的概念，知道當其中一方的行星與另一個本命盤上產生圖形相位的行星有相位時，不會只是兩個行星之間的互動，而是刺激了一整個集團的行星。

個人的相位因為合盤而產生圖形相位

兩個人的合盤也可能將個人的一組相位變成合盤中的圖形相位，這象徵著兩人的互動對雙方都帶來了顯著的影響與改變。而我們必須觀察哪些行星的互動造成了變化？需要注意哪一組行星相位屬於其中一方，而哪一組的影響來自於另外一方？

例如英國的威廉王子有水星在雙子座八度，三分自己的火星在天秤座九度，而他的妻子凱特則有水星在水瓶座六度、逆行的金星在水瓶座七度，與威廉王子的水星火星共同組成了風元素大三角。分析這樣的狀況前，我們必須先了解對威廉來說他的水星火星象徵什麼？而凱特的金星水星又象徵著什麼？

案例：威廉王子與妻子凱特的合盤

威廉王子：水星雙子與火星天秤三分

可能的主題：機智且風趣的語言替人際關係帶來溫和的刺激，透過言語刺激帶來生活的動力；靈活且有禮的表達自我或替自我辯護。

凱特王妃：水星與金星在水瓶並合相

可能主題：以冷靜優雅的態度有條理的表達自我，表達與眾不同、不追隨潮流的美感。

兩人的主題結合：

當凱特王妃與威廉王子產生互動時，凱特不追隨潮流的率性美感，讓威廉王子感到契合，並刺激他以靈活的行動言語展現自我。因為風元素的三分相，雙方有著知性與理性上的共鳴與契合。如果我們仔細觀察，凱特王妃的火星也在天秤座十度，不僅三分自己的水星金星，同時也與威廉王子的火星緊密合相，這兩個人都有著本命盤的水星火星三分相，象徵言語行動上的和諧與一致性，某種程度的言出必行，並找出理性的實踐生活方式，成為兩個人合盤上的一個重要特質。而兩個人的三分相組成的風元素大三角，象徵著理性思維與人際關係上的契合與相互支持。

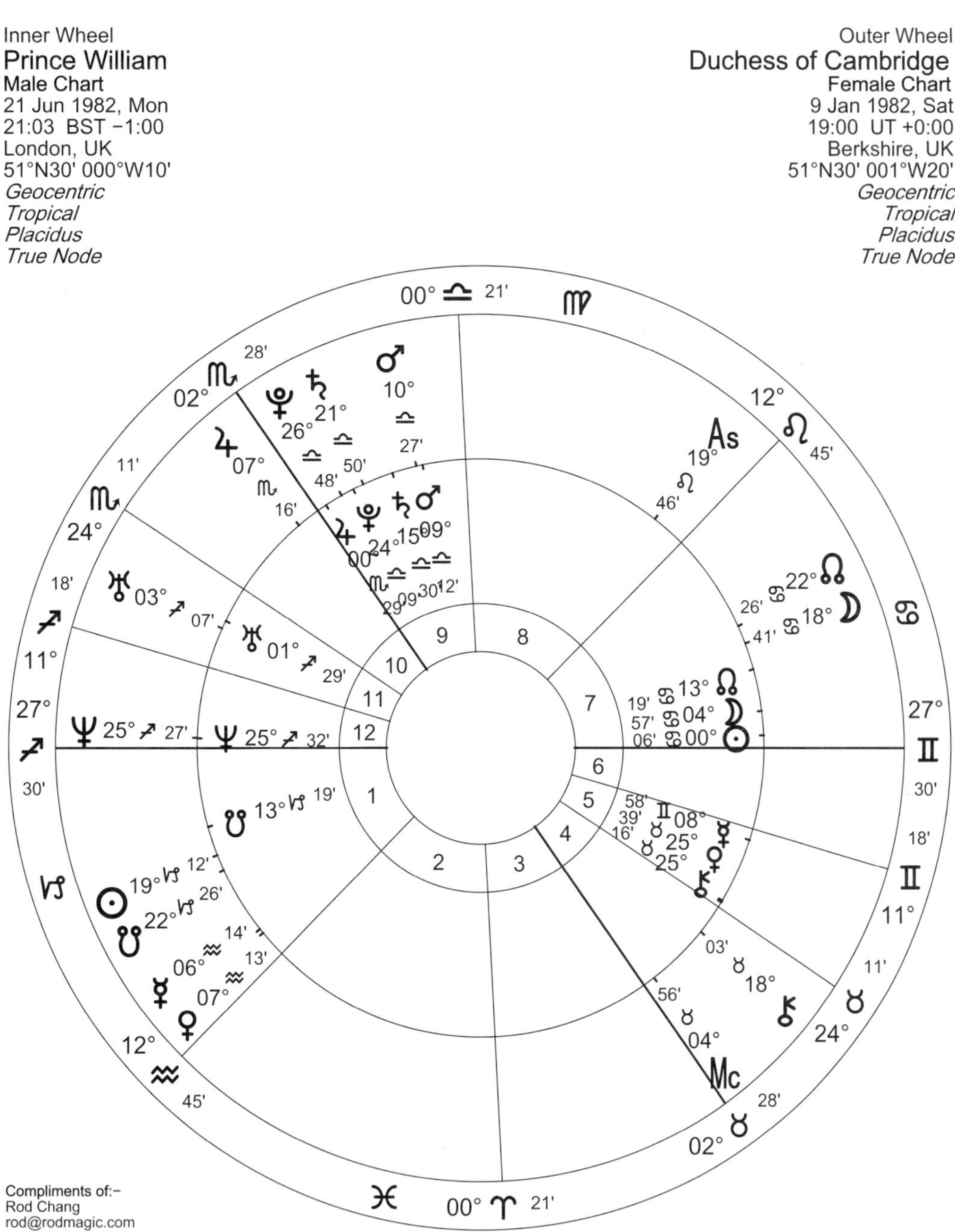

威廉王子與妻子凱特的合盤

第七章
進階考量

在本章中，我們將使用傳統的占星觀點與現代的占星技法，來擴大對圖形相位的細節詮釋。例如，探討在傳統占星學中，組成圖形相位的行星彼此的守護影響是否會強化彼此的互動？或是否會帶來我們看不見的內在衝突。

在閱讀這一個章節之前，我要再次提醒各位，圖形相位的基礎分析相當重要，如果你無法根據行星組合找出可能主題，如果你無法根據不同的相位分辨出主題可能帶來的影響，那麼在這一個章節中所學到的內容並不會帶來太多幫助。

如果你能夠充分掌握前面所提到的主題與展現方式，那麼本章內容將提供更細緻的內容描述，記住了，本章所提到的一些細微調整，並不會改變我們在基礎分析中所學到的一切。

象徵星：
強調每一個行星守護的宮位，在圖形相位中的影響

在占星學中，每一個行星都守護著一至兩個星座，傳統占星師認為七大行星分配給十二個星座，太陽守護獅子座、月亮守護巨蟹座，除此之外，每一個行星各自守護兩個星座，如下：

傳統行星守護星座

行星	太陽	月亮	水星	金星	火星	木星	土星
星座	獅子	巨蟹	雙子 處女	金牛 天秤	牡羊 天蠍	雙魚 射手	水瓶 摩羯

當天王星、海王星、冥王星陸續被發現之後，占星師們也開始安排這三個行星進入星座守護的安排之中，不過並不是每一位占星師都認同這二十世紀之後的改變，所以絕大部分的傳統占星師堅持上方表格的守護關係，並鮮少應用天王星、海王星、冥王星。而許多現代占星師則使用天王星、海王星、冥王星，並將他們加入星座守護之中，在傳統與現代的守護分配上，有些占星師會使用現代守護，如下：

現代行星守護星座

行星	太陽	月亮	水星	金星	火星	木星	土星	天王星	海王星	冥王星
星座	獅子	巨蟹	雙子 處女	金牛 天秤	牡羊	射手	摩羯	水瓶	雙魚	天蠍

有些占星師則使用一套融合古典與現代的雙守護的系統，也就是認爲火星與冥王星共同守護天蠍座，木星與海王星共同守護雙魚座，土星與天王星共同守護水瓶座。我在教授現代心理占星時，使用的就是這一套系統。

雙守護系統

行星	太陽	月亮	水星	金星	火星	木星	土星	天王星	海王星	冥王星
星座	獅子	巨蟹	雙子 處女	金牛 天秤	牡羊 天蠍	射手 雙魚	水瓶 摩羯	水瓶	雙魚	天蠍

想要了解如何透過象徵星來豐富圖形相位的詮釋，我們必須先了解行星與宮位的關係。

當你拿到一張星盤，每一個宮位都有一個起點的位置，我們習慣稱爲宮頭（Cusps），古代占星師認爲，這是出生時每一個宮位能量最爲強盛的度數。宮頭起點星座的守護星就與這一宮產生了關聯，我們稱爲守護關係。接著我們可以用這一宮的守護星來代表這一個領域的事情，我們稱每一宮的守護星爲象徵星（Significator）。

如果我們用英國哈利王子的星盤來觀察，我們會發現他的第三宮的起點位置在天秤座十二度，而他的第十宮起點是在金牛座十六度。這兩個星座都是由金星守護的，所以金星成爲星盤上第三宮與第十宮的象徵代表。而我們知道第三宮象徵著溝通與學習、兄弟姊妹，第十宮象徵著權威、父母、社會地位。

我們接著可以用他星盤上金星的資訊來描述哈利王子的溝通學習方式、與兄弟姊妹的互動，甚至他與權威的關係。

哈利王子有一組月亮、金星、火星的上帝手指，象徵著一種內心焦慮且不斷調整的行動。因爲金星守護著星盤上第三宮與第十宮，這也暗示了這樣的特質將會影響他在溝通、學習、兄弟姊妹、權威、父母、社會地位等領域。

我習慣這樣的分析方式，金星守護著星盤上第三宮與第十宮，所以我暫時忘記金星可能代表的其他可能，直接認定金星等於哈利的兄弟姊妹或哈利的溝通態度，或哈利的社會地位。接著我會用同一組圖形相位的另外兩個行星來分析這些事情

案例：哈利王子

- 金星、火星、月亮上帝手指。
- 金星＝第三宮與第十宮＝兄弟姊妹、溝通態度或社會地位。
- 兄弟姊妹、溝通態度或社會地位將受到火星、月亮的特質影響。
- 與兄弟姊妹之間（金星守護第三宮）充滿了情感上（月）的衝突競爭（火），讓個案不斷地試圖調整自己的生活步調（一百五十度）。
- 與女性關係（月）的衝突（火）將會影響自己的社會地位（金星守護第十宮），使得個案不斷改變、調整自己與女性的關係（一百五十度）。
- 對家人與親密伴侶（月）的捍衛保護（火）將影響自己的社會地位（金星守護第十宮），可能在內心中產生強烈的愧疚感受（一百五十度）。

我們也可以將其他行星以他們所守護的宮位取代，在這一個案例中，由於哈利王子的巨蟹座並沒有出現在任何一宮的宮頭，所以我們無法以月亮爲案例。

- 火星＝第四宮與第九宮＝家庭、父母關係、與國外的關係、高等教育、信仰理念。
- 家庭、父母關係、與國外的關係、高等教育、信仰理念將受到金星與月亮的特質影響。
- 爲了與國外（火星守護第九宮）維持和諧美好（金）維持頻繁的日常互動的關

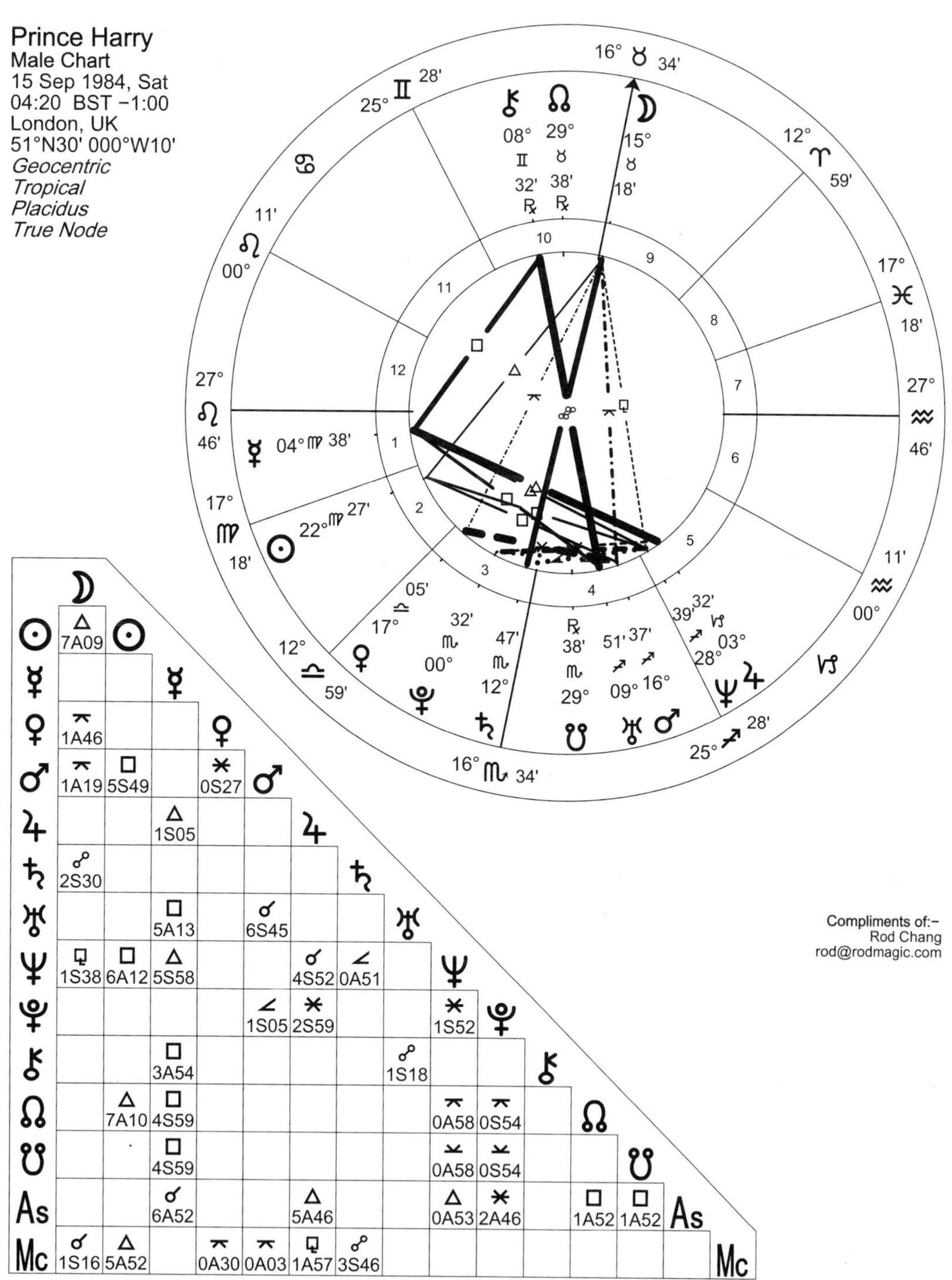

哈利王子（Prince Harry）星盤

係（月），而不斷地調整自己的生活作息（一百五十度）。

守護關係的互動：透過守護星或優弱勢來判斷兩者間的互動變化

許多占星師會在研究星盤時，運用行星與星座的守護關係，在前文中，我們討論了運用象徵星的方法是一種行星與星座守護關係的應用，接下來我們要討論其他的守護關係應用。

當行星在自己的守護或擢升星座

每一個傳統行星都有各自守護的星座與擢升的星座（如下表），晚近發現的天海冥則不列入。當行星落入他所守護的星座時，象徵著行星回到了自己所統御的領土，行星在這裡有最舒適的環境來配合，有最豐富的資源，我們可以解釋爲這個行星所象徵的事物都有著最適切的資源與環境配合，對於相關事物會呈現一種自信與熟稔的態度。

當一個行星來到他擢升的星座時，象徵著一種優勢的態度，許多占星師認爲擢升是僅次於守護的吉利狀態。事實上，我認爲擢升在占星學當中指的是一種統領與執行的能力，「Exaltation」這個字本身有著提高、提升的意涵，這暗示著當行星進入自己的擢升星座時，有一種崇高的地位，象徵一種高度要求、盡全力、強調執行應用的態度。

雖然擢升與守護都是吉利的象徵，但最大的差別在於，守護關係是一種擁有與統領，並帶有舒適的感受；而擢升帶有盡全力去執行的態度，比較緊繃，我們可以把這樣的觀念放入詮釋當中。值得注意的是，傳統占星中認爲水星在處女座同時處於守護星座，也同時是擢升星座，這代表水星適應處女座的環境，並能在這裡發揮充分的執行力。通常我會建議個案在處理一些生活挑戰時，善用落在守護星座行星或擢升星座行星的特質與能量，對個案來說多了一些克服挑戰的幫助。

例如在哈利王子的月金火上帝手指中，月亮在金牛座十五度，金牛座是月亮擢升的星座，這暗示著在這一組圖形相位當中，月亮擁有強勢的力量，位在金牛座擢升的月亮，有一種對伴侶關係、與母親的關係、自身的需求、情緒安全感的盡全力爭取，與月亮相關的事物對他來說也往往能夠帶來較多的幫助。

接著我們將這樣的概念放進圖形相位來考量時，可以得到一些更爲細節的描述。如果月亮與金星火星的上帝手指，象徵著哈利王子對於生活需求（月）的舒適（金）感到虧欠或是不滿足，也因此不斷地去爭取（火）並藉此證明自我。那麼這裡可能暗示著哈利王子對月亮所象徵的生活需求有著較高的標準。同時在他面對與月亮金星火星的情感挑戰時，若能從月亮金牛的層面切入，強調踏實的感受、追求穩定的安全感，或許會比較容易。

行星與自己守護的星座	
太陽	獅子座
月亮	巨蟹座
水星	雙子座、處女座
金星	金牛座、天秤座
火星	牡羊座、天蠍座
木星	雙魚座、射手座
土星	水瓶座、摩羯座
天王星	水瓶座
海王星	雙魚座
冥王星	天蠍座

行星與擢升的星座	
太陽	牡羊座
月亮	金牛座
水星	處女座
金星	雙魚座
火星	摩羯座
木星	巨蟹座
土星	天秤座

當行星在自己的弱勢或落陷星座

當行星在自己守護的星座或是擢升的星座時，都可以帶有某種程度的優勢，相對的，當行星進入自己守護星座的對面，或是擢升星座對面的那個星座時，就帶來了一些不順暢的狀況。古代的占星師認爲，如果說行星的守護星座是自己統領管理的國度，那麼這個星座的對面，就是敵人的領土，行星擢升星座是提高地位的地方，那麼這個星座的對面就是失去地位的位置。

當行星落在自己守護星座的對面星座時，稱之爲弱勢，「Detritment」原意有破損的意思，在這裡描述著來到不是自己能夠掌控的地方，不是自己的家，而且是一個與自身個性有所抵觸的環境，有點像是穿上不合身的衣服。簡單的說，弱勢是一種不熟悉的環境，多了許多的限制，或者功能不全，使得行星的特色與功能無法盡情地發揮。

當行星來到自己擢升星座對面的星座時，稱之爲落陷（Fall），這裡有從高處掉落的意涵，因爲擢升的意涵有著崇高的地位，而這裡卻是對面，有著低落的意涵。在這裡往往暗示著行星有一種卑微的態度，可能處於被控制、差使的低下狀態，也有些占星師認爲這裡可能暗示著一種墮落或者傾毀的特色。落陷經常暗示著一種身分或狀態低落、容易被制約，身不由己的狀態。

當一個行星落入這兩種狀態時，並不代表這個行星完全失效，但是這個行星的狀態並非百分之百絕佳的狀態。如果我們在一組圖形相位中看到弱勢或者落陷的行星時，我們必須謹慎地去了解這一個行星所扮演的角色、所象徵的事物，這些事物可能需要個案更多的關注。當處理這些相關事物時需要更爲謹慎，必須清楚自己能力的限度，以及處理這些事情所受到的限制與狀況。相對的，如果放任不去約束這樣的狀態，那麼這個弱勢與落陷行星所代表的事物往往會帶來更多的挑戰。值得注意的是，水星在雙魚座同時處於弱勢與落陷的狀態，象徵著水星的邏輯在雙魚座對於抽象環境的不適應以及受到限制。

約翰藍儂的大三角中火星落入天秤座，火星守護牡羊座與天蠍座，所以當他來到牡羊座對面的天秤座與天蠍座對面的金牛座時，都是處於弱勢的狀態。這裡的火星處於弱勢，所以在考慮這一組圖形相位時，可以進一步去思考與火星相關的自我呈現、男性特質、攻擊保護，以及火星守護的上升點，自我與外界的關聯，以及第八宮的遺產、資源分享，這些都需要特別注意。因爲這些事物有著先天環境上的限制，使得他在面對這些議題的時候必須更加謹慎，特別是當這些行星所擁有的相位是強調困難與挑戰的相位時，那麼所面對的挑戰將會更爲顯著。

行星與自己弱勢的星座	
太陽	水瓶座
月亮	摩羯座
水星	雙魚座、射手座
金星	牡羊座、天蠍座
火星	金牛座、天秤座
木星	雙子座、處女座
土星	巨蟹座、獅子座
天王星	獅子座
海王星	處女座
冥王星	金牛座

行星與落陷的星座	
太陽	天秤座
月亮	天蠍座
水星	雙魚座
金星	處女座
火星	巨蟹座
木星	魔羯座
土星	牡羊座

支配星與收受的影響

如果你已經了解前面所提出的守護概念，在此我們將更進一步地應用這些觀念。

當一個行星落入另外一個行星守護的星座時，該星座的守護星便成爲它的支配星。舉例來說，任何行星進入天秤座與金牛座時，金星都會成爲他們的支配星。以剛才哈利王子的案例來說，金星成了在金牛座的月亮的支配星（Dispositor）。

雖然現代占星師比較少用這樣的觀點，但是傳統觀點仍認爲支配星能夠掌握、控制另一個行星，對另一個行星發揮影響力。我認為支配星比較像是長輩、或者督導者給予他所支配的行星一些建議或經驗。對於在天秤座的月亮來說，他受到金星的支配，這個位在第三宮天秤座的金星所象徵的人事物，可以給予他在月亮所象徵著伴侶關係、情緒需求上一些經驗分享。

行星與其支配星之間的關係，在產生相位時會更爲緊密，因爲這不僅僅代表兩者之間具有一些共同經驗的分享、一些認同，同時也因爲彼此產生了相位，而有了更密切的互動。也就是說，不僅有精神上的支持，也有實際行動的援助，這在傳統占星中稱爲「收受」。

收受（Reception）這個概念是傳統占星學中相當重要的概念，它必須符合至少兩個前提，第一是行星 A 落入行星 B 所守護的星座；第二是行星 A 與行星 B 之間產生了一組相位。這種狀態象徵彼此之間緊密的連結，守護星通常可以帶來精神思想與理念上的支持、經驗的分享，但如果產生相位的話，則更突顯了實際上的連繫與行動。

有些傳統占星師在考慮收受時會有許多考量，第一，只使用合相、對分相、四分相、三分相、六分相；第二，會考慮行星的速度，通常運行慢速的行星才會對運行快速的行星有收受的能量，就好像是大人（運行慢速行星）才有能力照顧（收受）小孩（運行快速行星）。不過許多現代占星師會把其他相位考慮進來，同時也很少考慮行星的運行速度是否能讓收受成立。

在哈利王子的案例中就有這樣的狀況，落在金牛座的月亮，同時被金星守護，也同時與金星產生了相位。這兩個行星都與金星產生了收受的關係。由於金星一天運行的速度大約是一度，比起月亮一天運行的平均速度是十二度來得相對緩慢，所以金星可以收受月亮。

在這裡，金星所暗示的人事物不僅僅給予月亮情感上的支援、分享經驗，同時也因爲彼此之間的相位，而讓雙方的互動更爲緊密。不過這裡的互動因爲是一百五十度，帶有些焦慮、不了解的狀態，很可能暗示著對方所提供的經驗或實際援助，對個案在情緒感受上來說，是有幫助而且能產生認同的，但是卻不一定百分之百的適用，有時甚至增加了一些焦慮。

互融

當一組圖形相位中的兩個行星，分別落入彼此守護的星座，這裡就產生了互融的狀態。例如當火星在水瓶座被土星所守護，同時土星進入牡羊被火星所守護，這時兩個行星便產生了互相守護、互相接納的關係。從現代占星的角度來看，這兩個行星可以交流分享彼此的經驗，就好像你與另一個外國人互訪彼此的國家，這時你們可以分享經驗與資源，你知道在哪可以找到他需要的事物，而他知道你可以向誰尋求幫助。

許多傳統占星師對互融的定義有一些更嚴格與複雜的要求，例如有些占星師認爲互融的兩個行星必須符合收受的條件，同時產生傳統的相位。而在傳統占星學中，不僅可以透過守護關係產生互融，甚至連擢升的狀態或者其他行星尊貴的狀態也都可以彼此產生互融，這一個範圍已經超出了本書的主題，所以不在此詳述。

知名的英國老牌演員伊恩．麥克連（Sir Ian McKellen）爵士，也就是大家在電影 X 戰警中熟悉的萬磁王，在他的本命盤中有一組 T 三角，冥王星在二十九度巨蟹座，對分火星在水瓶座零度，四分土星在牡羊座二十六度。這是一組比較複雜的混合性 T 三角，強調開創性質的動能以及固定性質的堅持。其中土星在火星守護的牡羊座，與火星在土星守護的水瓶座不僅產生了互融的狀態，也同時產生了四分相。

火星與土星的四分相，帶來了行動上可能因爲恐懼、謹愼而產生的壓力與干擾，可能阻礙自己去展現強烈的自我特質。但是在兩個行星彼此交換守護星座的情況之下，個案很清楚如何克服恐懼，清楚自己該有哪些行動上的堅持，也就是說，雖然兩個領域的事物彼此干擾，但卻能夠根據經驗與資訊的交流，摸索出更適切的方式。這對落入弱勢的土星來說有相當大的幫助，在象徵受侷限與無法發揮全部功能的情況下，火星的收受產生了足夠的幫助，讓土星能夠在挫折中建立勇氣，緩緩地以自己的步調展開證實自我的穩定行動。

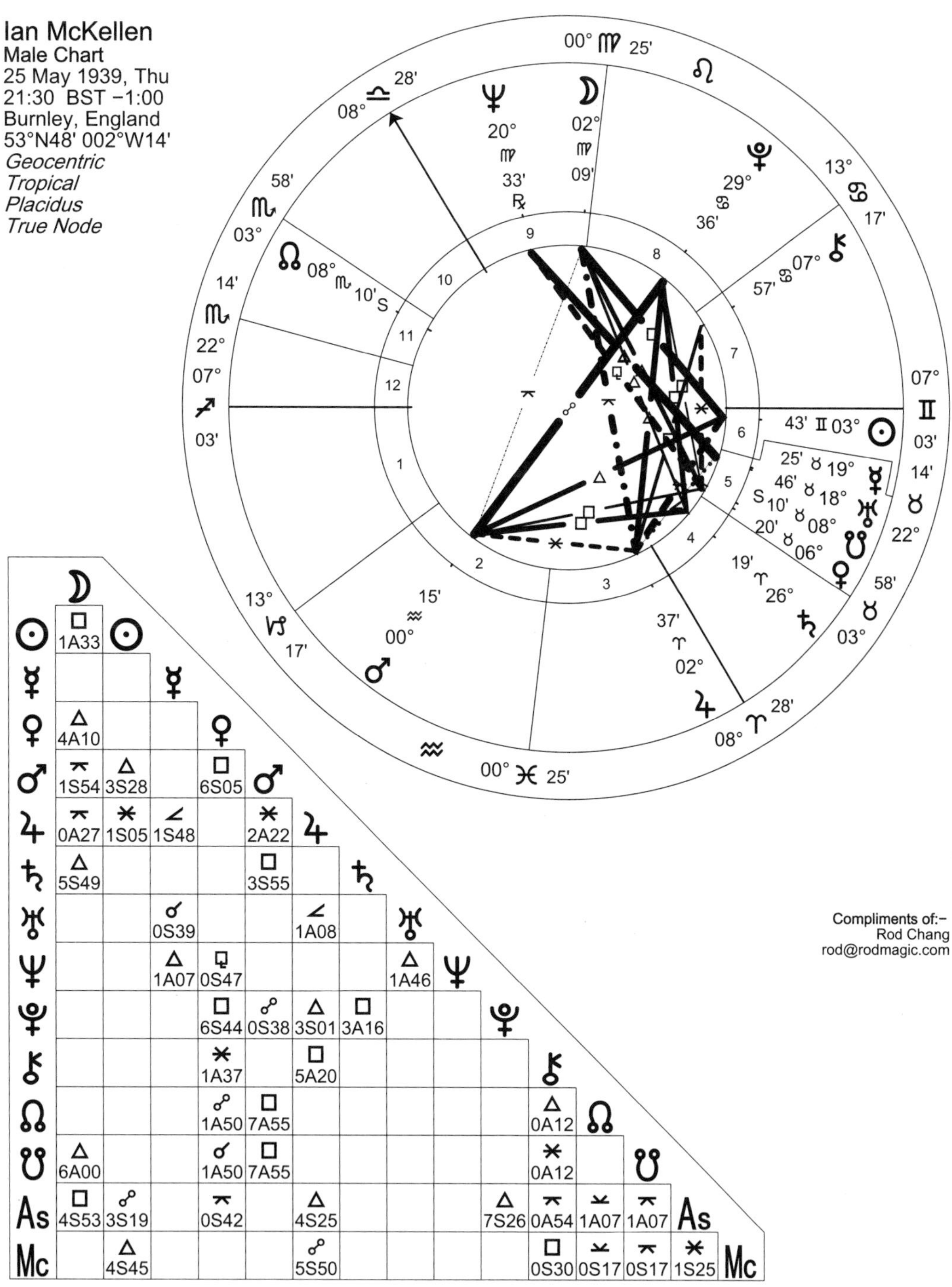

伊恩．麥克連（Sir Ian McKellen）星盤

第八章
實際案例探討

在進行占星諮商時，我們必須先全面觀察整張星盤，包括四軸點、每一個行星、星座、宮位對個案的影響。每一位占星師都有自己獨特的方式，在本章中，我要分享的是，當個案所要討論的內容與星盤上的圖形相位有關時，我們可以怎麼開始進行？在此我要重申，專業的占星工作有必要的倫理必須遵守，這一個案例的分享已經過 Emma 的同意並以化名來發表，這是占星師對個案的尊重。

Emma 在二〇一二年底與我進行了一次占星諮商，這次諮商的目的是爲了討論她該不該辭去目前的工作，專心照顧孩子。Emma 是航空公司的地勤主管，進行諮商時，她正因爲孩子出生而暫停工作。Emma 相當熱愛她的工作，也頗受公司賞識，在此之前從來沒有想過要因爲家庭與小孩而辭去工作，但是在小孩出生之後，她的態度開始轉變了，在生產與育嬰過程中接觸到的資訊，讓她了解到母親對孩童成長的重要性，她一方面想保有她的工作，另一方面她也開始猶豫這麼做對自己與小孩是不是最佳選擇。

身爲占星師，我們必須釐清每一次諮商的議題，才能夠透過星盤之中的符號象徵，給予我們的客戶最適切的幫助。在與 Emma 接觸的過程當中，我先說明了我的諮詢方式是傾向符號解讀與分析，同時透過對話與深入的討論，幫助她釐清這些困擾背後的身心與個人經驗的關聯。我不會給她所謂的建議，我們或許會一起探討不同選擇的原因，以及未來發展的可能性，結果得由她自己在我們的諮商之後再做決定。我之所以會特別強調這一點，是因爲長久以來許多人對占星的期待是占星師告訴個案該怎麼做，而我個人所受到的現代占星訓練則強調由個案面對自己的生命歷程，並由自己決定該怎麼做，占星師只是站在符號分析解釋的輔助角度。這與許多人的期待不同，如果這不是 Emma 能夠接受的占星諮詢方式，我會建議她尋求其他占星師的服務。在理解我所能夠提供的服務與收費之後，Emma 同意以這樣的型態進行諮商。

接下來我會先討論 Emma 星盤的基礎特質，並特別著重在事業還有親子之間的狀態。接著我會針對兩組不同的圖形相位深入探討，並與各位分享 Emma 諮詢過程的重點。

案例：Emma 的本命盤

Emma 的星盤中，除了天頂與凱龍之外並沒有顯著的風元素特質，暗示著她透過與天頂有關的領域學習與人的互動，這包括了母親、事業與社會地位。在宮位的比例中相當強調第一宮與第一至第三宮的自我領域。

上升射手暗示著對她來說，發展、成長、自由是與社會互動的方式，並在其中追尋自己的人生意涵。而上升星座的守護星落在第一宮摩羯座並且與太陽合相，暗示物質社會中的穩定成長對個人來說相當重要，透過自己在社會與工作之中的成就來認識這個世界，證實自我並且榮耀自己。與國外的接觸、飛行、長途旅行、宗教信念這些與木星還有射手座有關的內容也相當重要，這可能會是她與世界接觸的方式，而我們知道 Emma 目前從事的是航空公司的地勤主管，這一點與描述不謀而合。

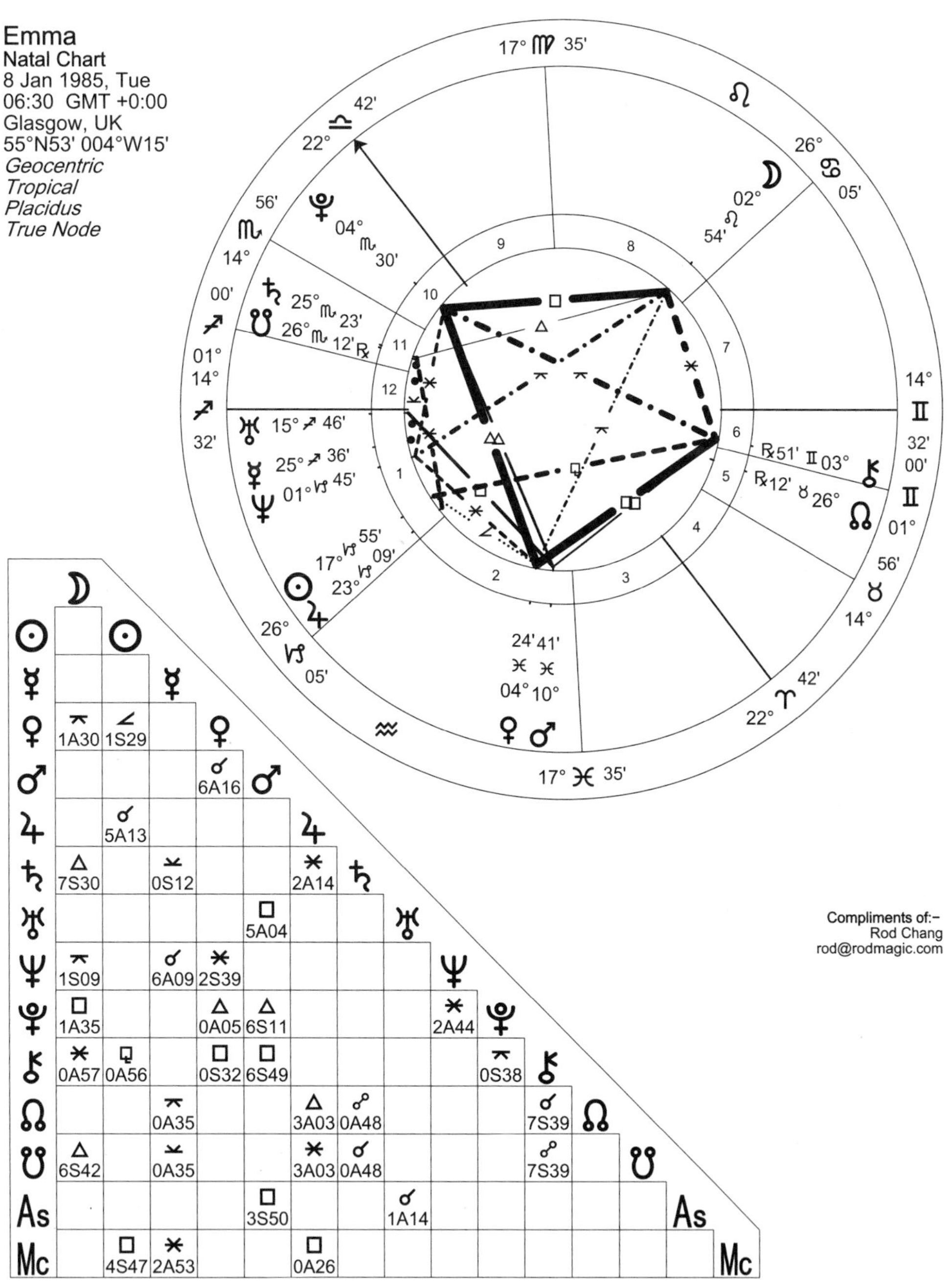
Emma
Natal Chart
8 Jan 1985, Tue
06:30 GMT +0:00
Glasgow, UK
55°N53' 004°W15'
Geocentric
Tropical
Placidus
True Node
Compliments of:-
Rod Chang
rod@rodmagic.com

Emma 的本命盤

天頂與其說是工作，不如說是一種事業，事業象徵著個人從事的活動所帶來的成就，這與許多人所說的工作或賺錢有著很大的不同。當我們關注天頂的時候，我們所獲得的資訊是這一個人如何獲得社會成就、如何贏得社會地位，別忘了天頂也同時與權威、父母親（在傳統觀念當中特別是母親）有著密切的關連。

Emma 的天頂位在天秤座，象徵著獲得成就的其中一個條件，與法律、公平、人我互動有著密切的關聯。而冥王星位在第十宮之中，暗示著冥王星相關的危機、摧毀、恐懼、挖掘也可能與這些事物有關。而守護天頂的金星在雙魚座第二宮，這是金星擢升的位置，代表金星將會在這裡盡全力的表現。金星同時守護第五宮，這可能暗示著事業成就的達成多少可能跟第五宮有關的子女、喜好、創意有關聯。

Emma 的太陽落在第一宮摩羯座，太陽不僅象徵著自我、男性、領導者，同時也可能帶給我們一些與個人有關的重要資訊。她認爲什麼事情是人生中相當重要的？什麼事物能夠帶來活力與個人成就？通常在與職業有關的諮詢當中，我會將太陽的星座、宮位、相位與第十宮天頂的有關資訊做整合，象徵著帶給個案成就感受的事物。

Emma 的月亮落在獅子座第八宮，一方面象徵著榮耀、創意、權威，另一方面落入資源分配、危機死亡有關的第八宮。月亮象徵著 Emma 每天的生活步調、生活中需要滿足的基本需求，而在占星學中，第六宮也象徵著每天的生活步調，同時也是許多占星師認爲與工作有關的宮位。這裡的工作並不是第十宮的事業，這裡象徵著工作的步調、對例行工作的態度以及與下屬的關係。我通常會在討論事業選項時提醒個案去滿足月亮的需求，並認識每日生活步調的特性。在 Emma 的星盤中，第六宮的起點是雙子座，暗示著一種保持靈活的生活態度，強調每天生活之中的溝通與學習，第六宮有凱龍，暗示著在每天生活中面對傷痛與療癒的關係。水星落在射手座第一宮，也再一次強調了在每日生活中渴望與寬廣的世界接觸。Emma

的月亮與海王星、金星產生上帝手指，並且是端點，而我們也在先前討論過 Emma 的月亮、冥王、金星、凱龍彼此有著相位，產生了一組有趣的圖像，這些我們都會在稍後進行探討。

天王星在射手緊密的合相上升點，對於 Emma，來說不但呼應了對於射手座上升所強調的寬廣、不受約束的象徵，同時也強調她對於獨立自主的要求。星盤中有擢升的金星以及在自己守護的冥王星，水星在射手的弱勢與木星在摩羯的落陷也需要列入分析考量中。

透過與 Emma 在諮商前的討論，我們彼此都清楚諮詢的方向，身爲母親的責任與對個人事業成就的期待，這些事情都與第十宮有著密切的關連，而海王星以及月亮與第十宮守護星金星所產生的上帝手指吸引了我的關注，因爲月亮與第十宮都與母親的主題有關，而第十宮也與事業成就有著密切關聯，於是透過圖形相位的分析表格，我們可以找出更多需要注意的細節。

案例分析

圖形相位名稱：上帝手指

所組成的行星：月亮、金星、海王星

所組成的相位與容許度：見表格

圖形：

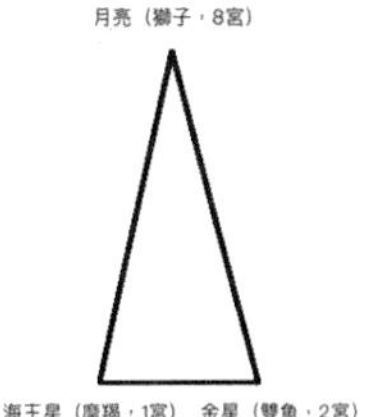

行星	月亮	金星	海王星
該行星定義（可能主題）	母親、女性、生活需求、滋潤、養育	女性、舒適、和平、美麗、喜愛的人事物	夢幻、熱忱、融合、超越、虛弱、消失
落入星座與定義（可能主題）	獅子座：榮耀、尊貴、創意、娛樂	雙魚座（擢升）：理想、想像、情感交流、融合、消失	摩羯座：制度、架構、次序、成就、權威
是否逆行或停滯（象徵意涵）			
落入宮位與領域（影響的範疇）	第八宮：危機、死亡、恐懼、資源分享	第二宮：財富、金錢觀、價值、資源	第一宮：自我呈現、外表、與外界的互動
守護宮位與領域（影響的範疇）	第八宮：危機、死亡、恐懼、資源分享	第五宮：子女、創意、喜歡的人事物 天頂第十宮：事業、成就、社會地位、母親	第三宮：溝通、學習、兄弟姊妹、鄰里關係
產生相位特質（可能感受）	月亮與金星 150 度（焦慮、調整） 月亮與海王星 150 度（歉疚、罪惡感、不滿意）	金星與海王星六分相（靈活互動刺激）	
在圖形中位置（是否為端點或特殊位置）	端點		
與其他行星的容許度緊迫性與危機性	月亮與金星 1 度 月亮與海王星 1 度	金星與海王星 2 度	

強調主題與可能主題：

- 對於生活（月）的舒適（金）有一種高度期盼（海）。
- 對於母親（月）的形象有一種接近完美的想像期盼（金海）。
- 為了事業成就或母親（金星守護十宮）可能犧牲（海）個人的需求（月）。
- 對子女（金星守護第五宮）的滋養照顧（月）有著接近完美的期盼（海）。

可能呈現的動力：

- 月亮與金星的一百五十度，暗示著親子之間的和諧關係與舒適可能帶來的不滿意，因而不斷進行調整的行動
- 月亮與海王星的一百五十度可能對母親的完美形象而做出與犧牲有關的調整行動。
- 金星與海王的六分相，對於完美與理想的學習探索所帶來的刺激與生活應用。

對此圖形相位的描述：

這一組圖型相位不僅強調在每天生活中為了追求事業、親子關係的完美而不斷地做出調整，海王星也暗示了犧牲是其中一種調整方向。金星與海王都有一種完美形象，刺激了個案對月亮所象徵的母親有著完美的要求與想像。不過海王星守護第三宮，也可能透過與鄰里的互動、或者在學習的過程中達成這樣的目的。

其他涉及行星（帶來的舒緩或更複雜化的暗示）：

- 月亮金星同時與冥王凱龍呈現另一組複雜的圖形相位，我們將會在後面獨立探討。

- 火星與金星合相，火星守護第四宮與十一宮，暗示著突顯個人特色的期待、衝動與防衛特色（火星），家庭、根源（四宮）朋友、社交（十一）可能會讓這一組圖形相位的考量更為複雜。

我同時注意到 Emma 的金星、月亮、凱龍、還有冥王星產生了一組圖形，雖然不是傳統的圖形相位，但是我仍然可以使用圖形相位的表格來分析這一組行星所帶來的可能性。我們在先前也討論過這一組圖形相位：

案例分析

圖形相位名稱：無

所組成的行星：月亮、金星、冥王星、凱龍

所組成的相位與容許度：見表格

圖形：

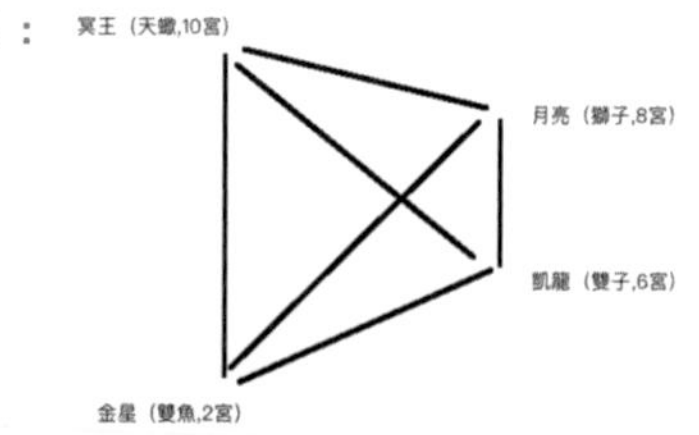

行星	月亮	金星	冥王星	凱龍
該行星定義（可能主題）	母親、情緒、滋養、照顧、親密關係、個人需求	喜愛、金錢、自我價值、女性、和平、人際關係	危機、隱藏、掩埋、死而復生、緊迫、控制	傷痛、療癒、收養、照護、局外人
落入星座與定義（可能主題）	獅子座：創造力、尊貴、榮耀、驕傲、熱情溫暖	雙魚座：隨性、滋養、感受、流動、迷惘、無私無我	天蠍座：危機、隱藏、保護、專注在感受上	雙子座：資訊交流、溝通、理性、鄰近的事物
落入宮位與領域（影響的範疇）	八宮：危機感、死亡與重生、他人的金錢、共享資源	二宮：金錢、財富、個人價值、資源	十宮：社會地位、職業、權威、父母親	六宮：每日生活步調、工作、僱員、下屬、小動物

守護宮位與領域（影響的範疇）	八宮：危機感、死亡與重生、他人的金錢、共享資源	五宮：子女、喜愛的事物、娛樂 十宮：社會地位、職業、權威、父母親	十一宮：社交生活、朋友、對未來的期盼	無
產生相位特質（可能感受）	月亮與金星 150 度（焦慮、調整） 月亮與冥王四分（阻礙、緊張） 月亮與凱龍六分（靈活、學習、應用）	金星與冥王星三分（接受、和諧） 金星與凱龍四分（抵抗、阻礙）	冥王星與凱龍 150 度（調整、焦慮、罪惡感）	
在圖形中位置（是否為端點或特殊位置）				
與其他行星的容許度緊迫性與危機性	月亮與金星 1 度 月亮與冥王 1 度 月亮與凱龍 1 度	金星與冥王星 0 度 金星與凱龍 0 度	冥王星與凱龍 0 度	

強調主題與可能主題：

- 與母親有關：與母親之間（月）的緊張關係（冥）導致自我價值（金）受到傷害（凱）。或是爲了照護受傷（凱）的母親（月）而造成人際或情感關係（金）的緊張狀態（冥）。
- 與金錢有關的主題：透過照護滋養（月）受到過去病痛（凱龍逆行）威脅（冥）的人而賺取金錢（金）。
- 與恐懼有關的主題：由於過去家族不斷重複的傷痛（凱龍逆行）而對於情感與親密關係之間（月）的甜蜜喜悅（金）感到恐懼（冥）。
- 職業與社會地位（金星守護十宮）：從事與照護（月）療癒（凱）那些面臨重大危機（冥）的人的職業（金星守護十宮）。

可能呈現的動力：

在此與金星凱龍有關的議題，以及冥王月亮之間的議題可能有較爲顯著的壓力。凱龍與冥王的一百五十度，對於內心莫名的不安感到愧疚，並且不斷調整自己的生活態度與價值觀試圖讓自己更有價值。金星與冥王的三分相暗示著一種和諧

對此圖形相位的描述：

月亮與金星一百五十度，暗示著對於生活舒適的焦慮，或者是對母女關係感到歉疚、不舒服的感受。而與凱龍的四分相，暗示著她可能想要修復這段關係，但卻需要花非常久的時間去訓練如何處理與母女之間的不舒服。最後冥王星與金星三分相暗示著，如果探查心裡的祕密、挖掘過去的不愉快，甚至是研究整個家族的母女關係議題，或許能幫助她接受已經發生過的不愉快並改善與母親之間的互動。

透過這兩組圖形相位的分析之後，我們可以清楚地看到母親、母女關係、親子關係、犧牲、夢想與完美的期待。其中無論是月亮在第八宮並且守護第八宮、月亮與冥王星的四分相，都暗示著一些強烈的危機感受並且不可忽略，這些危機容易展現在第十宮所象徵的母親與事業議題上，以及對於每日生活的擔憂。凱龍在第六宮不僅顯示了每天生活中的療癒，也透露了家庭中沒有說出口的傷痛祕密可能會是需要探索的部分。

二〇一二年十一月的行運推運影響

太陽弧正向推運

在二〇一二年十一月進行諮商的時候，太陽弧正向推運的月亮移動到處女座一度，三分本命海王星，與本命月亮產生三十度的相位；推運水星在摩羯座二十三度緊密合相本命盤的命主星木星；推運金星來到牡羊座二度，三分本命盤月亮、四分本命盤海王星；推運冥王星來到射手二度，三分本命月亮、對分本命凱龍，這些都對我們先前所觀察到的圖形相位帶來了刺激。推運的冥王星對分凱龍、推運金星四分海王，以及推運水星與木星的合相，都是值得關注的重點。

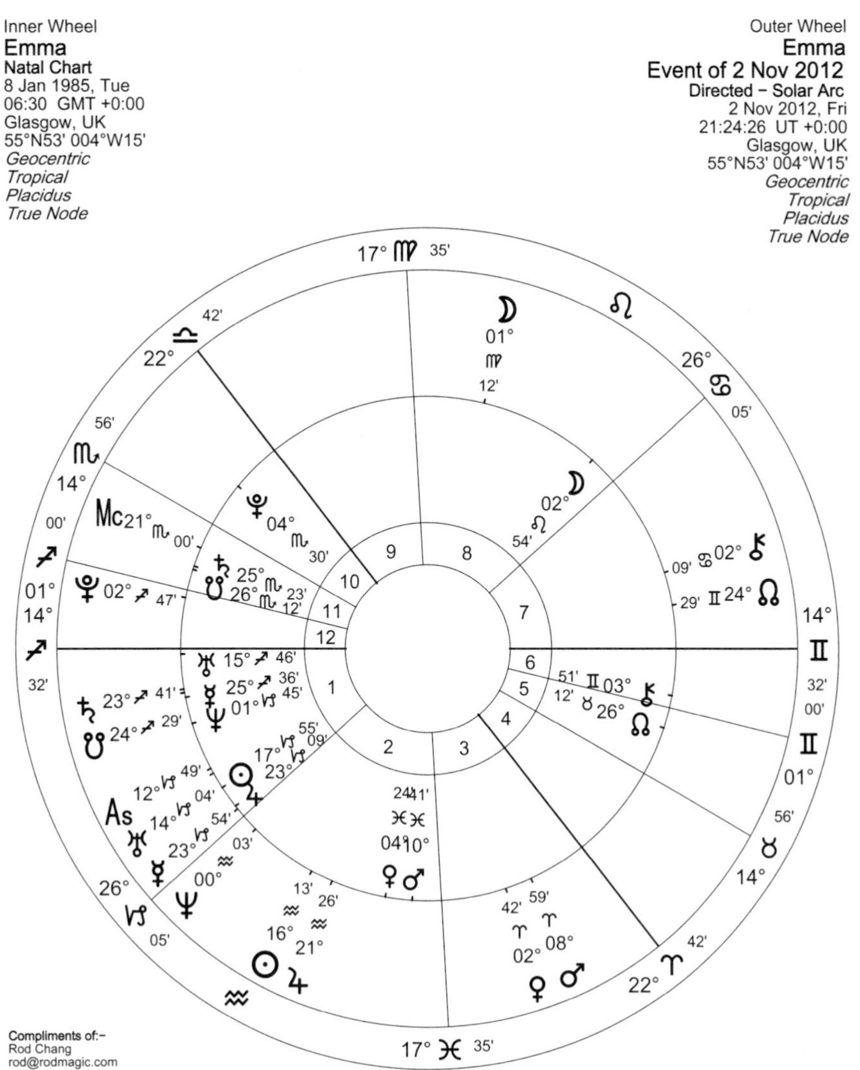

二次推運

二〇一二年 Emma 的二次推運火星與金星都四分本命的海王星，再一次地強調了事業（十宮守護）與家庭（四宮守護）的迷惘。太陽與天王星的六分相，暗示著對於自由與不受約束的暗示，也可能是透過科技找到一些解決的辦法。從十月開始一直到十二月左右，二推的月亮會與火星產生一百五十度，也突顯了那幾個月心中的焦慮以及渴望採取行動改變現況。

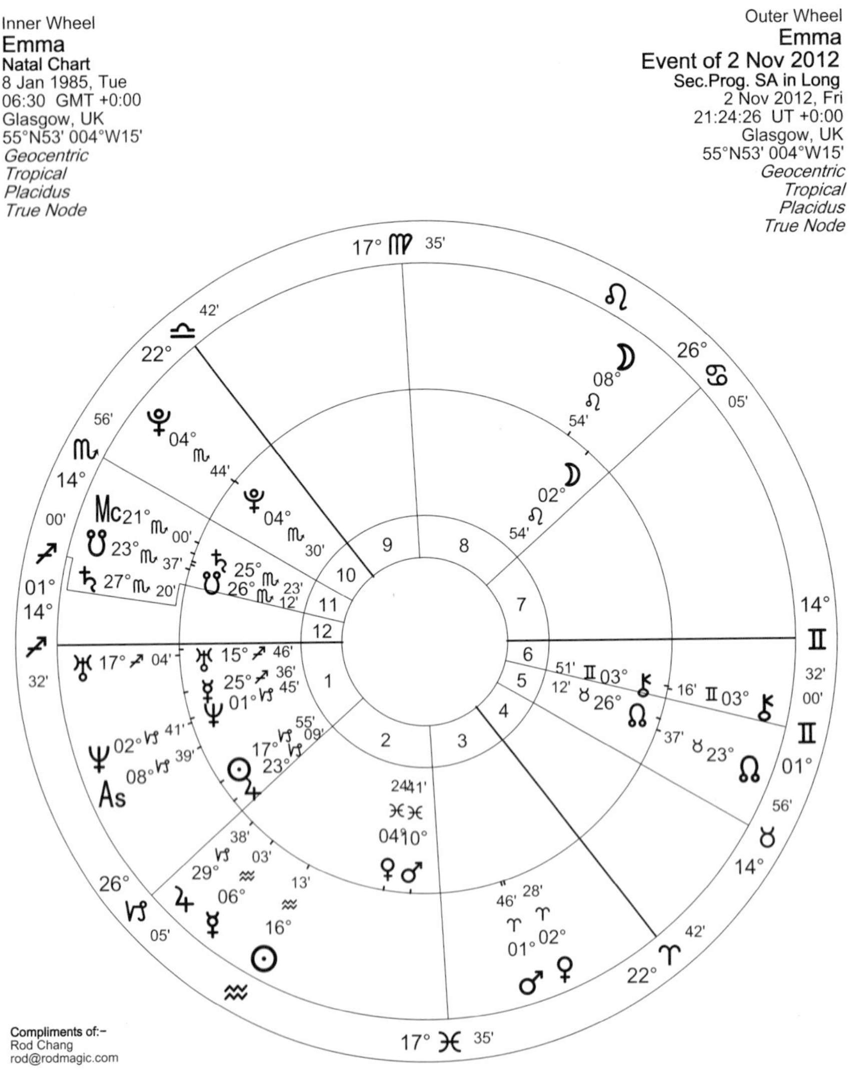

行運

行運冥王星與本命火星產生六分相，這是一組溫和的刺激，行運海王星、凱龍與本命金星產生合相，這會是這一段時期的主要影響。更重要的是，二次推運中也有推運金星火星與海王星的相位，這樣重複出現的相似組合，對占星師來說是一個重要的資訊。行運天王星在牡羊五度，三分月亮、六分凱龍、四分海王，並且與冥王產生一百五十度的緊密相位。天王星雖然不在本命盤的圖形相位之中，但卻是本

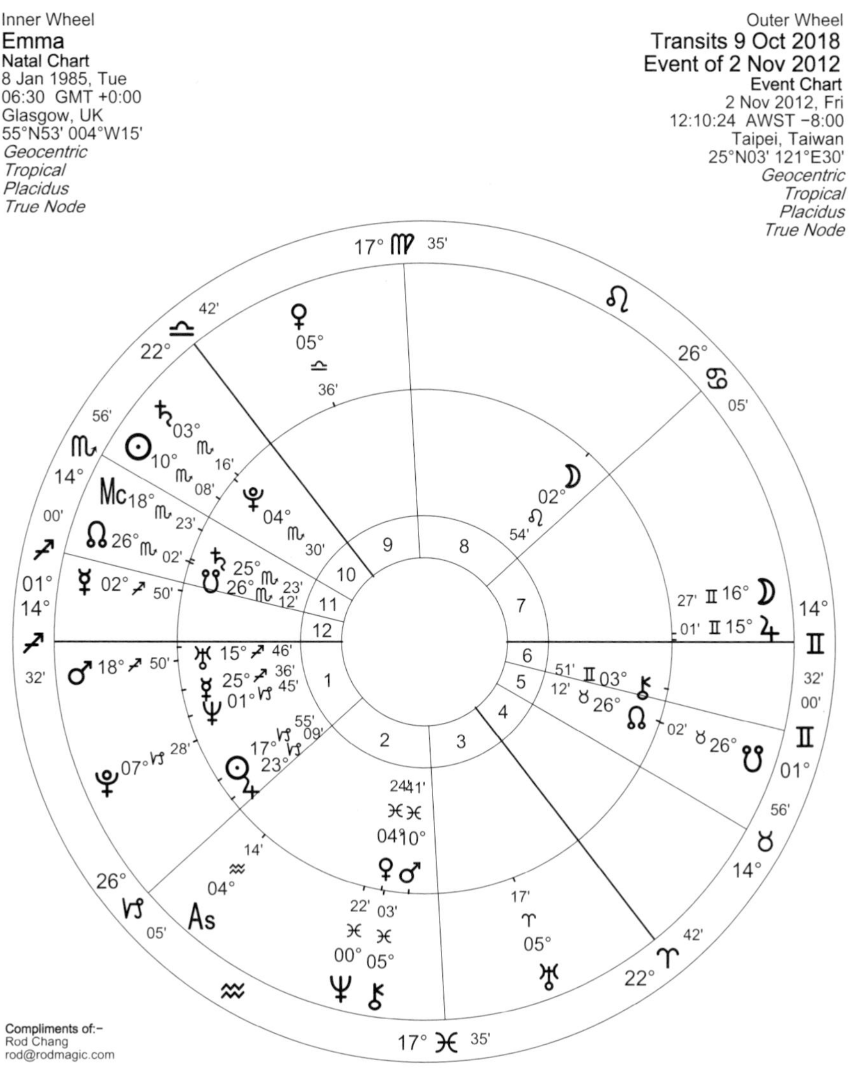

命盤的合軸星，佔有相當重要的地位，同時二次推運太陽也刺激了天王星，我們可以推測天王星所象徵的獨立或自由或多或少帶來了一些影響。行運土星在天蠍座六度，合相了本命的冥王星、四分本命月亮、六分本命海王、三分本命金星、對分本命凱龍，這同樣也是一組重要的影響。本命土星所守護的第二宮，本命土星所在的十一宮，都可以暗示我們一些壓力的來源。

諮詢的過程

在現代人文心理占星對星盤的看法中，認為星盤可以描繪出個案的特質，占星師的專業訓練可以描繪出這些突顯的特色以及可能的趨勢。但是個案如何活出這張星盤，以及以什麼樣的實際方式呈現出細節，則不是占星師能夠輕易推測的，同時也對諮商的互動沒有多大的幫助。所以在諮詢之前，我並不清楚這些星盤的特質以及圖形相位之中行星的組合會如何確切的在 Emma 的星盤中呈現，我所仰賴的只是舉出這些特質，並且聆聽 Emma 如何展現或體驗這些行星符號。

我描繪了這些特色，我們開始討論事業對她的意義為何？她自己對親子關係的看法又是如何？我認為 Emma 與母親在成長過程的互動似乎佔了相當重要的影響，因此我們依序地針對這些主題繼續討論。

當我們在描述對事業的看法時，我提到了守護星落入二宮的價值，並且金星擢升代表的盡全力與高地位，Emma 認為她在工作上感受到的成就感是讓她想要回到工作的主要原因，她在工作時能得到許多認同，工作中一些必須處理的緊急危機狀況，甚至與許多陌生乘客之間的互動，可以為她帶來對世界的認識。

我反問她辭掉這份工作可能的影響時，她提到如果為了小孩而辭去工作，就好像失去了這一份榮耀，她不知道能不能從其他工作當中找到同樣的肯定，她一方面非常恐懼自己成為平凡的家庭主婦，另一方面又覺得沒有替孩子著想是一種羞恥。

當我們轉入親子關係的議題時，我請 Emma 描述了她的童年。Emma 是在單親家庭中長大的，與母親以及祖母同住，她的母親必須工作養家，母親的工作是傳銷的業務，這種自由的工作時間可以讓她同時照顧 Emma，當母親工作時，Emma 不但要學會照顧自己，也要學會獨立。我問 Emma 她是否享受這種獨立？她說其實並不討厭這樣的感覺，有相當大的自由，但是她也學會自律，因爲母親並不會時時刻刻在身邊。我問 Emma 當母親不常在身邊照顧自己時，會有什麼感受？她說並沒有什麼特別的，或許也是因爲祖母分擔了母親一部分的工作。

當我描述月亮冥王星、第八宮、以及上帝手指可能暗示著親子關係所存在的不斷調整、虧欠、不滿足或不滿意的感受時，她說這正是她剛才所說的那種沒有替孩子著想的羞恥。但我懷疑這一點也存在於 Emma 與母親的關係。Emma 並沒有立即聯想到與母親的這一層關係，她懷疑是否是青少年時母親改嫁，她與母親之間有一些說不出的彆扭有關？於是我們進一步探討了這一層關係，她認爲母親改嫁之後她們搬離了祖母的家，新的家庭關係讓處於青少年的她花了一段時間才適應。

這時 Emma 突然想起一件重要的事，當母親改嫁後沒多久，祖母生了一場重病，全家陷入愁雲慘霧之中，母親因爲工作以及新家庭的關係，照顧祖母便顯得慌亂疲憊。母親這時也經常說出認爲自己因爲工作還有愛情對祖母疏忽關注，對 Emma 也感到愧疚。在 Emma 眼中，母親是一個相當強勢的女性，總是希望事情完美，但那時如何同時扮演好理想的母親、理想的女兒、理想的妻子、並同時兼顧工作，成了一個相當大的挑戰。事實上，當 Emma 描述這一段故事的時候，我得承認與我原先心中揣測的故事大綱不同，在諮商之前，我預期是否是 Emma 親身經歷了缺乏母親照顧而轉而對自身的要求，但 Emma 的描述並不符合我的想像，這一點我也要請許多初學者注意，我們的推測並不一定是個案實際的體驗，但這不代表占星學無用，占星師的工作並不是精確描繪個案生活的「細節」，而是提出可能有的特色、模式、以及個案如何受到影響或如何去應用這些特質。

Emma 的描述使星盤中的月亮、金星、海王的上帝手指，如何在她生命當中呈現變得清晰，而冥王、凱龍、月亮、金星之間的組合也與 Emma 的描述吻合。我們進一步地討論這些過去的影響，並且對照 Emma 當下的生活狀況。Emma 似乎也把那完美的母親形象套用在自己身上了，她希望自己能夠扮演一個好的母親角色，她與她的同居男友計畫在小孩長大一些後，買間房子好讓孩子有更棒的成長環境，如果 Emma 辭去工作，可能就會影響這個計畫，可若是 Emma 去工作，她又擔心自己會失去陪伴孩子成長的重要性。當我指出她對自己的完美期待，以及預期這種完美無法達成時的愧疚感，與她描述的母親相似之處時，Emma 開始對整件事有一些不同的看法。

而我進一步地思考合相上升點天王星，並且在行運與二次推運都產生影響的天王星，是否也扮演了某種角色。Emma 認爲在懷孕之後，男友仍然維持著相似的生活態度，而自己卻開始受到限制，在孩子出生後的這一段時間，男友雖然也扮演起父親的角色，但是他不必被綁在家裡，於是「去工作」似乎是可以讓她脫離這個被限制的出口，如同她的母親或男友不必被鎖在家裡一樣。我們不能忽略失去自由，對一個擁有天王星合相上升的人的影響。

在了解對於成就與自由的渴望之後，諮商的後半段，我們比較了她的成長環境經驗以及現有的環境、母親必須獨立養家的狀況，以及現在 Emma 並非一個人獨力照顧孩子的狀況。我們試著討論有沒有哪些方式能夠在 Emma 不去工作時仍然擁有成就感與自由，也討論了若去工作，Emma 如何調適自己對孩子的愧疚感，男友與雙方家人是否能夠給予足夠的支援等等？雖然 Emma 並沒有在諮詢的過程中得到結論，但是卻帶著兩個調整過的方案回去。

在這個案例中，我希望讀者能夠了解到，本書所描述的圖形相位是如何與本命盤還有諮商的實際互動結合。我們如何透過圖形相位的行星組合找出可能的主題，其中的相位如何暗示個案可能有的感受，以及在我們不了解個案的生活情況之下，揣測細節或者想像個案可能的經歷，都對諮商沒有太大的幫助。在分析星盤時，我們可以透過星盤的特質、圖形相位的主題與相位的特質來推測可能性，但也需要知道自己其實對客戶的實際生活一無所知。在諮商時保持開放的心態，並且利用這些行星的特徵，引導個案描繪出相關的感受與經歷，再從這裡與個案一同討論，才可能得到對個案有幫助的諮商結果。

附錄

行星組合主題

太陽圖形相位

日月

日月的主題都涉及家庭與父母親，特別注意當土星、凱龍、MC、IC 的守護星，或者第三、四、五、十宮的行星也被牽連進入這組圖形相位時，將特別強調家庭或家族議題。若是天秤七宮內的行星或七宮守護、金星介入圖形相位，則強調人我互動與情感主題。

日月水

A. 行星象徵

日：男性（male）、父親（father）、領導者（leader）、上司（boss）、成就（success）、光榮（glory）、照亮 （light up）、啓發（enlightenment）、指導（guild）、生命力（vigour）、我（I）、追求的事物（wanted thing）、英雄事蹟（heroic journey）。

月：女性（female）、母親（mother）、照顧者（care taker）、情緒（emotion）、感受（feeling）、需求（need）、餵養（nurture）、童年（childhood）、家庭（family）、食物（food）、情緒安全感（emotional security）、過去（past）。

水：手足（sibling）、鄰居（neighbour）、學生（student）、商人（merchant）、訊息（message）、書信（letter）、語言（language）、鄰近地區（local area）、溝通（communication）、學習（study）、旅行（traveling）、交

易（trading）、分析（analyse）。

B. 不同行星主題的考量

針對太陽主題的符號象徵分析

榮耀主題＝讓自己感到榮耀（日）的事物與情感（月）的表達（水）有關。

父親主題＝與父親有關的議題（日）可能帶來對內心世界（月）的學習與探索（水）。

針對月亮主題的符號象徵分析

情緒感受主題＝內心（月）有著表達出（水）眞實自我與自我成就（日）的渴望。

家庭童年主題＝重視（日）家庭之中（月）特別是與父母親、生活伴侶（日月）的溝通（水）。

針對水星主題的符號象徵分析

鄰近人事物主題＝兄弟姊妹或鄰居（水）在每日生活（月）之中佔有重要地位（日）。

思考溝通主題＝透過溝通以及思考（水）整合個人的內在感受（月）與外在的生活體驗（日）。

生活中可能的呈現（可能的議題）

太陽的議題與父親、領導者還有讓自己發光發熱的事物有關，在這裡受到月亮、水星的影響，暗示著情感交流成爲與父親關係或與成就有著重要關聯。水星象徵鄰近的人事物、兄弟姊妹，這些人可能與扮演著個案生活中的關鍵人物，有著極大的影響力，甚至有可能扮演起父母親的角色。由於太陽象徵著外在與陽性（男性）層面，月亮象徵著內在與陰性（女性）層面，水星的聽說讀寫、思考溝通將串連起內在與外在整合、以及個人陽性與陰性層面的整合。

C. 第四行星

以下說明僅是此行星組合中的一部分潛在可能，建議讀者利用本書第二章所指導的行星主題探索方式，找出更多的影響。

金：透過思考、學習內外在的整合，進而提升個人價值與個人魅力，重視透過溝通增進婚姻伴侶關係。

火：當談論起童年、家庭、父母親議題時，有明顯的情緒反應，或許是興奮、或者感覺隱私受到侵犯。

木：在家庭生活、伴侶生活之中學習、尋找人生的意義，家庭中充滿歡樂、宗教或學術氛圍。

土：成長過程當中，權威、禮儀與規矩有著重要的影響，傾向謹慎地與家人溝通，也可能帶來踏實的生活與學習態度。

天：生活在開放自由的家庭環境當中，或者生命的重要主題是如何透過學習溝通，將自己從家庭的束縛當中解放出來。

海：家庭成員可能對某些事物感到狂熱，也可能有迷失或犧牲的成員，包容與犧牲是此人家庭生活的特質。

冥：家庭中有著祕而不宣的議題，可能帶來凝重的氣氛，也可能帶來更為緊密的相互扶持。

凱：成長過程之中受到言語的傷痛，可透過語言書寫與相關的方式達成療癒與和解。

日月金

A. 行星象徵

日：男性（male）、父親（father）、領導者（leader）、上司（boss）、成就（success）、光榮（glory）、照亮 （light up）、啓發（enlightenment）、指導（guild）、生命力（vigour）、我（I）、追求的事物（wanted thing）、英雄事蹟（heroic journey）。

月：女性（female）、母親（mother）、照顧者（care taker）、情緒（emotion）、感受（feeling）、需求（need）、餵養（nurture）、童年（childhood）、家庭（family）、食物（food）、情緒安全感（emotional security）、過去（past）。

金：女性（female）、美麗（beauty）、娛樂（entertaiment）、藝術（art）、美學（aesthetics）、金錢（money）、財物（finance）、價值（value）、自我價值（self esteem）、生產（reproduction）、外交（diplomatic）、大使（ambassador）、溫和（mildness）、和平（peaceful）、甜美（sweetness）。

B. 不同行星主題的考量

針對太陽主題的符號象徵分析

生活重點主題＝重視日常生活當中的美學與人際關係。

父親主題＝與父親的關係有著一種依賴與和諧的關係，或者父親具有較爲內斂安靜的特質。

情緒感受主題＝透過重視感受與人際互動而成為領導者。

針對金星主題的符號象徵分析

愛情主題＝愛是伴侶關係的基礎，甚至是人生的重要議題。

自我價值主題＝在自我價值的判斷中受到父母親的影響十分顯著。

生活中可能的呈現（可能的議題）

針對太陽的描述時，我們可以從父親或者重視的事物來切入。當我們探討父親時，可能是描述父親的特質或者與父親的關係，當象徵父親的太陽同時與兩個陰性的行星月亮、金星產生相位，可以描述父親的陰性特質，安靜、內斂、重視美學，與女性有著良好的關係，但也可能描述父親具有母親或女性特質。不過這在現實生活當中較為可能的呈現是，因為某些原因，母親取代了父親的地位，或者父親擅長那些社會認定的女性工作，如縫紉、照顧看護。別忘記了太陽也描述意識中的自我，這也可能是個案對自己的認知。當我們以月亮作為主題，並以太陽與金星的特質來描述，不難想像女性議題在此人生活中的重要性，母親或家族中的女性扮演著重要的地位。也可能暗示著與人相處時，和諧與舒適成為個案重視的特質。隨著不同的圖形相位，會有不同的感受，若是柔和相位較多的圖形，則可較為舒適、自然地展現在生活之中；若是強硬相位，那麼展現驕傲與自我價值時，容易遇到挫折與挑戰。

C. 第四行星

水：透過學習與討論，了解父母如何影響自身的情感與價值觀。

火：如何展現自我價值與爭取自己所喜愛的事物，是人生中的重點。

木：和善、包容與寬容成為人生的課題，對家庭的模式有理想化的傾向。

土：長輩對於自身的價值評判將有顯著的影響，甚而影響到人際互動與伴侶關係。

天：獨立與自由可能成為伴侶關係的學習主題，並藉此從過去困擾中得到釋係。

天：獨立與自由可能成爲伴侶關係的學習主題，並藉此從過去困擾中得到釋放。

海：期盼完美的家庭與期盼完美的伴侶關係，是學習體驗人生的開始。

冥：祕密可能讓個人與父母緊密地綁在一起，也可能讓人喘不過氣。

凱：成長過程中，金錢與自我價值的傷痛將帶來一項專長以及一個重要的療癒課題。

日月火

A. 行星象徵

日：男性（male）、父親（father）、領導者（leader）、上司（boss）、成就（success）、光榮（glory）、照亮 （light up）、啓發（enlightenment）、指導（guild）、生命力（vigour）、我（I）、追求的事物（wanted thing）、英雄事蹟（heroic journey）。

月：女性（female）、母親（mother）、照顧者（care taker）、情緒（emotion）、感受（feeling）、需求（need）、餵養（nurture）、童年（childhood）、家庭（family）、食物（food）、情緒安全感（emotional security）、過去（past）。

火：行動（action）、攻擊（attack）、對抗（against）、刺激（stimulate）、加速（assertion）、加劇（aggressive）、憤怒（anger）、敏感（sensitive）、生存議題（survival issue）、自我呈現（self expression）、性與繁衍（sex and reproduce）。

B. 不同行星主題的考量

針對太陽主題的符號象徵分析

成就的事物＝對於情緒與家庭主題（月）上的行動（火）。

父親的特質＝將行動、暴力、對抗的力量（火）發揮在家庭與女性上（月），可能是保護女性與家人，也可能是對家人或女性施暴。

生命活力＝每天的（月）運動（火）、飲食中的（月）刺激辛辣（火）。

針對月亮主題的符號象徵分析

母親的特質＝在行動、競爭主題、生存主題上（火）的指導者（日）。

每天的需求＝在我所追求的成就上（日）取得優勢的地位（火）。

情緒的表達＝用戲劇化（被注目）的方式（日）表達我的憤怒（火）。

針對火星主題的符號象徵分析

刺激的主題是＝無法在每天的生活中（月）得到成就感（日）。

與別人的衝突＝在重大的事件當中（日）重視個人感受（月）。

覺得敏感的話題＝男（日）女（月）的互動，父親與母親之間的關係。

生活中可能的呈現（可能的議題）

此人在情緒表達上容易引人注目，同時生活中帶有一種較具有競爭性的態度，這種程度可能是從積極主動到對他人帶來侵略性，也可能透過保護家庭的行動，或者盡力表達自己的感受得到成就。若產生強硬相位，可能會帶來了更強烈的挑戰與否定意味，這暗示著榮耀與成就需要經過比別人更多的掙扎。我們必須從日月火的星座、宮位、以及什麼樣的圖形相位來做判斷，例如較多強硬相位組成的圖形，可能引發個案的保護機制，也可能表現得較為敏感；柔和相位有關的圖形，可能採取的積極方式較容易為自己或他人所接納。

C. 第四行星

水：兄弟姊妹可能參與上述事務並且扮演著關鍵角色，上述事務有著強烈被討論的需要。注意水星與月亮的相位是否有助於情緒的抒發。

金：女性在上述事務中扮有重要角色，上述的議題可能對金錢或情感有著更明顯的影響。太陽與金星的議題可能與個人尊嚴還有自我價值有關，月亮與金星的強硬相位是否帶來了每日生活中的無法放鬆、對於生活需求過與不及的反應，日月金火同時涉及的議題相當有可能與男性、女性之間的情感互動有關。

木：上述的爭議可能環繞著不同的文化或信仰的主題呈現。想法與創意如何在每天生活中被執行可能是重要的主題。火星、木星、以及火星與太陽的強硬相位，可能暗示著執行的困難；月火的強硬相位暗示著情緒、每日生活的緊湊步調、生活中的緊張壓力被突顯。

土：上述的主題可能帶來劇烈的生活壓力，同時相當有可能延伸出與權威互動上的敏感議題。火星與土星除了與權威的衝突之外，許多事情的執行都需要反覆地安全確認與練習。行動上受到的阻礙會讓人沮喪，但這也是在重要時刻可以保護生命的要件，更可能是重要時刻獲得榮耀的關鍵。

天：家庭的互動明顯使得此人生活徹底轉變，也可能因爲大環境的關係造成與家人的分離。日天火的主題都與獨立有關，造成個人成長過程中的獨立事件，在日後生命歷程上有著劇烈的影響。

海：對家庭關係有著高度期盼，很可能也因爲家人在實際狀況中無法達到這樣的要求而覺得憤怒，若有大量的天秤、七宮相關的指標時，很可能暗示著對於伴侶生活有著高度期待，是否因此而感到沮喪？是否因此而覺得不容易找到喜歡的對象？在家庭或情感中扮演救世主或犧牲者的角色？

冥：由於火星冥王星同時涉及這個議題，強烈的生存掙扎主題可能出現在家庭之中，或在每日生活中可能遭遇的危機、憤怒、爲了生活而戰的辛苦感受。與父母親之間的關係可能出現緊密的連結（相當親密的關係）、緊張的壓力，也常見因巨大的恐懼而被控制的特質出現在這組相位中。是否因爲父母不和睦，其中一方聯合子女產生緊密的結盟，進一步對子女成年後的生活有著強烈的干涉特質？

凱：在此主題上，火星凱龍帶來了一種極端的態度，家庭、父母的相處狀況可能替個案帶來幫助自己或他人的專業能力。個案不一定明顯察覺家庭所帶來的困擾，但卻擅長在生活與人際關係中應用這項能力。對於親子關係、家庭暴力以及兒童成長獨立的話題可能感到相當敏感，通常有著極端影響。婚姻與生育可能對此人有著莫名的重要與療癒特色，也可能用拒絕討論相關議題，拒絕婚姻或生育來呈現。

日月木

A. 行星象徵

日：男性（male）、父親（father）、領導者（leader）、上司（boss）、成就（success）、光榮（glory）、照亮 （light up）、啓發（enlightenment）、指導（guild）、生命力（vigour）、我（I）、追求的事物（wanted thing）、英雄事蹟（heroic journey）。

月：女性（female）、母親（mother）、照顧者（care taker）、情緒（emotion）、感受（feeling）、需求（need）、餵養（nurture）、童年（childhood）、家庭（family）、食物（food）、情緒安全感（emotional security）、過去（past）。

木：信仰（believe）、宗教（religion）、人生意涵（life meaning）、擴張（expansion）、寬廣（broad）、成長（growth）、冒險（adventure）、接納（accept）、調節（adjustment）、希望（hope）、自由（freedom）、高等教育

（higher education）、異國文化（foreign culture）。

B. 不同行星主題的考量

針對太陽主題的符號象徵分析

榮耀主題：給予他人智慧上的（木星）滋養（月亮）帶來榮耀。

成就主題：可以在每日生活中（月亮）的智慧增長（木星）帶來個人的成就。

針對月亮主題的符號象徵分析

日常生活的特色：認爲哲學與生活觀（木星）在生活當中是重要的（太陽），以異國特質（木星）的生活方式備受他人關注（太陽）。

對母親（女性）形象的看法：透過與女性（母親）（月）的互動與社會接觸（木），並且認清自己的生活目標（太陽）。

針對木星主題的符號象徵分析

人生意涵主題：透過個人生活中的內在感受與外在行動的衝突和協調來成長，並體認人生的意義。

自由主題：無論是透過開放的家庭氛圍，或缺乏長輩的約束，自由與空間很可能是家庭當中的重要特質。

生活中可能的呈現（可能的議題）

精神思想與人生觀的追尋是生活當中的重要主題，也突顯了生活中的多采多姿。家庭背景中的多元，可能進一步帶來開放與自由的態度，弱勢、強硬相位可能是在衝突當中體認這樣的主題。與女性的互動帶有明顯的思想交流色彩，在伴侶關係與生活當中可能充滿了自由的特質。異國文化與海外的接觸、宗教與高等教育，可能在個人生活中佔有重要的位置，進而替個人帶來一種多元文化的包容價値觀。

C. 第四行星

水：在成長過程中逐漸學習到開放的胸襟以及接觸不同文化的重要性。

金：在生活中致力追求身心靈的協調，不是空洞的口號，而是包含生活飲食、人際互動到精神成長。

火：對於自我或他人所相信的事物（人生觀、理念、信仰）採取一種積極與挑戰的態度。

土：受到家庭的影響，對於事物的發展採取踏實的態度，不過分妄想但也不致於悲觀。

天：自由與獨立被視為成長的主題，強硬相位較多時，必須為這樣的態度付出較多的代價。

海：一種慈愛與包容的信念在家庭當中出現，學會接納不同的人事物，必要時為他們犧牲。

冥：幸福與財富並不如同他們的物質表象，若處在艱苦的環境當中，將可深入探索人生的意涵。

凱：生活經驗將告訴你，對他人的信任與達成夢想，並不是簡單的事。

日月土

A. 行星象徵

日：男性（male）、父親（father）、領導者（leader）、上司（boss）、成就（success）、光榮（glory）、照亮 （light up）、啓發（enlightenment）、指導（guild）、生命力（vigour）、我（I）、追求的事物（wanted thing）、英雄事蹟（heroic journey）。

月：女性（female）、母親（mother）、照顧者（care taker）、情緒（emotion）、感受（feeling）、需求（need）、餵養（nurture）、童年（childhood）、家庭（family）、食物（food）、情緒安全感（emotional

security）、過去（past）。

土：踏實（practical）、實際（reality）、保護（protection）、定義（definition）、界線（boundary）、限制（restraint）、蕭條（depression）、壓力（stress）、擔憂（worried）、困難（difficulty）、訓練（training）、時間（time）、權威（authority）、實現（implement）。

B. 不同行星主題的考量

針對太陽主題的符號象徵分析

權威主題：權威的界定，在於此人必須比平常人擁有更多的專業技能（土）與穩定的情緒（月）。

成就與榮耀主題：認爲成就與榮耀來自於在日常生活（月）當中對自我的嚴格要求（土）或情感上的克制。

針對月亮主題的符號象徵分析

情緒感受主題：對於自身或他人的情緒感受感到陌生、或有著否定（土）情緒（月）的重要影響（日）。

伴侶關係主題：對於伴侶關係（日月）可能有著比較功能性（土）的看法，有著比較多經濟穩定與生活安全的考量（土）。

針對土星主題的符號象徵分析

界線主題：在生活當中，可能將外界公眾領域、專業領域（日）與私人領域、內在情感領域（月）劃出清楚的界線（土）

專業主題：可能因爲對家庭關係、親子關係、父母關係、伴侶關係（日月）的疑惑，而渴望進一步了解、並成爲這些領域的專業人士（土）。

生活中可能的呈現（可能的議題）

太陽象徵著我們如何爭取榮耀，土星多半對事物採取保守與實際的態度，也因此象徵著在生活中重視「實用性」。當月亮土星同時產生相位並形成圖形相位時，暗示著日常生活的嚴格要求與爭取成就有關，在柔和相位較多的組合中，或許是自發性地認定這是成功的唯一途徑；在強硬相位較多的圖形中，或許暗示著被迫在嚴格的環境中達成較高水準的表現。展現在伴侶關係上，除了情感之外，物質環境的安穩也會是其中重要的考量。

C. 第四行星

水：在學習溝通上或許採取謹慎與緩慢的步調，也可能在對自我的外在表現與內在感受認知的整合過程中，產生些許挑戰。

金：情感生活的挑戰可能與父母的影響有關，自我價值的認知將可能在伴侶關係上帶來顯著的影響。

火：長期接受訓練而得以成爲某個領域的權威，但也相當可能產生對於權威與體制的衝撞。

木：對於社會的運作以及人如何在社會中互動感到興趣，對於自由與安全議題的強烈關注，也可能是對未來總是感到擔憂。

天：容易觀察到生活當中的新舊衝突或是自由與安全的對立，很有可能身陷其中，最終注意到自身對兩者都有渴求。

海：將有機會實現自身的理念或者藝術創作的概念，但是實現過程當中有著必要的妥協、挫折與訓練。

冥：處理恐懼的方式可以是鴕鳥態度，也可能是深入了解恐懼的源頭、給予定義，並透過一種實際的態度來面對。

凱：家族中因爲說不出口的傷痛或祕密，將帶來沉重的壓力，而個案將有機會藉此展開療癒。

日月天

A. 行星象徵

日：男性（male）、父親（father）、領導者（leader）、上司（boss）、成就（success）、光榮（glory）、照亮（light up）、啓發（enlightenment）、指導（guild）、生命力（vigour）、我（I）、追求的事物（wanted thing）、英雄事蹟（heroic journey）。

月：女性（female）、母親（mother）、照顧者（care taker）、情緒（emotion）、感受（feeling）、需求（need）、餵養（nurture）、童年（childhood）、家庭（family）、食物（food）、情緒安全感（emotional security）、過去（past）。

天：改變（changing）、革命（revolution）、科技（technique）、未來（future）、反對（against）、切割（cut）、距離疏遠（distancing）、冷漠（cold）、突然的（suddenly）、驚訝（surprise）、自由（freedom）、核能（nuclear）。

B. 不同行星主題的考量

針對太陽主題的符號象徵分析

父親主題：與父親（日）之間的互動可能以較爲疏離或抗拒（天）的方式呈現，但也替個人生活（月）帶來獨立與自由。

榮耀主題：透過與眾不同的方式（天）在關懷教養或生活態度（月）上取得榮耀（日）。

針對月亮主題的符號象徵分析

情緒感受主題：傾向用客觀冷靜的觀點（天）看待自身的情緒感受，以及周遭人士表達情緒（月）的方式，並彰顯（日）自身與他人的不同。

家庭伴侶關係主題：獨立或自由（天）的重要性（日）將容易突顯在伴侶關係與家庭生活（日月）中。

針對天王星主題的符號象徵分析

獨立與自由主題：無論在個人家庭生活或對社會與政治的觀點中，自由與獨立（天）的相關議題都會成爲個案的生活重心（月日）。

改革主題：生命中將不斷地透過重大事件所引發的轉折（天）來改變個人對於家庭生活（日），以及個人對成就（月）的看法。

生活中可能的呈現（可能的議題）

月亮象徵著我們日常生活的態度，與太陽產生相位時，特別強調家庭環境與伴侶關係的特色。天王星會透過不同的事件，讓我們處理獨立與自由的人生主題，或許是透過與父母親的疏離，或許是透過與父母甚至權威的對抗，也或許家庭本身就存在著尊重個人自由的氣氛。這也會展現在個人的伴侶關係之中，個人自由是否會造成親密關係的困擾，值得個案思考。但若以強硬相位較多的圖形相位呈現時，在生活中與領導者、權威的關係可能較爲緊張，尤其是天王星象徵著獨立與自由的態度，可能引發與家長、長官、執政者或者權威人士的緊張關係。

C. 第四行星

水：不管家庭背景爲何，培養思考的獨立性是成長過程的重要特質。

金：或許是對事物價值的特殊判斷，也或許帶來獨特的審美觀與情感態度。

火：在行動上相當的積極，有時也以獨特的方式來處理事務，可能以冷戰或突然離開表達憤怒。

木：木星與天王星都對自由有著相當大的要求，也帶來與眾不同的人生觀。

土：自由與安全的衝突將在家庭生活與伴侶關係中不斷出現，直到個案了解如何同時顧及兩者。

海：可能在影像與科技上展現獨特的興趣，也可能對社會中的改革議題感到極大的興趣。

冥：關注社會中那些被隱藏起來的不平等事物，替自身或者整體社會取得發展機會。

凱：對於改革採取兩種極端的態度，奮不顧身的投入，或者強烈的抗拒改革，直到學會如何平衡這兩者。

日月海

A. 行星象徵

日：男性（male）、父親（father）、領導者（leader）、上司（boss）、成就（success）、光榮（glory）、照亮 （light up）、啓發（enlightenment）、指導（guild）、生命力（vigour）、我（I）、追求的事物（wanted thing）、英雄事蹟（heroic journey）。

月：女性（female）、母親（mother）、照顧者（care taker）、情緒（emotion）、感受（feeling）、需求（need）、餵養（nurture）、童年（childhood）、家庭（family）、食物（food）、情緒安全感（emotional security）、過去（past）。

海：影像（image）、願景（vision）、幻覺（illusion）、想像（imagination）、無形（intangible）、融合（merge）、偉大（great）、消失（disappear）、犧牲（scarify）、補償（redemption）、虛弱（weak）、病毒（virus）、上癮（addiction）、超越（transcend）。

B. 不同行星主題的考量

針對太陽主題的符號象徵分析

自我呈現主題：對於未來以及應該呈現怎麼樣的自己（日月）容易感到迷惘（海），需要長時間探索。

成就主題：透過日常生活（月）中所展現的慈悲、犧牲、或影像藝術（海）取得個人的成就（日）。

針對月亮主題的符號象徵分析

家庭生活主題：寬容與接受不同的事物（海）將是個人情感與家庭生活（月）的重要特質（日）。

情緒感受主題：對於他人的情緒感受（月）相當敏感，容易展現（日）強烈的同理心（海）。

針對海王星主題的符號象徵分析

超越主題：在生活中（月）將透過超越自我限制、超越身體限制（海）等特質獲得他人的敬重（日）。

融合主題：認爲不分你我的融合（海）在一起是情感與伴侶關係（月）中的重要表現（日）。

生活中可能的呈現（可能的議題）

海王星象徵著敏感而且不分界線的特質，展現在與月亮、太陽的相關事件上，很可能是在生活中能夠感受到他人未說出口的感受，展現類似靈媒的特質，這種不分人我的感受也可以展現在同理心上，對他人帶來撫慰。這也暗示著海王星相關的犧牲、願景、理想、或是影像相關的創作，很可能成爲個人生活當中的重要特質，甚至成爲事業成就的一部分。

C. 第四行星

水：影像對個案的思考可能有較強烈的刺激，也可能有著強烈的同理心。

金：對於生活中的事物可能有著高度的期盼，進而學習接受與包容。

火：對於生活中的目標可能採取較為狂熱的態度，甚至願意犧牲某些事物來達成目標。

木：重視精神生活，認為生活重點並不在於所見的事物為何，而是事物所代表的意涵為何。

土：如何將概念以及理念變成實際可以應用的事物，在夢想中找到可行性。

天：對於世界的改革以及人們的未來有著強烈的熱情與期盼。

冥：可能是對神祕事物感到強烈的好奇，也可能是成為權力的犧牲品。

凱：無論親身經歷哪些不愉快的事情，必須學會無私以及劃清界線之間的拿捏。

日月冥

A. 行星象徵

日：男性（male）、父親（father）、領導者（leader）、上司（boss）、成就（success）、光榮（glory）、照亮（light up）、啓發（enlightenment）、指導（guild）、生命力（vigour）、我（I）、追求的事物（wanted thing）、英雄事蹟（heroic journey）。

月：女性（female）、母親（mother）、照顧者（care taker）、情緒（emotion）、感受（feeling）、需求（need）、餵養（nurture）、童年（childhood）、家庭（family）、食物（food）、情緒安全感（emotional

security）、過去（past）。

冥：黑暗（Darkness）、隱藏（Hidden）、掩埋（Buried）、危機（Crisis）、恐懼（Fear）、控制（Control）、挖掘（Digging）、調查（investigation）、研究（research）、洞悉（insight）、死亡（death）、重生（rebirth）。

B. 不同行星主題的考量

針對太陽主題的符號象徵分析

榮耀與成就主題：透過在日常生活（月）中洞悉隱藏的事物與危機處理（冥）獲得榮耀與成就（至日）。

領導者主題：認爲一個領導者（日）要能夠隱藏（冥）情感與情緒（月）的表現。

針對月亮主題的符號象徵分析

生活需求主題：有著強烈的危機意識，容易察覺（日）在生活中無論是情感關係或者生活需求（月）層面的危機（日）。

親密關係主題：認爲親密關係（月）不僅僅是喜歡或生活在一起，而是必須一起去征服（日）來自於個人內心與外界的挑戰，成就更爲深刻的結合（冥）。

針對冥王星主題的符號象徵分析

深刻與挖掘主題：透過對於情感與關係（月）的深刻挖掘（日）而認識自我（冥）。

生死與危機主題：家庭與伴侶關係（月）中經常需要面對處理（日）面對生死、危機與信任的議題（冥）。

生活中可能的呈現（可能的議題）

冥王星象徵著大多數人都感到恐懼的議題，例如生與死。因爲這些恐懼而來的危機感受，以及心理、心靈、情緒的反應，將因爲與月亮的相位而更爲顯著。與太陽的接觸象徵著意識與察覺，或者對自我的重新認識，帶來一種心靈或身體上自我重生的過程，同時也暗示著在生活與伴侶關係當中，克服這些恐懼將會是個人的生活重心，很可能透過探索心理、心靈、靈性、或者管理的方式來處理這些挑戰。若是強硬相位的狀況，面對處理危機與生死課題時，將帶來更顯著的重大的衝擊。

C. 第四行星

水：在人際互動中，對於隱藏的訊息相當敏感，也常常能夠聽出玄外之意。

金：生活中能夠看見事物未曾顯露的價值，通過危機與衝突，了解伴侶關係的眞正價值爲何。

火：爲了生存而不斷地奮鬥，是此人生活的特質，較多的強硬相位則顯示在困境當中掙扎。

木：透過宗教、哲理、高等教育、心靈成長與人生的衝突去探索人生的意涵。

土：在生活中，面對恐懼是重要課題，透過許多挑戰而學會在失敗與恐懼之中找出自我與力量。

天：個人生活相當容易受到大環境變化影響，能夠在挑戰中洞悉整個社會結構性的問題。

海：一方面對於探索神祕未知的事物有著強烈的興趣，卻也可能對其他陌生領域感到恐懼排斥。

凱：能夠輕易看穿他人不易察覺的脅迫與情緒勒索，對於心理與權力運作有著熟悉感受。

日月凱

A. 行星象徵

日：男性（male）、父親（father）、領導者（leader）、上司（boss）、成

就（success）、光榮（glory）、照亮（light up）、啓發（enlightenment）、指導（guild）、生命力（vigour）、我（i）、追求的事物（wanted thing）、英雄事蹟（heroic journey）。

月：女性（female）、母親（mother）、照顧者（care taker）、情緒（emotion）、感受（feeling）、需求（need）、餵養（nurture）、童年（childhood）、家庭（family）、食物（food）、情緒安全感（emotional security）、過去（past）。

凱：傷痛（wound）、療癒（healing）、修理（fix）、拋棄（abandon）、認養（adopt）、排擠（exclusion）、導師（mentor）、薩滿（shaman）、照顧者（caretaker）、病人（patient）、受害者（victim）、局外人（outsider）、弱勢族群（minority group）。

B. 不同行星主題的考量

針對太陽主題的符號象徵分析

父親主題：童年生活（月）中虛弱、受傷（凱龍）的父親（日）印象，或者父親在生活中缺席。

成就主題：透過生活中與個人家庭或情感上（月）的療癒、認養或教育（凱龍）而獲得成就（日）。

針對月亮主題的符號象徵分析

家庭生活主題：由於雙親在生活（日月）中的特殊處境，可能帶來個人在情感中極端的親暱或疏離（凱龍）。

情緒感受主題：在生活中（月）可能因爲身分、意識、驕傲（日）而容易與周圍的人有一種格格不入（凱龍）的感覺。

針對凱龍主題的符號象徵分析

傷痛與療癒主題：透過對他人的傷痛（凱龍）的共鳴，渴望幫助他人脫離痛苦，進一步地幫助自己意識到（日）過去的（月）傷痛。

領養與教育主題：由於過去生活（月）的缺憾所造成的遭遇因而帶來的特殊技能（凱龍），將可扮演他人的教師、指導者（日），帶來某種形式上認領的互動關係。

生活中可能的呈現（可能的議題）

在占星學中，凱龍的傷痛多半象徵那些不是自身造成的錯誤，卻必須由你去承受。這很可能是整個社會的決定而造成你的傷痛，或者是與生俱來的身分、人格特質、身體傷痛，也有許多人認爲這樣無法選擇、無法避免的傷痛與前世或業力有關，這也可能與那些早已被遺忘的祖先或者家中長輩的遭遇，進而在無形之間影響家人互動所帶來的家庭特質有關。這也容易間接影響成年之後的情感生活，更重要的是，這些傷痛的記憶很可能隱藏起來，直到我們透過與伴侶或其他人互動時，再次見識到相似的傷痛，而進一步展開對他人與自我在相同傷痛議題上的療癒旅程。

C. 第四行星

水：對於家庭中的言語傷害特別敏感，也可能透過言語替他人帶來撫慰。

金：自身的價値認定，很可能是影響情感伴侶關係，甚至是事業金錢議題的主要原因。

火：無論是刻意強調的突顯自我，或者是看似懦弱退卻，都暗示著必須在兩者當中取得平衡。

木：思考是否應該讓相信他人所帶來的傷痛阻擋你的未來。

土：面對沉重的家庭或者傳統在父親與男性議題上帶來的挑戰。

天：孤獨可能是一種傷痛，但是否能在傷痛當中看到釋放與自由的可能性？

海：該不該與他人在生活中劃清一條界線，這將是相當重要的生命課題。

冥：在權力與影響力中感受到一種被宰制的無能爲力，透過掙扎而取得生存控制權。

日水

日水在黃道上的距離不會超出二十八度，在圖形相位之中多半以合相的狀態出現，詮釋的時候往往象徵著個人對於溝通、交流、思考、移動、交通、鄰居、兄弟姊妹的重視。一些占星初學者常有些誤解，認爲水星代表學習與思考，所以日水合相象徵著聰明，事實上，對溝通或表達的重視並不代表這些人一定「很聰明」，落在不強調客觀思考的星座中甚至有可能暗示著直覺或感受強烈的主觀意見。日水與另一個行星最容易出現的狀態是星群，象徵著專注思考的事物，或者判斷許多事物的基礎爲何。

日水金

A. 行星象徵

日：男性（male）、父親（father）、領導者（leader）、上司（boss）、成就（success）、光榮（glory）、照亮 （light up）、啓發（enlightenment）、指導（guild）、生命力（vigour）、我（I）、追求的事物（wanted thing）、英雄事蹟（heroic journey）。

水：手足（sibling）、鄰居（neighbour）、學生（student）、商人（merchant）、訊息（message）、書信（letter）、語言（language）、鄰近地區（local area）、溝通（communication）、學習（study）、旅行（traveling）、交易（trading）、分析（analyse）。

金：女性（female）、美麗（beauty）、娛樂（entertaiment）、藝術（art）、美學（aesthetics）、金錢（money）、財物（finance）、價

值（value）、自我價值（self esteem）、生產（reproduction）、外交（diplomatic）、大使（ambassador）、溫和（mildness）、和平（peaceful）、甜美（sweetness）。

B. 不同行星主題的考量

針對太陽主題的符號象徵分析

成就主題：財務（金）交易（水）上獲得成就，或是社群（金）的交流（水）互動上取得成就。

父親主題：和諧的溝通是與父親（男性）互動的一個重要主題。

針對水星主題的符號象徵分析

學習議題：對藝術、文化（金）主題上有著強烈的探索與關注（日）。

手足議題：在金錢財物、藝術文化、人際互動（金）議題上受到兄弟姊妹的啓發（日）。

針對金星主題的符號象徵分析

人際關係主題：強調溝通與學習（水）在人際關係（金）當中的重要性（日）。

自我價值主題：透過學習與內外在的溝通（水）認識自我（日），同時增進自我價值（金）。

生活中可能的呈現（可能的議題）

金星除了象徵著物質中的金錢與心理上的自我價值、人際互動之外，也與我們對情感的態度有關，此一組合象徵著重視溝通在情感中的影響。當水星有其他的柔和相位，會鼓勵我們發展這樣的特質；但若水星有更多的強硬相位，比較容易察覺到情感中溝通的挫折，並進一步地深入了解溝通與情感的重要以及不同的技巧。這組相位也描述著重視與周遭的和諧關係，扮演鄰里或親友之間的溝通橋樑，但也可能暗示著對周遭事物的一種理想化的期盼。

C. 第四行星

月：透過與周遭的人際互動察覺關係中的投射，促進內心中意識與無意識的交流。

火：在人際關係中容易察覺競爭的蹤影，特別對群體中的領導者言行感到敏感。

木：個人的空間與自由的時間對此人來說是不可缺乏的生活條件。

土：謹慎在生活當中佔有重要的關鍵，若採取輕忽的態度則容易引來周遭的批判。

天：不在乎與環境是否格格不入，在沒有經過獨立的判斷下寧願孤獨也不願意盲從。

海：對於周遭事物感到敏感，容易察覺他人沒有說出口的感受，也可能將其誤解為自身感受。

冥：容易洞悉隱藏在事物表象之後的內容，卻也可能因此帶來人際關係上的困擾。

凱：溝通與信任可能帶來傷痛，需要透過學習與溝通來療癒身心的傷痛。

日水火

A. 行星象徵

日：男性（male）、父親（father）、領導者（leader）、上司（boss）、成就（success）、光榮（glory）、照亮 （light up）、啓發（enlightenment）、指導（guild）、生命力（vigour）、我（I）、追求的事物（wanted thing）、英雄事蹟（heroic journey）。

水：手足（sibling）、鄰居（neighbour）、學生（student）、商人（merchant）、訊息（message）、書信（letter）、語言（language）、鄰近地區（local area）、溝通（communication）、學習（study）、旅行（traveling）、交易（trading）、分析（analyse）。

火：行動（action）、攻擊（attack）、對抗（against）、刺激（stimulate）、加速（assertion）、加劇（aggressive）、憤怒（anger）、敏感（sensitive）、生存議題（survival issue）、自我呈現（self expression）、性與繁衍（sex and reproduce）。

B. 不同行星主題的考量

針對太陽主題的符號象徵分析

成就主題：透過積極（火）的交流、學習、溝通與社群互動（水）帶來成就（日）。

生命力主題：憤怒或個人意願（火）的表達（水）順暢與否，與個人的健康活力（日）有著密切的關係。

針對水星主題的符號象徵分析

溝通主題：在溝通（水）交流中非常積極（火）的突顯自我的重要性（日）。

兄弟姊妹主題： 與兄弟姊妹的關係（水）充滿了競爭與刺激（火），對日後成就也有所影響（日）。

針對火星主題的符號象徵分析

憤怒主題：言語（水）以及自我意見（日）表達的受挫可能帶來憤怒（火）。

生存主題：可能在周遭親友（水）的成就（日）中看見個人的生存的威脅（火）。

生活中可能的呈現（可能的議題）

太陽所象徵的主題包括了個人的生命活力、生活重心、榮耀、成就、權威與父親議題，受到水星與火星的影響，暗示著這些主題將帶來積極的交流態度，積極主動的自我表達與爭取發言，將被個人視爲一種榮耀成就或者自我意識的突顯。若此組圖形相位在強硬相位較多的情況下，很可能引發衝突或帶來挫敗的感受，並影響個人的自信與活力。兄弟姊妹的衝突也經常在這一組行星星群或圖形相位中被察覺，但這些體驗或許有助於我們熟悉在未來人際間的衝突與競爭的方式。

C. 第四行星

月：家庭環境中的衝突與競爭，將可能強烈影響個人的情緒表達，擁有強烈的保護性。

金：在生活中展現溝通、談判、妥協的態度，以取得個人追求事物的精巧藝術。

木：對人生可能有強烈的主觀態度，但也可以透過包容心態開闊眼界。

土：行爲言語上的限制與挫敗影響著個人成就，自我約束帶來成就，自我限制帶來失敗。

天：獨立自主的言行帶領此人獲得成就。

海：對於周遭事物的接納包容可受人尊敬。

冥：在逆境之中的成長，帶來洞悉眞相的能力。

凱：對於表達個人意願呈現兩極的作風，在積極呈現或是默不出聲中達到平衡。

日水木

A. 行星象徵

日：男性（male）、父親（father）、領導者（leader）、上司（boss）、成

就（success）、光榮（glory）、照亮 （light up）、啓發（enlightenment）、指導（guild）、生命力（vigour）、我（I）、追求的事物（wanted thing）、英雄事蹟（heroic journey）。

水：手足（sibling）、鄰居（neighbour）、學生（student）、商人（merchant）、訊息（message）、書信（letter）、語言（language）、鄰近地區（local area）、溝通（communication）、學習（study）、旅行（traveling）、交易（trading）、分析（analyse）。

木：信仰（believe）、宗教（religion）、人生意涵（life meaning）、擴張（expansion）、寬廣（broad）、成長（growth）、冒險（adventure）、接納（accept）、調節（adjustment）、希望（hope）、自由（freedom）、高等教育（higher education）、異國文化（foreign culture）。

B. 不同行星主題的考量

針對太陽主題的符號象徵分析

領導者主題：領導者（日）需要描述（水）出對未來的願景（木）。

活力主題：自由的（木）移動（水）可呈現出個人的活力（日）。

針對水星主題的符號象徵分析

學習主題：學習（水）重要人物（日）的信念（木）。

鄰里主題：在鄰里與親友（水）之中成爲意見（木）領袖（日）。

針對木星主題的符號象徵分析

文化主題：高等教育、異國文化、哲學信仰（木）是生活中與他人交流（水）的重點（日）。

自由主題：在思想上、行動上（水）需要擁有自由不受約束的空間（木）對此人相當重要（日）。

生活中可能的呈現（可能的議題）

太陽所象徵的不僅是自我，更確切地，是我們意識到的自我。當太陽與木星、水星產生相位時，這一個自我透過與鄰近的交流而獲得成長提升，學習、交流與成長的主題，對此人來說是生活當中的重要部分。太陽除了暗示自我的意識之外，也象徵著我們對權威的看法，這包括了家族中的領導者，或國家機構的領導者。水星、木星暗示著這些人物對個案在人生觀與世界觀上的啓發相當重要，讓個案進而追隨，或者期許自身成爲相似的角色。這也暗示著在心靈上追尋生命的意義，或者關注社會上經濟文化的交流，這些事物可能成爲個案生活的重心。

C. 第四行星

月：親密關係與家庭關係，將是探索人生意涵的重要關鍵。

金：強調對外與社群之間的互動，將社交生活視爲獲得人生成就的重要關鍵。

火：對個人信仰、信念展現積極的態度，也可能在此議題上展現防衛與攻擊的行動。

土：透過對社會運作、政治經濟的探索獲得個人的成就。

天：不受約束是重要的生活主題，思想上傾向關注較大的格局。

海：容易接受到周遭事物的精神、藝術、哲學層面的重要啓發。

冥：透過對危機與生活黑暗面的關注而發展出獨特的人生觀。

凱：相信與希望所帶來的傷痛，是人生當中的重大議題。

日水土

A. 行星象徵

日：男性（male）、父親（father）、領導者（leader）、上司（boss）、成

就（success）、光榮（glory）、照亮 （light up）、啓發（enlightenment）、指導（guild）、生命力（vigour）、我（I）、追求的事物（wanted thing）、英雄事蹟（heroic journey）。

水：手足（sibling）、鄰居（neighbour）、學生（student）、商人（merchant）、訊息（message）、書信（letter）、語言（language）、鄰近地區（local area）、溝通（communication）、學習（study）、旅行（traveling）、交易（trading）、分析（analyse）。

土：踏實（practical）、實際（reality）、保護（protection）、定義（definition）、界線（boundary）、限制（restraint）、蕭條（depression）、壓力（stress）、擔憂（worried）、困難（difficulty）、訓練（training）、時間（time）、權威（authority）、實現（implement）。

B. 不同行星主題的考量

針對太陽主題的符號象徵分析

追求事物主題：透過嚴謹的（土）學習與溝通（水）來達成所追求的目標（日）。

領導者主題：認爲領導者（日）應該用實際（土）的態度與人溝通（水）。

針對水星主題的符號象徵分析

學習主題：在學習與溝通（水）上謹慎地（土）面對權威的引導（日）。

商業主題：以實用性（土）與重要性（日）來進行產品的設計與銷售（水）。

針對土星主題的符號象徵分析

挑戰主題：如何在權威面前（日）表達自我（水）成爲一個生活中重要的挑戰（土）。

實現主題：認爲實踐（土）任何事物的過程中，最重要（日）的是進行符合邏輯的分析（水）。

生活中可能的呈現（可能的議題）

因為太陽與土星都有著權威的意涵，在這個組合中，如何面對權威便成為相當重要的生活主題，多半帶有嚴謹與壓力的特色，但較多的變動星座、強勢水星或者柔和相位，都暗示著靈活的溝通。對於學習上謹慎地面對權威引導，可能暗示著順從權威的論點，但也可能暗示對權威言論的強烈質疑。這組相位也引導人們在生活中以保守踏實的態度，看待日常生活以及政治經濟文化的變遷。

C. 第四行星

月：適合用謹慎的態度面對生活中的大小事務。

金：建議透過交流與溝通來探索自我價值與情感關係的困擾。

火：踏實的行動或許會帶來許多挫敗與延誤，但謹慎的思維可以使行動順暢。

木：對於社會經濟有許多敏銳的觀察，傾向以實際的態度看待時局。

天：生活中經常地思考自由與安全的衝突對自身與社會的影響。

海：用小心謹慎的分析來追逐夢想，一步一步地落實獲得成就。

冥：透過學習和溝通以了解內心中恐懼的形成，並進一步克服恐懼。

凱：如何與父親或權威互動，可能是生活中必須面對的成長課題。

日水天

A. 行星象徵

日：男性（male）、父親（father）、領導者（leader）、上司（boss）、成就（success）、光榮（glory）、照亮 （light up）、啓發（enlightenment）、指導（guild）、生命力（vigour）、我（I）、追求的事物（wanted thing）、英雄事蹟（heroic journey）。

水：手足（sibling）、鄰居（neighbour）、學生（student）、商人（merchant）、訊息（message）、書信（letter）、語言（language）、鄰近地區（local area）、溝通（communication）、學習（study）、旅行（traveling）、交易（trading）、分析（analyse）。

天：改變（Changing）、革命（Revolution）、科技（Technique）、未來（Future）、反對（Against）、切割（Cut）、距離疏遠（distancing）、冷漠（cold）、突然的（Suddenly）、驚訝（Surprise）、自由（Freedom）、核能（Nuclear）。

B. 不同行星主題的考量

針對太陽主題的符號象徵分析

父親主題：在對外的探索上（水）父親（日）扮演著開啓更廣大的視野（天）的角色。

自我主題：透過學習（水）與自我探索（日）帶來生命的劇烈轉變（天）。

針對水星主題的符號象徵分析

兄弟姊妹主題：在重大的議題上（日）與兄弟姊妹（水）之間有著不同的態度（天）。

思考溝通主題：在思考（水）重要事物（日）時傾向用更寬廣的更全面的視野（天）來檢視。

針對天王星主題的符號象徵分析

改變主題：在學習與成長的過程（水）中有可能遭遇到重大的改變（天）而更認識自我（日）。

自由主題：在思想與言談之中（水）不願意遭受限制（天），渴望盡情地發揮創意（日）

生活中可能的呈現（可能的議題）

這一組圖形相位在與父親權威的互動上有著重要的影響，由於天王星不受約束以及疏離的特質，可能暗示著當事人或者其生命中重要的男性有著不願意受約束的特質，在生活中容易感受到疏離的態度。此一特質同時也替當事人帶來獨立與不受約束的機會，在創意上不受限制。另一特質是透過言語突顯自身的與眾不同，經常容易在強硬相位上帶來溝通上的挑戰

C. 第四行星

月：親子互動上強調獨立，養成了一種成熟略帶疏離的態度。

金：人際社交上強調自身的不同，在人群當中學習獨立思考判斷。

火：強調行動上的獨立自主，強烈的衝勁與動能無需壓抑，但需要準備周全。

木：獨立自由是重要生活主題，從身體、思想到人際關係上不願受到約束。

土：對社會變遷與政治、自由與安全、創新與保守之間的衝突有著強烈的關注。

海：思想上擁有寬廣的格局，對未來以及改變抱持著熱忱。

冥：透過挑戰人生當中的恐懼而帶來重大的生命轉變。

凱：承認自己並不特別並不代表你的存在沒有意義。

日水海

A. 行星象徵

日：男性（male）、父親（father）、領導者（leader）、上司（boss）、成就（success）、光榮（glory）、照亮 （light up）、啓發（enlightenment）、指導（guild）、生命力（vigour）、我（I）、追求的事物（wanted thing）、英雄事蹟

（heroic journey）。

水：手足（sibling）、鄰居（neighbour）、學生（student）、商人（merchant）、訊息（message）、書信（letter）、語言（language）、鄰近地區（local area）、溝通（communication）、學習（study）、旅行（traveling）、交易（trading）、分析（analyse）。

海：影像（image）、願景（vision）、幻覺（illusion）、想像（imagination）、無形（intangible）、融合（merge）、偉大（great）、消失（disappear）、犧牲（scarify）、補償（redemption）、虛弱（weak）、病毒（virus）、上癮（addiction）、超越（transcend）。

B. 不同行星主題的考量

針對太陽主題的符號象徵分析

成就主題：透過無私的（海王）思考方向（水）而獲得成就（日）。

自我意識主題：因他人的影響或強烈的想像（海王）使得自我意識（日）不易清楚表達（水）。

針對水星主題的符號象徵分析

兄弟姊妹主題：容易受到兄弟姊妹（水）無形的影響而犧牲自己（海）或改變自身原本的目標（日）。

溝通主題：在溝通上（水）傾向描述偉大（海）的成就目標（日）。

針對海王星主題的符號象徵分析

願景主題：願景以及理想（海）對個人的思維（水）有重要（日）的影響。

超越主題：對於事物的考量（水）有著超越（海）個人利益與成就（日）的特質。

生活中可能的呈現（可能的議題）

可能因爲受到他人無形的影響而模糊了對自身的印象，也可能對自己有著相當高的期待。海王星象徵著模糊迷惘，但同時也象徵著一種超越個人限制或超越自我原有的狀態，也因爲同時具有一種理想化的特色，經常與偉大理想有著密切的關連。太陽、水星與海王產生相位時，這樣的偉大理想思維成爲個人特色。描述夢想與願景與是否眞能達成那樣的目標，或是那樣的目標是否可行，期間並沒有直接的關聯。

C. 第四行星

月：對親子之間的溝通有著高度期盼，但可能與眞實想法有點差距。

金：追求美好與祥和的事物是生活當中的重要事項。

火：人際關係與情感關係上容易有著許多不容易釐清的誤會。

木：對於個人成就有著遠大的目標，對世界有理想的期盼。

土：在大格局的思想與實際的行動計畫之中往返將可能獲得成就。

天：自由與不受限制將會成爲個人生活挑戰的一大主題。

冥：具有看清事物眞相的能力，也具有粉飾太平的技巧。

凱：因爲不愉快的事物而嚴格的要求自己或者走向另一極端的放縱自我。

日水冥

A. 行星象徵

日：男性（male）、父親（father）、領導者（leader）、上司（boss）、成就（success）、光榮（glory）、照亮 （light up）、啓發（enlightenment）、指導（guild）、生命力（vigour）、我（I）、追求的事物（wanted thing）、英雄事蹟（heroic journey）。

水：手足（sibling）、鄰居（neighbour）、學生（student）、商人

（merchant）、訊息（message）、書信（letter）、語言（language）、鄰近地區（local area）、溝通（communication）、學習（study）、旅行（traveling）、交易（trading）、分析（analyse）。

冥：黑暗（Darkness）、隱藏（Hidden）、掩埋（Buried）、危機（Crisis）、恐懼（Fear）、控制（Control）、挖掘（Digging）、調查（investigation）、研究（research）、洞悉（insight）、死亡（death）、重生（rebirth）。

B. 不同行星主題的考量

針對太陽主題的符號象徵分析

啓發主題：透過分析探索被隱藏、被掩藏的事物而受到啓發。

英雄事蹟主題：在追求成就（日）的路途上必須經過一番非常劇烈的思想（水）掙扎（冥王），甚至放棄原有的認知。

針對水星主題的符號象徵分析

溝通主題：神祕以及重要信息（日）的隱藏（冥）成爲溝通（水）的特色。

鄰里互動主題：鄰里互動（水）之中可能因爲由誰主導（日）而有著權力爭奪或暗中較勁（冥）的特色。

針對冥王星主題的符號象徵分析

恐懼主題：在與長輩、權威領導者之間的溝通包含著恐懼的主題，談論恐懼或者害怕與他們溝通。

挖掘主題：透過挖掘被外界隱藏起來（冥王）的資訊（水）而獲得成就（日）。

生活中可能的呈現（可能的議題）

這一組行星組合強調對自我深刻的認知與覺醒的過程，這並不是一段輕鬆的自我探索過程，往往伴隨著許多掙扎，在掙扎之中獲得堅強的意志力，並同時深刻地了解自身的心靈深處包括每個人都會有的黑暗或恐懼。通常整個過程會帶著神祕性以及從擁有、失去到再次擁有而獲得深刻的智慧。往往對於心靈、心理、生死、權力互動、古老知識、或者隱藏祕密的探索特別有興趣。

C. 第四行星

月：透過深層的自我探索來認識眞實自我、伴侶關係與家族互動。

金：洞悉美麗詞彙背後的眞相。

火：自我探索的過程中包含著重要的生存掙扎主題。

木：透過思考那些所追求的成就背後的動機而明瞭人生的意義。

土：面對恐懼事物的方法是在不斷的挫折中學會如何正視恐懼。

天：在對抗大環境的恐懼之中發聲，成爲意見領袖或協調者。

海：透過冥想與洞悉內心的學習而超越原有的自我。

凱：探索那些被隱藏的訊息、被隱藏的過去而達到療癒自我。

日水凱

A. 行星象徵

日：男性（male）、父親（father）、領導者（leader）、上司（boss）、成就（success）、光榮（glory）、照亮（light up）、啓發（enlightenment）、指導（guild）、生命力（vigour）、我（I）、追求的事物（wanted thing）、英雄事蹟（heroic journey）。

水：手足（sibling）、鄰居（neighbour）、學生（student）、商人（merchant）、訊息（message）、書信（letter）、語言（language）、鄰近地區（local area）、溝通（communication）、學習（study）、旅行（traveling）、交易（trading）、分析（analyse）。

凱：傷痛（Wound）、療癒（Healing）、修理（Fix）、拋棄（Abandon）、認養（adopt）、排擠（exclusion）、導師（mentor）、薩滿（shaman）、照顧者（caretaker）、病人（patient）、受害者（victim）、局外人（outsider）、弱勢族群（minority group）。

B. 不同行星主題的考量

針對太陽主題的符號象徵分析

父親與權威主題：傷痛與療癒（凱）環繞在與父親以及權威（日）的溝通議題（水）上。

成就主題：透過言語（水）的療癒（凱）而獲得成就（日）。

針對水星主題的符號象徵分析

兄弟姊妹主題：以創意（日）的角度從與兄弟姊妹（水）之間的關係當中看見傷痛的療癒的可能（凱）。

思考學習主題：學習處理（水）重大的（日）傷痛療癒（凱）以及權威人士（日）帶來的傷痛（凱）。

針對凱龍主題的符號象徵分析

傷痛與療癒主題：書寫故事（水）是自我（日）療癒（凱龍）的一個方式。

長輩與祖先主題：透過學習探索（水）祖先與長輩的不為人知的故事（凱）而更加認識自我（日）。

生活中可能的呈現（可能的議題）

這一組行星相位的組合強調著對於傷痛與療癒的認識，並且透過學習這一主題而獲得成長與成就。有時凱龍可以是單純的「修理」的意涵，那是指物質上的事物無法運作，需要修補更正，這組相位可能與修正事物的學問有關。但如果我們視人生發生的每一件事，既使是痛苦也都有其意涵，那麼在人生的議題上，凱龍則不是修正而是療癒，療癒並非更正，療癒是使生命完整，透過認識自己以及發生在自身還有家族之間的故事，使人生與自我更爲完整。

C. 第四行星

月：觀察雙親的互動或自身的伴侶互動而了解未曾察覺過的家族模式。

金：和諧的關係底下埋藏了一些深層不願觸碰的議題。

火：在替他人解決衝突的過程當中，了解保護自我以及聲明自我主張的重要性。

木：在追尋人生意涵或精神成長的道路上，如何將療癒的概念落實在每天的生活中是相當重要的。

土：人生當中有著強烈的祖先與權威的傷痛議題需要去面對。

天：過去難以察覺的離別的傷痛，無形地影響著你對生活的態度與重大抉擇。

海：在他人事物與個人事物之間學會劃出一條公平且尊重彼此的界線。

冥：觀察學習操弄的主題所帶來的傷痛與療癒過程而獲得成就。

日金

太陽金星的角度很少超過四十八度，它們可能產生的相位包括了合相、半六分相與半四分相。太陽與金星產生相位時，象徵著個人對於社交生活、情感、價值與財務的重視，也可能產生積極的追求態度。半六分相比較無法察覺這樣的態度；半四分相象徵著非常努力地去實現這樣的目標，但總有不足以及疲憊沮喪的感受。當另一行星加入圖形相位時可能成爲星群，這時暗示著個人專注的情感價值、社交事物與另一行星有關。當產生小三角時，對分相的兩行星形成對於自我價值或伴侶關係有強烈影響的主題。

日金火

A. 行星象徵

日：男性（male）、父親（father）、領導者（leader）、上司（boss）、成就（success）、光榮（glory）、照亮 （light up）、啓發（enlightenment）、指導（guild）、生命力（vigour）、我（i）、追求的事物（wanted thing）、英雄事蹟（heroic journey）。

金：女性（female）、美麗（beauty）、娛樂（entertaiment）、藝術（art）、美學（aesthetics）、金錢（money）、財物（finance）、價值（value）、自我價值（self esteem）、生產（reproduction）、外交（diplomatic）、大使（ambassador）、溫和（mildness）、和平（peaceful）、甜美（sweetness）。

火：行動（action）、攻擊（attack）、對抗（against）、刺激（stimulate）、加速（assertion）、加劇（aggressive）、憤怒（anger）、敏感（sensitive）、生存議題（survival issue）、自我呈現（self expression）、性與繁衍（sex and reproduce）。

B. 不同行星主題的考量

針對太陽主題的符號象徵分析

啓發主題：在愛（金）的行動（火）之中獲得啓發（日）。

重要事物主題：保衛（火）自我價值（金）是人生的重要事務（日）。

針對金星主題的符號象徵分析

美麗主題：充滿陽性（日）與刺激誇張（火）的審美角度（金）。

（日）。

針對火星主題的符號象徵分析

敏感主題：對於自身的重要性（日）以及對自身價值（金）的議題相當敏感（火），且容易展現防衛態度。

生存議題：透過彰顯自身的重要性（日）以及個人存在的價值（金）來爭取生存機會（火）。

生活中可能的呈現（可能的議題）

火星在現代占星學中最重要的議題是生存，展現在生物界是如何透過競爭增加覓食、繁衍的機會，以及避免成爲其他動物的食物，在生活中，便成爲工作與個人成就的展現，好增加收入或者吸引他人注意。太陽與金星可能暗示著透過和平、合作或美麗的手腕增加生存機會。從另一個層面來說，這一組圖形相位暗示著個案對自我價值的重視，以及在追求喜歡的事物上可能較爲積極。

C. 第四行星

月：情感與伴侶關係對此人的生活來說相對重要，如何展現積極特色又維繫人際關係將是個挑戰。

水：犀利的言語可能替社交生活帶來挑戰，溫和的行事風格也需要確保個人權益。

木：情感中強調個人自由與個人空間，追求事物時展現隨性的態度。。

土：對於個人喜愛的事物與渴望的成就，採取謹愼的追求方式。

天：強調自身的與眾不同，在追求情感與個人成就上需要用獨特的方式來獲得。

海：對於自身有著高度的期許，對於生活事物有著高度的期盼，在這些期盼失落時可能感到憤怒。

冥：生活之中的強烈掙扎而找尋到自身的眞正價值。

冥：生活之中的強烈掙扎而找尋到自身的眞正價值。

凱：來自於過去的傷痛強烈的影響個人在生活中的自我呈現。

日金木

A. 行星象徵

日：男性（male）、父親（father）、領導者（leader）、上司（boss）、成就（success）、光榮（glory）、照亮（light up）、啓發（enlightenment）、指導（guild）、生命力（vigour）、我（I）、追求的事物（wanted thing）、英雄事蹟（heroic journey）。

金：女性（female）、美麗（beauty）、娛樂（entertaiment）、藝術（art）、美學（aesthetics）、金錢（money）、財物（finance）、價值（Value）、自我價值（self esteem）、生產（reproduction）、外交（diplomatic）、大使（ambassador）、溫和（mildness）、和平（peaceful）、甜美（sweetness）。

木：信仰（believe）、宗教（religion）、人生意涵（life meaning）、擴張（expansion）、寬廣（broad）、成長（growth）、冒險（adventure）、接納（accept）、調節（adjustment）、希望（hope）、自由（freedom）、高等教育（higher education）、異國文化（foreign culture）。

B. 不同行星主題的考量

針對太陽主題的符號象徵分析

領導者主題：對於領導者（日）有著高度的理想（木）期盼以及接近完美（金）的形象。

榮耀主題：透過對人們的和善（金）與包容接納（木）來獲得榮耀（日）。

針對金星主題的符號象徵分析

女性主題：一個對於大眾媒體（木）有著強烈影響力（日）的女性（金）。

和諧主題：在智慧與真理（木）當中認清自我（日）而達到身心和諧（金）。

針對木星主題的符號象徵分析

信仰主題：透過信仰（木）尋找自我（日）的價值（金）。

自由主題：在情感的關係（金）之中強調自身（日）應有充分的自由空間（木）。

生活中可能的呈現（可能的議題）

代表完美的金星與理想的木星並不一定都會讓人有所成就，但會給予較高的目標讓自己去挑戰，強硬相位的圖形組合可能暗示著較多的挫折，但同時這一組符號組合強調了溫和和諧與包容性，可以在人際與情感關係當中展現。但是木星與太陽也可能暗示著在關係中強調自我與自由的空間的主題，在強硬相位時可能突顯了伴侶關係在此主題上的衝突。

C. 第四行星

月：對於雙親以及伴侶關係可能有著高度的期待。

水：在信念上可能相當的主觀卻仍以溫和的態度呈現。

火：對於個人信仰以及金錢財物的議題較容易感到衝動敏感。

土：對未來抱持著踏實的看法，謹慎地追逐個人的美好夢想。

天：在伴侶關係上需要相當足夠的個人空間，意識到這一點將有助於情感發展。

海：對於地位崇高的人有著一種幻想或者寄與相當高度的期盼。

冥：透過自身的敏銳嗅覺挖掘出精神或物質上的富足。

凱：受到過去傷痛的影響而拒絕展現完美的一面，或是堅決展現完美的一面的極端特色。

日金土

A. 行星象徵

日：男性（male）、父親（father）、領導者（leader）、上司（boss）、成就（success）、光榮（glory）、照亮 （light up）、啓發（enlightenment）、指導（guild）、生命力（vigour）、我（i）、追求的事物（wanted thing）、英雄事蹟（heroic journey）。

金：女性（female）、美麗（beauty）、娛樂（entertaiment）、藝術（art）、美學（aesthetics）、金錢（money）、財物（finance）、價值（value）、自我價值（self esteem）、生產（reproduction）、外交（diplomatic）、大使（ambassador）、溫和（mildness）、和平（peaceful）、甜美（sweetness）。

土：踏實（practical）、實際（reality）、保護（protection）、定義（definition）、界線（boundary）、限制（restraint）、蕭條（depression）、壓力（stress）、擔憂（worried）、困難（difficulty）、訓練（training）、時間（time）、權威（authority）、實現（implement）。

B. 不同行星主題的考量

針對太陽主題的符號象徵分析

權威主題：透過踏實（土）以及溫和（金）的手法與權威（日）互動。

啓發主題：在自我價值（金）的挫折（土）當中獲得啓發（日）。

針對金星主題的符號象徵分析

魅力主題：踏實（土）以及忠於自我（日）的不卑不亢是一種魅力（金）。

自我價值主題：透過許多的挫折（土）中找尋眞實的自我（日）而展現自我價值（金）。

針對土星主題的符號象徵分析

人生挑戰主題：如何維繫人際關係（金）又同時展現自我的驕傲（日）是一大人生挑戰（土）。

保護主題：保護（土）自己所愛（金）的人事物是人生當中重要的事物（日）。

生活中可能的呈現（可能的議題）

多數的人會專注在金星與土星可能帶來的情感、人際關係上的挫折，這的確是這一組行星相位的可能展現，有時這一組圖形相位也可能讓人不斷地想要證實自己在關係當中的重要性而替自己帶來困擾。不過這一組行星組合也可能暗示著透過努力而發現自己眞實的價值，或者在創作過程、在自我價值的挖掘過程、在人際情感的學習過程當中，透過經歷不斷地挫敗而成爲專家與權威。

C. 第四行星

月：雙親可能帶來自身價值的否定，將需要長久的時間重新定義自我的價值。

水：在言行上謹愼的抉擇將可能避開損失獲得成就。

火：若不採取謹愼的態度去追求事物，很可能遭到挫折與否定，也可能成爲憤怒的根源。

木：對於社會與經濟的運作敏感，並透過長久與仔細的觀察獲得成就。

天：學會如何在新舊衝突當中折衷並且獲得成就與利益。

海：有能力去實踐腦中的構想，有機會在藝術以及藝文創作上展現自我。

冥：洞悉力決斷力以及堅強的意志力帶來此人的美與價值。

凱：將可能需要深入過去家族的故事才得以探索自我價值。

日金天

A. 行星象徵

日：男性（male）、父親（father）、領導者（leader）、上司（boss）、成就（success）、光榮（glory）、照亮 （light up）、啓發（enlightenment）、指導（guild）、生命力（vigour）、我（i）、追求的事物（wanted thing）、英雄事蹟（heroic journey）。

金：女性（female）、美麗（beauty）、娛樂（entertaiment）、藝術（art）、美學（aesthetics）、金錢（money）、財物（finance）、價值（value）、自我價值（self esteem）、生產（reproduction）、外交（diplomatic）、大使（ambassador）、溫和（mildness）、和平（peaceful）、甜美（sweetness）。

天：改變（changing）、革命（revolution）、科技（technique）、未來（future）、反對（against）、切割（cut）、距離疏遠（distancing）、冷漠（cold）、突然的（suddenly）、驚訝（surprise）、自由（freedom）、核能（Nuclear）。

B. 不同行星主題的考量

針對太陽主題的符號象徵分析

生命力主題：在情感與人際互動（金）上的客觀、距離與自由空間（天）帶來溫暖的生命活力（日）。

追求事務主題：追求（日）獨特的（天）自我價值（金）呈現。

針對金星主題的符號象徵分析

情感主題：在情感上（金）強調自我的突顯（日）與獨立（天）的風格，也可能投射在這樣的性格的人身上。

價值主題：認爲獨一無二（天）的原創事物有重要（日）的價值（金）。

針對天王星主題的符號象徵分析

改變主題：自我（日）以及對自己的評價（金）將有可能遭遇強烈的衝擊而徹底改變（天）。

疏遠主題：與情感生活（金）之中重要的人（日）保持一種疏離或客觀（天）的互動關係。

生活中可能的呈現（可能的議題）

象徵著價值與人際關係的金星，遇上了與眾不同以及疏離的天王星，很可能在生活當中帶來許多情感的議題，加上太陽也在這一組相位當中，很可能自身採取疏離與客觀的人際態度，但也可能透過周遭的疏離關係來體驗情感。情感與人際關係是否就只有一種模式？你的感情生活是不是一定要他人的感情互動？這將成爲當事人必須深思的議題。

C. 第四行星

月：因爲家庭的影響，在親密關係中並不認爲需要展現過度的熱絡與緊密。

水：從廣大的格局來分析人與人之間的互動而獲得成就。

火：透過與眾不同的手法來取得自己喜愛的事物。

木：強調思想與生活中的自由與獨立，特別在情感上不願意受到約束。

土：生活中對於控制以及約束的事物特別在意，是否受到約束？他人是否接受你的約束？

海：總是看見事物美好的一面，也期待美好的事物出現在生活之中。

冥：個人的價值觀與財務生活在劇烈的世界變動中受到影響。

凱：認爲親密關係上的疏離，與自身是否有價值、自己是否美麗有關。

日金海

A. 行星象徵

日：男性（male）、父親（father）、領導者（leader）、上司（boss）、成就（success）、光榮（glory）、照亮（light up）、啓發（enlightenment）、指導（guild）、生命力（vigour）、我（i）、追求的事物（wanted thing）、英雄事蹟（heroic journey）。

金：女性（female）、美麗（beauty）、娛樂（entertaiment）、藝術（art）、美學（aesthetics）、金錢（money）、財物（finance）、價值（value）、自我價值（self esteem）、生產（reproduction）、外交（diplomatic）、大使（ambassador）、溫和（mildness）、和平（peaceful）、甜美（sweetness）。

海：影像（image）、願景（vision）、幻覺（illusion）、想像（imagination）、無形（intangible）、融合（merge）、偉大（great）、消失（disappear）、犧牲（scarify）、補償（redemption）、虛弱（weak）、病毒（virus）、上癮（addiction）、超越（transcend）。

B. 不同行星主題的考量

針對太陽主題的符號象徵分析

父親主題：用美好（金）的記憶回憶或想像（海）修補著生命中父親（日）主題的缺憾。

榮耀主題：在人際與情感上（金）的包容與寬容（海）是一種榮耀自我（日）

的方式。

針對金星主題的符號象徵分析

藝術主題：透過藝術以及生活中的美好（金）來幫助自己超越（海）原有的自我（日）。

財務主題：應用個人的夢想以及願景（海）的呈現（日）來獲取財務上（金）的收入。

針對海王星主題的符號象徵分析

超越主題：超越（海）自身的價值（金）是生命中重要的事（日）。

願景主題：對於自身的成就（日）懷抱著美好（金）的願景（海）。

生活中可能的呈現（可能的議題）

不可否認的，金星與海王星同時出現在一組相位時，總是讓夢變得更為甜美，若沒有踏實的土星、土元素或者洞悉事理的天蠍、冥王，可能讓人無法看清理想與現實的差距，特別是若這些主題應用在物質生活上什，很可能將遭遇一些挑戰。但更重要的是，我們應鼓勵個案以自己的方式榮耀星盤的特質，我們依然能夠善用這一份美好，超越原有生活限制與超越自我的限制。

C. 第四行星

月：家庭與伴侶生活的理想狀態，是生命當中重要的努力方向。

水：言語與思想上的美好將帶來強盛的生命活力。

火：為了保衛生活的美好而奮鬥為了追求美夢而行動。

木：人生中的美夢不侷限於個人身上，生活中可以強烈體現同理心。

土：或許美夢總是遭遇挫折，但你卻比起他人更能夠實現你的願景。

天：對於社會改革有著強烈的期許將這份熱情投注在參與社會團體的活動之中。

冥：有能力洞悉美麗願景背後的疏漏與真相。

凱：世界是不完美的，你會怎麼面對？全然放棄夢想，或拒絕接受現實，或者在現實中努力實現夢想？

日金冥

A. 行星象徵

日：男性（male）、父親（father）、領導者（leader）、上司（boss）、成就（success）、光榮（glory）、照亮 （light up）、啓發（enlightenment）、指導（guild）、生命力（vigour）、我（i）、追求的事物（wanted thing）、英雄事蹟（heroic journey）。

金：女性（female）、美麗（beauty）、娛樂（entertaiment）、藝術（art）、美學（aesthetics）、金錢（money）、財物（finance）、價值（value）、自我價值（self esteem）、生產（reproduction）、外交（diplomatic）、大使（ambassador）、溫和（mildness）、和平（peaceful）、甜美（sweetness）。

冥：黑暗（darkness）、隱藏（hidden）、掩埋（buried）、危機（crisis）、恐懼（fear）、控制（control）、挖掘（digging）、調查（investigation）、研究（research）、洞悉（insight）、死亡（death）、重生（rebirth）。

B. 不同行星主題的考量

針對太陽主題的符號象徵分析

生命力主題：透過深刻挖掘（冥）自身的價值與內在的平靜（金）而獲得強盛的生命力（日）。

男性與父親主題：與男性的互動關係帶有強烈且極端的情愫，因爲無法看見的恐懼傷痛而緊密相依或感到難受。

針對金星主題的符號象徵分析

情感主題：自我的認同與自尊（日）與不願意彰顯（冥王）的強烈情感（金）有著深刻關聯。

自我價值主題：自我價值（金）並不等同於外在的魅力，需要不斷地驗證與挖掘（冥）才能感受到榮耀（日）。

針對冥王星主題的符號象徵分析

掩埋與挖掘主題：透過去深刻挖掘（冥王）被隱藏或掩埋的自我（日）而獲得平靜（金）。

死亡與重生主題：正視（日）自身對於死亡的恐懼（冥王）而逐漸獲得重生的平靜（金）。

生活中可能的呈現（可能的議題）

冥王帶來讓許多人不願意接受的內容，或許是對死亡的恐懼。太陽象徵著生命的活力，當它與冥王星產生相位時，許多掩埋再次被挖掘，或者死亡後又重生的議題會出現在生活當中。在這組相位中，金星象徵的情感、價值、人際關係都有可能會遭遇這些不愉快的經歷，但也可以是透過挖掘被掩藏的價值而感到驕傲，或許是透過深刻地挖掘才看見眞感情。

C. 第四行星

月：與家庭還有父母之間的關係充滿著深刻的感受，影響著伴侶關係並需要進一步探究。

水：呈現被隱藏的事物需要很大的勇氣，但卻能夠換得自身的榮耀。

火：情感上有著比他人更爲強烈的感受也可能面對許多的掙扎。

木：挖掘與探索帶來對自我的認知、更多的智慧與內在的平靜。

土：有價值的事物不容易呈現，需要在掙扎奮鬥中挖掘出來。

天：情感與對自我的認識，在變動的大環境改變之中更顯得重要。

海：有著強烈豐富的情感，並且尋找適合的創作途徑發揮。

凱：不斷地透過認清對生命的深刻恐懼而成就自我。

日金凱

A. 行星象徵

日：男性（male）、父親（father）、領導者（leader）、上司（boss）、成就（success）、光榮（glory）、照亮 （light up）、啓發（enlightenment）、指導（guild）、生命力（vigour）、我（i）、追求的事物（wanted thing）、英雄事蹟（heroic journey）。

金：女性（female）、美麗（beauty）、娛樂（entertaiment）、藝術（art）、美學（aesthetics）、金錢（money）、財物（finance）、價值（value）、自我價值（self esteem）、生產（reproduction）、外交（diplomatic）、大使（ambassador）、溫和（mildness）、和平（peaceful）、甜美（sweetness）。

凱：傷痛（wound）、療癒（healing）、修理（fix）、拋棄（abandon）、認養（adopt）、排擠（exclusion）、導師（mentor）、薩滿（shaman）、照顧者（caretaker）、病人（patient）、受害者（victim）、局外人（outsider）、弱勢族群（minority group）。

B. 不同行星主題的考量

針對太陽主題的符號象徵分析

追求主題：追求（日）財務與情感（金）時可能受到過去傷痛（凱）的牽絆。

父親與領導者主題：因為父親與領導者（日）有關的傷痛（凱）而影響對自己的評價（金）。

針對金星主題的符號象徵分析

女性主題：可能以極為親密或抗拒的方式（凱）來處理自己（日）與身邊女性夥伴（金）的關係。

金錢主題：因為可能是非個人的過去的經驗（凱龍），而對於金錢（金）所能帶來的成就（日）感到困惑。

針對凱龍主題的符號象徵分析

傷痛與療癒主題：在金錢與情感（金）上透過療癒傷痛（凱）而獲得成就（日）。

局外人主題：可能在人際關係（金）當中以局外人（凱）的角色定義自我（日）。

生活中可能的呈現（可能的議題）

雖然凱龍象徵著療癒，但是傷痛與療癒是共同存在的，與金星、太陽的圖形相位經常暗示著個人的情感與財務狀況受到那些不是個案自身因素所帶來的傷痛，很可能是家庭環境背景、或者大環境的變遷而帶來金錢財務的痛苦。藉此了解到接受命運並不表示完全放棄任何努力，最終學會擁抱這些等同於自身標示的傷痛所造就的自我。

C. 第四行星

月：在情感上容易遭遇來自於家族的困擾或是因家族背景的議題而受到挑戰。

水：在情感當中不容易輕易地表達自己的想法，因為錯誤的資訊而造成金錢上的損失。

火：對於自身喜愛的事物無法輕易展開追求行動，卻對他人的追逐行動給予精闢的見解。

木：如何不因爲包容與無私而犧牲自己，是生活當中的重要課題。

土：學會如何面對、處理在情感與金錢上那些非自己的過失所造成的困擾。

天：要如何同時擁有自由與親密關係是重要的人生課題。

海：在夢想與現實當中學會折衷處理，而不是只傾向某一邊。

冥：了解到面對親密關係對此人而言需要很多勇氣。

日火

這兩個行星都具有強烈的男性特質與突顯個人的特色，當形成圖形相位時，往往強調男性特質議題的重要，也可能暗示著有一種強烈自我展現的渴望。這些主題與其他行星所代表的事物結合而帶來的生活互動極爲重要，有時會因爲火星的積極以及強烈個人色彩，容易受到環境壓抑而不容易實踐，但忽略此一主題則可能引發活力低落甚至憤怒的態度。

日火木

A. 行星象徵

日：男性（male）、父親（father）、領導者（leader）、上司（boss）、成就（success）、光榮（glory）、照亮 （light up）、啓發（enlightenment）、指導（guild）、生命力（vigour）、我（I）、追求的事物（wanted thing）、英雄事蹟（heroic journey）。

火：行動（action）、攻擊（attack）、對抗（against）、刺激（stimulate）、加速（assertion）、加劇（aggressive）、憤怒（anger）、敏感（sensitive）、生存議題（survival issue）、自我呈現（self expression）、性與繁衍（sex and reproduce）。

木：信仰（believe）、宗教（religion）、人生意涵（life meaning）、擴張（expansion）、寬廣（broad）、成長（growth）、冒險（adventure）、接納（accept）、調節（adjustment）、希望（hope）、自由（freedom）、高等教育（higher education）、異國文化（foreign culture）。

B. 不同行星主題的考量

針對太陽主題的符號象徵分析

指導主題：積極地（火）展現自己具有引導（日）他人成長（木）方向的能力。

追求事物主題：積極地（火）追求（日）生命的意義（木）。

針對火星主題的符號象徵分析

憤怒主題：對於權威或長輩（日）干涉自身的信仰（木）感到憤怒（火）。

自我呈現主題：因爲突顯（火）出自身的自由或崇高的理念（木）而感到驕傲（日）。

針對木星主題的符號象徵分析

擴張主題：對於自我意識（日）膨脹（木）的狀況感到相當敏感（火）。

相信主題：以捍衛（火）自己所相信的事物（木）感到光榮（日）。

生活中可能的呈現（可能的議題）

自我的擴張在這個主題當中顯得相當重要，但可能透過不同的方式呈現，或許是積極的擴展自己的影響力，或者對於他人在生活當中具有強迫性的訴求感到反感。可能對於他人的評論、指導建議都特別容易感到不舒服，尤其在具有強硬相位的圖形中，容易產生人際關係上的衝突。但也可將這樣的行星能量作爲積極追求成長的動力。

C. 第四行星

月：將可能在伴侶之間的衝突中，找尋到重要的人生意涵。

水：在言語溝通以及意見表達上積極表現，也容易產生衝突。

金：對於所追求的事物抱有高度的期盼。

土：容易與權威產生理念差異的衝突，也可能積極參與社會運作。

天：在個人的行動與意見表達上不願意受到限制。

海：對於個人的目標有著相當程度的狂熱，特別當主題與信仰信念有關時更爲顯著。

冥：容易在信仰之中遭遇重大的危機而改變對生命意涵的看法。

凱：容易受到來自於家人信仰的選擇而影響自身的抉擇。

日火土

A. 行星象徵

日：男性（male）、父親（father）、領導者（leader）、上司（boss）、成就（success）、光榮（glory）、照亮 （light up）、啓發（enlightenment）、指導（guild）、生命力（vigour）、我（i）、追求的事物（wanted thing）、英雄事蹟（heroic journey）。

火：行動（action）、攻擊（attack）、對抗（against）、刺激（stimulate）、加速（assertion）、加劇（aggressive）、憤怒（anger）、敏感（sensitive）、生存議題（survival issue）、自我呈現（self expression）、性與繁衍（sex and reproduce）。

土：踏實（practical）、實際（reality）、保護（protection）、定義

（definition）、界線（Boundary）、限制（restraint）、蕭條（depression）、壓力（stress）、擔憂（worried）、困難（difficulty）、訓練（training）、時間（time）、權威（authority）、實現（implement）。

B. 不同行星主題的考量

針對太陽主題的符號象徵分析

父親以及權威主題：與父親還有權威（日土）之間的關係呈現出互相保護（火土）或者對峙緊張（火）的關係。

生命活力主題：生命活力（日火）需要透過較爲踏實（土）的方式呈現，重視身體健康與持續（土）的運動（火）帶來活力（日）。

針對火星主題的符號象徵分析

行動主題：行動上（火）容易不斷地受到阻礙（土），但透過踏實的修正（土）方向，讓行動（火）得以成功（日）。

憤怒主題：可能有著壓抑（土）自身憤怒（火）的特質，另一種呈現方式則是將怒氣（火）轉爲踏實（土）積極（日）的行動。

針對土星主題的符號象徵分析

困難與擔憂主題：對於自身的特色（火）是否能突顯，以及自己的行動是否能夠成功（日）感到憂慮（土）。

保護主題：對於自我的成就（日）與榮耀還有追求事物的行動（火）小心翼翼的保護（火土）。

生活中可能的呈現（可能的議題）

火星與土星的共同特色是保護，使得這一組圖形相位有著強烈的保護色彩，但在生活中，這樣的保護特色可能透過阻礙、干擾呈現，因此建議在受挫時不妨利用機會修正方向。太陽與火星的共同特色是自我的呈現，而土星的壓抑，暗示著需要長時間的自我了解才能呈現完整的自我。太陽與土星又同時有著權威的意涵，也因此這一組合往往暗示著與權威之間的緊張關係。

C. 第四行星

月：親子關係與伴侶關係容易在管教與權威主題上遇到衝突。

水：言語溝通上容易感受到衝突壓抑與挫折，積極的方向則是謹慎踏實的溝通。

金：對於自身的評價總是特別敏感，可能會很在意他人的看法而感到憤怒沮喪。

木：對於公眾事務採取較爲積極的態度，也可能因爲這些事情而憤怒。

天：在創新自由與安全保守之間衝突過程中學會折衷。

海：現實與理想之間的差距可能帶來沮喪，也可以積極踏實的築夢。

冥：生命中最大的課題是正面迎擊、戰勝自身的恐懼。

凱：強大的宿命感受或者家族壓力，使得此人在自我身分與獨立議題上顯得掙扎。

日火天

A. 行星象徵

日：男性（male）、父親（father）、領導者（leader）、上司（boss）、成就（success）、光榮（glory）、照亮 （light up）、啓發（enlightenment）、指導（guild）、生命力（vigour）、我（I）、追求的事物（wanted thing）、英雄事蹟（heroic journey）。

火：行動（action）、攻擊（attack）、對抗（against）、刺激（stimulate）、加速（assertion）、加劇（aggressive）、憤怒（anger）、敏感（sensitive）、

生存議題（survival issue）、自我呈現（self expression）、性與繁衍（sex and reproduce）。

天：改變（Changing）、革命（Revolution）、科技（Technique）、未來（Future）、反對（Against）、切割（Cut）、距離疏遠（distancing）、冷漠（cold）、突然的（Suddenly）、驚訝（Surprise）、自由（Freedom）、核能（Nuclear）。

B. 不同行星主題的考量

針對太陽主題的符號象徵分析

啓發主題：從客觀以及遙遠的距離（天）來觀察衝突競爭與生存議題（火），並從中獲得啓發（日）。

權威主題：重視個人的獨立自主（天），對於權威（日）的介入相當的敏感（火）。

針對火星主題的符號象徵分析

自我呈現處題：突顯自己（火）的獨一無二的特質（天王）能帶來的個人光彩（日）。

行動主題：以無法能預料（天）的手法處理衝突與挑戰（火）將帶來個人的榮耀（日）。

針對天王星主題的符號象徵分析

自由主題：當個人（日）自由（天）受到干擾時容易感到憤怒（火）。

驚訝與驚嚇主題：因為個人（日）堅決的行動（火）容易帶來驚嚇（天）。

生活中可能的呈現（可能的議題）

火星與天王星有許多相似之處，這兩個行星都強調切割，出現在這一個組合時可能在人際互動上帶有一些衝突或者分離的特色，與人群保持距離，就算是親密夥伴也有一定程度的距離，或者是突然改變對某人的態度等等。這同時也可能暗示著因爲無預期、快速突然的事件而受到傷害。日火天三個行星都有著獨立的特色，此一主題將成爲個人生活當中可能的挑戰，或者是需要去實踐的重要議題。

C. 第四行星

月：家庭與伴侶關係中可能充滿著獨立的風氣，彼此干涉可能帶來衝突。

水：與權威互動時言語上的冷漠可能是衝突的主要原因。

金：以獨一無二的手法去爭取自己喜歡的事物。

木：自由不受約束是生命的重要主題。

土：與權威的互動充滿著挑戰，身爲權威時卻也難以忍受他人的挑戰。

海：如果能夠找到初衷，將會帶來一股狂熱的改革力量。

冥：對於體制感到厭惡並採取攻擊或建設性的行動。

凱：了解合作依賴與獨立行動的適當配合，將是生命的重要主題。

日火海

A. 行星象徵

日：男性（male）、父親（father）、領導者（leader）、上司（boss）、成就（success）、光榮（glory）、照亮 （light up）、啓發（enlightenment）、指導（guild）、生命力（vigour）、我（I）、追求的事物（wanted thing）、英雄事蹟（heroic journey）。

火：行動（action）、攻擊（attack）、對抗（against）、刺激（stimulate）、加速（assertion）、加劇（aggressive）、憤怒（anger）、敏感（sensitive）、生存議題（survival issue）、自我呈現（self expression）、性與繁衍（sex and reproduce）。

海：影像（image）、願景（vision）、幻覺（illusion）、想像（imagination）、無形（intangible）、融合（merge）、偉大（great）、消失（disappear）、犧牲（scarify）、補償（redemption）、虛弱（weak）、病毒（virus）、上癮（addiction）、超越（transcend）。

B. 不同行星主題的考量

針對太陽主題的符號象徵分析

父親主題：對於父親或權威（日）的夢想（海）的敏感與憤怒（火）。

成就主題：透過犧牲（海）換取更激烈的（火）自我成就感受（日）。

針對火星主題的符號象徵分析

生存議題：將心中對願景與想像（海）的追求（日）視為是生死存亡的議題（火）。

對抗議題：企圖透過對抗（火）權威（日）而成就更偉大的（海）自我。

針對海王星主題的符號象徵分析

消失主題：對於消失的父親或消失（海）的權威（日）感到憤怒（火）。

融合主題：將憤怒或意志力（火）融合（海）在對成就的追求（日）上。

生活中可能的呈現（可能的議題）

有時海王星帶給人一種無力感受，當與象徵活力的太陽、火星產生相位時，很可能暗示著因為健康或心理的因素而失去活力。也可能暗示的遭遇到病菌的攻擊或感染，這也是許多人在無法察覺此一影響時最容易有的遭遇。但若能積極應用，火星與海王都帶有熱忱，能夠幫助個案不顧一切的去追逐成功。

C. 第四行星

月：對於家庭當中雙親的缺席感到敏感憤怒。

水：對於鄰里環境有著高度的期盼而積極展開行動。

金：將自我的夢想投射在伴侶關係當中可能帶來的爭議。

木：追逐一個理想與美好的世界。

土：因爲無法在現實中達成夢想而感到憤怒。

天：對於社會的改變有著強烈的期許而積極投入。

冥：不能理解權力運作的神祕，將有可能導致個人權益受到犧牲。

凱：因爲對追逐理想的投入而受到傷痛，同樣的也能藉此完成療癒自我的過程。

日火冥

A. 行星象徵

日：男性（male）、父親（father）、領導者（leader）、上司（boss）、成就（success）、光榮（glory）、照亮 （light up）、啓發（enlightenment）、指導（guild）、生命力（vigour）、我（I）、追求的事物（wanted thing）、英雄事蹟（heroic journey）。

火：行動（action）、攻擊（attack）、對抗（against）、刺激（stimulate）、加速（assertion）、加劇（aggressive）、憤怒（anger）、敏感（sensitive）、生存議題（survival issue）、自我呈現（self expression）、性與繁衍（sex and reproduce）。

冥：黑暗（Darkness）、隱藏（Hidden）、掩埋（Buried）、危機（Crisis）、恐懼（Fear）、控制（Control）、挖掘（Digging）、調查（investigation）、研究（research）、洞悉（insight）、死亡（death）、重生（rebirth）。

B. 不同行星主題的考量

針對太陽主題的符號象徵分析

啓發與指導主題：因爲觀察隱藏在檯面下的權力（冥）鬥爭（火）而獲得啓發（日）。

男性主題：與男性（日）之間可能有著一種緊張且不容易察覺（冥）的攻擊保護（火）的關係。

針對火星主題的符號象徵分析

刺激與敏感著題：能夠敏感（火）的察覺到領導階層（日）對於權力的爭奪（冥）。

行動主題：在不被察覺（冥）的情況下採取行動（火）而獲得成就（日）。

針對冥王星主題的符號象徵分析

危機主題：在展現個人行動意志（火）用以獲得成就與榮耀（日）的過程中遭遇危機（冥）。

挖掘主題：深入挖掘、了解（冥）自己敏感在意（火）的議題而獲得更大的榮耀（冥）。

生活中可能的呈現（可能的議題）

火星與冥王星都有著相似的生存掙扎，當兩個行星組成相位時，往往強調這樣的掙扎主題。用來描繪太陽的生命活力與自我，往往暗示這些主題有著一段痛苦掙扎的時刻，這也暗示著成長過程當中可能面對的嚴苛環境與身心狀態。這也是透過深層挖掘自我、面對恐懼與憤怒之後，才能夠獲得個人的成就。

C. 第四行星

月：因爲沒有被看見的生存議題，使得家庭關係更緊密或更緊張。

水：能夠透過他人的言語找到其心中的祕密、恐懼或熱切的渴望。

金：透過檯面下的運作而得到自己渴望的事物。

木：追逐那些隱藏起來的智慧或者隱藏起來的寶藏。

土：在艱困的環境當中培養強盛的意志力與自我保護的能力。

天：透過觀察個人自由與宿命力量之間的衝突而受到思想啓發。

海：對於權力與控制抱著一些期待，也願意作出犧牲以換得力量或保護。

凱：家族中曾經遭遇的傷痛，讓個人對於權威完全仰賴或者不抱持任何期待。

日火凱

A. 行星象徵

日：男性（male）、父親（father）、領導者（leader）、上司（boss）、成就（success）、光榮（glory）、照亮 （light up）、啓發（enlightenment）、指導（guild）、生命力（vigour）、我（I）、追求的事物（wanted thing）、英雄事蹟（heroic journey）。

火：行動（action）、攻擊（attack）、對抗（against）、刺激（stimulate）、加速（assertion）、加劇（aggressive）、憤怒（anger）、敏感（sensitive）、生存議題（survival issue）、自我呈現（self expression）、性與繁衍（sex and reproduce）。

凱：傷痛（Wound）、療癒（Healing）、修理（Fix）、拋棄（Abandon）、認養（adopt）、排擠（exclusion）、導師（mentor）、薩滿（shaman）、照顧者（caretaker）、病人（patient）、受害者（victim）、局外人（outsider）、弱勢族群（minority group）。

B. 不同行星主題的考量

針對太陽主題的符號象徵分析

父親主題：與父親（日）的關係在男性議題或男子漢特質的議題（火）中有著難解的傷痛（凱）。

成就主題：對於傷痛與療癒（凱）採取積極的行動（火）而獲得成就（日）。

針對火星主題的符號象徵分析

自我呈現主題：認爲療癒傷痛（凱）是個人獨特的榮耀（日）而積極呈現在他人面前（火）。

生存主題：可能認爲因爲缺乏長輩或父親的引導（日）是生存競爭（火）上的弱勢（凱）主因。

針對凱龍主題的符號象徵分析

薩滿主題：積極（火）的追尋（日）與大自然中肉體與精神世界有關的連結的薩滿智慧（凱）。

傷痛主題：可能需要去療癒（凱）與父親或領導人（日）之間的衝突（火）。

生活中可能的呈現（可能的議題）

在生活當中，很可能對於獨立、突顯自我、生存機會這樣的議題感到不解，而透過與生活周遭的互動來學習。往往可能具有強烈的保護他人傾向，或者替他人爭取利益，在此過程中了解到自己也應適時的關注自身權益，以及注意到自己權益被侵犯的可能。與男性之間的關聯，或如何表達出男性特質的生活議題上，可能將遭遇窘困的狀況。

C. 第四行星

月：家族中隱藏著影響深遠的獨立自主、衝突與保護的議題。

水：他人在憤怒時所表達的言語可能帶來傷痛。

金：在親密關係當中學會傷痛與療癒。

木：往大自然學習、體會生命的智慧與自我的療癒。

土：或許權威將帶來生活的困擾，但踏實的面對自己，可學會不卑不亢的生活態度。

天：或許你選擇的路不符合家人的期待，但透過跳出框架限制之外，可能帶來家族間長久困擾的療癒。

海：在曖昧不明的情況之中受傷，也透過包容帶來生命的療癒。

冥：堅持或許帶來許多挑戰，但也能夠帶來深刻的智慧。

日木

太陽與木星都有著榮耀與輝煌的特色，木星經常會帶來擴張另一個行星所代表相關事物，在此很可能是自我意識的擴張，自尊的擴張，成就的擴張。在考慮這一組圖形相位時我們可以從這裡切入此人的自我意識在哪些領域擴張？是金星的人際情感？還是土星的保守態度的政治經濟社會運作，還是海王可能暗示的精神藝術領域，當然也不要忽略這些行星落入的星座宮位可能暗示的領域。這些行星形成的相位可能暗示著這樣擴張延伸的態度是否順暢。

日木土

A. 行星象徵

日：男性（male）、父親（father）、領導者（leader）、上司（boss）、成就（success）、光榮（glory）、照亮 （light up）、啓發（enlightenment）、指導（guild）、生命力（vigour）、我（I）、追求的事物（wanted thing）、英雄事蹟

（heroic journey）。

木：信仰（believe）、宗教（religion）、人生意涵（life meaning）、擴張（expansion）、寬廣（broad）、成長（growth）、冒險（adventure）、接納（accept）、調節（adjustment）、希望（hope）、自由（freedom）、高等教育（higher education）、異國文化（foreign culture）。

土：踏實（practical）、實際（reality）、保護（protection）、定義（definition）、界線（boundary）、限制（restraint）、蕭條（depression）、壓力（stress）、擔憂（worried）、困難（difficulty）、訓練（training）、時間（time）、權威（authority）、實現（implement）。

B. 不同行星主題的考量

針對太陽主題的符號象徵分析

領導者主題：一位領導者（日）需要具有務實的實現（土）其理想遠見（木）的能力。

追求事物主題：生活中追求（日）安全感（土）與自由成長（木）的平衡。

針對木星主題的符號象徵分析

生活信念主題：在挫折（土）中發現並實踐生活信念（木）而再次獲得榮耀（日）。

異國文化主題：謹慎地（土）面對在異國文化（木）之中所獲得啓發（日）。

針對土星主題的符號象徵分析

定義主題：透過擴張自身的影響力（木）來定義（土）自身的成就（日）。

實踐主題：在現實生活中去實現（土）自身的理想（木）而感到光榮（日）。

生活中可能的呈現（可能的議題）

由於木星、土星經常被定義爲社會行星，這一組相位通常涉及了超越個人生活之外的事物，多半讓一個人有許多機會去接觸群眾，參與社區互動，或者政治、經濟、宗教相關事務的團體互動。也因爲木星的自由與擴張與土星的謹愼踏實特質相反，這一組相位可能帶來許多兩難與挫折感受，但透過這些經驗，可學會如何用踏實的態度實現理想。

C. 第四行星

月：家庭生活的事物經常受直接到社會政治經濟變動影響。

水：對於社會的發展有著深刻的觀察與明顯的個人立場。

金：透過參與社區活動或社會運動而提升個人價值與個人魅力。

火：積極的參與社會發展的相關事務而獲得榮耀。

天：在鼓勵自由不受約束的發展時不能夠犧牲安全考量。

海：在世俗事務的消長之中獲得重要的人生啓發。

冥：巨大的壓力與嚴苛的環境可能帶來的財富或成長的機會。

凱：可能受到社會變遷的影響，而造成個人或家族的權益受損。

日木天

A. 行星象徵

日：男性（male）、父親（father）、領導者（leader）、上司（boss）、成就（success）、光榮（glory）、照亮 （light up）、啓發（enlightenment）、指導（guild）、生命力（vigour）、我（I）、追求的事物（wanted thing）、英雄事蹟（heroic journey）。

木：信仰（believe）、宗教（religion）、人生意涵（life meaning）、擴張（expansion）、寬廣（broad）、成長（growth）、冒險（adventure）、接納（accept）、調節（adjustment）、希望（hope）、自由（freedom）、高等教育

（higher education）、異國文化（foreign culture）。

天：改變（Changing）、革命（Revolution）、科技（Technique）、未來（Future）、反對（Against）、切割（Cut）、距離疏遠（distancing）、冷漠（cold）、突然的（Suddenly）、驚訝（Surprise）、自由（Freedom）、核能（Nuclear）。

B. 不同行星主題的考量

針對太陽主題的符號象徵分析

啓發主題：在不受限制（木天）的環境下獲得啓發（日）。

父親主題：非傳統的父親形象，可能與父親保持距離或者客觀的互動。

針對木星主題的符號象徵分析

成長主題：與眾不同（天）的成長途徑（日）而受人矚目（日）。

高等教育主題：創新科技（天）爲主軸（日）的高等教育（木）。

針對天王星主題的符號象徵分析

改變主題：人生之中將可能遭遇一些事件，因而帶來重大（日）的信念（木）改變（天）。

切割主題：與那些受人矚目（日）的、受人歡迎（木）的人事物做切割。

生活中可能的呈現（可能的議題）

木星與天王的共同特質爲自由與寬廣的空間，與太陽結合時暗示著個人對於個人空間以及自由的重視。但這也可能暗示著成長階段與父親或家中權威的關係疏遠，或者這樣的親子關係不符合傳統特色與大眾的期待。這樣的環境可能培養出獨立自主的態度，在伴侶關係當中需要學習保持自由又同時維持親密關係的步調。

C. 第四行星

月：受到成長環境的影響，伴侶關係適合保持更多的個人空間。

水：言論思想上的自由，對個人來說是極爲重要的。

金：財務上容易有驚訝與意外的事件，情感上正視自己需要空間的性格。

火：生活中採取積極活躍的態度，自由隨性的態度將可能引發重要的生活議題。

土：對於未來趨勢具有強烈的洞悉能力，同時有財務上的敏銳觀察。

海：美好的夢想終將透過踏實與謹慎的態度來實踐。

冥：大環境的劇烈變動將帶來許多發展的契機。

凱：家族中因爲他人不受約束的任性而受到影響，以至於自由與自主成爲家中的敏感議題。

日木海

A. 行星象徵

日：男性（male）、父親（father）、領導者（leader）、上司（boss）、成就（success）、光榮（glory）、照亮 （light up）、啓發（enlightenment）、指導（guild）、生命力（vigour）、我（I）、追求的事物（wanted thing）、英雄事蹟（heroic journey）。

木：信仰（believe）、宗教（religion）、人生意涵（life meaning）、擴張（expansion）、寬廣（broad）、成長（growth）、冒險（adventure）、接納（accept）、調節（adjustment）、希望（hope）、自由（freedom）、高等教育（higher education）、異國文化（foreign culture）。

海：影像（image）、願景（vision）、幻覺（illusion）、想像（imagination）、無形（intangible）、融合（merge）、偉大（great）、消失（disappear）、犧牲（scarify）、補償（redemption）、虛弱（weak）、病毒

（virus）、上癮（addiction）、超越（transcend）。

B. 不同行星主題的考量

針對太陽主題的符號象徵分析

自我意識主題：允許自我意識（日）的消失（海）以達成提升（木）自我層次。

追求主題：追求（日）影像藝術（海）所能呈現人生的多元（木）樣貌。

針對木星主題的符號象徵分析

成長主題：透過奉獻與犧牲（海）自我（日）來獲得成長（木）。

自由主題：不替自我的型態設限（日海），允許生命自由成長（木）。

針對海王星主題的符號象徵分析

補償主題：透過精神成長或自由的生活態度（木）來補償（海）父親與權威（日）所帶來的困擾。

超越主題：藉由體驗異國文化（木）幫助自己（日）超越（海）原有的限制。

生活中可能的呈現（可能的議題）

木星與海王所擁有的共同特質比較傾向於釋放以及精神層面，因此這個圖形相位可能重視釋放與消融自我主題上的人生課題，柔合相位傾向展現與實踐，硬相位較多的圖形，可能暗示著努力掙扎地釋放原有自我禁錮。但太陽、木星與海王的另一個層面也可以是很物質的，像是去追求寬裕的生活與更多的財務收入。在社會議題上，展現對弱勢以及社會底層的強烈關懷。

C. 第四行星

月：無論家庭結構爲何，可能擁有較不具約束力的家庭互動關係。

水：對於社會議題相當關注，對於人們的不幸與遭遇有強烈的同理心。

金：關注於自身的福利追求，也可以用於專注於社會福利制度的發展。

火：狂熱的追求某些事物，特別與理念、信仰、藝術、社福或者財富有關。

土：無論輕鬆或者困難，去實現夢想是生命當中重要的事物。

天：生命之中有著強烈不願意受到約束的傾向。

冥：神祕的洞悉能力將有助於精神成長、藝術創作或者投資理財的表現。

凱：當不受約束的議題可能帶來成長的困擾時，傾向以極端的方式來面對，而逐漸地學會適時的自我約束。

日木冥

A. 行星象徵

日：男性（male）、父親（father）、領導者（leader）、上司（boss）、成就（success）、光榮（glory）、照亮 （light up）、啓發（enlightenment）、指導（guild）、生命力（vigour）、我（i）、追求的事物（wanted thing）、英雄事蹟（heroic journey）。

木：信仰（believe）、宗教（religion）、人生意涵（life meaning）、擴張（expansion）、寬廣（broad）、成長（growth）、冒險（adventure）、接納（accept）、調節（adjustment）、希望（hope）、自由（freedom）、高等教育（higher education）、異國文化（foreign culture）。

冥：黑暗（darkness）、隱藏（hidden）、掩埋（buried）、危機（crisis）、恐懼（fear）、控制（control）、挖掘（digging）、調查（investigation）、研究（research）、洞悉（insight）、死亡（death）、重生（rebirth）。

B. 不同行星主題的考量

針對太陽主題的符號象徵分析

光榮主題：透過不斷的深入挖掘（冥）人生意涵（木）而帶來榮耀（日）。

生命力主題：信念（木）帶來了堅強的生命力（日）以通過危機考驗（冥）。

針對木星主題的符號象徵分析

高等教育主題：研究那些已經消失的事物或難以察覺的事物（冥）來獲得高等教育（木）上的成就（日）。

希望主題：就算經歷許多重大的危機挑戰（冥），抱持希望（木）仍能獲得成功（日）。

針對冥王星主題的符號象徵分析

洞悉主題：洞悉（冥）社會名流（木）成功（日）背後的祕密。

恐懼主題：以樂觀（木）開朗（日）來掩飾自身的恐懼（冥）。

生活中可能的呈現（可能的議題）

這樣的圖形相位組合可能帶來敏銳的洞悉能力，往往能夠看穿許多事物光鮮亮麗的外表之下所隱藏的意涵，也可能帶來信任與信心的危機，同時不容易顯得樂觀。但這樣的能力卻能夠在不斷的挑戰之下建立強烈的自信，幫助自己度過許多危機。這樣的行星組合所帶來的能力很適合用在學術研究、投資理財中。

C. 第四行星

月：對人的信任很可能在家庭關係或親密關係之中帶來挑戰。

水：能夠洞悉社會現象之後所隱藏的重要訊息。

金：對於事物真正的價值相當敏銳，也可能因此獲得利益。

火：需要經歷一番掙扎才能找到生命的意涵與自信。

土：權力與生存將是觀察社會運作的主要方向。

天：劇烈的社會變化容易直接影響個人，並帶來不同的人生觀點。

海：在洞悉黑暗之後是否還能相信人性，是重要的人生議題。

凱：對擁有權力者能夠帶來的好處抱持著懷疑的態度。

日木凱

A. 行星象徵

日：男性（male）、父親（father）、領導者（leader）、上司（boss）、成就（success）、光榮（glory）、照亮 （light up）、啓發（enlightenment）、指導（guild）、生命力（vigour）、我（I）、追求的事物（wanted thing）、英雄事蹟（heroic journey）。

木：信仰（believe）、宗教（religion）、人生意涵（life meaning）、擴張（expansion）、寬廣（broad）、成長（growth）、冒險（adventure）、接納（accept）、調節（adjustment）、希望（hope）、自由（freedom）、高等教育（higher education）、異國文化（foreign culture）。

凱：傷痛（wound）、療癒（healing）、修理（fix）、拋棄（abandon）、認養（adopt）、排擠（exclusion）、導師（mentor）、薩滿（shaman）、照顧者（caretaker）、病人（patient）、受害者（victim）、局外人（outsider）、弱勢族群（minority group）。

B. 不同行星主題的考量

針對太陽主題的符號象徵分析

啓發主題：在傷痛（凱）之中獲得人生發展方向（木）的啓發（日）。

領導者主題：領導著（日）的善意（木）可能帶來傷痛以及對於傷痛的療癒

（凱）。

針對木星主題的符號象徵分析

成長主題：透過與父親或長輩（日）有關的傷痛（凱龍）而獲得成長（木）。

釋放主題：透過療癒（凱）所帶來的傷痛釋放（木）而獲得更強大的生命力（日）。

針對凱龍主題的符號象徵分析

薩滿主題：透過對於自然信仰（凱）的觀察建立起獨特（日）的人生觀（木）。

療癒主題：接受（木）無法改變的過去傷痛，促成療癒（凱）而建立完整的自我（日）。

生活中可能的呈現（可能的議題）

當我們詮釋凱龍可能帶來的影響時，絕對不要忽略了這個行星所象徵的包含傷痛以及對傷痛的療癒，同時它的呈現方式可能是透過對太陽、木星主題的專注，或是全盤忽略來呈現。太陽、木星可能象徵著那些社會主流所呈現的美好事物，這些事物或觀念受到凱龍的影響，可能極力追求美好事物或者全盤否認這些美好事物所能帶來得影響，然而凱龍要我們花上相當長的一段時間，在過分專注與全盤否認中取得平衡點。

C. 第四行星

月：在家庭或親密關係的傷痛議題中，學會信任彼此可以帶來的影響。

水：在過去不愉快的經驗當中了解到承諾的重要性。

金：去體認美好的經驗究竟是毫無價值的表面，或者其美好也能帶來深刻影響。

火：在體驗沒有絕對的美好之後獲得的堅強力量。

土：透過改變社會制度，對弱勢族群帶來療癒。

天：體驗到自由開放可能對某些族群帶來的傷害。

海：透過夢想、影像來療癒集體的社會傷痛。

冥：在洞悉信仰的真正意涵之後獲得療癒。

日土

這兩個行星有著截然不同的特質，太陽象徵著生命活力與熱情，而土星象徵著冷漠、距離與緩慢，組成圖形相位時，可能需要專注在如何適時地應用整合這兩種特質。此外這兩個行星或多或少都與男性長輩、權威特質有關，也因此當這兩個行星組成相位時，男性長輩與權威特質的議題會被突顯。

日土天

A. 行星象徵

日：男性（male）、父親（father）、領導者（leader）、上司（boss）、成就（success）、光榮（glory）、照亮 （light up）、啓發（enlightenment）、指導（guild）、生命力（vigour）、我（i）、追求的事物（wanted thing）、英雄事蹟（heroic journey）。

土：踏實（practical）、實際（reality）、保護（protection）、定義（definition）、界線（boundary）、限制（restraint）、蕭條（depression）、壓力（stress）、擔憂（worried）、困難（difficulty）、訓練（training）、時間（time）、權威（authority）、實現（implement）。

天：改變（changing）、革命（revolution）、科技（technique）、未來（future）、反對（against）、切割（cut）、距離疏遠（distancing）、冷漠

（cold）、突然的（Suddenly）、驚訝（Surprise）、自由（Freedom）、核能（Nuclear）。

B. 不同行星主題的考量

針對太陽主題的符號象徵分析

父親主題：與父親、男性長輩、權威（日、土）之間的關係產生距離（土、天）。

追求事物主題：在追求事物的過程當中，需要注意創新創意與安全穩定的整合。

針對土星主題的符號象徵分析

實際主題：在構思創意（日）時或許不需要受到限制（天），但在落實的時候必須考慮實際（土）條件的配合。

訓練主題：不按牌理出牌（天）是獲得成就（日）過程中必要的訓練（土）。

針對天王星主題的符號象徵分析

創新主題：在陳舊的環境當（土）中提出創新觀點（天）而成爲領袖（日）。

切割主題：與過去的（土）光榮事蹟（日）做切割（天）。

生活中可能的呈現（可能的議題）

這一組圖形相位的三個行星都與權威有著緊密的關聯，因此謹慎地面對與父親、師長、領導人的互動，並在服從與獨立之間摸索出自己的道路。太陽與天王星都強調創造力與獨立特性，而土星講求規矩，若圖形相位包含強硬相位時，則很可能透過內在的掙扎與外在的衝突呈現。

C. 第四行星

月：自由與安全感的衝突將容易突顯在伴侶關係之中。

水：學著融合過去與未來，創新與傳統而獲得榮耀。

金：親密關係是否允許個人擁有自己的空間將是一個重要的人生議題。

火：強調獨立自主，與權威之間的關係較容易產生衝突。

木：引導團體在新舊衝突之中走出困境。

海：將可能意外地受到大環境經濟變動的影響。

冥：可以在艱困的環境限制之下帶來希望。

凱：強調家族內的權威議題，透過分離、重獲自由與療癒舊有傷痛。

日土海

A. 行星象徵

日：男性（male）、父親（father）、領導者（leader）、上司（boss）、成就（success）、光榮（glory）、照亮 （light up）、啟發（enlightenment）、指導（guild）、生命力（vigour）、我（i）、追求的事物（wanted thing）、英雄事蹟（heroic journey）。

土：踏實（practical）、實際（reality）、保護（protection）、定義（definition）、界線（boundary）、限制（restraint）、蕭條（depression）、壓力（stress）、擔憂（worried）、困難（difficulty）、訓練（training）、時間（time）、權威（authority）、實現（implement）。

海：影像（image）、願景（vision）、幻覺（illusion）、想像（imagination）、無形（intangible）、融合（merge）、偉大（great）、消失（disappear）、犧牲（scarify）、補償（redemption）、虛弱（weak）、病毒（virus）、上癮（addiction）、超越（transcend）。

B. 不同行星主題的考量

針對太陽主題的符號象徵分析

父親主題：渴望從父親（日）的影響之下解脫（海）而帶給自己巨大的壓力（土）。

成就主題：在了解如何拉近現實（土）與夢想（海）之間的差距之下獲得成就（日）。

針對土星主題的符號象徵分析

實現主題：不畏懼挫折（土）的實現夢想（海）而獲得榮耀（日）。

限制主題：替自己（日）的夢想（海）設下限制（土）。

針對海王星主題的符號象徵分析

夢想主題：對於權威以及領導人（日）寄與夢想（海）而感到失望（土）。

超越主題：透過不斷的訓練（土）超越（海）原本的自我（日）。

生活中可能的呈現（可能的議題）

土星與海王星擁有截然不同的性質，土星強調實際與物質，而海王星超脫了物質的型態與限制，在生活中若能整合土星的實現能力以及海王星追求完美的夢想特色，或許過程辛苦但卻能夠落實夢想。太陽加入這一個圖形相位，暗示著個人將因此而獲得成就，但過程需要不斷的面對夢想落空，或是提醒自我朝著實際路線去修正夢想。

C. 第四行星

月：透過家庭關係了解到實現夢想的重要性。

水：在溝通與學習之中實現自我的夢想。

金：個人魅力在於有實際能力去追逐理想。

火：夢想的落空將帶來更強大的行動。

木：對於社會經濟政治有著高度的期盼與參與感。

天：客觀的態度有助於理解理想與現實的差異。

冥：有能力從環境變動的犧牲者，變成實現理想的英雄。

凱：理解到別人不可能做到的事情並不一定會發生在你身上。

日土冥

A. 行星象徵

日：男性（male）、父親（father）、領導者（leader）、上司（boss）、成就（success）、光榮（glory）、照亮 （light up）、啓發（enlightenment）、指導（guild）、生命力（vigour）、我（i）、追求的事物（wanted thing）、英雄事蹟（heroic journey）。

土：踏實（practical）、實際（reality）、保護（protection）、定義（definition）、界線（boundary）、限制（restraint）、蕭條（depression）、壓力（stress）、擔憂（worried）、困難（difficulty）、訓練（training）、時間（time）、權威（authority）、實現（implement）。

冥：黑暗（darkness）、隱藏（hidden）、掩埋（buried）、危機（crisis）、恐懼（fear）、控制（control）、挖掘（digging）、調查（investigation）、研究（research）、洞悉（insight）、死亡（death）、重生（rebirth）。

B. 不同行星主題的考量

針對太陽主題的符號象徵分析

英雄之旅主題：個人英雄之旅（日）的神話是征服（冥）自身的恐懼與弱點（土）。

生命力主題：在艱苦的環境（土）之中掙扎（冥）而獲得生命活力（日）。

針對土星主題的符號象徵分析

保護主題：在危機（冥）中發揮保護（土）的能力而成爲領導者（日）。

經驗主題：過去的不愉快（土冥）經驗可以限制自我也可以成就自我（日）。

針對冥王星主題的符號象徵分析

隱藏主題：學會在危險的環境之中隱藏（冥）並保護（土）自我（日）。

研究主題：研究調查（冥）過去（土）發生不爲人知的事情而獲得榮耀（日）。

生活中可能的呈現（可能的議題）

土星與冥王在占星學中都有著恐懼的意涵，往往在生活中透過面對危機與挑戰來呈現此一主題，但也因爲這樣的恐懼而帶來更強大的保護能力，但恐懼與保護限制自我發展的可能性也提高。如何在這樣的議題當中認識自我，是重要的人生課題。

C. 第四行星

月：在艱苦的環境當中掙扎保護自己與家人。

水：透過不斷地深入思考了解被隱藏起來的訊息。

金：爲了保護自我而將自身最有價值的地方隱藏起來。

火：那些不愉快的經驗終將成爲你實踐自我的動力。

木：有能力在社群之中發揮強大的影響力。

天：遇到問題時請改變自己的觀察角度，因爲舊有的思想無法解決存在的問題。

海：看清權威的眞面目以及權力的運作是重要的人生課題。

凱：不願意建立自身權威的背後，隱藏著許多重要生命課題等待去探索。

日土凱

A. 行星象徵

日：男性（male）、父親（father）、領導者（leader）、上司（boss）、成就（success）、光榮（glory）、照亮 （light up）、啓發（enlightenment）、指導（guild）、生命力（vigour）、我（i）、追求的事物（wanted thing）、英雄事蹟（heroic journey）。

土：踏實（practical）、實際（reality）、保護（protection）、定義（definition）、界線（boundary）、限制（restraint）、蕭條（depression）、壓力（stress）、擔憂（worried）、困難（difficulty）、訓練（training）、時間（time）、權威（authority）、實現（implement）。

凱：傷痛（wound）、療癒（healing）、修理（fix）、拋棄（abandon）、認養（adopt）、排擠（exclusion）、導師（mentor）、薩滿（shaman）、照顧者（caretaker）、病人（patient）、受害者（victim）、局外人（outsider）、弱勢族群（minority group）。

B. 不同行星主題的考量

針對太陽主題的符號象徵分析

權威主題：來自於權威（日）所提供的保護（土）也可能是造成傷痛（凱）的原因。

成就主題：成為修理事物與療癒傷痛（凱）的專業人士（土）而獲得成就（日）。

針對土星主題的符號象徵分析

專業主題：對於專業人士（土）的指引（日）感到不愉快（凱）。

訓練主題：在無法融入（凱）訓練（土）的不適應過程中，明白自己的獨特性（日）。

針對凱龍主題的符號象徵分析

局外人主題：身為與眾不同的局外人（凱）或許孤獨（土），但也能發揮自身的特色（日）。

療癒主題：過去的傷痛（凱）可能是壓力（土）的根源，也可以是自我成長（日）的開始。

生活中可能的呈現（可能的議題）

土星、凱龍所象徵的過去傷痛，在這一個組合中與個人的成長有著密切的連結。凱龍象徵著傷痛以及療癒，所以土星與太陽所象徵的權威可能是造成傷痛的原因，也可能是傷痛帶來的禮物。這些行星多少都帶有獨特、孤獨與無法融入群體的特色，也因此孤獨主題容易在個案生活當中呈現。這些特色帶來的傷痛與能力都需要被看見。

C. 第四行星

月：與雙親之間的距離是重大的人生課題。

水：獨立的思考判斷能力或許是特色，但也必須學會適時的接受他人建議。

金：如何看待自身價值將顯著的影響個案的金錢與情感生活。

火：莫名的憤怒或許暗示著過去沒看見的傷痛被觸動了。

木：了解輝煌的成就背後有許多他人看不見的代價。

天：具有療癒衝突所帶來的傷痛的能力。

海：了解到世俗生活與靈性生活在療癒的過程之中都需要被重視。

冥：對他人的影響力能夠帶來療癒的慰藉，也可能帶來極大的困擾。

日天

太陽與天王星乍看之下似乎有著截然不同的特職，太陽象徵著自我、成就、男性；天王星則與改革、改變、反叛有關。但仔細研究，我們會發現這兩個行星的共同主題都與獨立、單一以及強調創造的特質有關，也因此當我們關注到這組行星共同產生相位時，可以強調獨立與創造力的議題。

日天海

A. 行星象徵

日：男性（male）、父親（father）、領導者（leader）、上司（boss）、成就（success）、光榮（glory）、照亮 （light up）、啓發（enlightenment）、指導（guild）、生命力（vigour）、我（I）、追求的事物（wanted thing）、英雄事蹟（heroic journey）。

天：改變（Changing）、革命（Revolution）、科技（Technique）、未來（Future）、反對（Against）、切割（Cut）、距離疏遠（distancing）、冷漠（cold）、突然的（Suddenly）、驚訝（Surprise）、自由（Freedom）、核能（Nuclear）。

海：影像（image）、願景（vision）、幻覺（illusion）、想像（imagination）、無形（intangible）、融合（merge）、偉大（great）、消失（disappear）、犧牲（scarify）、補償（redemption）、虛弱（weak）、病毒（virus）、上癮（addiction）、超越（transcend）。

B. 不同行星主題的考量

針對太陽主題的符號象徵分析

父親主題：因爲夢想（海）而與父親（日）之間的關係疏遠（天）。

成就主題：科技（天）帶來了超越（海）以往的成就（日）。

針對天王星主題的符號象徵分析

改革主題：因爲願景（海）而徹底的改變（天）自我（日）。

驚訝主題：對於領導者（日）的狂熱（海）感到驚訝（天）。

針對海王星主題的符號象徵分析

願景主題：對於未來（天）的成就（日）充滿了憧憬（海）。

包容主題：透過遠見（天）與包容（海）而獲得成就（日）。

生活中可能的呈現（可能的議題）

天王星與海王星象徵著大格局的外界變化，當同時與太陽產生相位時，象徵著外界社會的重大改變爲個案帶來啓發。也可能感覺到自己被時勢所左右，但也可以是積極的參與推動社會事務的改變。在不察覺的情況下，天王星可能以冷漠、決斷、異常的態度出現在生活當中，而海王星可能以容易被察覺到的犧牲、補償、幻想出現在個案的生活當中。但個案可以積極地利用天王星的客觀、獨特、自由以及海王星的願景、熱情、包容來改變生活。

C. 第四行星

月：影像藝術與精神生活帶來家庭生活的徹底改變。

水：有能力描繪對未來的夢想而獲得矚目。

金：因爲願景而徹底的改變對世界以及對自己的價值評判。

火：將追求更美好的未來社會視爲是個人生活的重心而積極的參與社群運動。

木：渴望自由的追逐夢想而不願受到干涉。

土：在自我實現的過程當中客觀地察覺到夢想與現實的差距。

冥：可以是大環境變動的犧牲者，但也可以反過來獻身於推動社會不公義的改革。

凱：生活的重心在於療癒與平衡那些因為社會變動所造成的傷痛。

日天冥

A. 行星象徵

日：男性（male）、父親（father）、領導者（leader）、上司（boss）、成就（success）、光榮（glory）、照亮 （light up）、啓發（enlightenment）、指導（guild）、生命力（vigour）、我（I）、追求的事物（wanted thing）、英雄事蹟（heroic journey）。

天：改變（Changing）、革命（Revolution）、科技（Technique）、未來（Future）、反對（Against）、切割（Cut）、距離疏遠（distancing）、冷漠（cold）、突然的（Suddenly）、驚訝（Surprise）、自由（Freedom）、核能（Nuclear）。

冥：黑暗（Darkness）、隱藏（Hidden）、掩埋（Buried）、危機（Crisis）、恐懼（Fear）、控制（Control）、挖掘（Digging）、調查（investigation）、研究（research）、洞悉（insight）、死亡（death）、重生（rebirth）。

B. 不同行星主題的考量

針對太陽主題的符號象徵分析

成就主題：所追求的成就（日）容易受到大環境的影響，特別是那些隱藏（冥）的細節所暗示的變動（天）。

生命活力主題：徹底地改變受到控制的事物而獲得生命活力。

針對天王星主題的符號象徵分析

未來主題：在他人未能洞悉（冥）的事物中看見未來的趨勢（天）而獲得成就（日）。

改革主題：若要在改革上（天）獲得成就（日），必須深入探討那些暗中影響（冥）的因素。

針對冥王星主題的符號象徵分析

洞悉主題：透過洞悉內心深處的恐懼（冥）而帶來自我（日）改革（天）的決心。

挖掘主題：透過自我認知（日）的深刻挖掘（冥）而獲得自由（天）。

生活中可能的呈現（可能的議題）

天王星和冥王都屬於外行星，並且都暗示著劇烈的生活轉變，當太陽與天冥產生相位時，容易發生透過外界社會引發的重要個人轉變。對大多數人來說，重大的改變都帶有衝擊與挑戰，且不容易接受。而這些挑戰也可能訓練個人對於時勢變化有更敏銳的感受，可能因此而進一步獲得成就。

C. 第四行星

月：從家庭與伴侶關係的互動之中帶來深刻的性格轉變。

水：因爲書寫或者計畫重大的社會轉變而獲得成就。

金：洞悉社會轉變的契機而獲得成就與利益。

火：對於無法抗拒的轉變感到憤怒，也可以積極投入社會改革。

木：自由對於個人來說是重要的議題，卻隱藏著需要深入探索的祕密。

土：憑著一己之利與環境對抗，也可領導眾人與環境對抗。

海：有必要跳出傳統的世俗的限制而用更大的格局觀察人生。

凱：若想要知道是什麼阻礙你成就自我，需要從家族的歷史之中細細檢視。

日天凱

A. 行星象徵

日：男性（male）、父親（father）、領導者（leader）、上司（boss）、成就（success）、光榮（glory）、照亮 （light up）、啓發（enlightenment）、指導（guild）、生命力（vigour）、我（I）、追求的事物（wanted thing）、英雄事蹟（heroic journey）。

天：改變（Changing）、革命（Revolution）、科技（Technique）、未來（Future）、反對（Against）、切割（Cut）、距離疏遠（distancing）、冷漠（cold）、突然的（Suddenly）、驚訝（Surprise）、自由（Freedom）、核能（Nuclear）。

凱：傷痛（Wound）、療癒（Healing）、修理（Fix）、拋棄（Abandon）、認養（adopt）、排擠（exclusion）、導師（mentor）、薩滿（shaman）、照顧者（caretaker）、病人（patient）、受害者（victim）、局外人（outsider）、弱勢族群（minority group）。

B. 不同行星主題的考量

針對太陽主題的符號象徵分析

父親主題：因爲與父親（日）之間的距離感（天）而走上療癒的旅程（凱）。

自我呈現主題：從抽離（天王）的角度觀察傷痛與療癒（凱）成爲個人驕傲的特質（日）。

針對天王星主題的符號象徵分析

改革主題：改變（天王）舊有傷痛所帶來的生活影響（凱）是人生中重要的目

標（日）。

解脫主題：從權威（日）帶來的傷痛（凱）之中釋放（天）。

針對凱龍主題的符號象徵分析

認養主題：獲得陌生群體（天）的認養（凱）而感到光榮（日）。

傷痛主題：感受到因為強烈的個人特質（日）而與他人疏離（天）帶來的傷痛（凱）。

生活中可能的呈現（可能的議題）

這三個行星在占星學當中多與父親的議題有關聯，也暗示著個案生活中可能需要面對此一主題。而太陽、天王星多半帶來獨立的特色，凱龍則暗示著局外人的特質，因此這樣的相位可能帶來強烈的獨立特色以及孤獨的感覺。然而亦可由此了解自身的與眾不同，並開始進行傷痛的療癒。

C. 第四行星

月：從親密關係中的疏離感受開始走上療癒的旅程。

水：透過察覺與溝通化解疏離的鴻溝。

金：在社交生活之中展現照顧者獨特的個人風格。

火：學習如何適當的處理、採取突發的行動，都是重要的人生課題。

木：自由、疏離、孤獨或許會帶來傷痛，但也是重要的個人特質。

土：在安全保守與自由開放之中關注到被忽略的權益。

海：透過信念的改變而獲得傷痛的釋放。

冥：在重大的時局改變中，學會如何保護自身的權益。

日海

日海的相位可能暗示著太陽主題的自我意識、榮耀、目標，有著模糊迷惘的感受，從虛弱的自我到狂妄的自我，都是這種失去自我的解釋範圍，但海王星的另一個特色是願景與狂熱帶來夢想追逐的強烈動能。

日海冥

A. 行星象徵

日：男性（male）、父親（father）、領導者（leader）、上司（boss）、成就（success）、光榮（glory）、照亮 （light up）、啓發（enlightenment）、指導（guild）、生命力（vigour）、我（I）、追求的事物（wanted thing）、英雄事蹟（heroic journey）。

海：影像（image）、願景（vision）、幻覺（illusion）、想像（imagination）、無形（intangible）、融合（merge）、偉大（great）、消失（disappear）、犧牲（scarify）、補償（redemption）、虛弱（weak）、病毒（virus）、上癮（addiction）、超越（transcend）。

冥：黑暗（Darkness）、隱藏（Hidden）、掩埋（Buried）、危機（Crisis）、恐懼（Fear）、控制（Control）、挖掘（Digging）、調查（investigation）、研究（research）、洞悉（insight）、死亡（death）、重生（rebirth）。

B. 不同行星主題的考量

針對太陽主題的符號象徵分析

成就主題：超越自身（海）的恐懼（冥）而獲得成就（日）。

生命力主題：願景（海）幫助自己在黑暗（冥）之中重獲生命力（日）。

針對海王星主題的符號象徵分析

融合主題：了解到黑暗（冥）與光明（日）都是人生的一部分而將此融合

（海）在生命的成長之中。

夢想主題：自信（日）可能帶來夢想（海）實現過程之中的危機（冥）。

針對冥王星主題的符號象徵分析

重生主題：在追逐（日）夢想（海）過程之中體驗重生（冥）的經歷。

危機主題：對迷失（海）自我（日）的危機（冥）感到恐懼。

生活中可能的呈現（可能的議題）

此一相位組合在生活當中可能透過艱困的挑戰呈現，這些議題多半帶有強烈的迷惘特質，透過心靈、藝術、精神成長去面對。這些重生的經歷是珍貴的，我們可以在挑戰中學會包容、慈悲以及接受生命原本的樣貌，學會接受真實的自我。

C. 第四行星

月：透過家庭之間的危機而學會彼此接受包容。

水：學習探索那些美好影像之後沒被揭露的危機。

金：從追求完美到接受黑暗與醜陋，都是生命成長的一部分。

火：充滿面對危機的戰鬥力，同時衝動的追逐夢想將容易遭遇危機

木：在危機與絕望當中不放棄信念而獲得成就。

土：學會在狂熱之中觀察到危機，並以實際的方式面對。

天：對危機的警覺性，可讓人在狂熱之中保持冷靜。

凱：學習如何面對與接受命運所帶來的傷痛而獲得療癒。

日海凱

A. 行星象徵

日：男性（male）、父親（father）、領導者（leader）、上司（boss）、成

就（success）、光榮（glory）、照亮 （light up）、啓發（enlightenment）、指導（guild）、生命力（vigour）、我（I）、追求的事物（wanted thing）、英雄事蹟（heroic journey）。

海：影像（image）、願景（vision）、幻覺（illusion）、想像（imagination）、無形（intangible）、融合（merge）、偉大（great）、消失（disappear）、犧牲（scarify）、補償（redemption）、虛弱（weak）、病毒（virus）、上癮（addiction）、超越（transcend）。

凱：傷痛（Wound）、療癒（Healing）、修理（Fix）、拋棄（Abandon）、認養（adopt）、排擠（exclusion）、導師（mentor）、薩滿（shaman）、照顧者（caretaker）、病人（patient）、受害者（victim）、局外人（outsider）、弱勢族群（minority group）。

B. 不同行星主題的考量

針對太陽主題的符號象徵分析

追求事物主題：對於身心靈（海）的傷痛療癒（凱）是生命之中的重要主題（日）。

父親主題：因爲父親（日）的虛弱或模糊形象（海）而感到傷痛（凱），並開始展開療癒之旅。

針對海王星主題的符號象徵分析

願景主題：從了解家族過去的傷痛（凱）之中清楚看見（日）未來所要追求的願景（海）。

藝術影像主題：透過藝術與影像更了解自我（日）並獲得傷痛的療癒（凱）。

針對凱龍主題的符號象徵分析

薩滿主題：在薩滿（凱）的精神世界中超越（海）過去的自我（日）。

修理主題：透過修復（凱）影像（海）而獲得成就（日）。

生活中可能的呈現（可能的議題）

在日常生活當中，海王、凱龍可能暗示著犧牲者的傷痛需要去觀護療癒，藉此重新找到自我。同時海王與凱龍都具有相當強烈的新時代身心靈特質，與藝術治療或許多身心靈的療癒有著密切的關連，這將是個案可以積極探索的部分。

C. 第四行星

月：因爲家族或親密關係的議題而走上療癒的路途。

水：充滿同理心型態的談話式治療找回自我。

金：透過藝術與精神成長而使生命獲得完整。

火：積極行動以面對或對抗生命中的傷痛。

木：對於弱勢族群的社會福利有著強烈的關注。

土：透過傷痛與夢想的幻滅，了解眞實的自己到底追求什麼？

天：從迷惘之中走出，並獲得生命的力量。

冥：走出壓迫犧牲的體驗，將可以分享並幫助他人。

日冥

太陽與冥王是光明與黑暗的對比，但兩者都是生命中不可或缺的一部分，正如同誕生與死亡都是人生之中必須的一部分，包含這組相位的圖形項爲主題都暗示著個案在死亡與重生的議題之中了解生命的意義並重新找回生命力。

日冥凱

A. 行星象徵

日：男性（male）、父親（father）、領導者（leader）、上司（boss）、成就（success）、光榮（glory）、照亮 （light up）、啓發（enlightenment）、指導（guild）、生命力（vigour）、我（I）、追求的事物（wanted thing）、英雄事蹟（heroic journey）。

冥：黑暗（Darkness）、隱藏（Hidden）、掩埋（Buried）、危機（Crisis）、恐懼（Fear）、控制（Control）、挖掘（Digging）、調查（investigation）、研究（research）、洞悉（insight）、死亡（death）、重生（rebirth）。

凱：傷痛（Wound）、療癒（Healing）、修理（Fix）、拋棄（Abandon）、認養（adopt）、排擠（exclusion）、導師（mentor）、薩滿（shaman）、照顧者（caretaker）、病人（patient）、受害者（victim）、局外人（outsider）、弱勢族群（minority group）。

B. 不同行星主題的考量

針對太陽主題的符號象徵分析

權威主題：療癒（凱）權威（日）暴力（冥）所帶來的傷痛。

生命力主題：在危機（冥）之中療癒（凱）自我找到生命力（日）。

針對冥王星主題的符號象徵分析

深層主題：透過薩滿形式（凱）的療癒深層（冥）的探索自我（日）。

洞悉主題：洞悉（冥）個人光彩（日）背後的傷痛（凱）。

針對凱龍星的符號象徵分析

療癒主題：探索被隱藏（冥）起來的祕密，療癒（凱）與自身（日）有關的傷痛。

導師主題：成爲處理自我身分認同（日）危機（冥）的導師（凱）。

生活中可能的呈現（可能的議題）

由於太陽與凱龍都具有導師的形象，帶來建議指引以及專業指導的能力，而凱龍與冥王帶來了無法選擇拒絕的那種宿命般的傷痛，這一組相位多半暗示著透過長期面對不愉快的經驗，成爲能夠幫助他人的指導者。

C. 第四行星

月：聆聽與探索家族之中不爲人知的故事而獲得療癒。

水：學習書寫如何在危機之中照顧自己與他人。

金：學習如何面對自我價値的危機。

火：在不公義的事件之中扮演對抗者的角色。

木：在無法避免的危機之下仍用樂觀的態度去面對生命。

土：將有機會學習如何面對粗暴權力所帶來的傷痛。

天：在撕裂混亂的危機之中找到自我。

海：用同理心去面對暴力之下的犧牲者。

月亮圖形相位

月水

月亮與水星象徵著情感的抒發、溝通與連結，在傳統占星學當中這兩個行星運行速度都相當快，也因此都象徵著快速的變化，同時他們也多少有著連結、聯繫的意涵，月亮象徵著人與人之間情感互動的感受，而水星則是人與人之間的的交流聯絡，它們也都可以暗示著內心意識與無意識之間的交流。

月水金

A. 行星象徵

月：女性（female）、母親（mother）、照顧者（care taker）、情緒（emotion）、感受（feeling、需求（need）、餵養（nurture）、童年（childhood）、家庭（family）、食物（food）、情緒安全感（emotional security）、過去（past）。

水：手足（sibling）、鄰居（neighbour）、學生（student）、商人（merchant）、訊息（message）、書信（letter）、語言（language）、鄰近地區（local area）、溝通（communication）、學習（study）、旅行（traveling）、交易（trading）、分析（analyse）。

金：女性（female）、美麗（beauty）、娛樂（entertaiment）、藝術（art）、美學（aesthetics）、金錢（money）、財物（finance）、價值（value）、自我價值（self esteem）、生產（reproduction）、外交

（diplomatic）、大使（ambassador）、溫和（mildness）、和平（peaceful）、甜美（sweetness）。

B. 不同行星主題的考量

針對月亮主題的符號象徵分析

母親主題：以美好（金）的言語文字（水）滋養他人的母親形象（月）。

情緒安全感主題：透過與友善的（金）聯繫（水）而帶來情緒上的安全。

針對水星主題的符號象徵分析

學習主題：學習（水）與女性、生育（金、月）有關的主題。

手足主題：與兄弟姊妹（水）之間有著美好的（金）童年回憶（月）。

針對金星主題的符號象徵分析

自我價值主題：童年時（月）與兄弟姊妹（水）之間的關係明顯地影響自我的評價（金）。

美麗主題：透過述說表達（水）熟悉的事物（月）增添魅力（金）。

生活中可能的呈現（可能的議題）

這一組行星都與個人生活有著重要的關聯，例如女性主題、情感流動、社交生活、聯繫交流、飲食與生活型態，也涵蓋了大部分的日常生活影響，因此在解讀時必須多做不同的考量。例如以母親形象作爲考量時，可以是美好的文字言語滋養他人的母親形象，但也可以是靈活社交手腕的母親形象（或許星盤當中的風元素、天秤或者三、七、十一宮被強調），或財務上精明計算的母親（或許是土元素、二、六、十宮被強調）。在強硬相位較多的圖形中呈現時，可能暗示著生活的嚴厲要求，或者自我價值與人際關係的挑戰。

C. 第四行星

火：在社交生活中積極呈現自我的感受，或者具有顯著保護防衛特色。

木：童年生活環境建立起對社會與生命意涵的重要看法。

土：家庭生活所遭遇的挑戰培養踏實的生活態度。

天：家人之間獨立客觀的思考態度也可能被解讀爲疏離。

海：學習包容彼此之間不同的價值觀與生活態度是重要的生活主題。

冥：那些不曾被揭露的家庭過往，無形中影響著個案的生活、情感、社交態度。

凱：去了解親人間因爲價值議題或溝通議題所帶來的傷痛，並展開自我療癒之旅。

月水火

A. 行星象徵

月：女性（female）、母親（mother）、照顧者（care taker）、情緒（emotion）、感受（feeling）、需求（need）、餵養（nurture）、童年（childhood）、家庭（family）、食物（food）、情緒安全感（emotional security）、過去（past）。

水：手足（sibling）、鄰居（neighbour）、學生（student）、商人（merchant）、訊息（message）、書信（letter）、語言（language）、鄰近地區（local area）、溝通（communication）、學習（study）、旅行（traveling）、交易（trading）、分析（analyse）。

火：行動（action）、攻擊（attack）、對抗（against）、刺激（stimulate）、加速（assertion）、加劇（aggressive）、憤怒（anger）、敏感（sensitive）、生存議題（survival issue）、自我呈現（self expression）、性與繁衍（sex and reproduce）。

B. 不同行星主題的考量

針對月亮主題的符號象徵分析

家庭與童年主題：與兄弟姊妹（水）的敏感關係（火）是童年與家庭生活（月）的重要課題。

需求主題：積極地（火）表達（水）自己的需求（月）。

針對水星主題的符號象徵分析

學習主題：積極的（火）學習理解（水）與日常生活有關的事物（月）。

鄰里主題：與鄰居之間（水）因爲不同的需求（月）而產生衝突（火）。

針對火星主題的符號象徵分析

憤怒主題：對於表達（水）自我感受（月）上的挫折可能感到憤怒。

保護議題：保護（火）家庭（月）與兄弟姊妹（水）是日常生活的重要課題。

生活中可能的呈現（可能的議題）

月亮、火星都有著顯著的敏感特質，暗示著當事人對於情緒表達的重視與積極，與家庭親友之間的關係緊密，可能扮演保護者的角色，但也容易產生言語上的衝突，學習情感表達與溝通將有助於促進人際關係。這一組相位也突顯了對日常生活事務的重視，以及可能帶來的憂慮。

C. 第四行星

金：與家人可能因爲價值觀的差異而產生衝突。

木：在生活中的衝突與掙扎之中了解生命的意義。

土：情緒的表達與爭取日常生活需求的事物需要更爲謹慎。

天：學習如何客觀地表達情緒卻又不讓人感到冷酷。

海：擁有強烈的同理心容易感受周圍的需求與憤怒，了解自身眞正感受是重要課題。

冥：家族之間的衝突有著一些難解的祕辛與生存掙扎。

凱：獨立與依賴是個人在家庭互動時必須正視的課題。

月水木

A. 行星象徵

月：女性（female）、母親（mother）、照顧者（care taker）、情緒（emotion）、感受（feeling）、需求（need）、餵養（nurture）、童年（childhood）、家庭（family）、食物（food）、情緒安全感（emotional security）、過去（past）。

水：手足（sibling）、鄰居（neighbour）、學生（student）、商人（merchant）、訊息（message）、書信（letter）、語言（language）、鄰近地區（local area）、溝通（communication）、學習（study）、旅行（traveling）、交易（trading）、分析（analyse）。

木：信仰（believe）、宗教（religion）、人生意涵（life meaning）、擴張（expansion）、寬廣（broad）、成長（growth）、冒險（adventure）、接納（accept）、調節（adjustment）、希望（hope）、自由（freedom）、高等教育（higher education）、異國文化（foreign culture）。

B. 不同行星主題的考量

針對月亮主題的符號象徵分析

照顧者主題：照顧者（月）帶來人生意涵（木）的訊息（水）。

情緒感受主題：包容接納（木）他人說出（水）對事物的感受（月）。

針對水星主題的符號象徵分析

溝通主題：透過情緒上（月）的溝通（水）而對遭遇感到釋懷（木）。

交易主題：與遠方（木）進行日常生活用品（月）的交易（水）。

針對木星主題的符號象徵分析

異國主題：與住在異國（木）的親友（月）保持密切聯繫（水）。

人生意涵主題：在日常生活中（月）的細節事務（水）找出重要的人生意涵（木）。

生活中可能的呈現（可能的議題）

這一個主題可能象徵著對於生活事務的包容與接納，並將生活中的體驗提升到更高的哲學宗教心靈層次。在日常生活中，因爲工作或親友的因素，與木星所象徵的遠方或者國外保持著密切的聯繫，也擴張自身的視野。木星的擴張也可以作爲誇大解釋，擴張生活聯繫的範圍，也有可能是生活中的誇張情緒表現。

C. 第四行星

金：對於生活周遭環境抱持著高度期盼。

火：在日常生活之中積極地追求生命的意涵。

土：深刻感受到社會變遷對日常生活的重要影響。

天：用客觀包容的角度來接納家人對生活的不同觀點。

海：透過藝術與精神成長尋求繁忙生活之中的解脫。

冥：看見日常生活平凡事物背後的深遠意涵。

凱：在過與不及之中學會適當地包容接納。

月水土

A. 行星象徵

月：女性（female）、母親（mother）、照顧者（care taker）、情緒（emotion）、感受（feeling）、需求（need）、餵養（nurture）、童年（childhood）、家庭（family）、食物（food）、情緒安全感（emotional security）、過去（past）。

水：手足（sibling）、鄰居（neighbour）、學生（student）、商人（merchant）、訊息（message）、書信（letter）、語言（language）、鄰近地區（local area）、溝通（communication）、學習（study）、旅行（traveling）、交易（trading）、分析（analyse）。

土：踏實（practical）、實際（reality）、保護（protection）、定義（definition）、界線（boundary）、限制（restraint）、蕭條（depression）、壓力（stress）、擔憂（worried）、困難（difficulty）、訓練（training）、時間（time）、權威（authority）、實現（implement）。

B. 不同行星主題的考量

針對月亮主題的符號象徵分析

母親主題：用務實（土）的態度考量（水）生活的母親（月）。

情緒安全感主題：謹慎地（土）表達（水）自己的情緒感受（月）。

針對水星主題的符號象徵分析

兄弟姊妹主題：嚴肅謹慎地（土）與兄弟姊妹（水）討論家庭生活議題（土）

學習主題：嚴肅地（土）在日常生活（月）之中學習（水）。

針對土星主題的符號象徵分析

保護主題：以言語（水）保護（土）自己的家人（月）。

定義主題：去思考（水）並且替自己的情緒（月）下定義（土）。

生活中可能的呈現（可能的議題）

這一組行星組合暗示著情緒與表達上謹慎的態度，很可能也同時會經歷一些情緒表達的挫折。關於母親以及親密關係的議題上，有可能感受到彼此之間的距離，但是也學會以一種重視實際的生活態度。不熱絡的關係並不代表愛不存在，愛的呈現可能以一種實際滋養或保護的方式存在著。

C. 第四行星

金：在社交生活當中展現出實際的生活態度。

火：溝通上的挫折感受可能以憤怒的方式呈現。

木：試圖在生活中的自由成長與安全保護之中取得平衡。

天：在家族之中看見時代影響的衝突。

海：有能力將言語文字的美感呈現出來。

冥：嚴苛的環境將家人團結在一起，互相保護。

凱：奔放的言語或默不做聲都讓人感到難受。

月水天

A. 行星象徵

月：女性（female）、母親（mother）、照顧者（care taker）、情緒（emotion）、感受（feeling）、需求（need）、餵養（nurture）、童年（childhood）、家庭（family）、食物（food）、情緒安全感（emotional

security）、過去（past）。

水：手足（sibling）、鄰居（neighbour）、學生（student）、商人（merchant）、訊息（message）、書信（letter）、語言（language）、鄰近地區（local area）、溝通（communication）、學習（study）、旅行（traveling）、交易（trading）、分析（analyse）。

天：改變（Changing）、革命（Revolution）、科技（Technique）、未來（Future）、反對（Against）、切割（Cut）、距離疏遠（distancing）、冷漠（cold）、突然的（Suddenly）、驚訝（Surprise）、自由（Freedom）、核能（Nuclear）。

B. 不同行星主題的考量

針對月亮主題的符號象徵分析

照顧主題：用科技（天）來輔助照顧（月）兄弟姊妹或孩童（水）。

需求主題：以相當抽離（天）的方式來分析（水）檢視自己的日常生活需求（月）。

針對水星主題的符號象徵分析

學習主題：對於情感的探索將帶來令人驚訝的發現。

溝通主題：對情緒化（月）的言語（水）感到驚訝與抗拒（天）。

針對天王星主題的符號象徵分析

改變主題：家庭關係或親密關係（月）的看法（水）有著劇烈的轉變（天）。

自由主題：在生活之中（月）需要來去自如（天）的移動（水）。

生活中可能的呈現（可能的議題）

當天王星影響月亮與水星時，可能暗示著一種冷漠疏離的連結，這樣的方式若呈現在家庭生活之中，可能培養獨立的態度，但或許發展親密關係時須注意自身對自由的強烈需求與對方的需求是否相同。在觀察與學習事物上，暗示著超然客觀的態度可帶來的幫助。

C. 第四行星

金：在群體之中表達自己與他人不同的生活態度。

火：積極活躍的處理日常生活事物。

木：生活中需要大量的成長空間與自由。

土：生活之中的獨立客觀與冷靜容易被誤解。

海：對於未來的生活充滿了想像與熱忱。

冥：童年生活被大環境的劇烈改變所影響。

凱：對於所謂的進步與自由抱持著謹慎的態度。

月水海

A. 行星象徵

月：女性（female）、母親（mother）、照顧者（care taker）、情緒（emotion）、感受（feeling）、需求（need）、餵養（nurture）、童年（childhood）、家庭（family）、食物（food）、情緒安全感（emotional security）、過去（past）。

水：手足（sibling）、鄰居（neighbour）、學生（student）、商人（merchant）、訊息（message）、書信（letter）、語言（language）、鄰近地區（local area）、溝通（communication）、學習（study）、旅行（traveling）、交易（trading）、分析（analyse）。

海：影像（image）、願景（vision）、幻覺（illusion）、想像（imagination）、無形（intangible）、融合（merge）、偉大（great）、消失

（disappear）、犧牲（scarify）、補償（redemption）、虛弱（weak）、病毒（virus）、上癮（addiction）、超越（transcend）。

B. 不同行星主題的考量

針對月亮主題的符號象徵分析

家庭主題：對於家庭以及親密關係（月）的願景（海）需要被討論（水）。

需求主題：認爲自身的需求（月）受到親友（水）的無形影響或爲他們犧牲（海）。

針對水星主題的符號象徵分析

溝通主題：與親密伴侶（月）之間的的溝通（水）產生誤解（海）。

學習主題：學習（水）透過影像（海）傳遞感受（月）。

針對海王星主題的符號象徵分析

融合主題：有能力融合（海）言語表達（水）與情緒感受（海）。

理想化主題：對於自身與兄弟姊妹、鄰居的關係有一些高度期盼。

生活中可能的呈現（可能的議題）

這一組行星組合可能暗示著在生活中容易受到他人言語的影響，這緣起於海王星能夠讓人輕易地接納周遭人的情緒感受，甚至是那些沒有說出口的言語。相反地，這些人也同樣可以運用這個長處學習傳銷銷售、同理心、心理諮商、催眠技巧等。

C. 第四行星

金：注意社交生活當中容易產生的誤解與曖昧。

火：爲了追求偉大的夢想而可能犧牲與親友的關係。

木：從家庭關係當中學習到寬容理解與包容。

土：在實現夢想的過程當中有家人親友相伴。

天：用科技影像來傳遞內心感受。

冥：能了解周遭親友沒有說出口的感受與祕密。

凱：學會適切的親密關係的溝通。

月水冥

A. 行星象徵

月：女性（female）、母親（mother）、照顧者（care taker）、情緒（emotion）、感受（feeling）、需求（need）、餵養（nurture）、童年（childhood）、家庭（family）、食物（food）、情緒安全感（emotional security）、過去（past）。

水：手足（sibling）、鄰居（neighbour）、學生（student）、商人（merchant）、訊息（message）、書信（letter）、語言（language）、鄰近地區（local area）、溝通（communication）、學習（study）、旅行（traveling）、交易（trading）、分析（analyse）。

冥：黑暗（darkness）、隱藏（hidden）、掩埋（buried）、危機（crisis）、恐懼（fear）、控制（control）、挖掘（digging）、調查（investigation）、研究（research）、洞悉（insight）、死亡（death）、重生（rebirth）。

B. 不同行星主題的考量

針對月亮主題的符號象徵分析

母親主題：母親（月）具有看穿真相（冥）的分析能力（水）。

情緒安全感主題：探索（水）情緒安全感（月）上的恐懼（冥）。

針對水星主題的符號象徵分析

學習主題：深入探索（水）親子之間（月）的緊張關係（冥）。

交易主題：在日常生活中（月）被隱藏起來（冥）的交易（水）。

針對冥王星主題的符號象徵分析

深入挖掘主題：深入挖掘（冥）言語之間（水）所暗藏的情感（月）。

危機主題：透過危機（冥）將家人們（月）聯繫（水）起來。

生活中可能的呈現（可能的議題）

這一組行星的互動暗示著具有深入探索挖掘的能力，特別是對於人與人之間的情感、言語之間被隱藏起來的內容。但也可能暗示著需要面對親情、情感上的危機或恐懼，若有機會面對這些危機，進一步地研究或許將可用這樣的能力來幫助其他人。

C. 第四行星

金：與朋友之間的言語關係緊張，容易察覺隱藏的威脅。

火：心理與言語上的影響容易在衝突之中被察覺。

木：關注社會福利對家庭的扶持與幫助。

土：家庭生活容易受到大環境的嚴格考驗。

天：親密關係將容易受帶來生活當中的重大轉變。

海：往內心深處探索心靈對情感的影響。

凱：家族的故事中隱藏著干擾著你發揮專長的原因。

月水凱

A. 行星象徵

月：女性（female）、母親（mother）、照顧者（care taker）、情緒（emotion）、感受（feeling）、需求（need）、餵養（nurture）、童年（childhood）、家庭（family）、食物（food）、情緒安全感（emotional security）、過去（past）。

水：手足（sibling）、鄰居（neighbour）、學生（student）、商人（merchant）、訊息（message）、書信（letter）、語言（language）、鄰近地區（local area）、溝通（communication）、學習（study）、旅行（traveling）、交易（trading）、分析（analyse）。

凱：傷痛（wound）、療癒（healing）、修理（fix）、拋棄（abandon）、認養（adopt）、排擠（exclusion）、導師（mentor）、薩滿（shaman）、照顧者（caretaker）、病人（patient）、受害者（victim）、局外人（outsider）、弱勢族群（minority group）。

B. 不同行星主題的考量

針對月亮主題的符號象徵分析

家庭主題：從家庭（月）長輩的故事（水）之中明瞭自身傷痛的泉源並展開療癒（凱龍）。

情緒主題：透過療癒（凱）學會適切情緒（月）的表達（水）。

針對水星主題的符號象徵分析

溝通主題：學會透過溝通敘事（水）而達到情感（月）上的療癒（凱）。

兄弟姊妹主題：自身的傷痛（凱）與童年間（月）兄弟姊妹（水）的互動有關。

針對凱龍主題的符號象徵分析

指導者主題：扮演著兄弟姊妹（水）在生活起居上（月）的指導者（凱）。

療癒主題：透過伴侶關係（月）上的溝通（水）互動而達到傷痛的療癒（凱）。

生活中可能的呈現（可能的議題）

這一組行星象徵著情緒以及溝通對家庭還有親密關係有著重要影響，成長環境中可能有一些特殊且不容易理解的議題少被提及，卻在無形之中影響個人對親密關係還有溝通的表現。同時可能因此擁有以言語安撫他人情緒的能力，透過這些探索而走上療癒之旅。

C. 第四行星

金：溝通成為社交生活之中特別需要注意的議題。

火：學會適當的表達自己的憤怒感受是重要的生命課題。

木：自信的課題與家庭之中沒有被提及的長輩故事有關。

土：突兀的表現可能與童年時長輩的管教方式有關。

天：分離是家庭當中的重大議題，也與日後的親密關係態度有關。

海：對人的包容以及劃清界線似乎是重要的情感課題。

冥：謹慎的面對權力的議題，你的言語有一定程度的影響力。

月金

此一行星組合多半與女性議題有關，可能是對於自身女性身分的看法，也可能是與周遭女性之間的關係，無論男女，這也都暗示著情感上的互動以及社交生活上的互動。

月金火

A. 行星象徵

月：女性（female）、母親（mother）、照顧者（care taker）、情緒（emotion）、感受（feeling）、需求（need）、餵養（nurture）、童年（childhood）、家庭（family）、食物（food）、情緒安全感（emotional security）、過去（past）。

金：女性（female）、美麗（beauty）、娛樂（entertaiment）、藝術（art）、美學（aesthetics）、金錢（money）、財物（finance）、價值（value）、自我價值（self esteem）、生產（reproduction）、外交（diplomatic）、大使（ambassador）、溫和（mildness）、和平（peaceful）、甜美（sweetness）。

火：行動（action）、攻擊（attack）、對抗（against）、刺激（stimulate）、加速（assertion）、加劇（aggressive）、憤怒（anger）、敏感（sensitive）、生存議題（survival issue）、自我呈現（self expression）、性與繁衍（sex and reproduce）。

B. 不同行星主題的考量

針對月亮主題的符號象徵分析

生活需求主題：以和諧（金）的手法追求（火）生活需求的滿足（月）。

照顧主題：以財富、藝術（金）的追求（火）來滋養照顧自己（月）。

針對金星主題的符號象徵分析

自我價值主題：對於自我價值（金）有著強烈的敏感容易和刺激（火）情緒（月）。

舒適主題：以從容舒適（金）的態度面對生活（月）當中的刺激挑戰（火）。

針對火星主題的符號象徵分析

生存主題：將家庭（月）以及社交關係（金）視爲是爭取更多生存（火）機會的重要關鍵。

憤怒主題：學習如何對親人（月）適切有理（金）的表達自己的憤怒（火）。

生活中可能的呈現（可能的議題）

這一組圖形相位有著生活中積極卻又不粗魯的動能，情感生活上勇於表達自身的感受。追求自己喜愛和需要的事物是一個重要的課題，在較多強硬相位出現時，可能經由不斷地挫折、調整，學會如何取得自己喜愛的事物。

C. 第四行星

水：將膽勢以及社交手腕應用在商業技巧當中。

木：將有自信地去追逐自身所喜愛的事物。

土：在情感追求中可能受到些許挫折，對自我的評價是需要檢視的部分。

天：突如其來的情緒行動容易驚嚇到社交圈的朋友。

海：積極地達成自身的理想，也容易因爲挫折而氣餒。

冥：魅力與社交手段是爭取生存機會的重要關鍵。

凱：關注自身與身邊女性之間的關係，並維持一種微妙的平衡。

月金木

A. 行星象徵

月：女性（female）、母親（mother）、照顧者（care taker）、情緒（emotion）、感受（feeling）、需求（need）、餵養（nurture）、童年（childhood）、家庭（family）、食物（food）、情緒安全感（emotional security）、過去（past）。

金：女性（female）、美麗（beauty）、娛樂（entertaiment）、藝術（art）、美學（aesthetics）、金錢（money）、財物（finance）、價值（value）、自我價值（self esteem）、生產（reproduction）、外交（diplomatic）、大使（ambassador）、溫和（mildness）、和平（peaceful）、甜美（sweetness）。

木：信仰（believe）、宗教（religion）、人生意涵（life meaning）、擴張（expansion）、寬廣（broad）、成長（growth）、冒險（adventure）、接納（accept）、調節（adjustment）、希望（hope）、自由（freedom）、高等教育（higher education）、異國文化（foreign culture）。

B. 不同行星主題的考量

針對月亮主題的符號象徵分析

需求主題：社會評價（木）與社交活動（金）是生活中的重要需求（月）。

情緒安全感主題：物質與精神上的和諧（金）豐盛滿足（木）與情緒安全感（月）有關。

針對金星主題的符號象徵分析

價值主題：在每日生活（月）中成長（金）是一種自我的價值（木）。

和諧主題：與人分享（木）自身情緒（月）感受的和諧（金）。

針對木星主題的符號象徵分析

人生意涵主題：在每天生活（月）的和諧（金）中找到人生意義（木）。

異國文化主題：在日常生活（月）之中體驗異國文化（木）的美好（金）。

生活中可能的呈現（可能的議題）

金星與木星呈現了生活美好的一面，這並非是說有這樣的圖形相位組合就會有好日子過，在強硬相位較多的組合中，可能以極力爭取美好生活來呈現，但過程可能讓人感到不輕鬆。和諧舒適豐盛是金星與木星的主題，這也可能暗示著個案對家庭的印象或者對家庭的想像應是如此。

C. 第四行星

水：在不同的文化之中探索生活的美好。

火：相當積極地追求豐盛的日常生活。

土：理想的世界是每一個人都應過著和諧的生活。

天：對於情感上的自由與獨立有著強烈的需求。

海：在生活之中有能力展現強烈的同理心。

冥：了解過去的不愉快帶來了生活的寧靜與豐盛。

凱：徘徊在過度豐盛與簡樸之中，並可了解生活的均衡。

月金土

A. 行星象徵

月：女性（female）、母親（mother）、照顧者（care taker）、情緒（emotion）、感受（feeling）、需求（need）、餵養（nurture）、童年（childhood）、家庭（family）、食物（food）、情緒安全感（emotional security）、過去（past）。

金：女性（female）、美麗（beauty）、娛樂（entertaiment）、藝術（art）、美學（aesthetics）、金錢（money）、財物（finance）、價值（value）、自我價值（self esteem）、生產（reproduction）、外交（diplomatic）、大使（ambassador）、溫和（mildness）、和平（peaceful）、甜美（sweetness）。

土：踏實（practical）、實際（reality）、保護（protection）、定義（definition）、界線（boundary）、限制（restraint）、蕭條（depression）、壓力（stress）、擔憂（worried）、困難（difficulty）、訓練（training）、時間（time）、權威（authority）、實現（implement）。

B. 不同行星主題的考量

針對月亮主題的符號象徵分析

童年主題：童年的（月）嚴苛環境（土）對日後的財務與價值觀（金）有顯著影響。

需求主題：對於自己美好（金）生活的需求（月）感到愧疚（土）。

針對金星主題的符號象徵分析

女性主題：用嚴肅實際的態度（土）的看待與女性（月亮金星）之間的關係。

社交生活主題：用實際（土）的態度看護和照顧著（月）朋友（金）。

針對土星主題的符號象徵分析

挑戰主題：家庭（月）的財務（金）規劃是生活中一大挑戰（土）。

實現主題：努力實踐（土）每天生活（月）之中的和諧與美好（金）。

生活中可能的呈現（可能的議題）

當土星遇上了象徵日常生活的月亮與舒適的金星時，經常暗示著個人的挑戰與舒適生活有關，可能是努力想要達成生活舒適的目標，也可能是爲了自己的舒適生活感到愧疚。這也經常象徵與女性的關係容易遭遇到挑戰，學習如何與女性相處是重要的人生課題。

C. 第四行星

水：對於與親友之間的價值觀差異感到難受。

火：因爲生活的艱辛而感到忿忿不平。

木：親友與人際關係能夠幫助個人實現夢想。

天：觀察出社會階級需求的差異而獲得財富。

海：生活當中的美夢需要踏實的去實現。

冥：與女性之間的互動關係緊張，影響到財富與自我價值的呈現。

凱：對於他人物質生活需要照料的地方特別敏感。

月金天

A. 行星象徵

月：女性（female）、母親（mother）、照顧者（care taker）、情緒（emotion）、感受（feeling）、需求（need）、餵養（nurture）、童年

（childhood）、家庭（family）、食物（food）、情緒安全感（emotional security）、過去（past）。

金：女性（female）、美麗（beauty）、娛樂（entertaiment）、藝術（art）、美學（aesthetics）、金錢（money）、財物（finance）、價值（value）、自我價值（self esteem）、生產（reproduction）、外交（diplomatic）、大使（ambassador）、溫和（mildness）、和平（peaceful）、甜美（sweetness）。

天：改變（changing）、革命（revolution）、科技（technique）、未來（future）、反對（against）、切割（cut）、距離疏遠（distancing）、冷漠（cold）、突然的（suddenly）、驚訝（surprise）、自由（freedom）、核能（nuclear）。

B. 不同行星主題的考量

針對月亮主題的符號象徵分析

母親主題：與母親（月）有距離的關係（天）考驗著對自我的評價（金）。

滋養照顧主題：對於舒適（金）的滋養照顧（月）方式採取反對（天）的立場。

針對金星主題的符號象徵分析

美學主題：以美學（金）的方式描繪未來（天）的生活（月）。

和諧主題：認為客觀以及距離（天）可帶來和諧（金）的生活模式（月）。

針對天王星主題的符號象徵分析

改變主題：生活（月）中的客觀與疏離（天）可能增進生活的美好（金）。

疏離主題：與生活中親近的女性保持著疏離的關係。

生活中可能的呈現（可能的議題）

天王星的距離感可能會對金星、月亮所象徵著親密關係與社交生活帶來衝突，但也可以強調個人對自由的強烈渴望，以及不符合社會期盼的風格。在論及親密關係挑戰時，占星師有可能需要協助個案探索此一主題，並接受自己在情感的態度上與他人的不同。

C. 第四行星

水：用客觀的態度與親近的人溝通。

火：在情感上容易採取突如其來的行動。

木：生活中渴望無處不在的自由。

土：在新舊事物的衝突之中了解到生活的價值。

海：爲了未來更美好的生活而犧牲一部分的需求。

冥：生命中女性將帶來生命中的重大改變。

凱：去了解情感以及生活當中對自由的強烈渴求或恐懼來自於哪裡。

月金海

A. 行星象徵

月：女性（female）、母親（mother）、照顧者（care taker）、情緒（emotion）、感受（feeling）、需求（need）、餵養（nurture）、童年（childhood）、家庭（family）、食物（food）、情緒安全感（emotional security）、過去（past）。

金：女性（female）、美麗（beauty）、娛樂（entertaiment）、藝術（art）、美學（aesthetics）、金錢（money）、財物（finance）、價值（value）、自我價值（self esteem）、生產（reproduction）、外交（diplomatic）、大使（ambassador）、溫和（mildness）、和平（peaceful）、甜美（sweetness）。

海：影像（image）、願景（vision）、幻覺（illusion）、想像（imagination）、無形（intangible）、融合（merge）、偉大（great）、消失（disappear）、犧牲（scarify）、補償（redemption）、虛弱（weak）、病毒（virus）、上癮（addiction）、超越（transcend）。

B. 不同行星主題的考量

針對月亮主題的符號象徵分析

母親主題：對於母親（月）有著一種近乎完美（金）的觀點或想像期待（海）。

需求主題：為了情感關係（金）而犧牲（海）生活的平靜（金）。

針對金星主題的符號象徵分析

平靜主題：透過超越（海）自我情感（月）的影響而獲得平靜（金）。

價值主題：為了親人（月）做出的犧牲（海）與自我的價值（金）有密切的關連。

針對海王星主題的符號象徵分析

補償主題：以舒適（金）的生活對童年的遭遇（月）做出補償（海）。

願景主題：對於生活（月）的舒適與歡樂（金）有著一種願景（海）。

生活中可能的呈現（可能的議題）

金星與海王都帶有一種美好的特色，這可能是對於生活的看法、對伴侶關係的期待、對家庭關係的理想，但如何去實現、以及實現此一願景過程的順暢與否，都與相位的特質有關。海王星的犧牲與補償作用也容易在家庭生活及伴侶關係之中被發現。

C. 第四行星

水：透過書寫滿足童年時的美好夢想。

火：對於美好的夢想是否能在生活當中實現感到敏感激動。

木：對於社會制度有著高度的理想與期盼。

土：以踏實的觀點看待社會福利政策。

天：心靈上的改革可以帶來生活上的美好。

冥：在生活中透過靈修冥想的方式獲得平靜。

凱：謹慎的評估生活之中的不滿與如何補償這種不滿是否過度或者不足。

月金冥

A. 行星象徵

月：女性（female）、母親（mother）、照顧者（care taker）、情緒（emotion）、感受（feeling）、需求（need）、餵養（nurture）、童年（childhood）、家庭（family）、食物（food）、情緒安全感（emotional security）、過去（past）。

金：女性（female）、美麗（beauty）、娛樂（entertaiment）、藝術（art）、美學（aesthetics）、金錢（money）、財物（finance）、價值（value）、自我價值（self esteem）、生產（reproduction）、外交（diplomatic）、大使（ambassador）、溫和（mildness）、和平（peaceful）、甜美（sweetness）。

冥：黑暗（darkness）、隱藏（hidden）、掩埋（buried）、危機（crisis）、恐懼（fear）、控制（control）、挖掘（digging）、調查（investigation）、研究（research）、洞悉（insight）、死亡（death）、重生（rebirth）。

B. 不同行星主題的考量

針對月亮主題的符號象徵分析

生活習慣主題：對生活習慣（月）的輕鬆舒適（金）感到危險（冥）。

情緒安全感主題：能觀察出社交生活以及情感上（金）所隱藏的安全（月）威脅（冥）。

針對金星主題的符號象徵分析

金錢主題：在生活中（月）以處理危機（冥）賺取財富（金）。

藝術創作主題：利用藝術（金）創作的型態抒發生活（月）當中的恐懼與危機（冥）。

針對冥王星主題的符號象徵分析

洞悉主題：洞悉（冥）人們對於情感（金）與家庭（月）強烈需求的原因。

隱藏主題：發掘隱藏（冥）在日常生活（月）之中有價值（金）的事物。

生活中可能的呈現（可能的議題）

這一個組合暗示著舒適生活以及親密關係與危機有著密切的關連，或許是習慣處於危機處理的工作環境當中，也或許是不斷地在生活與金錢中遭遇挑戰。身爲女性，此一主題可能暗示著女性身分的危機或者女性生理上的隱藏的危機，需要對健康保持關切。也可能透過強烈的洞察力獲得財富。

C. 第四行星

水：研究調查情感與家庭關係背後的祕密。

火：對於自身的情感與親密關係有著強烈的保護態度。

木：發揮敏感的觀察力將帶來好運。

土：謹慎仔細地挖掘自身被掩埋起來的價值與魅力。

天：以冷靜的態度回應周圍的情感危機。

海：時代思想的改變將強烈的影響個案的價值觀與每天生活。

凱：用緊迫盯人或者毫不在意的方式，處理情感上的擔憂並藉此展開療癒生命的契機

月金凱

A. 行星象徵

月：女性（female）、母親（mother）、照顧者（care taker）、情緒（emotion）、感受（feeling）、需求（need）、餵養（nurture）、童年（childhood）、家庭（family）、食物（food）、情緒安全感（emotional security）、過去（past）。

金：女性（female）、美麗（beauty）、娛樂（entertaiment）、藝術（art）、美學（aesthetics）、金錢（money）、財物（finance）、價值（value）、自我價值（self esteem）、生產（reproduction）、外交（diplomatic）、大使（ambassador）、溫和（mildness）、和平（peaceful）、甜美（sweetness）。

凱：傷痛（wound）、療癒（healing）、修理（fix）、拋棄（abandon）、認養（adopt）、排擠（exclusion）、導師（mentor）、薩滿（shaman）、照顧者（caretaker）、病人（patient）、受害者（victim）、局外人（outsider）、弱勢族群（minority group）。

B. 不同行星主題的考量

針對月亮主題的符號象徵分析

母親主題：母親（月）的外表、財富或社交生活（金）帶來個案成長的困擾（凱）。

依賴主題：對於金錢財富（金）的依賴（月）採取斷絕或依附的兩極化（凱）的態度。

針對金星主題的符號象徵分析

自我價值主題：自我價值（金）的傷痛（凱）影響與親密伴侶（月）之間的關係。

社交生活主題：在社交生活之中觀察到自己對於依附所感受到的窘困（凱）。

針對凱龍主題的符號象徵分析

療癒主題：透過藝術（金）療癒（凱）自身的情緒安全（月）議題。

祖先主題：祖先（凱）之中可能有著強烈的母女議題與女性價值（月金）議題而受到影響。

生活中可能的呈現（可能的議題）

月亮與金星都與私密生活息息相關，當同時與凱龍產生相位時，暗示著家族之中不曾被提及的窘困，無形地影響著個案的生活態度。這些議題特別容易再次展現在親密關係、社交生活、財富、母女關係以及女性價值的層面上，也可能暗示著女性對於身體的關照與覺醒有著強烈的必要。

C. 第四行星

水：述說、聆聽家族之中女性的故事並獲得療癒。

火：採取行動以保護遭受不公平待遇的家人及女性。

木：受到女性的啓發而走上自我療癒的旅程。

土：成長之後對於過去生活的嚴苛環境採取極端（嚴格、放縱）的方式回應。

天：時代的改變影響著自己與家人之間的關係。

海：對於在生活中實踐的精神與靈修的議題可能有著極端的看法

冥：與女性之間的權力掙扎將顯著的出現在生活當中。

月火

許多人對月亮、火星相位的體驗在於情緒的激動表現上，但因為月亮象徵著生活中的步調，也因此在生活上有明顯的影響；火星則帶來了行動力與加速的特質。也因此，此組合暗示著緊湊的生活步調以及因此可能產生的結果。此外，月亮與火星都與基礎的生存本能有著密切關聯，若你希望從心理層面探索，也多半與童年時期所遭遇的生存有關的安全感有著密切的關聯。

月火木

A. 行星象徵

月：女性（female）、母親（mother）、照顧者（care taker）、情緒（emotion）、感受（feeling）、需求（need）、餵養（nurture）、童年（childhood）、家庭（family）、食物（food）、情緒安全感（emotional security）、過去（past）。

火：行動（action）、攻擊（attack）、對抗（against）、刺激（stimulate）、加速（assertion）、加劇（aggressive）、憤怒（anger）、敏感（sensitive）、生存議題（survival issue）、自我呈現（self expression）、性與繁衍（sex and reproduce）。

木：信仰（believe）、宗教（religion）、人生意涵（life meaning）、擴張（expansion）、寬廣（broad）、成長（growth）、冒險（adventure）、接納（accept）、調節（adjustment）、希望（hope）、自由（freedom）、高等教育（higher education）、異國文化（foreign culture）。

B. 不同行星主題的考量

針對月亮主題的符號象徵分析

照顧者主題：照顧者（月）帶來刺激（火）生命意涵（木）行動。

情緒安全感主題：自由（木）的議題容易引發情緒上（月）的明顯刺激（火）。

針對火星主題的符號象徵分析

行動主題：採取行動（火）去擴大（木）每天生活（月）的影響範圍。

生存主題：以擴張、成長（木）自己生活圈（月）的方式贏得更多生存機會（火）。

針對木星主題的符號象徵分析

異國文化主題：生活中（月）容易受到異國文化（木）的強烈刺激（火）。

冒險主題：對於每天生活（月）的探索冒險（木）感到興奮（火）。

生活中可能的呈現（可能的議題）

由於木星與火星象徵著活躍的行動與冒險探索，而月亮帶來了一些不同的冒險方向，配合星盤當中的分析可能是較為陰性的，或是每天在研究學問上的積極探索，也可能是較為動態的在生活中採取積極的冒險行動。這也象徵著一種較為積極活躍的生活信念，或是對於周遭事物的開放包容，也可能暗示著在生活中容易感到被冒犯。

C. 第四行星

水：適合每天去探索高深的研究學問。

金：在金錢上可以往遠方積極探索。

土：努力的平衡生活中的過與不及。

天：對於自由與約束極為敏感，容易因此而有衝突。

海：包容是一種好的態度，但是無需總是為他人犧牲。

冥：就算面對再多的困難，保持信念會讓你完成挑戰。

凱：憤怒與傷痛的背後似乎隱藏著家族之間信任的議題。

月火土

A. 行星象徵

月：女性（female）、母親（mother）、照顧者（care taker）、情緒（emotion）、感受（feeling）、需求（need）、餵養（nurture）、童年（childhood）、家庭（family）、食物（food）、情緒安全感（emotional security）、過去（past）。

火：行動（action）、攻擊（attack）、對抗（against）、刺激（stimulate）、加速（assertion）、加劇（aggressive）、憤怒（anger）、敏感（sensitive）、生存議題（survival issue）、自我呈現（self expression）、性與繁衍（sex and reproduce）。

土：踏實（practical）、實際（reality）、保護（protection）、定義（definition、界線（boundary）、限制（restraint）、蕭條（depression）、壓力（stress）、擔憂（worried）、困難（difficulty）、訓練（training）、時間（time）、權威（authority）、實現（implement）。

B. 不同行星主題的考量

針對月亮主題的符號象徵分析

需求主題：他人對於自身需求（月）的否定與拒絕（土）可能引發憤怒（火）。

情緒安全感的主題：對於任何引發情緒安全（月）激動（火）的議題採取防衛（土）的態度。

針對火星主題的符號象徵分析

行動主題：在行動（火）時謹慎（土）地面對因情緒感受（月）而造成的影響。

自我呈現主題：刻意地呈現（火）自身控制（土）情感（月）的特質。

針對土星主題的符號象徵分析

實際主題：以實際（土）的態度面對每天生活（月）當中的衝突（火）。

訓練主題：辛苦的訓練（土）自己面對親密關係（月）之間的衝突與自我保護（火）。

生活中可能的呈現（可能的議題）

首先我們必須注意月亮、火星、土星都有著某種程度的隱私與保護的特色，也因此呈現在生活中時，多半在人際互動上呈現著保護防衛的特質。的確，火星的行動遇上了土星的沉重可能帶來行動上的不順暢，月亮象徵的情感、家庭往往是主要的干擾，特別在強硬相位出現時容易帶來困擾，最適當的應用是採取實際的態度去執行日常生活的事物。

C. 第四行星

水：謹慎地用言語文字表達內心當中的挫折感受。

金：用更爲實際的態度去爭取自己所喜愛的人事物。

木：生活容易社會制度的不公平影響而引發憤怒。

天：用踏實的態度面對衝動的內心或許很累，但回報是值得的。

海：利用自身與他人的經驗謹慎地追逐美夢 。

冥：生活的辛苦掙扎培養堅強的意志力。

凱：生活中莫名的怒氣與成長過程家族的互動影響有關。

月火天

A. 行星象徵

月：女性（female）、母親（mother）、照顧者（care taker）、情緒（emotion）、感受（feeling）、需求（need）、餵養（nurture）、童年（childhood）、家庭（family）、食物（food）、情緒安全感（emotional security）、過去（past）。

火：行動（action）、攻擊（attack）、對抗（against）、刺激（stimulate）、加速（assertion）、加劇（aggressive）、憤怒（anger）、敏感（sensitive）、生存議題（survival issue）、自我呈現（self expression）、性與繁衍（sex and reproduce）。

天：改變（changing）、革命（revolution）、科技（technique）、未來（future）、反對（against）、切割（cut）、距離疏遠（distancing）、冷漠（cold）、突然的（suddenly）、驚訝（surprise）、自由（freedom）、核能（nuclear）。

B. 不同行星主題的考量

針對月亮主題的符號象徵分析

家庭主題：家庭關係（月）為因為生計（火）而疏離（天）。

感受主題：冷漠的（天）看待生活周遭（月）的群情激動（火）。

針對火星主題的符號象徵分析

憤怒主題：對於親密關係（月）的疏離（天）感到憤怒（火）。

生存主題：用與眾不同（天）的方式過日子（月）增加更多生存（火）的機

會。

針對天王星主題的符號象徵分析

改變主題：與人之間的衝突（火）將帶來家庭關係（月）的劇烈改變（天）。

自由主題：生活當中（月）不斷地爭取（火）更多的自由（天）。

生活中可能的呈現（可能的議題）

我們必須注意火星與天王都象徵著一種切割的能量，這樣劇烈的特質在生活當中出現時，可能以積極的行動、快速的行動展現，但也可能伴隨著意外與傷痛，積極地利用這樣的特質將大量消耗自己的活力，例如固定的運動等。在關係上，這可能暗示著顯著的衝突或疏離，試圖了解他人不同的觀點，不但符合天王月亮火星特質，也可以降低衝突疏離的傷害。

C. 第四行星

水：衝突之中的言語容易造成情感上的疏離。

金：在生活之中展現獨特的品味以及獨特的作風。

木：自由不受約束是生活之中需要重視的議題。

土：傳統與改革的想法不斷地在生活之中帶來衝突。

海：積極地將科技應用在每日的生活當中以創建未來。

冥：在劇烈的時代改革之中爲了保護家庭而挺身奮鬥

凱：自由、獨立、突如其來的分離造成了家庭之間的傷痛

月火海

A. 行星象徵

月：女性（female）、母親（mother）、照顧者（care taker）、情緒

（emotion）、感受（feeling）、需求（need）、餵養（nurture）、童年（childhood）、家庭（family）、食物（food）、情緒安全感（emotional security）、過去（past）。

火：行動（action）、攻擊（attack）、對抗（against）、刺激（stimulate）、加速（assertion）、加劇（aggressive）、憤怒（anger）、敏感（sensitive）、生存議題（survival issue）、自我呈現（self expression）、性與繁衍（sex and reproduce）。

海：影像（image）、願景（vision）、幻覺（illusion）、想像（imagination）、無形（intangible）、融合（merge）、偉大（great）、消失（disappear）、犧牲（scarify）、補償（redemption）、虛弱（weak）、病毒（virus）、上癮（addiction）、超越（transcend）。

B. 不同行星主題的考量

針對月亮主題的符號象徵分析

童年主題：爲了失落（海）的童年（月）感到激動（火）。

依賴主題：依賴（月）被視爲行動力（火）低落（海）。

針對火星主題的符號象徵分析

刺激主題：在每天的生活（月）中受到完美理想（海）的刺激（火）。

追逐主題：追求（火）完美（海）的母親或女性形象（月）。

針對海王星主題的符號象徵分析

補償主題：積極（火）的補償（海）童年（月）的生活的不滿足。

犧牲主題：爲了保護（火）家人（月）而願意犧牲（海）自身利益。

生活中可能的呈現（可能的議題）

月亮與海王星在某種程度上都有著依賴或著上癮的暗示，當火星與這兩個行星產生相位時，可能暗示著在憤怒或受到挫折時傾向依賴某種慰藉，可能是他人的救贖，或者對於物質的依賴。海王星的不受限制可能暗示著情緒與行動的失控，或者在生活中不限制自己去實現夢想。但這一組相位也可能因爲對於生活、伴侶關係有著美好的期盼，而積極的爭取這個夢想的實現。

C. 第四行星

水：沉浸於他人可能遭遇的危機的擔憂。

金：傾向理想化的思維將影響生活與行動。

木：包容與寬容的關係將帶來更大的動力。

土：不要讓世俗限制你的創意，不要讓想像主導你的生活。

天：勇於嘗試新的科技帶來的生活便利。

冥：爲了不讓自己成爲犧牲者而奮戰。

凱：試圖在被迫害的自我保護與放棄自我之中取得均衡。

月火冥

A. 行星象徵

月：女性（female）、母親（mother）、照顧者（care taker）、情緒（emotion）、感受（feeling）、需求（need）、餵養（nurture）、童年（childhood）、家庭（family）、食物（food）、情緒安全感（emotional security）、過去（past）。

火：行動（action）、攻擊（attack）、對抗（against）、刺激（stimulate）、加速（assertion）、加劇（aggressive）、憤怒（anger）、敏感（sensitive）、生存議題（survival issue）、自我呈現（self expression）、性與繁衍（sex and reproduce）。

冥：黑暗（Darkness）、隱藏（Hidden）、掩埋（Buried）、危機（Crisis）、恐懼（Fear）、控制（Control）、挖掘（Digging）、調查（investigation）、研究（research）、洞悉（insight）、死亡（death）、重生（rebirth）。

B. 不同行星主題的考量

針對月亮主題的符號象徵分析

母親主題：對於母親（月）的生命活力（火）感到恐懼（冥）。

需求主題：爲了達成目標（火）而隱藏（冥）自身的需求（月）。

針對火星主題的符號象徵分析

生存主題：每天（月）都與生存的威脅（冥）奮戰（火）。

行動主題：在家人（月）面前隱匿（冥）自身的行動與追求的目標（火）。

針對冥王星主題的符號象徵分析

洞悉主題：洞悉（冥）隱藏在行動（火）之後的眞實需求（月）。

隱藏主題：受到無意識（冥）的情緒影響（月）而感到激動或憤怒（火）。

生活中可能的呈現（可能的議題）

火星與冥王有著相似的生存議題，對於生活當中的奮鬥與掙扎有著明顯的影響，這也可能暗示著個案或許洞悉生活的威脅而採取積極的態度面對，也可能在生活當中不斷掙扎。冥王星在生存議題上最顯著的就是對死亡的焦慮。每天面對這樣的議題可能導致情緒上的壓力，或者最終學習接受人終究會死亡，而所獲得的是對於人性的洞悉，與對心靈無意識的熟悉。

C. 第四行星

水：透過學習、分析，明瞭人們生活之中最大的恐懼根源。

金：在人際關係與金錢事物之中了解到生存競爭與權力操弄的運作。

木：透過對生活的恐懼走上精神成長的道路。

土：在每天的生活當中辛苦的與恐懼奮戰。

天：因爲未曾察覺的過去體驗而痛恨遭受限制。

海：對於重新發掘的過去夢想展開激烈追求。

凱：對於曾經遭受權力迫害的傷痛進行療癒。

月火凱

A. 行星象徵

月：女性（female）、母親（mother）、照顧者（care taker）、情緒（emotion）、感受（feeling）、需求（need）、餵養（nurture）、童年（childhood）、家庭（family）、食物（food）、情緒安全感（emotional security）、過去（past）。

火：行動（action）、攻擊（attack）、對抗（against）、刺激（stimulate）、加速（assertion）、加劇（aggressive）、憤怒（anger）、敏感（sensitive）、生存議題（survival issue）、自我呈現（self expression）、性與繁衍（sex and reproduce）。

凱：傷痛（wound）、療癒（healing）、修理（fix）、拋棄（abandon）、認養（adopt）、排擠（exclusion）、導師（mentor）、薩滿（shaman）、照顧者（caretaker）、病人（patient）、受害者（victim）、局外人（outsider）、弱勢族群（minority group）。

B. 不同行星主題的考量

針對月亮主題的符號象徵分析

照顧主題：由於家族的過往議題（凱）對於照顧（月）自己或他人都感到相當

敏感在意（火）。

童年主題：對於童年（月）的傷痛（凱）感到憤怒（火）。

針對火星主題的符號象徵分析

自我呈現主題：由於童年經驗（月）的影響對於自我的獨立與自我呈現（火）感到窘困（凱）。

保護主題：透過療癒（凱）學習如何適當保護（火）自己的隱私（月）。

針對凱龍主題的符號象徵分析

照顧者主題：切割（火）照顧者與被照顧者（凱）之間的情感連結（月）是生命重要議題。

弱勢族群議題：因爲情緒（月）的召喚，起身保護（火）弱勢族群（凱）。

生活中可能的呈現（可能的議題）

在個人生活當中，這一組相位可能暗示著在家族之中存在著一種照顧、關懷所帶來的議題，可能帶來當事人需要花更多的時間，學會如何獨立或者學會如何接受他人關懷。而情感以及如何適切地表達憤怒，或者用平常心去追求自己所需要的事物，則是另一個重要的學習課題。

C. 第四行星

水：從聆聽家族長輩的故事當中，了解到如何適切接受照顧或學會獨立。

金：親密關係的互動與相互照顧將會是需要學習的重大課題。

木：家人之間的信任與放任可能帶來需要療癒的傷痛。

土：了解對於他人的安全與保護也有可能帶來成長的限制。

天：堅持獨立行動或者習慣依賴的態度，都與家族之中不曾提起的故事有關。

海：因爲同情而開始介入對他人的傷痛療癒，最終明瞭需要療癒的是自己。

冥：無微不至的關懷將可能帶來窒息的感受。

月木

月亮與木星所組成的相位可能暗示著生活之中的擴張，例如到遠方去生活，受到遙遠事務的影響，不只是距離上的擴張，也可能是精神上的深遠，木星有可能將積極樂觀、希望或是精神成長帶入生活之中。

月木土

A. 行星象徵

月：女性（female）、母親（mother）、照顧者（care taker）、情緒（emotion）、感受（feeling）、需求（need）、餵養（nurture）、童年（childhood）、家庭（family）、食物（food）、情緒安全感（emotional security）、過去（past）。

木：信仰（believe）、宗教（religion）、人生意涵（life meaning）、擴張（expansion）、寬廣（broad）、成長（growth）、冒險（adventure）、接納（accept）、調節（adjustment）、希望（hope）、自由（freedom）、高等教育（higher education）、異國文化（foreign culture）。

土：踏實（practical）、實際（reality）、保護（protection）、定義（definition）、界線（boundary）、限制（restraint）、蕭條（depression）、壓力（stress）、擔憂（worried）、困難（difficulty）、訓練（training）、時間（time）、權威（authority）、實現（implement）。

B. 不同行星主題的考量

針對月亮主題的符號象徵分析

女性主題：年長的（土）女性（月）將帶來生命成長的啓發（木）。

感受主題：將生活（月）之中的擔憂恐懼（土）的範圍擴張（木）。

針對木星主題的符號象徵分析

信念主題：在日常生活（月）之中實踐（土）信念（木）。

釋放主題：釋放（木）情緒（月）當中的壓力（土）。

針對土星主題的符號象徵分析

訓練主題：到國外（木）去接受生活與情感（月）的考驗訓練（土）。

保護主題：來自於異鄉（木）的照顧（月）保護（土）。

生活中可能的呈現（可能的議題）

這一組相位可能暗示著以一種實際態度，來面對生活當中的精神成長或實現生活信念，也可能是指生活態度試圖在開放與保守之間取得均衡。月亮與土星都可能暗示著從前人的經驗或者從自身過去的經驗之中獲得生活哲理與智慧。

C. 第四行星

水：面對家人時謹愼地表達自己的意見與觀點。

金：學習在日常生活之中維持財務上的均衡。

火：對於生活中進退兩難的狀況感到沮喪，但也可學習保持彈性的生活哲學。

天：與其認爲自身的自由受限，不如看作是兼顧自由與安全保障。

海：將自身對周遭事物的和善，用在眞正有需要的地方。

冥：辛苦地去取得那些被隱藏起來的珍貴事物。

凱：了解社會群體的困苦與無奈並試圖療癒。

月木天

A. 行星象徵

月：女性（female）、母親（mother）、照顧者（care taker）、情緒（emotion）、感受（feeling）、需求（need）、餵養（nurture）、童年（childhood）、家庭（family）、食物（food）、情緒安全感（emotional security）、過去（past）。

木：信仰（believe）、宗教（religion）、人生意涵（life meaning）、擴張（expansion）、寬廣（broad）、成長（growth）、冒險（adventure）、接納（accept）、調節（adjustment）、希望（hope）、自由（freedom）、高等教育（higher education）、異國文化（foreign culture）。

天：改變（changing）、革命（revolution）、科技（technique）、未來（future）、反對（against）、切割（cut）、距離疏遠（distancing）、冷漠（cold）、突然的（suddenly）、驚訝（surprise）、自由（freedom）、核能（nuclear）。

B. 不同行星主題的考量

針對月亮主題的符號象徵分析

女性主題：受到特立獨行（天）的女性（月）啓發而成長（木）。

需求主題：對於自由（木）與獨立（天）有著強烈的需求（月）。

針對木星主題的符號象徵分析

擴張主題：透過科技（天）擴張每天的生活（月）邊界不受侷限（木）。

接納主題：接納（木）與眾不同（天）的家庭關係（月）。

針對天王星主題的符號象徵分析

改變主題：突如其來的人生變化（天）徹底改變對每日生活（月）的人生觀（木）。

未來主題：根據對未來的期盼（天）而對自身的需求（月）作出調整（木）。

生活中可能的呈現（可能的議題）

木星與天王星都有著強烈的不受限制的特色，這影響著個案的生活步調、家庭與情感關係。若個案不自覺，可能強烈的受到擁有強烈獨立色彩的人、或渴求而得不到的人的吸引，並藉此了解到自身對於自我空間與自由的需求。對於個案來說，明瞭此一特質將可幫助自己清楚在感情與生活上自己需要什麼。

C. 第四行星

水：在鄰里之中顯得特立獨行或者冷漠。

金：與人維持適當距離的社交生活，重視個人的生活隱私。

火：熱情積極地追求自身的夢想，不希望受到限制。

土：了解事物發展有其限制並不代表失去自由。

海：有著宏觀與遠見，對生活的看法與眾不同。

冥：大時代的改變將帶來幸運與發展的契機。

凱：對於自由與獨立愛恨交織，學習釋放過去的恐懼並藉由家族經驗獲得自由

月木海

A. 行星象徵

月：女性（female）、母親（mother）、照顧者（care taker）、情緒（emotion）、感受（feeling）、需求（need）、餵養（nurture）、童年

（childhood）、家庭（family）、食物（food）、情緒安全感（emotional security）、過去（past）。

木：信仰（believe）、宗教（Religion）、人生意涵（life meaning）、擴張（expansion）、寬廣（broad）、成長（growth）、冒險（adventure）、接納（accept）、調節（adjustment）、希望（hope）、自由（freedom）、高等教育（higher education）、異國文化（foreign culture）。

海：影像（image）、願景（vision）、幻覺（illusion）、想像（imagination）、無形（intangible）、融合（merge）、偉大（great）、消失（disappear）、犧牲（scarify）、補償（redemption）、虛弱（weak）、病毒（virus）、上癮（addiction）、超越（transcend）。

B. 不同行星主題的考量

針對月亮主題的符號象徵分析

感受主題：容易接納（木）將他人的感受（月）但也可能太過融入（海）而誤以爲自身也是同樣的狀態。

過去主題：透過想像（海）與研究（木）超越時空的限制回到過去（月）的生活之中。

針對木星主題的符號象徵分析

冒險主題：當明瞭自身的眞正的需求（月）時將超越（海）一切限制地去冒險追逐（木）。

人生意涵主題：強烈的同理心（海）將建構一種四海一家（月）的人生觀（木）。

針對海王星主題的符號象徵分析

願景主題：對於日常生活（月）抱有著遠大（木）的夢想（海）。

犧牲主題：爲了自身的理想（木）而犧牲（海）自身的需求（月）。

生活中可能的呈現（可能的議題）

木星與海王都有一種超越個人與社會限制的特質，在每天生活當中不受瑣事的牽絆，成爲這一組圖形相位的常見解釋，但不一定侷限於精神成長，海王與木星也都有其世俗的一面可能呈現的是對於物質生活的強烈重視。此一行星組合也經常使個案去經歷一場夢幻與狂熱追求某些事物的人生階段。

C. 第四行星

水：對於手足與親友給予無私的關懷。

金：關懷他人，在人群中顯得無私親切和善。

火：將有可能放棄一些生活事務，好熱情積極的追逐夢想。

土：用大的格局看待世間事物的消長而獲得生活智慧。

天：生活不受限制的理念可以在精神與物質生活當中呈現。

冥：明瞭有些事情將是個人無法扭轉改變的而喜悅的接受命運的原本樣貌。

凱：用相當兩極化的態度來面對那些無法觸及得抽象事物。

月木冥

A. 行星象徵

月：女性（female）、母親（mother）、照顧者（care taker）、情緒（emotion）、感受（feeling）、需求（need）、餵養（nurture）、童年（childhood）、家庭（family）、食物（food）、情緒安全感（emotional security）、過去（past）。

木：信仰（believe）、宗教（Religion）、人生意涵（life meaning）、擴張（expansion）、寬廣（broad）、成長（growth）、冒險（adventure）、接納

（accept）、調節（adjustment）、希望（hope）、自由（freedom）、高等教育（higher education）、異國文化（foreign culture）。

冥：黑暗（Darkness）、隱藏（Hidden）、掩埋（Buried）、危機（Crisis）、恐懼（Fear）、控制（Control）、挖掘（Digging）、調查（investigation）、研究（research）、洞悉（insight）、死亡（death）、重生（rebirth）。

B. 不同行星主題的考量

針對月亮主題的符號象徵分析

母親主題：對於母親（月）有關的恐懼（冥）感到釋懷（木）。

情緒安全感主題：透過深層挖掘（冥）情緒安全感（月）的內容而獲得成長（木）。

針對木星主題的符號象徵分析

人生意涵主題：從日常生活（月）之中隱藏的危機（冥）洞悉人生的意涵（木）。

接納主題：透過接納（木）親密關係（月）當中彼此的恐懼（冥）而獲得成長。

針對冥王星主題的符號象徵分析

危機主題：日常生活步調（月）與信仰理念（木）之間容易有衝突危機（冥）。

挖掘主題：透過深入挖掘（冥）隱藏在情緒困擾（月）底下的因素而獲得自由（木）。

生活中可能的呈現（可能的議題）

這一個主題暗示著在生活中可能面對信仰、信念或者發展的危機，例如對於未來不抱希望、對於樂觀的態度抱持懷疑，與女性、母親、照顧者之間容易發展出一些與安全感主題有關的挑戰，但由此展開深入探討的旅程透過了解而獲得成長。這也可能暗示著與異國文化之間容易有著衝突。

C. 第四行星

水：透過檢視生活之中的危機而獲得智慧。

金：洞悉在社會福利政策對人們每天生活的影響。

火：在家庭互動與情緒安全感的議題上極為敏感。

土：謹慎地面對社會轉變的危機，將有可能對日常生活產生劇烈影響。

天：需要深入了解自由的定義以及那些因為自由而帶來的潛在影響。

海：深入審思透過對善意的行為引發的危機而獲得成長。

凱：希望了解如何在危機之中替人們帶來撫慰。

月木凱

A. 行星象徵

月：女性（female）、母親（mother）、照顧者（care taker）、情緒（emotion）、感受（feeling）、需求（need）、餵養（nurture）、童年（childhood）、家庭（family）、食物（food）、情緒安全感（emotional security）、過去（past）。

木：信仰（believe）、宗教（religion）、人生意涵（life meaning）、擴張（expansion）、寬廣（broad）、成長（growth）、冒險（adventure）、接納（accept）、調節（adjustment）、希望（hope）、自由（freedom）、高等教育（higher education）、異國文化（foreign culture）。

凱：傷痛（wound）、療癒（healing）、修理（fix）、拋棄（abandon）、認養（adopt）、排擠（exclusion）、導師（mentor）、薩滿（shaman）、照顧者

（caretaker）、病人（patient）、受害者（victim）、局外人（outsider）、弱勢族群（minority group）。

B. 不同行星主題的考量

針對月亮主題的符號象徵分析

親密關係主題：對於個人自由（木）與親密關係（月）之間的平衡感到傷痛（凱）。

需求主題：懷疑自身的需求（月）過多（木）而感到窘困（凱）。

針對木星主題的符號象徵分析

信任主題：童年（月）時的傷痛（凱）對信任他人（木）帶來極大的困擾。

人生意涵主題：在親密關係、家庭關係（月）的傷痛與療癒（凱）當中找到人生的意涵（木）。

針對凱龍主題的符號象徵分析

療癒主題：透過宗教與信仰（木）帶來家庭關係（月）之間的療癒（凱）。

局外人主題：與家族（月）之間的理念（木）不同，而有一種局外人（凱）的感受。

生活中可能的呈現（可能的議題）

這一個組合暗示著生活中的信仰、信念可能帶來的傷痛或療癒，家人以及親密關係也可能經歷過信念不同的衝突，而學會包容接受彼此的不同。有時這個主題暗示著童年的經驗帶來對未來的不安，或者對事物不採取樂觀的態度。

C. 第四行星

水：藉由溝通來療癒家庭之間不同主張而引發的衝突。

金：可能需要去探討爲什麼對於美好的事物並不抱持期待。

火：對於自由表達意願與觀點感到緊張窘困。

土：長輩的做不到的事情不代表你也受到同樣的限制，但他們的經驗卻帶來智慧。

天：無拘無束是否也象徵著孤獨，生命在這當中試圖找到平衡。

海：因爲仁慈而受到的傷害讓人更爲謹慎。

冥：因爲他人權利的擴張而受到傷害。

月土

月土相位暗示著以一種嚴肅的態度來看待許多日常生活當中的事物，也可能用來描述家庭、親子以及親密關係之中強調傳統、規律、制度、保護、安全的態度。這樣的互動強調功能與運作，有時需要深入探索才能看見隱藏在其中的關懷，而許多時候會讓人有一種疏離與冷淡的感受，但是距離感是否代表沒有愛或不關懷，相當值得占星師與個案去深入探討。

月土天

A. 行星象徵

月：女性（female）、母親（mother）、照顧者（care taker）、情緒（emotion）、感受（feeling）、需求（need）、餵養（nurture）、童年（childhood）、家庭（family）、食物（food）、情緒安全感（emotional security）、過去（past）。

土：踏實（practical）、實際（reality）、保護（protection）、定義（definition）、界線（boundary）、限制（restraint）、蕭條（depression）、壓力（stress）、擔憂（worried）、困難（difficulty）、訓練（training）、時間

（time）、權威（authority）、實現（implement）。

天：改變（Changing）、革命（Revolution）、科技（Technique）、未來（Future）、反對（Against）、切割（Cut）、距離疏遠（distancing）、冷漠（cold）、突然的（Suddenly）、驚訝（Surprise）、自由（Freedom）、核能（Nuclear）。

B. 不同行星主題的考量

針對月亮主題的符號象徵分析

母親主題：因爲獨立（天）的需求與母親（月）之間有著鴻溝（土）。

情緒安全感主題：爲了保護（土）自我，以一種疏離（天）的態度來處理情緒安全感（月）。

針對土星主題的符號象徵分析

定義主題：對家庭關係（月）下一個與眾不同（天）的定義（土）。

權威主題：成爲兼顧生活需求（月）與未來發展（天）的權威人士（土）。

針對天王星主題的符號象徵分析

距離疏遠主題：對於家庭（月）的保護（土）採取一種疏遠（天）的態度。

驚訝主題：對於被自我拒絕否定（土）的情緒需求（月）感到驚訝（天）。

生活中可能的呈現（可能的議題）

由於土星與天王星的強烈對立性質，增加了生活之中的複雜考量，若能明瞭保守安全與自由發展都是生活中所需，單獨偏重一種性質只會讓生活過得更不快樂。由於衝突性質顯著，既使是柔和相位組成的圖形相位也都有一種掙扎感受，需要時間的磨練來拿捏安全與自由之間的適當尺度。由於天王與土星都具有疏離特色，獨立不受家人或情感約束的主題將在生活之中被突顯。

C. 第四行星

水：謹慎的使用言語將可以改進家庭之間的疏離感受。

金：在社交生活之中容易保持一種疏離的態度。

火：對於社會制度在新舊之間的衝突相當敏感，甚至有可能參與其中。

木：雖然對於生活中的自由有著強烈的渴求，但制度法規與安全必須被考量。

海：在實現童年夢想的過程中有著突然其來的方向轉變。

冥：由於社會制度的劇烈轉變帶來家庭生活或情感生活的掙扎。

凱：在情感關係以及家庭關係之中，學會如何保持自由與獨立同時兼具關懷是重要的課題。

月土海

A. 行星象徵

月：女性（female）、母親（mother）、照顧者（care taker）、情緒（emotion）、感受（feeling）、需求（need）、餵養（nurture）、童年（childhood）、家庭（family）、食物（food）、情緒安全感（emotional security）、過去（past）。

土：踏實（practical）、實際（reality）、保護（protection）、定義（definition）、界線（boundary）、限制（restraint）、蕭條（depression）、壓力（stress）、擔憂（worried）、困難（difficulty）、訓練（training）、時間（time）、權威（authority）、實現（implement）。

海：影像（image）、願景（vision）、幻覺（illusion）、想像（imagination）、無形（intangible）、融合（merge）、偉大（great）、消失

（disappear）、犧牲（scarify）、補償（redemption）、虛弱（weak）、病毒（virus）、上癮（addiction）、超越（transcend）。

B. 不同行星主題的考量

針對月亮主題的符號象徵分析

情緒安全感主題：在無邊無際（海）的感受中尋求實體物質（土）的所能帶來的安全感受（月）。

母親主題：因爲對母親（月）的角色有所期待（海）而感到難受（土）。

針對土星主題的符號象徵分析

擔憂主題：在伴侶關係（月）之中因爲力求美好形象（海）而增加憂慮（土）。

專業主題：透過藝術或心靈領域（海）達到安撫情緒（月）的專業技能（土）。

針對海王星主題的符號象徵分析

影像主題：將無意識（月）之中的影像（海）具體化（土）。

補償主題：補償（海）那些童年時（月）所欠缺（土）的期盼與夢想。

生活中可能的呈現（可能的議題）

我們經常專注在土星的缺點上，例如壓力、擔憂、教訓、欠缺以及挫敗。不可否認的，當土星與月亮、海王星產生交互相位時，生活當中的願景經常受到土星的修正，但這不代表著個案應該放棄夢想的本能。若能將土星視爲具體化的能力，那麼在一次又一次的挫折當中，我們仍然可以逐漸地在生活中謹愼的建構夢想。

C. 第四行星

水：家庭關係中（母親與兄弟姊妹之間）因爲對彼此的期待而有所壓力。

金：與女性的關係容易因爲期盼或誤會而感到挫折。

火：要在日常生活當中實現偉大的夢想需要更小心翼翼地逐步執行。

木：對生活有著美好的期盼，親身去執行、創造或許是最適合的方式

天：對日常生活有著一種理想，若無法達成時你會選擇疏遠這環境或是接受現實的限制？

冥：比起其他人個案，將有機會在生活中體驗那些強烈的世界變化的影響。

凱：在生活中透過傷痛或挫折學會包容承擔與劃清界線的平衡。

月土冥

A. 行星象徵

月：女性（female）、母親（mother）、照顧者（care taker）、情緒（emotion）、感受（feeling）、需求（need）、餵養（nurture）、童年（childhood）、家庭（family）、食物（food）、情緒安全感（emotional security）、過去（past）。

土：踏實（practical）、實際（reality）、保護（protection）、定義（definition）、界線（boundary）、限制（restraint）、蕭條（depression）、壓力（stress）、擔憂（worried）、困難（difficulty）、訓練（training）、時間（time）、權威（authority）、實現（implement）。

冥：黑暗（darkness）、隱藏（hidden）、掩埋（buried）、危機（crisis）、恐懼（fear）、控制（control）、挖掘（digging）、調查（investigation）、研究（research）、洞悉（insight）、死亡（death）、重生（rebirth）。

B. 不同行星主題的考量

針對月亮主題的符號象徵分析

童年主題：因爲生存議題（冥）而感到壓力（土）的童年生活（月）。

情緒感受主題：因爲恐懼（土）而將個人的情緒感受（月）隱藏（冥）。

針對土星主題的符號象徵分析

保護主題：挺身保護（土）家人（月）所受到的威脅（冥）。

權威主題：深入探索親密關係、家庭關係（月）隱藏的（冥）衝突而成爲權威（土）。

針對冥王星主題的符號象徵分析

危機主題：以實際的（土）態度處理情感上（月）的危機（冥）。

挖掘主題：挖掘家族中（月）沒有被提及（冥）的歷史（土）。

生活中可能的呈現（可能的議題）

不可諱言的，土星與冥王常帶來艱苦的體驗，當與月亮產生相位時，可能暗示著童年生活的掙扎、家庭關係的挑戰、與女性關係的挑戰。雖說擁有這組相位的人家庭關係並不一定不好，很可能因爲月亮與土星也都具有強烈的保護色彩，而面對冥王星的威脅與挑戰可能會以挺身保護的特質呈現，也可能讓家人之間的關係更爲緊密。

C. 第四行星

水：因爲童年環境的挑戰可能帶來學習的壓力。

金：因爲生活中的危機而使社交生活受到侷限。

火：在危機的環境之中展現強烈的保護特質。

木：憑著在生活之中的信念度過困苦的時光。

天：以保守實際的態度面對劇烈動盪的生活環境。

海：過多的期盼或者毫無夢想都可能讓生活陷入困境。

凱：經驗的教訓固然珍貴，但是否要被這些經驗完全控制你的生活？

月土凱

A. 行星象徵

月：女性（female）、母親（mother）、照顧者（care taker）、情緒（emotion）、感受（feeling）、需求（need）、餵養（nurture）、童年（childhood）、家庭（family）、食物（food）、情緒安全感（emotional security）、過去（past）。

土：踏實（practical）、實際（reality）、保護（protection）、定義（definition）、界線（boundary）、限制（restraint）、蕭條（depression）、壓力（stress）、擔憂（worried）、困難（difficulty）、訓練（training）、時間（time）、權威（authority）、實現（implement）。

凱：傷痛（wound）、療癒（healing）、修理（fix）、拋棄（abandon）、認養（adopt）、排擠（exclusion）、導師（mentor）、薩滿（shaman）、照顧者（caretaker）、病人（patient）、受害者（victim）、局外人（outsider）、弱勢族群（minority group）。

B. 不同行星主題的考量

針對月亮主題的符號象徵分析

童年主題：童年時（月）的困境（土）帶來某些專業技能（凱）。

情緒感受主題：情緒感受（月）的傷痛（凱）帶來恐懼（土）。

針對土星主題的符號象徵分析

踏實主題：因為家族傷痛（凱）的影響以踏實（土）的態度來面對情緒波動（月）。

訓練主題：因為母親或家庭（月）因素帶來了一些面對挑戰（土）的能力，並在日後發展成為專業技能（凱）。

針對凱龍主題的符號象徵分析

療癒主題：去療癒（凱）過去生活需求（月）被他人否決（土）所帶來的影響。

專業主題：發展出訓練（土）病人回復日常生活步調（月）的專業技能（凱），例如職能治療。

生活中可能的呈現（可能的議題）

這三個行星都有著與過去家族歷史有關的特質，這些過去的故事以及可能帶來的困擾與傷痛，也可能不容易被個案察覺，但卻能夠發展成一些專業的技能。這樣的組合也可能暗示著與女性之間關係的疏離與渴望所造成的挑戰，了解如何維繫並且允許說「不」的互動或許是重要的。

C. 第四行星

水：透過聆聽故事與敘述故事來療癒過去的傷痛。

金：以溫和不激烈的方式慢慢面對過去所帶來的不愉快影響。

火：長輩的保護可能被視為一種壓抑，在自我發展過程中帶來衝突。

木：如何從過去生活中的傷痛中獲得智慧而成長。

天：在生活中體驗距離與遠離是否真的能讓我們逃離過去的不愉快

海：他人的慈悲與善意可能帶來傷痛，如何表達感激並且學會說不（或學會接受）成為一門課題。

冥：在生活中學會只有擁有智慧的人才知道該如何適當應用強大的力量。

月天

月亮與天王星暗示著一種對於生活周遭人事物帶有距離的特質，這樣的距離可能暗示著一種客觀與尊重，也可能是疏離與拒絕，個案也可以在自覺這樣的狀況時，讓冷漠轉變為同時兼具距離與關懷的客觀尊重。

月天海

A. 行星象徵

月：女性（female）、母親（mother）、照顧者（care taker）、情緒（emotion）、感受（feeling）、需求（need）、餵養（nurture）、童年（childhood）、家庭（family）、食物（food）、情緒安全感（emotional security）、過去（past）。

天：改變（changing）、革命（revolution）、科技（technique）、未來（future）、反對（against）、切割（cut）、距離疏遠（distancing）、冷漠（cold）、突然的（suddenly）、驚訝（surprise）、自由（freedom）、核能（nuclear）。

海：影像（image）、願景（vision）、幻覺（illusion）、想像（imagination）、無形（intangible）、融合（merge）、偉大（great）、消失（disappear）、犧牲（scarify）、補償（redemption）、虛弱（weak）、病毒（virus）、上癮（addiction）、超越（transcend）。

B. 不同行星主題的考量

針對月亮主題的符號象徵分析

家庭主題：因爲對家庭功能的陌生（天）而對家庭（月）有許多高度期待（海）。

親密關係主題：因爲更偉大的夢想（海）而對親密關係（月）保持距離（天）。

針對天王星主題的符號象徵分析

科技主題：在每天的生活（月）中利用科技（天）實現理想（海）。

改變主題：所追逐的夢想（海）因爲親密（家庭）關係（月）而有著重大的改變（天）。

針對海王星主題的符號象徵分析

視覺藝術主題：人與人之間疏離（天）的關係（月）成爲視覺藝術（海）創作主題。

超越主題：家人之間的關懷（月）可以超越（海）距離與冷漠（天）。

生活中可能的呈現（可能的議題）

這一組相位暗示著個案的家庭關係以及生活，比起他人更容易受到大環境改變的影響，在親密關係當中可能因爲疏離所造成的陌生而有著一種補償的渴求，或者一種更高的期盼。有時家庭關係之中的冷漠與距離是出自於一種善意而沒有被察覺。

C. 第四行星

水：在鄰里關係當中學會關懷並同時保持距離。

金：容易在關係之中爲了如何保持關懷與距離的平衡而困擾。

火：因爲情緒的影響而有突如其來的行動或斷然的離開。

木：爲了更偉大的夢想犧牲了生活需求的滿足。

土：嚴肅地在生活當中實現腦中的創意與願景。

冥：生活當中可能遭遇到的劇烈變動帶來更廣闊的視野。

凱：因爲過去的傷痛而採取截然不同的生活方式。

月天冥

A. 行星象徵

月：女性（female）、母親（mother）、照顧者（care taker）、情緒（emotion）、感受（feeling）、需求（need）、餵養（nurture）、童年（childhood）、家庭（family）、食物（food）、情緒安全感（emotional security）、過去（past）。

天：改變（changing）、革命（revolution）、科技（technique）、未來（future）、反對（against）、切割（cut）、距離疏遠（distancing）、冷漠（cold）、突然的（suddenly）、驚訝（surprise）、自由（freedom）、核能（nuclear）。

冥：黑暗（darkness）、隱藏（hidden）、掩埋（buried）、危機（crisis）、恐懼（fear）、控制（control）、挖掘（digging）、調查（investigation）、研究（research）、洞悉（insight）、死亡（death）、重生（rebirth）。

B. 不同行星主題的考量

針對月亮主題的符號象徵分析

日常生活主題：因爲危機威脅（冥）而對日常生活（月）做出重大的改變（天）。

情緒安全感主題：從客觀的角度（天）思考面對危機（冥）時的情緒反應（月）。

針對天王星主題的符號象徵分析

科技主題：以科技處理日常生活（月）當中隱藏的危機（冥）。

疏離主題：對於家庭與親密關係（月）中的情緒勒索（冥）採取疏離（天）的態度。

針對冥王星主題的符號象徵分析

危機主題：認爲親密關係（月）的疏離（天）是一種危機（冥）。

調查主題：去深入調查研究（冥）家庭（月）疏離（天）的原因。

生活中可能的呈現（可能的議題）

在情感層面上，這一個組合顯示了因爲強大外力所造成的家庭結構變化，注意冥王星的威脅可能帶來的反應不只是憎恨排斥，也可能是家庭成員更緊密的相依。這些人也容易將日常生活焦點放在超越個人領域以及社會影響的事物上，比起他人更容易受到科技、身心靈、大時代的變化的影響。

C. 第四行星

水：將學習的焦點放在那些對日常生活有重大影響的事物改變上。

金：需要釐清隱藏在情感生活、社交生活背後的情緒不安。

火：與其被動受影響，不如採取行動主導生活當中的重大改變。

木：那些無法改變的命運主題將帶來觀念上的重大改變。

土：在生活困境之中積極的突破限制。

海：對於社會的改革的生活影響懷抱著一種夢想。

凱：釐清哪些事情是能夠去改變而認眞付出，釐清哪些事情無法改變而接受臣服。

月天凱

A. 行星象徵

月：女性（female）、母親（mother）、照顧者（care taker）、情緒（Emotion）、感受（Feeling）、需求（need）、餵養（nurture）、童年（childhood）、家庭（family）、食物（food）、情緒安全感（emotional security）、過去（past）。

天：改變（Changing）、革命（Revolution）、科技（Technique）、未來（Future）、反對（Against）、切割（Cut）、距離疏遠（distancing）、冷漠（cold）、突然的（Suddenly）、驚訝（Surprise）、自由（Freedom）、核能（Nuclear）。

凱：傷痛（Wound）、療癒（Healing）、修理（Fix）、拋棄（Abandon）、認養（adopt）、排擠（exclusion）、導師（mentor）、薩滿（shaman）、照顧者（caretaker）、病人（patient）、受害者（victim）、局外人（outsider）、弱勢族群（minority group）。

B. 不同行星主題的考量

針對月亮主題的符號象徵分析

母親主題：療癒（凱）與母親（月）之間疏遠（天）的關係。

情緒安全感主題：以客觀（天）的角度看待情緒安全感（月）的傷痛（凱）。

針對天王星主題的符號象徵分析

改變主題：透過徹底改變（天）生活環境（月）療癒傷痛（凱）。

獨立主題：因爲過去的傷痛（凱）而養成生活（月）之中的獨立特質（天）。

針對凱龍主題的符號象徵分析

局外人主題：成爲家族（月）的局外人（凱）而感到疏離（天）。

遺棄主題：需要從不同（天）的觀點審視被遺棄排擠（凱）的感受（月）。

生活中可能的呈現（可能的議題）

凱龍與天王星都帶來了一種隔絕與疏離的特質，從生活中觀察這樣的相位，可能帶來獨立與客觀的態度，對於情緒的變化起伏冷靜以待，也可能對於情緒劇烈反應感到陌生。凱龍試圖透過情緒與生活的徹底疏離或者完全融入的兩個極端特色，讓我們逐漸地了解到我們既不能完全被情緒引導也不能完全地忽略自己的情緒。

C. 第四行星

水：強調理性與邏輯主導生活，其背後有著需要去探索的故事。

金：以較爲疏離的態度面對與女性之間的關係。

火：生活中的獨立與依賴主題曲要深入檢視。

木：自由不受約束的態度是親密關係當中需要處理的議題。

土：與家中長輩還有公司老闆之間的關係緊繃。

海：與人之間的界線以及疏離的關係將是情感上的重要課題。

冥：需要以智慧面對宿命般的分離議題。

月海

月亮與海王星可能暗示著個人生活之中的邊界消融，在身心靈以及生活態度上，比起他人更容易受到周圍的影響。對於周遭環境的敏感不限於那些肉眼能夠觀察到的人事物。海王星象徵著沉溺與依賴，而月亮也在某種程度上象徵著習慣性，當這兩個行星組合在一起時，尋求人、事、物上的依靠與慰藉將更爲明顯。

月海冥

A. 行星象徵

月：女性（female）、母親（mother）、照顧者（care taker）、情緒（emotion）、感受（feeling）、需求（need）、餵養（nurture）、童年（childhood）、家庭（family）、食物（food）、情緒安全感（emotional security）、過去（past）。

海：影像（image）、願景（vision）、幻覺（illusion）、想像（imagination）、無形（intangible）、融合（merge）、偉大（great）、消失（disappear）、犧牲（scarify）、補償（redemption）、虛弱（weak）、病毒（virus）、上癮（addiction）、超越（transcend）。

冥：黑暗（darkness）、隱藏（hidden）、掩埋（buried）、危機（crisis）、恐懼（fear）、控制（control）、挖掘（digging）、調查（investigation）、研究（research）、洞悉（insight）、死亡（death）、重生（rebirth）。

B. 不同行星主題的考量

針對月亮主題的符號象徵分析

家庭主題：想像（海王）家庭（月）可能遭遇的危機（冥王）。

情緒安全感主題：因情緒安全（月）上的恐懼不安（冥）轉而向周遭的人事物尋求補償（海）。

針對海王星主題的符號象徵分析

犧牲主題：家族中（月）的特定人物在劇烈的危機（冥）之中被犧牲遺忘（海）了。

超越昇華主題：透過危機（冥）事件昇華（海）了對周遭人們的關愛照顧（月）。

針對冥王星主題的符號象徵分析

洞悉主題：洞悉（冥）生活（月）之中所沉溺（海）的事物。

隱藏主題：情感上（月）的美夢（海）被隱藏起來（冥）。

生活中可能的呈現（可能的議題）

除了上述主題之外，海王與冥王都屬於超越個人力量能夠影響的事物，也經常帶來宿命的感受。當月亮與這兩個行星同時產生相位時，很可能會替個案帶來許多身不由己的感覺，例如無法改變的基因狀態，或家庭環境以及外在環境的變化，這些事物將強烈地影響個案每天的生活，占星師須謹慎處理這些議題。我個人的經驗是，透過同理心與正面的鼓勵逐步的替個案帶來力量，鼓勵個案關注於那些他願意且現階段也能夠開始處理的議題。

C. 第四行星

水：能在言語之中表達出了潛藏在大眾內心之中的恐懼。

金：家庭關係之間可能存在需要面對的犧牲與控制議題。

火：透過長期反覆的試煉找出以爲不存在的個人力量。

木：洞悉社會福利照護當中隱藏的危機。

土：透過對生活危機的觀察研究找出適當的助人方式。

天：生活將不拘泥於個人事務，可能獻身於更偉大的社會議題。

凱：了解各人的善意如何被誤用而更爲謹慎地面對善意的付出。

月海凱

A. 行星象徵

月：女性（female）、母親（mother）、照顧者（care taker）、情緒（emotion）、感受（feeling）、需求（need）、餵養（nurture）、童年（childhood）、家庭（family）、食物（food）、情緒安全感（emotional security）、過去（past）。

海：影像（image）、願景（vision）、幻覺（illusion）、想像（imagination）、無形（intangible）、融合（merge）、偉大（great）、消失（disappear）、犧牲（scarify）、補償（redemption）、虛弱（weak）、病毒（virus）、上癮（addiction）、超越（transcend）。

凱：傷痛（wound）、療癒（healing）、修理（fix）、拋棄（abandon）、認養（adopt）、排擠（exclusion）、導師（mentor）、薩滿（shaman）、照顧者（caretaker）、病人（patient）、受害者（victim）、局外人（outsider）、弱勢族群（minority group）。

B. 不同行星主題的考量

針對月亮主題的符號象徵分析

需求主題：因爲過去被犧牲（海）的經驗而對自身需求（月）採取極度堅持，或爲他人而犧牲的態度。

女性主題：對於女性與母親的角色（海）抱持著美好的期待（海），進而替自己帶來家庭或關係上的難受（凱）。

針對海王星主題的符號象徵分析

夢想主題：因為過去的傷痛（凱）對生活（月）採取逃避現實或不敢做夢（海）的態度。

藝術主題：透過藝術創作（海）療癒（凱）生活（月）之中的傷痛。

針對凱龍主題的符號象徵分析

療癒主題：因家人（月）犧牲（海）的傷痛需要長期的關照療癒（凱）。

薩滿主題：因為情緒（月）上的敏銳（海）感受，容易接觸與薩滿或神祕療癒（凱）有關的主題接觸。

生活中可能的呈現（可能的議題）

凱龍的極端可能帶來個案對生活、對夢想截然不同的態度，很可能否定夢想或者耽溺於夢想之中。其目的是要人們在不同的體驗當中學會既不放棄夢想，也不會因為夢想忽略生活中其他的需求。而因為月亮、凱龍都與土地還有自然的古老神祕學問有關，也因為海王星帶來的敏感，而更容易被神祕事物吸引。

C. 第四行星

水：因為自身或家人的關係學習接觸古老的神祕事物。

金：家族的祕密將可能影響面對情感的態度。

火：對於追逐夢想感到又愛又怕。

木：透過不同的經驗學習如何對外界敞開自我，以及適度的接納外界的幫助。

土：實現夢想過程當中的困擾將可能追朔到家族的影響。

天：實際的看待夢想，將可以帶來改變生活的幫助。

冥：對於生活中細微事物的無形影響做深入的研究。

月冥

擁有月冥相位的人可以透過生活中的經驗，了解到家庭與情感中彼此微妙的影響，隱藏在內心當中的恐懼往往是拉近距離或造成關係衝突的主要原因。在沒有深入探索的情況下，這樣的互動經常被認爲是宿命般且無法逃避的影響，透過深入了解將給個案更多選擇。

月冥凱

A. 行星象徵

月：女性（female）、母親（mother）、照顧者（care taker）、情緒（emotion）、感受（feeling）、需求（need）、餵養（nurture）、童年（childhood）、家庭（family）、食物（food）、情緒安全感（emotional security）、過去（past）。

冥：黑暗（darkness）、隱藏（hidden）、掩埋（buried）、危機（crisis）、恐懼（fear）、控制（control）、挖掘（digging）、調查（investigation）、研究（research）、洞悉（insight）、死亡（death）、重生（rebirth）。

凱：傷痛（wound）、療癒（healing）、修理（fix）、拋棄（abandon）、認養（adopt）、排擠（exclusion）、導師（mentor）、薩滿（shaman）、照顧者（caretaker）、病人（patient）、受害者（victim）、局外人（outsider）、弱勢族群（minority group）。

B. 不同行星主題的考量

針對月亮主題的符號象徵分析

母親主題：對於被母親（月）遺棄（凱）感到恐懼（冥）。

感受主題：因爲傷痛（凱）而開始忽略（冥）自身的感受與需求（月）。

針對冥王星主題的符號象徵分析

控制與排除主題：因爲曾經發生過的傷害（凱），而對於生活（月）之中的威脅採取嚴格控制隔離（冥）的態度。

研究主題：深入研究（冥）祖先的遭遇（凱）如何影響現在的家庭關係（月）。

針對凱龍主題的符號象徵分析

局外人主題：因爲成爲家族（月）之中的陌生人（凱）而感到憤怒（冥）。

療癒主題：對於受到迫害（冥）的情緒感受（月）而進行療癒（凱）。

生活中可能的呈現（可能的議題）

這一個組合可能在情感上以及生活上帶來強烈的恐懼，爲了進一步地保護以及維持生活的平穩而否定這些恐懼的存在，也可能深刻受到恐懼的干擾而需要專業的協助。也因爲這些體驗讓個案容易理解與同理情緒與恐懼議題，甚而成爲專業的治療師。

C. 第四行星

水：學習幫助他人療癒身心的專業技能。

金：深入檢視哪些因素影響自己與金錢、女性、情感的態度。

火：過於衝動或者懦弱都可能會替自己帶來困擾。

木：家族之中的祕密隱藏著個人是否能夠眞正擁抱享受生活的幸福。

土：從經驗之中找眞正的力量而征服恐懼。

天：因爲過去的恐懼而不知如何面對社會改變。

海：透過藝術或者精神成長、靈性成長而療癒傷痛。

水星圖形相位

水金

一個行星符號可以有許多面向，金星就是一個好例子，不但可以象徵女性、愛情、藝術、音樂，也可以象徵美好溫和的特質，現代占星則認為金星與價值有關，更因此而連結了金星與金錢。水星、金星可能暗示著和諧的交流與對美好生活環境的重視，兩個行星產生的相位對於生活中的人際互動交流、以及商業交易都有著密切的關連。

水金火

A. 行星象徵

水：手足（sibling）、鄰居（neighbour）、學生（student）、商人（merchant）、訊息（message）、書信（letter）、語言（language）、鄰近地區（local area）、溝通（communication）、學習（study）、旅行（traveling）、交易（trading）、分析（analyse）。

金：女性（female）、美麗（beauty）、娛樂（entertaiment）、藝術（art）、美學（aesthetics）、金錢（money）、財物（finance）、價值（value）、自我價值（self esteem）、生產（reproduction）、外交（diplomatic）、大使（ambassador）、溫和（mildness）、和平（peaceful）、甜美（sweetness）。

火：行動（action）、攻擊（attack）、對抗（against）、刺激（stimulate）、

加速（assertion）、加劇（aggressive）、憤怒（anger）、敏感（sensitive）、生存議題（survival issue）、自我呈現（self expression）、性與繁衍（sex and reproduce）。

B. 不同行星主題的考量

針對水星主題的符號象徵分析

思考主題：思考（水）如何爭取保護（火）被認爲美好且有價值（金）的事物。

交易主題：對於藝術（金）市場的交易（水）感到激動（火）。

針對金星主題的符號象徵分析

人際關係主題：利用人際網絡（金）的傳播溝通（水）爭取自己的利益或發動戰爭（火）。

價值主題：以尖銳（火）的言詞（水）談論價值（金）。

針對火星主題的符號象徵分析

自我呈現主題：在自我表達（火）時強調自己的言語邏輯（水）以及社交能力（金）。

爭取獲得主題：透過價值（金）的交換或人際關係的交流（水）去獲得（火）自己想要的事物。

生活中可能的呈現（可能的議題）

若僅是這三個個人行星的組合，其影響力會集中在個人生活層面，對於周遭環境的人際互動交流感到敏感，可能容易覺得被冒犯，或者對周圍的人採取自我防衛的態度，也可能對金錢、商業交易有著敏銳的感覺。金星與火星可能暗示著積極爭取自己所喜愛的事物；而水星的影響則是透過言語溝通交流來取得自己喜歡的東西。

C. 第四行星

木：積極宣揚自身的理念，對於周圍的人有著強烈的影響力。

土：嚴肅的面對許多個人生活事物，從言語、價值以及行動都受到影響。

天：可能因爲一些突發事件，徹底地改變了個人的生活方式。

海：對於人際交流抱持的美好的期盼且積極努力爭取。

冥：在生存掙扎之中善用人際網絡與溝通技巧。

凱：曾經因爲獨立個性而在人群當中受到排擠，但並不代表從此就該不再與人互動。

水金木

A. 行星象徵

水：手足（sibling）、鄰居（neighbour）、學生（student）、商人（merchant）、訊息（message）、書信（letter）、語言（language）、鄰近地區（local area）、溝通（communication）、學習（study）、旅行（traveling）、交易（trading）、分析（analyse）。

金：女性（female）、美麗（beauty）、娛樂（entertaiment）、藝術（art）、美學（aesthetics）、金錢（money）、財物（finance）、價值（value）、自我價值（self esteem）、生產（reproduction）、外交（diplomatic）、大使（ambassador）、溫和（mildness）、和平（peaceful）、甜美（sweetness）。

木：信仰（believe）、宗教（religion）、人生意涵（life meaning）、擴張（expansion）、寬廣（broad）、成長（growth）、冒險（adventure）、接納

（accept）、調節（adjustment）、希望（hope）、自由（freedom）、高等教育（higher education）、異國文化（foreign culture）。

B. 不同行星主題的考量

針對水星主題的符號象徵分析

手足主題：透過兄弟姊妹（水）而獲得個人價值（金）的成長擴張（木）。

溝通主題：透過溝通交流（水）擴大（木）自己在社交圈（金）上的影響力。

針對金星主題的符號象徵分析

價值主題：透過商業交易或書寫（水）增加（木）個人的財富或自我價值（金）。

女性主題：與女性（金）溝通（水）帶來正面的發展（木）。。

針對木星主題的符號象徵分析

發展主題：從與鄰近的人事物觀察交流（水）獲得自我價值（金）的啓發（木）。

人生意涵主題：透過對藝術音樂（金）的學習（金）進而找尋到人生意涵（木）。

生活中可能的呈現（可能的議題）

金星與木星都是傳統占星學上的吉利行星，水星的加入暗示著鄰近的事物，例如鄰居手足可能帶來好運。也可能暗示著個案可能在商業、教育、美學藝術上有發展的潛能（若是強硬相位，則在發展的過程容易遭遇較多挑戰），生活的信念與智慧可能來自於一些周遭的事物。

C. 第四行星

火：在人群之中積極地宣揚自身的想法與理念。

土：言語中表達自信以及實際，但誇張以及畏懼則需要注意。

天：在思想與價值觀上有著獨立不受影響的態度。

海：容易被周遭的事物打動，並追求理想美好的願景。

冥：關注到隱藏的細節與祕密而獲得成就。

凱：學習與言語上的自信需要更多的關注。

水金土

A. 行星象徵

水：手足（sibling）、鄰居（neighbour）、學生（student）、商人（merchant）、訊息（message）、書信（letter）、語言（language）、鄰近地區（local area）、溝通（communication）、學習（study）、旅行（traveling）、交易（trading）、分析（analyse）。

金：女性（female）、美麗（beauty）、娛樂（entertaiment）、藝術（art）、美學（aesthetics）、金錢（money）、財物（finance）、價值（value）、自我價值（self esteem）、生產（reproduction）、外交（diplomatic）、大使（ambassador）、溫和（mildness）、和平（peaceful）、甜美（sweetness）。

土：踏實（practical）、實際（reality）、保護（protection）、定義（definition）、界線（boundary）、限制（restraint）、蕭條（depression）、壓力（stress）、擔憂（worried）、困難（difficulty）、訓練（training）、時間（time）、權威（authority）、實現（implement）。

B. 不同行星主題的考量

針對水星主題的符號象徵分析

思考主題：以實際（土）的態度思考（水）個人的價值（金）。

交易主題：交易（水）時注意到獲利（金）的限制（土）。

針對金星主題的符號象徵分析

娛樂主題：認爲娛樂（金）替學習（水）帶來負面（土）的影響。

生產主題：以謹愼（土）的態度（水）來進行生產創造（金）的計畫（水）。

針對土星主題的符號象徵分析

壓力主題：對於人際互動（金）與溝通（水）感到壓力（土）。

實現主題：去實現（土）自己的美好（金）計畫（水）。

生活中可能的呈現（可能的議題）

土星有許多不同的面相，一方面象徵擔憂、恐懼與失敗，但另一方面讓我們以實際的態度面對周遭的一切。水星、金星往往象徵著周遭的人事物，以及渴望完善的想法，因此與其告訴個案他期盼的未來可能失敗，我比較傾向提醒個案以實際謹愼的態度去實現自己的美好計畫，並讓他知道擔憂是爲了讓計畫進行得更完善，但是接受努力後的結果是一種更爲實際的態度。

C. 第四行星

火：思考完善並且小心謹愼地去實現。

木：對於社會運作有著美好的期待。

天：交流新舊之間的差異而獲得利益。

海：夢想與實際需要透過溝通交流來達成妥協。

冥：別因爲恐懼而忽略了自身的價值、優勢與優點。

凱：關注於事物的實用性與價值，是值得個案注意並深思的一件事。

水金天

A. 行星象徵

水：手足（sibling）、鄰居（neighbour）、學生（student）、商人（merchant）、訊息（message）、書信（letter）、語言（language）、鄰近地區（local area）、溝通（communication）、學習（study）、旅行（traveling）、交易（trading）、分析（analyse）。

金：女性（female）、美麗（beauty）、娛樂（entertaiment）、藝術（art）、美學（aesthetics）、金錢（money）、財物（finance）、價值（value）、自我價值（self esteem）、生產（reproduction）、外交（diplomatic）、大使（ambassador）、溫和（mildness）、和平（peaceful）、甜美（sweetness）。

天：改變（changing）、革命（revolution）、科技（technique）、未來（future）、反對（against）、切割（cut）、距離疏遠（distancing）、冷漠（cold）、突然的（suddenly）、驚訝（surprise）、自由（freedom）、核能（nuclear）。

B. 不同行星主題的考量

針對水星主題的符號象徵分析

學習主題：學習探索（水）科技（天）與美學（金）的結合。

旅行主題：透過旅行（水）改變（金）自己的價值觀（金）。

針對金星主題的符號象徵分析

財務主題：財務上（金）的交易（水）總是有著令人驚訝（天）的波動。

平靜主題：透過切斷（天）與外界的溝通連結（水）找到平靜（金）。

針對天王星主題的符號象徵分析

未來主題：看見未來（天）的金融（金）交易（水）趨勢。。

改變主題：改變（天）社交環境（金）之中的溝通（水）模式

生活中可能的呈現（可能的議題）

天王星與水星都有忙碌的特質，若與象徵平靜的金星同時產生相位時，將帶來了許多不同的發展，有可能如同前面練習所說的，透過切斷溝通才能找到平靜，也極有可能學會在不停歇的喧鬧中找到平靜。水星與金星也或多或少都與財務還有金錢交易有關，從這個角度來看，不僅暗示個案在金融財務上容易有著極大的波動，也可能學會透過科技或者與眾不同的方式獲得財富。

C. 第四行星

火：對於與眾不同的價值觀可能有著激烈的言詞反應。

木：為了給自己更多的空間，將與鄰近的事物保持距離。

土：在新舊不同的價值觀中扮演傳遞交流的中間人。

海：擁有更廣大格局的價值與美學的觀點。

冥：在劇烈的改變之中以言語安撫人心。

凱：劇烈的改變或許帶來自身價值的傷痛，但透過學習得以療癒。

水金海

A. 行星象徵

水：手足（sibling）、鄰居（neighbour）、學生（student）、商人（merchant）、訊息（message）、書信（letter）、語言（language）、鄰近地區

（local area）、溝通（communication）、學習（study）、旅行（traveling）、交易（trading）、分析（analyse）。

金：女性（female）、美麗（beauty）、娛樂（entertaiment）、藝術（art）、美學（aesthetics）、金錢（money）、財物（finance）、價值（value）、自我價值（self esteem）、生產（reproduction）、外交（diplomatic）、大使（ambassador）、溫和（mildness）、和平（peaceful）、甜美（sweetness）。

海：影像（image）、願景（vision）、幻覺（illusion）、想像（imagination）、無形（intangible）、融合（merge）、偉大（great）、消失（disappear）、犧牲（scarify）、補償（redemption）、虛弱（weak）、病毒（virus）、上癮（addiction）、超越（transcend）。

B. 不同行星主題的考量

針對水星主題的符號象徵分析

溝通主題：與女性（金）溝通（水）容易產生誤解（海）。

學習主題：學習（水）想像力（海）帶來的美感（金）。

針對金星主題的符號象徵分析

生產主題：透過不受限制（海）的交流（水）帶來生產力（金）。

價值主題：傳遞（水）價值觀點（金）時很可能失真（海）。

針對海王星主題的符號象徵分析

超越主題：超越（海）邏輯（水）所能夠理解的價值觀（金）。

消失主題：體驗消失的或無聲的（海）文字言語（水）所帶來的美感（金）。

生活中可能的呈現（可能的議題）

海王星象徵著打破邊界與常軌，金星與海王星在占星學上又有許多共鳴之處，而水星強調邏輯、溝通交流，與海王星產生相位時，需要注意海王星有可能暗示著邏輯與常軌的失真，且不符合一般大眾的期待。海王星帶來穿越的效果，有時是時間空間的錯置感，有時象徵著誤解與謊言，可能象徵著不真切的情況下所帶來的溝通、互動、交流、交易，也或許體驗非邏輯以及超越常軌的價值與美學的可能。

C. 第四行星

火：因爲誤解而在情感與財務上產生衝突。

木：透過財務或情感交流的起落而獲得人生智慧。

土：在交流中對於願景抱持著戒慎的態度。

天：對科技可能帶來的日常生活便利帶有幻想。

冥：傾聽內心之中透過夢境幻影所傳遞的神祕訊息。

凱：學習如何適切的應對情感、交流、交易上的仁慈所帶來的不便。

水金冥

A. 行星象徵

水：手足（sibling）、鄰居（neighbour）、學生（student）、商人（merchant）、訊息（message）、書信（letter）、語言（language）、鄰近地區（local area）、溝通（communication）、學習（study）、旅行（traveling）、交易（trading）、分析（analyse）。

金：女性（female）、美麗（beauty）、娛樂（entertaiment）、藝術（art）、美學（aesthetics）、金錢（money）、財物（finance）、價值（value）、自我價值（self esteem）、生產（reproduction）、外交（diplomatic）、大使（ambassador）、溫和（mildness）、和平（peaceful）、甜美（sweetness）。

冥：黑暗（darkness）、隱藏（hidden）、掩埋（buried）、危機（crisis）、恐懼（Fear）、控制（Control）、挖掘（Digging）、調查（investigation）、研究（research）、洞悉（insight）、死亡（death）、重生（rebirth）。

B. 不同行星主題的考量

針對水星主題的符號象徵分析

訊息主題：透過隱藏（冥）的訊息（水）傳遞情感（金）。

交易主題：因為檯面下（冥）的交易（水）獲得財富（金）。

針對金星主題的符號象徵分析

愛情主題：探討（水）對愛情（金）的恐懼（冥）。

美麗主題：探索（水）死亡（冥）的價值（金）。

針對冥王星主題的符號象徵分析

禁忌主題：書寫（水）禁忌的（冥）愛情（金）。

隱藏主題：透過祕密（冥）交流方式（水）互動的社交生活（金）。

生活中可能的呈現（可能的議題）

冥王星並不如同許多人所想的恐怖與禁忌，在日常生活之中，有時候冥王星透過隱藏與祕密的特質呈現，水星與金星又與日常生活的溝通交流、社交生活有關，在與冥王星產生相位時，增加了日常生活交流的神祕特質，也可能暗示著金錢財富以及交易的主題，可能與不為人知的祕密有關。

C. 第四行星

火：容易在社交生活之中感到被冒犯。

木：利用隱藏的訊息而得到財富情感上的好處。

土：對於弦外之音感到戒慎。

天：研究或書寫大時代的變動而獲得好處。

海：探索內心的神祕世界而獲得平靜。

凱：因為利益的爭奪而受傷，逐步在成長之中獲得言語或藝術的療癒技能。

水金凱

A. 行星象徵

水：手足（sibling）、鄰居（neighbour）、學生（student）、商人（merchant）、訊息（message）、書信（letter）、語言（language）、鄰近地區（local area）、溝通（communication）、學習（study）、旅行（traveling）、交易（trading）、分析（analyse）。

金：女性（female）、美麗（beauty）、娛樂（entertaiment）、藝術（art）、美學（aesthetics）、金錢（money）、財物（finance）、價值（value）、自我價值（self esteem）、生產（reproduction）、外交（diplomatic）、大使（ambassador）、溫和（mildness）、和平（peaceful）、甜美（sweetness）。

凱：傷痛（wound）、療癒（healing）、修理（fix）、拋棄（abandon）、認養（adopt）、排擠（exclusion）、導師（mentor）、薩滿（shaman）、照顧者（caretaker）、病人（patient）、受害者（victim）、局外人（outsider）、弱勢族群（minority group）。

B. 不同行星主題的考量

針對水星主題的符號象徵分析

兄弟姊妹主題：自我價值（金）的傷痛（凱）與兄弟姊妹（水）之間的互動有關。

語言主題：因爲語言（水）表達的不順暢（凱）而看輕自己的價值（金）。

針對金星主題的符號象徵分析

社交主題：在社交生活（金）之中的溝通（水）是讓個案窘困（凱）的議題。

藝術主題：透過藝術（金）的學習（水）而獲得療癒（凱）。

針對凱龍主題的符號象徵分析

祖先主題：若在金錢與情感交流上有長期的困擾，或許值得探索這些議題如何在祖先的生活中呈現。

療癒主題：或許在溝通與人際關係中不順暢，但卻因此學會療癒自我與他人的方式

生活中可能的呈現（可能的議題）

水星與金星象徵著生活中的人際互動以及財務議題，當凱龍與金水產生相位時，可能暗示著生活溝通、金錢、情感、自我價值上的窘困，通常在成年時發展出特別的專長以應對那些困擾。凱龍也可能暗示這些困擾很可能與長輩祖先的故事有關，有時明瞭自己與家人如何受到這一層影響，有助於接納自身的處境。

C. 第四行星

火：與手足鄰居之間可能因爲金錢的議題而有衝突。

木：因爲信念或價值觀的不同而與兄弟姊妹有所衝突。

土：權威式的生活態度可能帶來困擾，但這提醒我們建立自身的權威。

天：受到劇烈改變的影響，對於溝通還有關係有著與眾不同的態度。

海：藝術創作以及心靈成長將可以撫平情感與溝通的不愉快。

冥：關係之中存在著沒有說出口的緊張，需要了解雙方家族的故事以進一步療癒。

水火

水星與火星的相位可能暗示著言語上的敏感與衝動，甚至暗示著衝突，但是火星也暗示著積極的態度，可能是積極熱情的自我呈現與表達，但強硬相位可能暗示著表達不順暢帶來的挫折與憤怒。與手足、鄰居、鄰近的人事物也可能是以積極或者明顯的挫折感來呈現；移動交通與學習可能呈現出興奮激動或衝動的特質。在現代占星的觀點中，水星與兄弟姊妹有關，而傳統占星中，火星也與兄弟姊妹有關，或許這樣的組合會特別強調兄弟姊妹的互動。

水火木

A. 行星象徵

水：手足（sibling）、鄰居（neighbour）、學生（student）、商人（merchant）、訊息（message）、書信（letter）、語言（language）、鄰近地區（local area）、溝通（communication）、學習（study）、旅行（traveling）、交易（trading）、分析（analyse）。

火：行動（action）、攻擊（attack）、對抗（against）、刺激（stimulate）、加速（assertion）、加劇（aggressive）、憤怒（anger）、敏感（sensitive）、生存議題（survival issue）、自我呈現（self expression）、性與繁衍（sex and reproduce）。

木：信仰（believe）、宗教（Religion）、人生意涵（life meaning）、擴張（expansion）、寬廣（broad）、成長（growth）、冒險（adventure）、接納（accept）、調節（adjustment）、希望（hope）、自由（freedom）、高等教育

（higher education）、異國文化（foreign culture）。

B. 不同行星主題的考量

針對水星主題的符號象徵分析

學習主題：對於學習（水）異國語言文化（木）充滿熱情（火）。

分析思考主題：以寬廣的格局（木）去思考（水）生存競爭議題（火）。

針對火星主題的符號象徵分析

行動主題：在行動（火）渴望自由（木）特別不願意受到鄰近人事物（水）的牽絆。

敏感主題：對於他人毫不拘束（木）的言語（水）感到敏感（火）。

針對木星主題的符號象徵分析

人生意涵主題：相當積極（火）的學習探索（水）人生的意義（木）。

成長主題：在言語的衝突或兄弟姊妹（水）的衝突（火）中獲得成長（木）。

生活中可能的呈現（可能的議題）

這一行星組合可能暗示著與手足、鄰居、同事之間因人生觀的不同而有衝突，也可能暗示著因為文化差異而帶來的困擾，但是積極與正面的態度可以引導個案走向多元文化的包容。因為木星涉及異國文化，可能暗示著對異國文化語言、國際貿易、國際事務、宗教文化有著強烈的熱忱，但火星也暗示著因為受挫而感到憤怒可能性。

C. 第四行星

金：透過衝突與溝通獲得不同價值觀的交流與成長。

土：對於異國文化與不同信念採取較為保守和防衛的態度。

天：對於不同的文化造成的衝突抱持著包容的態度。

海：可能因為言語文化上的差異而引發誤會，甚至容易因為衝動受騙。

冥：對於生存的議題有著深遠的見解。

凱：透過溝通與信念幫助自己帶來勇氣面對困難。

水火土

A. 行星象徵

水：手足（sibling）、鄰居（neighbour）、學生（student）、商人（merchant）、訊息（message）、書信（letter）、語言（language）、鄰近地區（local area）、溝通（communication）、學習（study）、旅行（traveling）、交易（trading）、分析（analyse）。

火：行動（action）、攻擊（attack）、對抗（against）、刺激（stimulate）、加速（assertion）、加劇（aggressive）、憤怒（anger）、敏感（sensitive）、生存議題（survival issue）、自我呈現（self expression）、性與繁衍（sex and reproduce）。

土：踏實（practical）、實際（reality）、保護（protection）、定義（definition）、界線（boundary）、限制（restraint）、蕭條（depression）、壓力（stress）、擔憂（worried）、困難（difficulty）、訓練（training）、時間（time）、權威（authority）、實現（implement）。

B. 不同行星主題的考量

針對水星主題的符號象徵分析

溝通主題：在溝通上（水）為了避免衝突（火）而更加謹慎（土）。

學習主題：因嚴肅的（土）看待所學習（水）的事物而充滿活力（火）。

針對火星主題的符號象徵分析

行動主題：謹慎的（土）思考計畫（水）行動（火）。

對抗主題：對抗（火）權威（土）所說的話（水）。

針對土星主題的符號象徵分析

壓抑主題：對於說出（水）自己的意願（火）感到壓抑（土）。

責任主題：對於自己的言語（水）行動（火）採取負責任（土）的態度。

生活中可能的呈現（可能的議題）

許多人對土星不抱好感，但若從正面的角度來看，土星可以帶來認眞嚴肅與專業的態度，在這組相位上，對於行動、言語、自我表達都可以採取這樣的看法，這並不代表土星令人壓抑或難受的特質會消失，尤其是在土星與火星所落入的星座宮位的主題上，特別容易有著阻礙的感受，但建議個案換個角度，以一種追求安全完美的角度來看這些挫折的優點。火土也可能暗示著對權威的挑戰態度，水星可能扮演著溝通交流的管道，若以強硬相位呈現，將需要花更多的時間心力學會與權威溝通。

C. 第四行星

金：對於無法以靈活的方式追求自己所喜愛的人事物感到挫折。

木：對於社會公眾事務有著犀利的言詞見解。

天：對於過於激進或是傳統的言論感到憤怒。

海：容易因模糊不清的言論感到困擾，且阻礙了行動的發展。

冥：嚴肅的看待周邊的事物，認爲可能與生存的議題有關。

凱：對於權威命令帶來的傷痛感到憤怒，並在成長中摸索出適切的應對方式。

水火天

A. 行星象徵

水：手足（sibling）、鄰居（neighbour）、學生（student）、商人（merchant）、訊息（message）、書信（letter）、語言（language）、鄰近地區（local area）、溝通（communication）、學習（study）、旅行（traveling）、交易（trading）、分析（analyse）。

火：行動（action）、攻擊（attack）、對抗（against）、刺激（stimulate）、加速（assertion）、加劇（aggressive）、憤怒（anger）、敏感（sensitive）、生存議題（survival issue）、自我呈現（self expression）、性與繁衍（sex and reproduce）。

天：改變（Changing）、革命（Revolution）、科技（Technique）、未來（Future）、反對（Against）、切割（Cut）、距離疏遠（distancing）、冷漠（cold）、突然的（Suddenly）、驚訝（Surprise）、自由（Freedom）、核能（Nuclear）。

B. 不同行星主題的考量

針對水星主題的符號象徵分析

學習主題：學習（水）使用科技（天）增進生存（火）的機會。

言語主題：激烈（火）的反對與批判（天）言論（水）。

針對火星主題的符號象徵分析

追逐主題：積極追求（火）與眾不同（天）的言語書寫學習方式（水）。

敏感著題：對於不同（天）的意見表達（水）感到敏感或憤怒（火）。

針對天王星主題的符號象徵分析

突然主題：突如其來（天）的言語（水）衝突（火）。

獨立主題：以激烈（火）的言詞（水）表達獨立（天）的意願。

生活中可能的呈現（可能的議題）

火星與天王星有著一些相似的特性，兩者都與獨立行動有關，也都與切斷連結有著關聯，也都具有激烈的特質，這暗示著個案在言語、思考、鄰里關係、手足關係上可能常發生一些激烈衝突，或者有著許多突如其來的意外狀況需要處理。

C. 第四行星

金：以創新的思緒取得自己想要的事物。

木：思想上的自由對個案來說極爲重要。

土：面對新舊之爭容易有激烈的言論。

海：用積極的態度實現未來的願景。

冥：用積極的行動與言語對抗宰制以爭取自由。

凱：對於獨立自主可能感到相當敏感。

水火海

A. 行星象徵

水：手足（sibling）、鄰居（neighbour）、學生（student）、商人（merchant）、訊息（message）、書信（letter）、語言（language）、鄰近地區（local area）、溝通（communication）、學習（study）、旅行（traveling）、交易（trading）、分析（analyse）。

火：行動（action）、攻擊（attack）、對抗（against）、刺激（stimulate）、

加速（assertion）、加劇（aggressive）、憤怒（anger）、敏感（sensitive）、生存議題（survival issue）、自我呈現（self expression）、性與繁衍（sex and reproduce）。

海：影像（image）、願景（vision）、幻覺（illusion）、想像（imagination）、無形（intangible）、融合（merge）、偉大（great）、消失（disappear）、犧牲（scarify）、補償（redemption）、虛弱（weak）、病毒（virus）、上癮（addiction）、超越（transcend）。

B. 不同行星主題的考量

針對水星主題的符號象徵分析

溝通主題：積極的（火）傳遞（水）美好願景（海）的訊息。

商業主題：在商業上（水）展現熱忱（海）與積極且略具有侵略性（火）。

針對火星主題的符號象徵分析

衝突主題：因爲模糊（海）的言語（水）而產生衝突（火）。

自我呈現主題：積極地以言語（水）表達近乎理想（海）的自我形象（火）。

針對海王星主題的符號象徵分析

理想主題：在討論（水）理想（海）時相當激動（火）。

補償主題：積極的（火）補償（海）童年（水）時的遺憾。

生活中可能的呈現（可能的議題）

火星與海王星的組合可能暗示著虛弱的行動力或者虛弱的健康狀態，水星暗示著這樣的狀況出現在生活周遭或者兄弟姊妹之間。火星、海王也可以是將熱情與理想展現在學習、書寫、手足關係或者鄰里關係之上。由於水星、海王帶有某種宗教特質的願景，火星暗示著個案在宗教或自己所相信的理念上扮演著積極宣傳的角色，甚至帶有些殉道者的色彩。

C. 第四行星

金：行動與言語是否完美，將會影響個人對自身的評價。

木：對於所相信的理念、宗教，採取積極推廣與保衛的態度。

土：以謹慎的態度思考如何追逐美夢。

天：積極地爭取美好的未來。

冥：童年時因爲虛弱的防衛力量而面對危機。

凱：逃避言語衝突所帶來的傷痛。

水火冥

A. 行星象徵

水：手足（sibling）、鄰居（neighbour）、學生（student）、商人（merchant）、訊息（message）、書信（letter）、語言（language）、鄰近地區（local area）、溝通（communication）、學習（study）、旅行（traveling）、交易（trading）、分析（analyse）。

火：行動（action）、攻擊（attack）、對抗（against）、刺激（stimulate）、加速（assertion）、加劇（aggressive）、憤怒（anger）、敏感（sensitive）、生存議題（survival issue）、自我呈現（self expression）、性與繁衍（sex and reproduce）。

冥：黑暗（Darkness）、隱藏（Hidden）、掩埋（Buried）、危機（Crisis）、恐懼（Fear）、控制（Control）、挖掘（Digging）、調查（investigation）、研究（research）、洞悉（insight）、死亡（death）、重生（rebirth）。

B. 不同行星主題的考量

針對水星主題的符號象徵分析

兄弟姊妹主題：與兄弟姊妹（水）的衝突（火）背後隱藏著生存競爭議題（冥）。

溝通議題：經常在溝通（水）之中感受到衝突（火）與威脅（冥）。

針對火星主題的符號象徵分析

憤怒主題：因爲言語文字（水）觸動到無意識的恐懼（冥）而感到憤怒（火）。

攻擊主題：思考（水）如何在暗地裡（冥）攻擊目標（火）。

針對冥王星主題的符號象徵分析

挖掘主題：以文書調查（水）和實際行動（火）挖掘眞相（冥）。

意志力主題：兄弟姊妹（水）的激勵（火）帶來堅強的生存意志（冥）。

生活中可能的呈現（可能的議題）

在這組行星組合當中，火星與冥王都有著生存的議題，也因此個案很可能相當重視生活周遭的隱藏威脅。在水星的介入下，將可發揮學習與研究的特質，找出那些危及生存的隱藏威脅，可以將挖掘眞相、危機處理訓練成專長，當然這也可能在日常生活當中以風聲鶴唳的警覺特質，或者顯著的言語防衛態度來呈現。

C. 第四行星

金：在一連串的危機考驗中發現自身隱藏的價值。

木：以謹愼與防衛的姿態面對公眾媒體。

土：以激進的言詞對抗權力的控制。

天：透過言語和行動實踐徹底革除陳年的惡習與弊端。

海：看清內心無意識機制如何影響慌亂盲目的行動。

凱：因爲遭受過的暴力衝擊而對周圍人事物經常保持警戒。

水火凱

A. 行星象徵

水：手足（sibling）、鄰居（neighbour）、學生（student）、商人（merchant）、訊息（message）、書信（letter）、語言（language）、鄰近地區（local area）、溝通（communication）、學習（study）、旅行（traveling）、交易（trading）、分析（analyse）。

火：行動（action）、攻擊（attack）、對抗（against）、刺激（stimulate）、加速（assertion）、加劇（aggressive）、憤怒（anger）、敏感（sensitive）、生存議題（survival issue）、自我呈現（self expression）、性與繁衍（sex and reproduce）。

凱：傷痛（Wound）、療癒（Healing）、修理（Fix）、拋棄（Abandon）、認養（adopt）、排擠（exclusion）、導師（mentor）、薩滿（shaman）、照顧者（caretaker）、病人（patient）、受害者（victim）、局外人（outsider）、弱勢族群（minority group）。

B. 不同行星主題的考量

針對水星主題的符號象徵分析

溝通主題：自我表達（水）上的困擾（凱）可能讓自己容易感到憤怒（火）。

手足主題：家族的歷史（凱）之中隱藏著兄弟姊妹（水）因爲生存議題（火）而有的傷痛。

針對火星主題的符號象徵分析

自我呈現主題：在他人面前呈現自我（火）時可能有著難以言語（水）的的傷痛（凱）。

敏感主題：對於人們如何勇於表現自我（水）感到相當的敏感（火）甚至有可能感到傷痛（凱）。

針對凱龍主題的符號象徵分析

療癒主題：在成長過程中培養出對於犀利（火）言語（水）所造成傷痛的療癒（凱）方式。

局外人主題：對於以局外人（凱）的身分處在鄰近的人事物（水）之中感到憤怒（火）。

生活中可能的呈現（可能的議題）

水星與火星經常暗示著對於周遭事物（兄弟姊妹、鄰居、日常生活對話）的敏感與衝突，以及學習、溝通上的困擾，當凱龍加入時，暗示這樣的不愉快有可能與家族歷史有隱密的關聯，也暗示著在這樣的環境影響之下，個案培養出了應對與療癒的方式。凱龍處理傷痛的極端特性，往往是透過拒絕溝通或滔滔不絕、壓抑怒氣或動則得咎的方式來呈現，直到人們學習到如何適切地表達憤怒，學會適切地站出來保護自己。

C. 第四行星

金：對於追求自己所喜歡的人事物可能有著不顧一切爭取，或完全不敢表態的兩極態度。

木：尖銳的言詞背後是保護自我，也是長久以來被漠視的信任議題的影響。

土：勇敢的說出長久以來一直壓抑的傷痛故事以進行療癒。

天：獨立與自由將是個人成長過程之中與家族互動的重要議題。

海：走向屬於自我的心靈道路，也需要了解不是每個人都有同樣的療癒之旅。

冥：言語表達、溝通或學習困擾的背後，隱藏著祖先過去面對生存掙扎的影響。

水木

水星與木星的相位可能暗示著看待生活與成長觀點的議題成為生命的重心，也暗示著在追求成長、教育的過程中的特殊感受。若是柔和相位，可能有許多鼓勵引導我們朝更高等教育、身心成長、人生意涵的方向前進；若是強硬相位，這樣的成長吸引力仍在，但過程較為辛苦，也可能因為挑戰而獲得更多的心得。這也暗示著個人與更寬廣的世界交流的強烈興趣，或許是接觸異國文化或是進行國際貿易。

水木土

A. 行星象徵

水：手足（sibling）、鄰居（neighbour）、學生（student）、商人（merchant）、訊息（message）、書信（letter）、語言（language）、鄰近地區（local area）、溝通（communication）、學習（study）、旅行（traveling）、交易（trading）、分析（analyse）。

木：信仰（believe）、宗教（religion）、人生意涵（life meaning）、擴張（expansion）、寬廣（broad）、成長（growth）、冒險（adventure）、接納（accept）、調節（adjustment）、希望（hope）、自由（freedom）、高等教育（higher education）、異國文化（foreign culture）。

土：踏實（practical）、實際（reality）、保護（protection）、定義（definition）、界線（boundary）、限制（restraint）、蕭條（depression）、

壓力（stress）、擔憂（worried）、困難（difficulty）、訓練（training）、時間（time）、權威（authority）、實現（implement）。

B. 不同行星主題的考量

針對水星主題的符號象徵分析

溝通主題：嚴肅（土）的談論（水）自身的信念（木）。

交易主題：謹慎地（土）處理與國際（木）貿易（水）事務。

針對木星主題的符號象徵分析

擴張主題：謹慎地（土）去思考（水）如何擴張（木）自己的影響力。

高等教育主題：嚴謹的（土）面對高等教育（木）的學習（水）過程。

針對土星主題的符號象徵分析

壓力主題：放任（木）自我的言語（水）可能替自己帶來壓力（土）。

專業主題：成爲外國（木）語言（水）的專業權威（土）。

生活中可能的呈現（可能的議題）

在言語、學習、旅遊、信仰以及對他人的信任議題上，水星、木星、土星極有可能透過許多挫折呈現在生活當中，當個案與占星師察覺這樣的影響時，我們可以試圖引導個案了解到，土星透過挫折的經驗，讓我們更嚴謹地去面對這些議題。土星是經驗的導師，他所在意的不是你遭遇到了什麼，而是你如何從這些挫折當中學會更謹慎地面對生活，或許最終也能成爲相關領域的權威。

C. 第四行星

金：所相信的事物深刻的影響個人的自我價值。

火：採取行動去調和社會中開放與保守的衝突。

天：在不同階層的衝突之中找尋到自己的人生意涵。

海：爲了達成更偉大的夢想，需要謹慎且不放棄自身的信念，並從中找出適切的方法。

冥：以書寫和言語揭露社會衝突的祕密。

凱：透過書寫與談話療癒不同族群之間的衝突。

水木天

A. 行星象徵

水：手足（sibling）、鄰居（neighbour）、學生（student）、商人（merchant）、訊息（message）、書信（letter）、語言（language）、鄰近地區（local area）、溝通（communication）、學習（study）、旅行（traveling）、交易（trading）、分析（analyse）。

木：信仰（believe）、宗教（Religion）、人生意涵（life meaning）、擴張（expansion）、寬廣（broad）、成長（growth）、冒險（adventure）、接納（accept）、調節（adjustment）、希望（hope）、自由（freedom）、高等教育（higher education）、異國文化（foreign culture）。

天：改變（changing）、革命（revolution）、科技（technique）、未來（future）、反對（against）、切割（cut）、距離疏遠（distancing）、冷漠（cold）、突然的（suddenly）、驚訝（surprise）、自由（freedom）、核能（nuclear）。

B. 不同行星主題的考量

針對水星主題的符號象徵分析

學習主題：信念（木）的改變（天）帶來不同的學習態度（水）。

鄰近人事物主題：因爲渴望更多的空間（木）而與鄰近的人事物（水）抱持疏

離態度（天）。

針對木星主題的符號象徵分析

成長主題：透過客觀（天）的觀察與學習（水）而獲得成長（木）。

異國文化主題：學習（水）異國的文化（木）將徹底改變（天）個人生活。

針對天王星主題的符號象徵分析

反抗主題：對於樂觀正向（木）的言語（水）採取抗拒的態度（天）。

驚訝主題：對於鄰近（水）生活的多樣化（木）感到驚訝（天）。

生活中可能的呈現（可能的議題）

當我們在研究圖形相位的行星組合時，必須了解有時候某些行星有著共同的特色，例如木星與天王星都帶有對於自由的重視以及對於寬廣空間的需求。水星的介入則暗示著這樣不受約束的需求，更容易呈現在思想言語以及與鄰近的互動關係之中。這樣的不受約束也可能帶來人際關係上的疏離，但個案必須明瞭自身對空間自由的需求，並從這一層認知中處理人際關係議題。

C. 第四行星

金：與眾不同的價值觀可能與鄰近的環境格格不入。

火：對於他人不受拘束的言語行爲感到憤怒。

土：了解到現實與理想的差距，但你是否仍願意去實現夢想。

海：在成長的過程當中不斷地根據時代改變調整自己的信念與想法。

冥：意外發現將可能帶來巨大的好處，同時也可能伴隨著需要面對的危機。

凱：試圖在太過拘謹與毫不受約束的極端當中取得更適切的做法。

水木海

A. 行星象徵

水：手足（sibling）、鄰居（neighbour）、學生（student）、商人（merchant）、訊息（message）、書信（letter）、語言（language）、鄰近地區（local area）、溝通（communication）、學習（study）、旅行（traveling）、交易（trading）、分析（analyse）。

木：信仰（believe）、宗教（religion）、人生意涵（life meaning）、擴張（expansion）、寬廣（broad）、成長（growth）、冒險（adventure）、接納（accept）、調節（adjustment）、希望（hope）、自由（freedom）、高等教育（higher education）、異國文化（foreign culture）。

海：影像（image）、願景（vision）、幻覺（illusion）、想像（imagination）、無形（intangible）、融合（merge）、偉大（great）、消失（disappear）、犧牲（scarify）、補償（redemption）、虛弱（weak）、病毒（virus）、上癮（addiction）、超越（transcend）。

B. 不同行星主題的考量

針對水星主題的符號象徵分析

學習主題：學習（水）與海洋（海）有關的智慧（木）。

手足主題：透過爲了兄弟姊妹（水）犧牲（海）而獲得成長（木）。

針對木星主題的符號象徵分析

人生意義主題：因爲生活周邊（水）的事而對人生的意義（木）感到迷惘（海）。

異國文化主題：因爲對異國文化（木）的高度期盼（海）而展開學習旅程（水）。

針對海王星主題的符號象徵分析

願景主題：期盼（海）自己能夠說出（水）更有智慧（木）的話。

犧牲主題：一些日常平凡的想法（水）因爲放下和犧牲（海）而獲得更深刻的智慧（木）。

生活中可能的呈現（可能的議題）

這三個行星經常帶來個人經驗的擴張與成長，了解到世界的變換以及那些沒有形體、無法觸碰的事物所帶來的智慧。強硬相位的時候，這樣的組合可能帶來對於生活的高度期盼，特別是相關的星座、宮位等。如何實現這樣的理想，則建議從個案星盤的土星、火星、太陽等層面下手，找出執行的切入點。

C. 第四行星

金：個人的優點在於善良以及強列的包容性。

火：將有機會憑著熱忱追求心中的夢想。

土：不要害怕挫折，這將會使你有機會安穩地實現理想。

天：思想上的自由不受限制，對個人來說極爲重要。

冥：對於一些不能執行的理想的缺點有著洞悉能力。

凱：無邊無際、無拘無束並不是個人生活的理想狀態。

水木冥

A. 行星象徵

水：手足（sibling）、鄰居（neighbour）、學生（student）、商人

（merchant）、訊息（message）、書信（letter）、語言（language）、鄰近地區（local area）、溝通（communication）、學習（study）、旅行（traveling）、交易（trading）、分析（analyse）。

木：信仰（believe）、宗教（religion）、人生意涵（life meaning）、擴張（expansion）、寬廣（broad）、成長（growth）、冒險（adventure）、接納（accept）、調節（adjustment）、希望（hope）、自由（freedom）、高等教育（higher education）、異國文化（foreign culture）。

冥：黑暗（darkness）、隱藏（hidden）、掩埋（buried）、危機（crisis）、恐懼（fear）、控制（control）、挖掘（digging）、調查（investigation）、研究（research）、洞悉（insight）、死亡（death）、重生（rebirth）。

B. 不同行星主題的考量

針對水星主題的符號象徵分析

商業主題：從隱藏的事物（冥）之中看見商業（水）利益（木）。

分析主題：分析（水）信仰信念與宗教（木）對人的無形影響（冥）。

針對木星主題的符號象徵分析

擴張主題：與恐懼危機（冥）有關的訊息（水）的擴散（木）。

信仰主題：深入調查（冥）信仰（木）如何在人群中傳播（水）。

針對冥王星主題的符號象徵分析

極端主題：透過溝通與訊息（水）獲得極端（冥）的利益（木）。

危機主題：危機（冥）之中的交易（水）可獲得利益（木）。

生活中可能的呈現（可能的議題）

許多占星師認爲木星與冥王象徵著巨大的財富，那只是這兩個行星組合所帶來的眾多可能性之一。但我也鼓勵占星師與個案從利益的角度來看待，不過這些利益並不全然是有形的財富，因爲木星所象徵的好處也可能是精神的成長。水星象徵著周邊的事物，而冥王星更是具有隱藏或危機的特質，也就是說，這些所謂的財富利益將出現在生活周遭，但是不容易看見或者伴隨著危機出現。

C. 第四行星

金：應用溝通與洞悉能力等社交技巧以獲得個人的利益。

火：在對抗危機挑戰之中明瞭人生的智慧。

土：困境與危機伴隨著利益或智慧個案是否有勇氣面對挑戰。

天：洞悉自由不受約束可能帶來的威脅。

海：明瞭宗教、信仰與媒體如何透過訊息左右整個社會。

凱：童年的不愉快經歷帶來對人信任的議題。

水木凱

A. 行星象徵

水：手足（sibling）、鄰居（neighbour）、學生（student）、商人（merchant）、訊息（message）、書信（letter）、語言（language）、鄰近地區（local area）、溝通（communication）、學習（study）、旅行（traveling）、交易（trading）、分析（analyse）。

木：信仰（believe）、宗教（Religion）、人生意涵（life meaning）、擴張（expansion）、寬廣（broad）、成長（growth）、冒險（adventure）、接納（accept）、調節（adjustment）、希望（hope）、自由（freedom）、高等教育（higher education）、異國文化（foreign culture）。

凱：傷痛（wound）、療癒（healing）、修理（fix）、拋棄（abandon）、認養（adopt）、排擠（exclusion）、導師（mentor）、薩滿（shaman）、照顧者

（caretaker）、病人（patient）、受害者（victim）、局外人（outsider）、弱勢族群（minority group）。

B. 不同行星主題的考量

針對水星主題的符號象徵分析

溝通主題：透過不同文化（木）的交流與溝通（水）獲得療癒（凱）。

旅行主題：在更高層次（木）的教育機構學習（水）並學得與修理、療癒有關的專業技能（凱）。

針對木星主題的符號象徵分析

成長主題：書寫（水）成長（木）所經歷的傷痛（凱）。

釋放主題：透過溝通（水）獲得過去傷痛（凱）的釋放（木）與療癒。

針對凱龍主題的符號象徵分析

薩滿主題：學習了解（水）原始信仰有關的薩滿巫術（凱）而獲得更寬廣（木）的視野。

弱勢族群主題：透過交流溝通（水）爭取弱勢族群（凱）的福利（木）。

生活中可能的呈現（可能的議題）

凱龍所暗示的傷痛可能帶來個案對自由、成長、擴張與未來等主題的懷疑，進而呈現拒絕改變的態度，透過水星的傳遞交流與學習，家族過去的故事或許可以找到原因，並幫助個案成長。水星、凱龍也可能暗示著言語學習或兄弟姊妹帶來的傷痛，透過木星的信仰與高等教育提升眼界而獲得釋懷。

C. 第四行星

金：去探索家族的傷痛以療癒情感與人際關係的傷痛。

火：在不顧一切的冒險與拒絕走出自己世界的兩極態度中找到更棒的方式。

土：明瞭成長可能帶來的危險與停滯所衍生的危機之後，找出適當的應對生活方式。

天：自由與不受約束的背後，可能暗示著孤獨的傷痛可透過溝通書寫獲得釋懷。

海：仁慈與善良可能遭到背叛與利用，進而改變對人的信任態度

冥：可能因爲信任權力而被傷害，同樣地也可能創造利益。

水土

多數人認爲土星與水星的相位象徵著言語溝通學習上的困難，土星的緩慢與謹慎與水星的靈活多變性質不調和，當他們產生相位時，的確可能帶來不靈活的感受，但這並不全是壞事。土星象徵著謹慎、嚴肅與訓練，這一組相位可以發揮在專業性的學習，強調實際與謹慎的思維，以及計劃的落實。土星也象徵著專業與權威，這些都不是在短時間之內可以完成，失敗與挫折也經常是專業與權威的必經過程之一。

水土天

A. 行星象徵

水：手足（sibling）、鄰居（neighbour）、學生（student）、商人（merchant）、訊息（message）、書信（letter）、語言（language）、鄰近地區（local area）、溝通（communication）、學習（study）、旅行（traveling）、交易（trading）、分析（analyse）。

土：踏實（practical）、實際（reality）、保護（protection）、定義（definition）、界線（boundary）、限制（restraint）、蕭條（depression）、

壓力（stress）、擔憂（worried）、困難（difficulty）、訓練（training）、時間（time）、權威（authority）、實現（implement）。

天：改變（changing）、革命（revolution）、科技（technique）、未來（future）、反對（against）、切割（cut）、距離疏遠（distancing）、冷漠（cold）、突然的（suddenly）、驚訝（surprise）、自由（freedom）、核能（nuclear）。

b. 不同行星主題的考量

針對水星主題的符號象徵分析

溝通主題：在傳統（土）與創新（天）之間扮演溝通（水）的橋樑。

學習主題：以嚴肅（土）的態度學習科技（天）。

針對土星主題的符號象徵分析

擔憂主題：擔憂（土）科技（天）對學生們（水）的影響。

專業主題：成爲通訊（水）科技（天）的專業權威 。

針對天王星主題的符號象徵分析

反對主題：因爲擔憂（土）而對許多事情抱持著反對（土）的意見（水）。

切割主題：與舊時代（土）的思想（水）做徹底的切割（天）。

生活中可能的呈現（可能的議題）

土星與天王的相對特質包括了新舊之爭，開放自由與安全保守的不同考量。不可忽略的是，這兩個行星都有疏遠冷漠的特色，可能帶來溝通上的冷漠態度。但水星作爲溝通的行星，這一個組合最大的作用是，可以在不同的觀點之中來回串連達到交流的目的，或是在創新的科技之中成爲權威，但過程並不輕鬆。

C. 第四行星

金：認爲事物的理想的狀態是兼具傳統與創新。

火：建議以持續不懈的溝通、思考與行動取代憤怒與急躁。

木：對外界社會的觀察敏銳，可在不同的族群之中扮演溝通者。

海：能夠在理想與計劃之中找到可行與不可行的地方。

冥：用謹慎思考的方式面對時代的劇烈變化。

凱：長期陷於兩難的考量之下，找出謹慎卻又能創新的思考途徑。

水土海

A. 行星象徵

水：手足（sibling）、鄰居（neighbour）、學生（student）、商人（merchant）、訊息（message）、書信（letter）、語言（language）、鄰近地區（local area）、溝通（communication）、學習（study）、旅行（traveling）、交易（trading）、分析（analyse）。

土：踏實（practical）、實際（reality）、保護（protection）、定義（definition）、界線（boundary）、限制（restraint）、蕭條（depression）、壓力（stress）、擔憂（worried）、困難（difficulty）、訓練（training）、時間（time）、權威（authority）、實現（implement）。

海：影像（image）、願景（vision）、幻覺（illusion）、想像（imagination）、無形（intangible）、融合（merge）、偉大（great）、消失（disappear）、犧牲（scarify）、補償（redemption）、虛弱（weak）、病毒（virus）、上癮（addiction）、超越（transcend）。

B. 不同行星主題的考量

針對水星主題的符號象徵分析

兄弟姊妹主題：與兄弟姊妹（水）之間的關係為了實現願景（海）而更為牢固（土）。

分析主題：以謹慎的（土）態度去思考（水）如何實現夢想（海）。

針對土星主題的符號象徵分析

謹慎主題：對於天馬行空（海）的言語（水）感到警戒（土）。

權威主題：對美好願景（海）的言語（水）的控制影響力（土）。

針對海王星主題的符號象徵分析

美好主題：美化（海）了權威（土）所說的話（水）。

超越主題：超越（海）言語文字（水）的限制（土）。

生活中可能的呈現（可能的議題）

土星與海王星有著截然不同的特質，海王星虛幻而土星實際，這一組相位可能經常與美夢破滅有關，但我們可以利用土星的實踐力量來建構夢想；與水星的關係則是將這樣實現美夢的力量投注到言語、學習、書寫、與兄弟姊妹鄰近人事物的關係上。在人際互動與社群互動上，將有可能因為自身或他人的願景而帶來控制與自由行動的衝突。

C. 第四行星

金：在實際的實現夢想之後獲得利益與名聲。

火：謹慎勇敢的去分析如何實現夢想。

木：靈活有自信地在侷限的環境中實現夢想。

天：客觀謹慎地實現與他人不同的夢想。

冥：因身邊發生不愉快的遭遇而對權威採取謹慎的態度。

凱：在既不願意放棄夢想又不願意冒險時，你該怎麼處理？

水土冥

A. 行星象徵

水：手足（sibling）、鄰居（neighbour）、學生（student）、商人（merchant）、訊息（message）、書信（letter）、語言（language）、鄰近地區（local area）、溝通（communication）、學習（study）、旅行（traveling）、交易（trading）、分析（analyse）。

土：踏實（practical）、實際（reality）、保護（protection）、定義（definition）、界線（boundary）、限制（restraint）、蕭條（depression）、壓力（stress）、擔憂（worried）、困難（difficulty）、訓練（training）、時間（time）、權威（authority）、實現（implement）。

冥：黑暗（darkness）、隱藏（hidden）、掩埋（buried）、危機（crisis）、恐懼（fear）、控制（control）、挖掘（digging）、調查（investigation）、研究（research）、洞悉（insight）、死亡（death）、重生（rebirth）。

B. 不同行星主題的考量

針對水星主題的符號象徵分析

言語主題：以恐懼（冥）的態度談論（水）陌生或古老的（土）事物。。

學習主題：嚴謹地（土）去探索學習（水）那些沒有被看見（冥）的事物

針對土星主題的符號象徵分析

權威主題：與權威之間（土）有著不被他人注意到的祕密（冥）協定（水）。

定義主題：去定義（土）那些沒有被意識到（冥）的想法（水）。

針對冥王星主題的符號象徵分析

洞悉主題：洞悉（冥）防衛式（土）言語（水）背後的憂慮。

重生主題：謹慎的（土）建構東山再起（冥）的計畫（水）。

生活中可能的呈現（可能的議題）

土星冥王的組合經常令人感到強烈的擔憂，經常被當作是許多不幸事物的象徵，宿命般的阻擾等等。與權威的關係、恐懼、命運等主題在個案生活當中被強調。但這一組相位也可以是探索隱藏事物的工具，以及對抗恐懼壓力的能力。當與水星產生相位時，言語、思考以及對鄰近人事物的態度可能帶來那種宿命般的困擾，或者可以作爲探索隱藏事物的最佳工具。

C. 第四行星

金：與權威私下的協議保護自身的利益。

火：以謹慎祕密的靈活行動來達成目標。

木：思考、研究權力、恐懼等社會運作背後沒被注意到的事物。

天：以嚴謹的態度去研究時代劇烈變化背後的因素。

海：對於神祕的事物感到恐懼進而研究探索。

凱：以言語文字表述自身的體驗，去療癒那些遭受權威迫害的傷痛。

水土凱

A. 行星象徵

水：手足（sibling）、鄰居（neighbour）、學生（student）、商人（merchant）、訊息（message）、書信（letter）、語言（language）、鄰近地區（local area）、溝通（communication）、學習（study）、旅行（traveling）、交

易（trading）、分析（analyse）。

土：踏實（practical）、實際（reality）、保護（protection）、定義（definition）、界線（boundary）、限制（restraint）、蕭條（depression）、壓力（stress）、擔憂 worried）、困難（difficulty）、訓練（training）、時間（time）、權威（authority）、實現（implement）。

凱：傷痛（wound）、療癒（healing）、修理（fix）、拋棄（abandon）、認養（adopt）、排擠（exclusion）、導師（mentor）、薩滿（shaman）、照顧者（caretaker）、病人（patient）、受害者（victim）、局外人（outsider）、弱勢族群（minority group）。

B. 不同行星主題的考量

針對水星主題的符號象徵分析

溝通主題：透過溝通（水）療癒過去（土）所帶來的傷痛（凱）。

兄弟姊妹主題：以實際的（土）態度面對兄弟姊妹（水）所帶來的困窘（凱）。

針對土星主題的符號象徵分析

權威主題：權威（土）的聲明（水）療癒傷痛（凱）或帶來傷痛（凱）。

壓力主題：因爲壓力（土）而帶來言語表達（水）上的困窘（凱）。

針對凱龍主題的符號象徵分析

療癒主題：成爲治療（凱）學習與表達困難（水）的權威（土）。

弱勢族群主題：成爲政府（土）與受害弱勢族群（凱）的溝通媒介（水）。

生活中可能的呈現（可能的議題）

在生活中，這一組圖形相位組合的議題可能學會如何面對言語、學習當中的困難，而不是完全忽視或完全地被這些困難限制。與兄弟姊妹鄰居還有同學之間的關係可能因爲權威議題、保護議題而無法順暢的交流，強烈的感受到自己成爲親友之間的局外人。透過學習表達書寫而展開療癒自我及幫助他人的過程。

C. 第四行星

金：粉飾太平的言語可能帶來更多的困擾。

火：因爲激烈的言詞或行動而受到龐大的壓力。

木：因不同的理念的交流而獲得傷痛的療癒。

天：因爲過去的傷痛而對權威採取明顯的抗拒態度。

海：事物是否能夠被信任、掌握，成爲人生重要的影響關鍵。

冥：探索內心之中沒有被意識到的話語。

水天

從思考與學習的層面來看，水星與天王象徵著不同觀點所帶來的刺激，帶來具有開創性的想法。在關係上則象徵著與兄弟姊妹、鄰居、親友的疏離態度。水星的移動以及交流上，可能暗示著一些不停歇或者突發的行動狀態。

水天海

A. 行星象徵

水：手足（sibling）、鄰居（neighbour）、學生（student）、商人（merchant）、訊息（message）、書信（letter）、語言（language）、鄰近地區（local area）、溝通（communication）、學習（study）、旅行（traveling）、交易（trading）、分析（analyse）。

天：改變（Changing）、革命（Revolution）、科技（Technique）、未來

（Future）、反對（Against）、切割（Cut）、距離疏遠（distancing）、冷漠（cold）、突然的（Suddenly）、驚訝（Surprise）、自由（Freedom）、核能（Nuclear）。

海：影像（image）、願景（vision）、幻覺（illusion）、想像（imagination）、無形（intangible）、融合（merge）、偉大（great）、消失（disappear）、犧牲（scarify）、補償（redemption）、虛弱（weak）、病毒（virus）、上癮（addiction）、超越（transcend）。

B. 不同行星主題的考量

針對水星主題的符號象徵分析

學習主題：學習（水）與藝術或化學（海）有關的新技術（天）。

交流主題：帶來了爲了夢想（海）而改革（天）的訊息（水）。

針對天王星主題的符號象徵分析

啓發主題：受到夢中（海）訊息（水）的啓發（天）。

反對主題：反對（土）不切實際（海）的言論（水）。

針對海王星主題的符號象徵分析

熱忱主題：非常熱情（海）的發表對於改革（天）的言論（水）。

願景主題：描述（水）著未來（天）的願景（海）。

生活中可能的呈現（可能的議題）

天王與海王往往涉及著超越個人生活層面的議題，天王的改變與反對，海王的夢想願景與熱忱，引導人們打破現況的限制，水星則暗示著個案學習溝通這些資訊。也因此，在個案的生活之中可能透過科技、科學、藝術、影像、宗教、身心靈的啓發而有著更爲寬廣的視野。

C. 第四行星

金：社交生活當中充滿了開闊視野的言論。

火：以積極熱情的態度展開生活的改變。

木：書寫傳遞那些具有理想的改變觀念。

土：謹慎小心地面對熱情與一窩蜂的觀點。

冥：對於劇烈的改變帶有一些疑慮也容易洞察到問題。

凱：生活是在專注寬廣的宇宙以及日常生活所需之中取得均衡。

水天冥

A. 行星象徵

水：手足（sibling）、鄰居（neighbour）、學生（student）、商人（merchant）、訊息（message）、書信（letter）、語言（language）、鄰近地區（local area）、溝通（communication）、學習（study）、旅行（traveling）、交易（trading）、分析（analyse）。

天：改變（Changing）、革命（Revolution）、科技（Technique）、未來（Future）、反對（Against）、切割（Cut）、距離疏遠（distancing）、冷漠（cold）、突然的（Suddenly）、驚訝（Surprise）、自由（Freedom）、核能（Nuclear）。

冥：黑暗（Darkness）、隱藏（Hidden）、掩埋（Buried）、危機（Crisis）、恐懼（Fear）、控制（Control）、挖掘（Digging）、調查（investigation）、研究（research）、洞悉（insight）、死亡（death）、重生（rebirth）。

B. 不同行星主題的考量

針對水星主題的符號象徵分析

溝通主題：透過加密隱藏（冥）的科技（天）來溝通（水）。

商業主題：對抗（天）控制性（冥）的商業交易（水）。

針對天王星主題的符號象徵分析

啓發主題：受到神祕（冥）訊息（水）的啓發（天）。

獨立主題：對於表達（水）獨立（天）的想法感到恐懼（冥）。

針對冥王星主題的符號象徵分析

摧毀主題：認爲不同（天）的意見（水）可能具有毀滅性（冥）的影響。

死亡主題：對於死亡與事物的結束（冥）有著與眾不同（天）的見解（水）。

生活中可能的呈現（可能的議題）

天王星與冥王星都屬於世代行星，當兩個行星產生相位時，往往暗示著那幾年是一個重大的時代轉變時刻，而水星同時產生相位時，暗示著個案比起他人更容易察覺到這樣的劇烈改變，也可能在生活周遭受到這樣的時代轉變的明顯影響。例如意識到生活中被政府、財團、組織或他人無形的操控，轉而爭取或追求不同的生活方式。

C. 第四行星

金：受到時代的轉變影響而有了新的價值觀。

火：積極的宣傳並且參與改變時代的事物。

木：用寬廣的視野看待劇烈時代的變化。

土：小心謹慎地探究那些暗示著轉變的訊息。

海：將所洞悉時代的變化意涵透過藝術表達出來。

凱：因爲大環境的壓力而有著表達眞實自我的困擾。

水天凱

A. 行星象徵

水：手足（sibling）、鄰居（neighbour）、學生（student）、商人（merchant）、訊息（message）、書信（letter）、語言（language）、鄰近地區（local area）、溝通（communication）、學習（study）、旅行（traveling）、交易（trading）、分析（analyse）。

天：改變（Changing）、革命（Revolution）、科技（Technique）、未來（Future）、反對（Against）、切割（Cut）、距離疏遠（distancing）、冷漠（cold）、突然的（Suddenly）、驚訝（Surprise）、自由（Freedom）、核能（Nuclear）。

凱：傷痛（Wound）、療癒（Healing）、修理（Fix）、拋棄（Abandon）、認養（adopt）、排擠（exclusion）、導師（mentor）、薩滿（shaman）、照顧者（caretaker）、病人（patient）、受害者（victim）、局外人（outsider）、弱勢族群（minority group）。

B. 不同行星主題的考量

針對水星主題的符號象徵分析

兄弟姊妹主題：與兄弟姊妹（水）之間的疏離（天）帶來傷痛（凱）。

語言主題：因爲言語表達（水）的困擾（凱）而與人疏離（天）。

針對天王星主題的符號象徵分析

未來主題：因爲過去傷痛（凱）而說出（水）對未來（天）感到悲觀的言論。

科技主題：探討科技（天）對人與人之間溝通（水）所帶來的傷害（凱）。

針對凱龍主題的符號象徵分析

療癒主題：透過言語或書寫（水）療癒（凱）冷漠（天）所帶來的傷痛。

局外人主題：因為反對（凱）的意見（水）而被親友所排擠（凱）成為局外人。

生活中可能的呈現（可能的議題）

首先我們必須注意到，凱龍的排擠、局外人主題與天王星的孤獨、獨立可能導致相同的狀態，也因此，這一組行星相位很可能暗示著與鄰居、親友、手足之間略微疏離的關係。無論傷痛是造成這樣疏離關係的原因或者結果，凱龍也都暗示著我們可以對此一狀況展開療癒，特別是透過書寫與談話的治療來幫助自己或別人。

C. 第四行星

金：與親友的疏離關係將影響個案對自我的評價。

火：對於不同的意見感到被羞辱與憤怒。

木：用更寬廣的視野看待自由與孤獨之間的關係。

土：透過談話來治療面對孤獨的不適應。

海：專注在個人獨立與依賴的生活議題上。

冥：認為生活周遭充滿了危機而離群索居。

水海

當水星受到海王星影響時，人們最容易注意到的是個案的思維不完全符合現代社會所崇尚的理性與邏輯，而在思考時以抽象、圖像、感覺、感受為主要的判斷標準。水海相位可能不會帶來非黑即白的判斷，但帶來更具有包容性的思維，與人的互動則有許多模糊界線可能造成誤會與困擾，特別在那些描繪美好夢想的時刻，從政治、宗教的宣傳洗腦，到商品販售、宣傳行銷或者情人的承諾等。

水海冥

A. 行星象徵

水：手足（sibling）、鄰居（neighbour）、學生（student）、商人（merchant）、訊息（message）、書信（letter）、語言（language）、鄰近地區（local area）、溝通（communication）、學習（study）、旅行（traveling）、交易（trading）、分析（analyse）。

海：影像（image）、願景（vision）、幻覺（illusion）、想像（imagination）、無形（intangible）、融合（merge）、偉大（great）、消失（disappear）、犧牲（scarify）、補償（redemption）、虛弱（weak）、病毒（virus）、上癮（addiction）、超越（transcend）。

冥：黑暗（Darkness）、隱藏（Hidden）、掩埋（Buried）、危機（Crisis）、恐懼（Fear）、控制（Control）、挖掘（Digging）、調查（investigation）、研究（research）、洞悉（insight）、死亡（death）、重生（rebirth）。

B. 不同行星主題的考量

針對水星主題的符號象徵分析

學習主題：學習研究（水）病毒（海）帶來的危機（冥）。

交易主題：爲了達成夢想（海）而進行一些檯面下（冥）的交易（水）。

針對海王星主題的符號象徵分析

消失主題：因爲危機或恐懼（冥）而失去（海）溝通（水）的能力或意願。

願景主題：透過學習探索（水）隱藏事物（冥）而發覺熱忱與願景（海）。

針對冥王星主題的符號象徵分析

意志力主題：因爲學習（水）的熱忱（海）帶來堅強的意志力（冥）。

挖掘著題：在失落或模糊（海）的言語（水）中挖掘眞相（冥）。

生活中可能的呈現（可能的議題）

在生活中，可能因爲一些沒有釐清的話語而遭到誤解或產生危機，在充滿熱忱的面對一些協議合約或者重要人際互動時，或許需要更爲謹愼並尋求專業協助。有些時候也可能因爲一些熱情夢想的主張（例如因爲宗教或某些信念）可能讓當事人處於生活的危機狀態，但相對地也可能有能力洞悉那些充滿迷惑力量言論背後的眞相。

C. 第四行星

金：注意人際關係之中可能出現的黑函、醜聞與脅迫。

火：藝術與夢想可能帶來更爲強大的生存意志力。

木：有能力看清一些虛假的善意。

土：保護自己不受祕密與流言的脅迫。

天：研究神祕事務而帶來截然不同的生活。

凱：可能因爲狂熱的信念而帶來傷痛。

水海凱

A. 行星象徵

水：手足（sibling）、鄰居（neighbour）、學生（student）、商人（merchant）、訊息（message）、書信（letter）、語言（language）、鄰近地區（local area）、溝通（communication）、學習（study）、旅行（traveling）、交

易（trading）、分析（analyse）。

海：影像（image）、願景（vision）、幻覺（illusion）、想像（imagination）、無形（intangible）、融合（merge）、偉大（great）、消失（disappear）、犧牲（scarify）、補償（redemption）、虛弱（weak）、病毒（virus）、上癮（addiction）、超越（transcend）。

凱：傷痛（Wound）、療癒（Healing）、修理（Fix）、拋棄（Abandon）、認養（adopt）、排擠（exclusion）、導師（mentor）、薩滿（shaman）、照顧者（caretaker）、病人（patient）、受害者（victim）、局外人（outsider）、弱勢族群（minority group）。

B. 不同行星主題的考量

針對水星主題的符號象徵分析

兄弟姊妹主題：因為兄弟姊妹（水）身心狀況的虛弱（海）而展開療癒（凱）之旅。

言語主題：因為虛幻模糊（海）的言語（水）而受到傷害（凱）。

針對海王星主題的符號象徵分析

願景主題：對於描繪美好願景（海）的言語（水）感到傷痛警戒（凱）。

同理心主題：透過同理（海）他人的言語（水）帶來傷痛的療癒（凱）。

針對凱龍主題的符號象徵分析

局外人主題：因為宗教信仰或藝術喜好（海）而在鄰里同事（水）之間成為身分特殊的人（凱）。

窘困主題：因美麗夢幻（海）的言語（水）可能帶來的困窘或療癒（凱）感受。

生活中可能的呈現（可能的議題）

水海的相位經常被人描述為美麗夢幻的言語，有時也指向謊言，例如在前面水海相位時提到的美好夢想的描繪，宣傳洗腦與美麗的承諾。而凱龍的加入可能暗示著因為這些夢幻而受到傷害，但我們也不能忽略凱龍的治療能力，可能是以同理心的言語帶來療癒的效果。

C. 第四行星

金：對於周邊的事物抱有高標準的期盼而感到失落。

火：因為衝動所說出的話可能帶來進退兩難的窘境。

木：那些看似美好善意的事物可能觸動傷痛。

土：透過經驗與考驗更有能力不卑不亢的面對生活周遭的事物。

天：對於主張或信仰抱持著不同的觀點而受到傷害。

冥：以書寫言語去療癒權力（暴力）迫害下的受害者。

水冥

水星、冥王可能暗示著透過言語文字而帶來影響力，或者深入鑽研語言文字的內容，特別是那些不被人所理解的言語文字，可能是密碼暗語、已經無人使用的古老語言或者不被人了解的話語（夢話、囈語）。這組相位也可能暗示著與周圍人事關係的重要性，通常透過緊張或緊密的特質呈現，或許是不愉快的對峙脅迫，或者是因為危機而緊密相依的家人親友。

水冥凱

A. 行星象徵

水：手足（sibling）、鄰居（neighbour）、學生（student）、商人

（merchant）、訊息（message）、書信（letter）、語言（language）、鄰近地區（local area）、溝通（communication）、學習（study）、旅行（traveling）、交易（trading）、分析（analyse）。

冥：黑暗（Darkness）、隱藏（Hidden）、掩埋（Buried）、危機（Crisis）、恐懼（Fear）、控制（Control）、挖掘（Digging）、調查（investigation）、研究（research）、洞悉（insight）、死亡（death）、重生（rebirth）。

凱：傷痛（Wound）、療癒（Healing）、修理（Fix）、拋棄（Abandon）、認養（adopt）、排擠（exclusion）、導師（mentor）、薩滿（shaman）、照顧者（caretaker）、病人（patient）、受害者（victim）、局外人（outsider）、弱勢族群（minority group）。

B. 不同行星主題的考量

針對水星主題的符號象徵分析

溝通主題：透過溝通（水）療癒（凱）那些內心之中的恐懼（冥）。

旅行主題：在旅行（水）之中發現被隱藏的真相（冥）感到傷痛卻也獲得療癒（凱）。

針對冥王星主題的符號象徵分析

生存主題：與兄弟姊妹（水）共同經歷生存危機（冥）所帶來的傷痛與療癒（凱）。

洞悉主題：洞悉（冥）學習或言語表達（水）困擾（凱）背後的原因。

針對凱龍主題的符號象徵分析

拋棄主題：家族內存在著被拋棄（凱）的子女手足（水）所帶來的隱藏恐懼（冥）。

認養照顧主題：認養照顧（凱）那些受到迫害或有生存困難（冥）的幼童（水）。

生活中可能的呈現（可能的議題）

冥王與凱龍都暗示著有著一些較不能被察覺的困境影響與限制，且多半這樣的議題隱藏在家族之中，需要當事人用漫長的時間去挖掘並且展開療癒。在當事人沒有意識與察覺的情況之下，這樣的組合往往會在手足、童年、學習、表達、交通、交易議題上命運般阻擾的無奈來呈現，直到當事人意識到這樣的長遠影響並且展開療癒。

C. 第四行星

金：言語或學習上的困擾影響了自己的自我評價。

火：對於言語的傷害感到極度憤怒。

木：與手足之間容易有著信任造成傷痛的議題。

土：生活中透過不同的態度展現強烈的自我保護特質。

天：積極的鼓吹進行徹底的社會改革。

海：許多誤解帶來了宿命般的犧牲傷痛。

金星圖形相位

金火

金星與火星的相位暗示著我們面對所喜愛的人、事、物的態度，我們如何去追求、爭取這些東西。金星幫助我們判定價值與喜愛的程度，幫助我們發揮魅力吸引他們過來，火星進一步地幫助我們呈現自我的優點長處，並給予動力追求。兩個性質相對的行星，金星一方面弱化火星的衝動，並帶來社交手腕去達成目標，火星一方面帶來動力刺激行動，卻也降低了金星的優雅輕鬆。

金火木

A. 行星象徵

金：女性（female）、美麗（beauty）、娛樂（entertaiment）、藝術（art）、美學（aesthetics）、金錢（money）、財物（finance）、價值（value）、自我價值（self esteem）、生產（reproduction）、外交（diplomatic）、大使（ambassador）、溫和（mildness）、和平（peaceful）、甜美（sweetness）。

火：行動（action）、攻擊（attack）、對抗（against）、刺激（stimulate）、加速（assertion）、加劇（aggressive）、憤怒（anger）、敏感（sensitive）、生存議題（survival issue）、自我呈現（self expression）、性與繁衍（sex and reproduce）。

木：信仰（believe）、宗教（Religion）、人生意涵（life meaning）、擴張

（expansion）、寬廣（broad）、成長（growth）、冒險（adventure）、接納（accept）、調節（adjustment）、希望（hope）、自由（freedom）、高等教育（higher education）、異國文化（foreign culture）。

B. 不同行星主題的考量

針對金星主題的符號象徵分析

自我價值主題：將他人對你的信任（木）程度當作是自我價值（金）的評判，並因此感到敏感（火）。

喜愛主題：喜歡（金）那些帶有熱情刺激（火）的異國文化事物（木）。

針對火星主題的符號象徵分析

刺激主題：容易受到異國文化（木）與價值觀（金）的刺激而有激烈（火）的反應。

自我呈現主題：非常賣力（火）地呈現出自己的眼界寬廣（木）與個人魅力（金）。

針對木星主題的符號象徵分析

信念主題：認爲自己的信仰（木）有重要的價值（金）並積極的推廣（火）。

擴張主題：在金錢財物（金）上有著侵略性（火）的擴張（木）的行動。

生活中可能的呈現（可能的議題）

爲生命中美好的事物感到激動，樂於追求所期盼的未來，也會保護生命中喜愛的人事物。生活中的喜好與興趣可能相當廣泛，對於帶有異國特質的事物特別有興趣，也可能是對於學術、哲理、信仰的熱愛。在追求所喜歡的事物時可能因爲緊張或激動而有誇張的表現。

C. 第四行星

土：對於追求美好事物感到遲疑，需要時間來完成。

天：在情感世界與所喜愛的事物中徹底改變自己的人生觀。

海：爲了建立美好的社會的夢想而積極努力。

冥：在美麗和諧的情況中看見危機。

凱：情感世界的議題可能與對人的信任有著密切關聯。

金火土

A. 行星象徵

金：女性（female）、美麗（beauty）、娛樂（entertaiment）、藝術（art）、美學（aesthetics）、金錢（money）、財物（finance）、價值（value）、自我價值（self esteem）、生產（reproduction）、外交（diplomatic）、大使（ambassador）、溫和（mildness）、和平（peaceful）、甜美（sweetness）。

火：行動（action）、攻擊（attack）、對抗（against）、刺激（stimulate）、加速（assertion）、加劇（aggressive）、憤怒（anger）、敏感（sensitive）、生存議題（survival issue）、自我呈現（self expression）、性與繁衍（sex and reproduce）。

土：踏實（practical）、實際（reality）、保護（protection）、定義（definition）、界線（boundary）、限制（restraint）、蕭條（depression）、壓力（stress）、擔憂（worried）、困難（difficulty）、訓練（training）、時間（time）、權威（authority）、實現（implement）。

B. 不同行星主題的考量

針對金星主題的符號象徵分析

喜愛主題：對於追逐（火）自己喜愛（金）的人事物總是感到阻礙（土）。

金錢主題：謹慎（火）的去爭取（火）財富與利益（金）。

針對火星主題的符號象徵分析

保護主題：透過與權威（土）建立良好關係（金）來保護自我（火）。

憤怒主題：對具有強烈保護色彩（土）的愛意（金）感到憤怒（火）。

針對土星主題的符號象徵分析

實現主題：積極（火）地去實現（土）自我的美學與藝術（金）。

權威主題：成爲追求（火）財富利益（金）的權威（土）。

生活中可能的呈現（可能的議題）

火星、土星暗示著除非謹慎地採取行動追求所喜歡的人事物，否則個案相當容易在情感、金錢與社交關係之中感受到阻礙與挫折。火星的衝動不喜歡土星的謹慎，會視其爲干擾，也因此有這樣組合的個案很可能需要花更多的時間或更爲謹慎的態度在金錢、喜好、情感與人際關係之中。許多人注意到火星具有攻擊性，但忽略了這樣的攻擊與增進個人生存機會有關，也可以是一種自我保護，當與同樣象徵保護議題的土星產生相位時，可以強調個人的保護特質。

C. 第四行星

木：在追逐事物的過程之中謹慎卻也不失去自信。

天：情感的世界可能充滿了不同世代觀點的衝突。

海：對於實踐內心當中的美感與藝術充滿了行動力與毅力。

冥：堅強的在困苦與具有挑戰的環境之中保護喜愛的人事物。

凱：權威的壓抑與控制，對情感生活與自我價値帶來嚴重的困擾。

金火天

A. 行星象徵

金：女性（female）、美麗（beauty）、娛樂（entertaiment）、藝術（art）、美學（aesthetics）、金錢（money）、財物（finance）、價值（value）、自我價值（self esteem）、生產（reproduction）、外交（diplomatic）、大使（ambassador）、溫和（mildness）、和平（peaceful）、甜美（sweetness）。

火：行動（action）、攻擊（attack）、對抗（against）、刺激（stimulate）、加速（assertion）、加劇（aggressive）、憤怒（anger）、敏感（sensitive）、生存議題（survival issue）、自我呈現（self expression）、性與繁衍（sex and reproduce）。

天：改變（changing）、革命（revolution）、科技（technique）、未來（future）、反對（against）、切割（cut）、距離疏遠（distancing）、冷漠（cold）、突然的（suddenly）、驚訝（surprise）、自由（freedom）、核能（nuclear）。

B. 不同行星主題的考量

針對金星主題的符號象徵分析

財富主題：利用突如其來（天）的行動（火）帶來財富（金）。

女性主題：強調獨立（天）與勇敢（火）的女性身分（金）。

針對火星主題的符號象徵分析

生存主題：為求生存（火）而改變（天）與周遭的關係（金）。

自我呈現主題：積極地呈現（火）出自己與眾不同（天）的美（金）。

針對天王星主題的符號象徵分析

距離主題：與積極（火）表現出友善（金）或積極追求的人保持距離（天）。

改變主題：在追求（火）自己所喜歡（金）的人事物的過程當中突然改變方向（天）。

生活中可能的呈現（可能的議題）

如果金星、火星產生的相位，與他們所在的星座宮位相位象徵著我們所追求或爭取所喜歡的人、事、物的態度，那麼天王星的介入可替這個過程帶來許多刺激與轉折。我們不能預期在爭取的過程中平平穩穩，卻可以期待刺激多變，突然的改變或終止，這或許被許多人視爲不順利的象徵，但追求的過程摻雜著人生的重大轉變，不一定是不幸，或許我們終可接受與眾不同眞實的自我。

C. 第四行星

木：在情感生活中對於自由與個人生活空間有重要的考量。

土：以謹愼的方式去追求未知領域所能帶來的財富。

海：若即若離的混淆狀態可能困擾著情感生活。

冥：情感生活容易受到外界重大改變的影響。

凱：距離遠近的拿捏將是個人在情感生活上需要注意的事情。

金火海

A. 行星象徵

金：女性（female）、美麗（beauty）、娛樂（entertaiment）、藝術（art）、美學（aesthetics）、金錢（money）、財物（finance）、價

值（value）、自我價值（self esteem）、生產（reproduction）、外交（diplomatic）、大使（ambassador）、溫和（mildness）、和平（peaceful）、甜美（sweetness）。

火：行動（action）、攻擊（attack）、對抗（against）、刺激（stimulate）、加速（assertion）、加劇（aggressive）、憤怒（anger）、敏感（sensitive）、生存議題（survival issue）、自我呈現（self expression）、性與繁衍（sex and reproduce）。

海：影像（image）、願景（vision）、幻覺（illusion）、想像（imagination）、無形（intangible）、融合（merge）、偉大（great）、消失（disappear）、犧牲（scarify）、補償（redemption）、虛弱（weak）、病毒（virus）、上癮（addiction）、超越（transcend）。

B. 不同行星主題的考量

針對金星主題的符號象徵分析

自我價值主題：對於是否該採取追求（火）喜歡（金）人事物的行動感到混淆（海）。

喜愛主題：對於所喜愛（金）的事物展開狂熱（海）的追求（火）。

針對火星主題的符號象徵分析

敏感主題：對於無法掌握（海）的情感（金）感到敏感憤怒。

生存議題：對於喜愛（金）人事物的憧憬（海）加強生存（火）的動機。

針對海王星主題的符號象徵分析

犧牲主題：在追求（火）喜歡（金）的人事物過程中犧牲（海）會是一個重要的主題。

補償主題：以愛（金）來彌補（海）過去的傷害（火）。

生活中可能的呈現（可能的議題）

這一組相位可能在情感、興趣喜好社交生活之中帶來強烈的影響，許多時候人們關注在海王星的模糊、與曖昧的層面，這可能引發許多誤會或犧牲，但是海王星也可以用在同理、包容、展現其偉大的精神；另一種較少被提及的是海王星可能帶來狂熱的動力，將這樣的狂熱展現在所喜歡的事物上。許多人也認爲海王星強調精神性，事實上海王星的狂熱追逐也經常突顯在物質層面上。

C. 第四行星

木：狂熱的追逐理想，可以是探索精神世界的完美，也可以是追求物質世界的豐盛。

土：追求理想的過程中勢必有些挫折，卻讓結果更接近完美。

天：在人生中逐步學會用清晰透徹且包容的態度來面對一切。

冥：在追逐的過程中明瞭那些我們不能改變的，並積極去改變我們所能影響的。

凱：在情感中劃清界線並不是無情的拒絕，接納也不是無區別的概括承受。

金火冥

A. 行星象徵

金：女性（female）、美麗（beauty）、娛樂（entertaiment）、藝術（art）、美學（aesthetics）、金錢（money）、財物（finance）、價值（value）、自我價值（self esteem）、生產（reproduction）、外交（diplomatic）、大使（ambassador）、溫和（mildness）、和平（peaceful）、甜美（sweetness）。

火：行動（action）、攻擊（attack）、對抗（against）、刺激（stimulate）、加速（assertion）、加劇（aggressive）、憤怒（anger）、敏感（sensitive）、生存議題（survival issue）、自我呈現（self expression）、性與繁衍（sex and reproduce）。

冥：黑暗（Darkness）、隱藏（Hidden）、掩埋（Buried）、危機（Crisis）、恐懼（Fear）、控制（Control）、挖掘（Digging）、調查（investigation）、研究（research）、洞悉（insight）、死亡（death）、重生（rebirth）。

B. 不同行星主題的考量

針對金星主題的符號象徵分析

情感主題：感情世界（金）中充滿追逐、刺激（火）、危機與意志力的展現（冥）。

金錢主題：透過檯面下（冥）的較勁對抗（火）取得金錢（金）。

針對火星主題的符號象徵分析

生存議題：對所愛（金）的人事物的執著（冥）而帶來強韌的生命力（火）。

敏感議題：對於情感（金）中所隱藏（冥）的祕密相當的敏感（火）。

針對冥王星主題的符號象徵分析

意志力主題：在追逐（火）財富（金）的過程中展現強韌的意志力（冥）。

恐懼主題：因爲恐懼（冥王）而不敢去追求（火）自己所喜愛（金）的事物。

生活中可能的呈現（可能的議題）

冥王星的強烈影響讓人們在情感、財富、個人價値的議題上顯得複雜，這些議題往往暗藏了許多祕密，且讓個案有著強烈的被命運所束縛的感受，因爲種種考量而不彰顯自身的意圖，或者放棄追逐自己喜歡的，就算是放棄也會在內心當中牢牢記住。需要經過人生的歷練，重新挖掘出自己眞正所要的是什麼，因爲只有戰勝恐懼，冥王星的強大力量才能幫助我們爭取、擁有並保護我們所愛的人事物。

C. 第四行星

木：洞悉能力、意志力與挑戰危機的勇氣將帶來利益。

土：十分在意自己是否能夠爭取到所喜歡的事物而嚴重影響到表現與生活態度。

天：在對抗不公平的事物中發現自身眞正的價值。

海：謹愼的將洞悉能力發揮在模糊與混淆的時刻帶來最大的利益。

凱：深深明瞭恐懼與權力對生活的影響而能帶來療癒。

金火凱

A. 行星象徵

金：女性（female）、美麗（beauty）、娛樂（entertaiment）、藝術（art）、美學（aesthetics）、金錢（money）、財物（finance）、價值（value）、自我價值（self esteem）、生產（reproduction）、外交（diplomatic）、大使（ambassador）、溫和（mildness）、和平（peaceful）、甜美（sweetness）。

火：行動（action）、攻擊（attack）、對抗（against）、刺激（stimulate）、加速（assertion）、加劇（aggressive）、憤怒（anger）、敏感（sensitive）、生存議題（survival issue）、自我呈現（self expression）、性與繁衍（sex and reproduce）。

凱：傷痛（wound）、療癒（healing）、修理（fix）、拋棄（abandon）、認養（adopt）、排擠（exclusion）、導師（mentor）、薩滿（shaman）、照顧者（caretaker）、病人（patient）、受害者（victim）、局外人（outsider）、弱勢族

群（minority group）。

B. 不同行星主題的考量

針對金星主題的符號象徵分析

自我價値主題：因爲自我價値（金）被傷害（凱）而感到憤怒（火）。

女性主題：因爲積極彰顯（火）自身的女性特質（金）而遭到羞辱（凱）。

針對火星主題的符號象徵分析

追逐主題：在追逐（火）所愛的事物（金）過程中療癒傷痛（凱）。

憤怒主題：在社交生活（金）之中被排擠（凱）而感到憤怒（火）。。

針對凱龍主題的符號象徵分析

傷痛與療癒主題：因爲愛（金）而療癒（凱）了無法表達出勇氣（火）的傷痛

導師主題：一位明瞭愛（金）與行動勇氣（火）的導師（凱）。

生活中可能的呈現（可能的議題）

在情感世界與金錢財富的議題上，凱龍暗示著過去的傷痛所帶來的困擾，使人沒有勇氣去爭取自己所喜歡的事物，凱龍的兩極特性也可能相對地讓人憤怒並不顧一切積極爭取所要的事物。這兩種態度都讓我們徹底去檢視所愛的事物爲何，並學會以適當的心態面對得到與得不到的事物並習得智慧。

C. 第四行星

木：在追逐喜愛的事物的過程當中，自信是成敗關鍵。

土：情感世界的議題深刻的與長輩還有權威有著密切的關聯。

天：客觀的態度可能被當作是對情感的冷淡與冷漠。

海：當慈悲與同理心開始對你帶來困擾時，適當的劃清界線是必要的。

冥：愛讓你看見內心的恐懼，也讓你有能力去療癒它。

金木

金星與木星在傳統占星的看法當中都是吉利的象徵，可以暗示著利益、幸運、愉快的事物等。暗示著當事人的價值觀與世界觀的結合，在情感上可能需要自由與寬廣的空間，在沒有意識到這個狀態時，可能也會帶來一些情感的困擾。此外與木星有關的異國文化、國際交流、海外、航空、高等教育等等可能與當事人的利益或情感有著密切的關連。

金木土

A. 行星象徵

金：女性（female）、美麗（beauty）、娛樂（entertaiment）、藝術（art）、美學（aesthetics）、金錢（money）、財物（finance）、價值（value）、自我價值（self esteem）、生產（reproduction）、外交（diplomatic）、大使（ambassador）、溫和（mildness）、和平（peaceful）、甜美（sweetness）。

木：信仰（believe）、宗教（religion）、人生意涵（life meaning、擴張（expansion）、寬廣（broad）、成長（growth）、冒險（adventure）、接納（accept）、調節（adjustment）、希望（hope）、自由（freedom）、高等教育（higher education）、異國文化（foreign culture）。

土：踏實（practical）、實際（reality）、保護（protection）、定義（definition）、界線（boundary）、限制（restraint）、蕭條（depression）、壓力（stress）、擔憂（worried）、困難（difficulty）、訓練（training）、時間

（time）、權威（authority）、實現（implement）。

B. 不同行星主題的考量

針對金星主題的符號象徵分析

價值主題：認為實用（土）的智慧（木）才有價值（金）。

情感主題：對於需要冒險（木）的情感（金）抱持懷疑的態度。

針對木星主題的符號象徵分析

人生意涵主題：認為人生（木）是在限制（土）的環境當中接受挑戰，並發覺自身的價值（金）。

自由主題：為了平和（金）的生活認為自由（木）也應該受到限制（土）。

針對土星主題的符號象徵分析

謹慎主題：謹慎地（土）面對那些受歡迎（金）的信念（木）。

困難主題：在情感與金錢（金）上要放手一搏（木）時容易遇到困難挑戰（土）。

生活中可能的呈現（可能的議題）

木星象徵著自由與開放的態度，土星象徵著保守與謹慎，個案可能在渴望自由時受到束縛，在面對安全時又感到無聊。木星與土星的相對性質，並不代表不可能融合，只是提醒我們，在面對情感、金錢或是社交生活時，個案不能自我設限也不能夠不顧一切。謹慎實際卻又抱持著希望去面對這些事情，但這也需要經驗的累積。

C. 第四行星

火：面對挑戰時，你所愛的與你所深信的事物會帶來勇氣。

天：在自由不受約束的同時也需要記住自己的責任。

海：去執行去實現夢想將會讓你看見人生的美好。

冥：在克服恐懼之後意志堅定的去追求你的幸福。

凱：因爲社會環境因素帶來自身價值的低落感受。

金木天

A. 行星象徵

金：女性（female）、美麗（beauty）、娛樂（entertaiment）、藝術（art）、美學（aesthetics）、金錢（money）、財物（finance）、價值（value）、自我價值（self esteem）、生產（reproduction）、外交（diplomatic）、大使（ambassador）、溫和（mildness）、和平（peaceful）、甜美（sweetness）。

木：信仰（believe）、宗教（religion）、人生意涵（life meaning）、擴張（expansion）、寬廣（broad）、成長（growth）、冒險（adventure）、接納（accept）、調節（adjustment）、希望（hope）、自由（freedom）、高等教育（higher education）、異國文化（foreign culture）。

天：改變（changing）、革命（revolution）、科技（technique）、未來（future）、反對（against）、切割（cut）、距離疏遠（distancing）、冷漠（cold）、突然的（suddenly）、驚訝（surprise）、自由（freedom）、核能（nuclear）。

B. 不同行星主題的考量

針對金星主題的符號象徵分析

情感主題：自由（木）與獨立（天）是情感生活（金）的重要議題。

價值主題：透過與眾不同（天）的方式增進（木）自己的價值（金）。

針對木星主題的符號象徵分析

包容主題：包容（木）接納不同的（天）感情觀（金）。

成長主題：成長（木）的過程當中接觸到許多相當不同（天）的價值觀（金）。

針對天王星主題的符號象徵分析

自由主題：在社群（金）中因為自由（木）的態度而與眾人產生距離（天）。

改變主題：因為情感（金）而徹底改變（天）自己的生活信念（木）。

生活中可能的呈現（可能的議題）

天王星與木星替感情世界當中帶來了自由與獨立的特質，在當事人沒有察覺的情況下，很可能透過投射在他人身上展開學習自我的旅程，可能喜歡上性格較為自由獨立的人，或是喜歡上因為種種狀況而給予自己許多獨處時刻的人，並從中了解自由與獨立在生活中的重要性。與眾不同的價值觀以及社交生活態度也經常在這一組圖形相位當中出現。

C. 第四行星

火：奔放與自由的態度成為情感、財務與生活信念的特色。

土：徘徊在謹慎保守與冒險之間，透過生活歷練才能抓準時機。

海：溫和的推動生活當中的重要思想改變。

冥：能夠在劇烈的變動之中洞悉爭取利益的最佳時刻。

凱：療癒家庭與情感上因為距離而產生的傷痛。

金木海

A. 行星象徵

金：女性（female）、美麗（beauty）、娛樂（entertaiment）、藝術（art）、美學（aesthetics）、金錢（money）、財物（finance）、價值（value）、自我價值（self esteem）、生產（reproduction）、外交（diplomatic）、大使（ambassador）、溫和（mildness）、和平（peaceful）、甜美（sweetness）。

木：信仰（believe）、宗教（Religion）、人生意涵（life meaning）、擴張（expansion）、寬廣（broad）、成長（growth）、冒險（adventure）、接納（accept）、調節（adjustment）、希望（hope）、自由（freedom）、高等教育（higher education）、異國文化（foreign culture）。

海：影像（image）、願景（vision）、幻覺（illusion）、想像（imagination）、無形（intangible）、融合（merge）、偉大（great）、消失（disappear）、犧牲（scarify）、補償（redemption）、虛弱（weak）、病毒（virus）、上癮（addiction）、超越（transcend）。

B. 不同行星主題的考量

針對金星主題的符號象徵分析

價值主題：能夠了解無形抽象（海）事物在成長（木）之中的價值（金）。

藝術主題：從影像（海）與藝術（金）之中獲得成長（木）。

針對木星主題的符號象徵分析

人生觀主題：對於人生（木）有著和諧（金）與高度的理想（海）期盼。

宗教主題：認為宗教（木）能夠替人帶來無形（海）的財富（金）。

針對海王星主題的符號象徵分析

想像主題：想像中（海）的異國（木）戀情（金）。

犧牲主題：為了愛情而犧牲理想，或者為了理想（木）而犧牲（海）愛情（金）。

生活中可能的呈現（可能的議題）

這三個行星都具有某種程度的美好特質，也使得美好、完美、理想成為個案生活當中的重要主題，了解「什麼是美好」對此人來說相當重要。他可能期待著完美的生活，美好的戀情，也可能因為達不成理想而有一種被犧牲的感受。個案也可能透過接觸藝術與精神領域來獲得更棒的生活。

C. 第四行星

火：透過衝勁與熱情去實現理想。

土：尋求理想的可行性並謹慎執行。

天：對於信仰與藝術如何改變社會有著很大的期待。

冥：認為利益與財富可能需要透過危機與犧牲來換取。

凱：狂熱的投入某些治療與療癒。

金木冥

A. 行星象徵

金：女性（female）、美麗（beauty）、娛樂（entertaiment）、藝術（art）、美學（aesthetics）、金錢（money）、財物（finance）、價值（value）、自我價值（self esteem）、生產（reproduction）、外交

（diplomatic）、大使（ambassador）、溫和（mildness）、和平（peaceful）、甜美（sweetness）。

木：信仰（believe）、宗教（religion）、人生意涵（life meaning）、擴張（expansion）、寬廣（broad）、成長（growth）、冒險（adventure）、接納（accept）、調節（adjustment）、希望（hope）、自由（freedom）、高等教育（higher education）、異國文化（foreign culture）。

冥：黑暗（darkness）、隱藏（hidden）、掩埋（buried）、危機（crisis）、恐懼（fear）、控制（control）、挖掘（digging）、調查（investigation）、研究（research）、洞悉（insight）、死亡（death）、重生（rebirth）。

B. 不同行星主題的考量

針對金星主題的符號象徵分析

娛樂主題：認爲危機四伏（冥）的冒險旅程（木）是一種娛樂（金）。

喜愛主題：喜歡（金）有深度需要挖掘（冥）其意涵（木）的事物。

針對木星主題的符號象徵分析

智慧主題：認識黑暗與死亡（冥）在生命之中的價值（金）的智慧。

幸運主題：在尋覓（冥）寶物與尋找遺失珍貴物品（金）上有著不錯的運氣（木）。

針對冥王星主題的符號象徵分析

危機主題：在危機（冥）之中看見美好（金）的未來（木）。

研究主題：深入研究（冥）美學（金）而獲得智慧（木），深入研究異國文化而獲得財富。

生活中可能的呈現（可能的議題）

從恐懼與黑暗的層面來看冥王星，這一個組合可能帶來對於美好事物的擔憂、對未來的擔憂、對於外來事物的疑慮。若我們將冥王星視爲動作，它象徵著去深入調查挖掘真相，透過了解隱藏在事物背後的內容，並帶來生活上的利益。這組圖形相位也象徵著在情感與財富可能遭遇一些重大的危機挑戰，藉此了解生命的意義。

C. 第四行星

火：總能夠在遭遇危機的同時有好運的幫助。

土：謹慎地面對那些還沒有實現的美好承諾。

天：在時代動盪的轉變時獲得利益名聲或財富。

海：若只看見事物的美好與夢幻將容易忽略重大危機。

凱：深入探索、了解對於美好事物恐懼的原因而獲得療癒。

金木凱

A. 行星象徵

金：女性（female）、美麗（beauty）、娛樂（entertaiment）、藝術（art）、美學（aesthetics）、金錢（money）、財物（finance）、價值（value）、自我價值（self esteem）、生產（reproduction）、外交（diplomatic）、大使（ambassador）、溫和（mildness）、和平（peaceful）、甜美（sweetness）。

木：信仰（believe）、宗教（religion）、人生意涵（life meaning）、擴張（expansion）、寬廣（broad）、成長（growth）、冒險（adventure）、接納（accept）、調節（adjustment）、希望（hope）、自由（freedom）、高等教育（higher education）、異國文化（foreign culture）。

凱：傷痛（wound）、療癒（healing）、修理（fix）、拋棄（abandon）、認養（adopt）、排擠（exclusion）、導師（mentor）、薩滿（shaman）、照顧者

（caretaker）、病人（patient）、受害者（victim）、局外人（outsider）、弱勢族群（minority group）。

B. 不同行星主題的考量

針對金星主題的符號象徵分析

自我價值主題：因對人信任（木）而受到的傷害（凱）將影響對自己的評價（金）。

藝術主題：透過與宗教（木）有關的藝術（金）獲得療癒（凱）。

針對木星主題的符號象徵分析

智慧主題：在療癒（凱）情感（金）傷痛的過程之中體驗到人生智慧（木）。

擴張主題：在財務（金）上因擴張（木）而遭受到傷痛（凱）。

針對凱龍主題的符號象徵分析

傷痛與療癒主題：透過宗教信仰（木）療癒（凱）了與情感（金）有關的傷痛。

導師主題：在異國（木）遇見藝術上（金）的指導者（凱）。

生活中可能的呈現（可能的議題）

因爲這一個組合使得凱龍所象徵的傷痛容易出現在那些人們預期美好結局的事物上，也可能造成某些人不敢期待未來與美好的事物。從另一個角度來看，這樣的人因爲自身的體驗，知道該如何面對因爲信任所帶來的傷痛，因爲情感所帶來的傷痛，還有因爲價値觀差異所帶來的傷痛。同時也可能因爲療癒與治療的工作而獲得利益與名聲。

C. 第四行星

火：憤世嫉俗的背後隱藏著世代的傷痛。

土：社會規範在情感與自我價值上可能帶來傷痛。

天：在眾人一團和樂的情況之下總覺得自己無法融入。

海：對於療癒與身心靈對生活的影響報有著高度的期待。

冥：了解那些黑暗與危機在生活中有其存在的必要性而獲得智慧。

金土

這一組相位可能象徵著情感的壓抑、情感互動的阻礙、在心理上可能暗示著自我價值的低落，但土星也暗示著透過長時間的了解與務實的處理以提升自我價值，或者情感需要穩定踏實的建立。外在生活上，金星所象徵的社交生活或者金錢財物也可能經常感受到阻礙，或是透過專業與長時間的訓練而成為社交、情感、金錢、藝術上的權威。

金土天

A. 行星象徵

金：女性（female）、美麗（beauty）、娛樂（entertaiment）、藝術（art）、美學（aesthetics）、金錢（money）、財物（finance）、價值（value）、自我價值（self esteem）、生產（reproduction）、外交（diplomatic）、大使（ambassador）、溫和（mildness）、和平（peaceful）、甜美（sweetness）。

土：踏實（practical）、實際（reality）、保護（protection）、定義（definition）、界線（boundary）、限制（restraint）、蕭條（depression）、壓力（stress）、擔憂（worried）、困難（difficulty）、訓練（training）、時間（time）、權威（authority）、實現（implement）。

天：改變（changing）、革命（revolution）、科技（technique）、未來（future）、反對（against）、切割（cut）、距離疏遠（distancing）、冷漠（cold）、突然的（suddenly）、驚訝（surprise）、自由（freedom）、核能（nuclear）。

B. 不同行星主題的考量

針對金星主題的符號象徵分析

女性主題：與女性（金）之間的關係有著壓力（土）與距離（天）。

喜愛主題：喜歡（金）古老（土）而且與眾不同（天）的事情。

針對土星主題的符號象徵分析

困難主題：對於徹底改變（天）舒適（金）的習慣感到困難（土）。

實際主題：以實際（土）的態度去面對高科技（天）商機（金）。

針對天王星主題的符號象徵分析

創新主題：若能兼具創新（天）與實用（土）就能找利益（金）。

未來主題：從過去的經驗（土）學到如何讓未來（天）的美好（金）。

生活中可能的呈現（可能的議題）

新舊衝突、創新與保守的主題可能在個人生活中被突顯，個案也可能因爲獨特的身分、或者與眾不同的外貌身分而在社交生活、情感當中遭遇挑戰。了解自身與他人的不同，並且不去盲從社會或他人定義的價值，對於擁有這一組圖形相位的人來說相當有幫助，藉此亦可在情感財物與社交生活之中開拓新的局面

C. 第四行星

火：熱情追逐新的事物的同時需要非常謹慎。

木：在新舊的對抗之中能夠另外找出一條多人能接受的道路。

海：突然地去實現理想。

冥：利用科技繞過權威控制而得到利益。

凱：透過改變觀念去療癒那些讓自己覺得自己不夠好不夠美不夠有價值的事物。

金土海

A. 行星象徵

金：女性（female）、美麗（beauty）、娛樂（entertaiment）、藝術（art）、美學（aesthetics）、金錢（money）、財物（finance）、價值（value）、自我價值（self esteem）、生產（reproduction）、外交（diplomatic）、大使（ambassador）、溫和（mildness）、和平（peaceful）、甜美（sweetness）。

土：踏實（practical）、實際（reality）、保護（protection）、定義（definition）、界線（boundary）、限制（restraint）、蕭條（depression）、壓力（stress）、擔憂（worried）、困難（difficulty）、訓練（training）、時間（time）、權威（authority）、實現（implement）。

海：影像（image）、願景（vision）、幻覺（illusion）、想像（imagination）、無形（intangible）、融合（merge）、偉大（great）、消失（disappear）、犧牲（scarify）、補償（redemption）、虛弱（weak）、病毒（virus）、上癮（addiction）、超越（transcend）。

B. 不同行星主題的考量

針對金星主題的符號象徵分析

金錢主題：謹慎地（土）避開投資理財（金）上的泡沫（海）。

喜愛主題：在情感上（金）有著許多憧憬（海）而給自己帶來壓力（土）。

針對土星主題的符號象徵分析

保護主題：多休息（金）保護（土）自己免於病毒的感染（海）。

實踐主題：在藝術上（金）具體地（土）創造出腦海中的影像（海）。

針對海王星主題的符號象徵分析

超越主題：透過愛（金）讓許多事情超越（海）原有的限制（土）。

同理心主題：對於他人情感上（金）的困境（土）發揮同理心（海）。

生活中可能的呈現（可能的議題）

這樣的行星組合或許帶來了一些情感、財務上的阻礙與延遲，但卻是爲了更美好與更謹愼地去實現心中的夢想，耐心與毅力成爲個人的特點。若個案對藝術或者金融有興趣，都可以將能力發揮在其中，可以將抽象概念化爲具體，創造出美的作品，也可以務實地在金融交易當中獲得利益。

C. 第四行星

火：因爲是喜愛的事物所以在挫敗當中仍有熱忱與動力去追求。

木：心中的信念與樂觀將成爲追求理想的重要支撐。

天：財務上的夢想需要突破困難才能實現。

冥：實際看待自己的夢想，你的洞悉能力將幫助你掌握時機。

凱：藝術與精神成長可以幫助療癒傷痛。

金土冥

A. 行星象徵

金：女性（female）、美麗（beauty）、娛樂（entertaiment）、藝

術（art）、美學（aesthetics）、金錢（money）、財物（finance）、價值（value）、自我價值（self esteem）、生產（reproduction）、外交（diplomatic）、大使（ambassador）、溫和（mildness）、和平（peaceful）、甜美（sweetness）。

土：踏實（practical）、實際（reality）、保護（protection）、定義（definition）、界線（boundary）、限制（restraint）、蕭條（depression）、壓力（stress）、擔憂（worried）、困難（difficulty）、訓練（training）、時間（time）、權威（authority）、實現（implement）。

冥：黑暗（darkness）、隱藏（hidden）、掩埋（buried）、危機（crisis）、恐懼（fear）、控制（control）、挖掘（digging）、調查（investigation）、研究（research）、洞悉（insight）、死亡（death）、重生（rebirth）。

B. 不同行星主題的考量

針對金星主題的符號象徵分析

美麗主題：因爲擔憂（土）而將美麗（金）與個人的才華隱藏（冥）起來。

女性主題：因爲女性的身分（金）而遇上了隱藏（冥）的限制（土）。

針對土星主題的符號象徵分析

權威主題：因爲調查研究（冥）而成爲女性議題（金）的權威（土）。

訓練主題：訓練（土）如何利用人際關係（金）處理危機（冥）。

針對冥王星主題的符號象徵分析

洞悉主題：因爲洞悉眞相的能力（冥）而使得社交生活（金）上遇到挑戰限制（土）。

挖掘主題：挖掘（冥）出那些被層層限制阻礙（土）所掩埋的價值（金）。

生活中可能的呈現（可能的議題）

這個組合不僅僅暗示著情感、社交生活、財務狀況需要注意，也可能暗示著與女性的關係或者象徵女性的身分或身體器官可能暗藏著危機，需要特別謹慎注意。許多人會將土星與冥王的組合視爲極度不愉快的組合，的確這兩個行星都帶有令人不悅，而且帶有宿命特質的難以克服的挑戰，但擁有這組相位的人也同時具備了應對這樣極大挑展的能力，會是極端環境之下的生存者。

C. 第四行星

火：生存的意志力強大，需要面對控制自我的議題。

木：信心在劇烈的挑戰之中扮演致勝關鍵。

天：用愛去修復撕裂的關係，不僅僅是個人的情感，更可以是族群的隔閡。

海：包容與同理讓個案理解，痛苦與恐懼背後的原因。

凱：溫柔的對待那些受到權力侵害的人們。

金土凱

A. 行星象徵

金：女性（female）、美麗（beauty）、娛樂（entertaiment）、藝術（art）、美學（aesthetics）、金錢（money）、財物（finance）、價值（value）、自我價值（self esteem）、生產（reproduction）、外交（diplomatic）、大使（ambassador）、溫和（mildness）、和平（peaceful）、甜美（sweetness）。

土：踏實（practical）、實際（reality）、保護（protection）、定義（definition、界線（boundary、限制（restraint）、蕭條（depression）、壓力（stress）、擔憂（worried）、困難（difficulty）、訓練（training）、時間（time）、權威（authority）、實現（implement）。

凱：傷痛（wound）、療癒（healing）、修理（fix）、拋棄（abandon）、認養（adopt）、排擠（exclusion）、導師（mentor）、薩滿（shaman）、照顧者（caretaker）、病人（patient）、受害者（victim）、局外人（outsider）、弱勢族群（minority group）。

B. 不同行星主題的考量

針對金星主題的符號象徵分析

自我價值主題：因為被否定（土）而使得自我價值（金）受到傷害（凱龍）。

藝術主題：透過具題實現（土）出心中的藝術（金）想法而帶來療癒（凱）。

針對土星主題的符號象徵分析

實際主題：因為曾有的困苦傷痛（凱）而培養出實際（土）的金錢態度（金）。

界線主題：情感上（金）的界線隔閡（土）帶來了傷痛（凱）。

針對凱龍主題的符號象徵分析

療癒主題：透過藝術（金）療癒（凱）那些歷史（土）的傷痛。

弱勢族群主題：透過法規（土）幫助財務或情感上（金）的弱勢族群（凱）。

生活中可能的呈現（可能的議題）

凱龍與土星暗示著個案的傷痛主題相當深遠，有時可能隱藏在家族長輩的故事之中，帶來了情感、金錢、社交生活上的特殊態度，也令個案學會了如何應對這些困窘，這些能力將在日後成為特殊專長或職業能力。家族中的女性長輩可能需要療癒或者帶來療癒的能力。

C. 第四行星

火：去了解為何無法對心動的事物展開追求爭取的行動。

木：過去的壓抑帶來限制傷痛也開啓智慧與幸福。

天：去擁抱接受過去曾經發生也不會再改變的事，並了解未來是可以改變的。

海：責任的劃分與誰該員的負責，成為個案生活中相當重要的議題。

冥：家中的禁忌議題等待著你去挖掘聆聽並療癒。

金天

這一組相位讓個案在情感態度、社交生活、金錢價值觀上有著獨特的模式，甚至具有相當獨立不受他人干擾的態度，同時也因此與周遭顯得格格不入。若當事人不能接受這樣的狀態，很可能認為自己有著情感與社交生活上的困擾。同時這一組相位也暗示著生活當中充滿改變也可能充滿驚訝。

金天海

A. 行星象徵

金：女性（female）、美麗（beauty）、娛樂（entertaiment）、藝術（art）、美學（aesthetics）、金錢（money）、財物（finance）、價值（value）、自我價值（self esteem）、生產（reproduction）、外交（diplomatic）、大使（ambassador）、溫和（mildness）、和平（peaceful）、甜美（sweetness）。

天：改變（changing）、革命（revolution）、科技（technique）、未來（future）、反對（against）、切割（cut）、距離疏遠（distancing）、冷漠（cold）、突然的（suddenly）、驚訝（surprise）、自由（freedom）、核能（nuclear）。

海：影像（image）、願景（vision）、幻覺（illusion）、想像

（imagination）、無形（intangible）、融合（merge）、偉大（great）、消失（disappear）、犧牲（scarify）、補償（redemption）、虛弱（weak）、病毒（virus）、上癮（addiction）、超越（transcend）。

B. 不同行星主題的考量

針對金星主題的符號象徵分析

美學主題：創新獨特（天）而且充滿大量影像（海）的美學（金）。

金錢主題：透過科技（天）的狂熱（海）獲利（金）。

針對天王星主題的符號象徵分析

改變主題：因爲包容（海）而改變（天）了情感（金）的態度。

距離主題：與相當夢幻（海）的情感關係（金）保持距離（天）。

針對海王星主題的符號象徵分析

熱忱主題：個人的魅力（金）在對於未來（天）展現積極的熱忱（海）。

影像主題：利用科技（天）製造出美麗（金）的影像（海）。

生活中可能的呈現（可能的議題）

天王星與海王星的組合經常使個案與社會與世界接軌，而不只是侷限在個人生活當中。這也可能是外界的科技、宗教、藝術與任何的潮流都較能影響個案的情感與金錢。當然個案對時代變化的敏銳，也可以反過來主導這些變化，但是我們必須知道當一個人的情感與財務容易爲外界事物所影響時，往往會將這些不可抵抗的外力視爲是宿命的影響。

C. 第四行星

火：因爲有夢想而不畏懼未來改變而積極的去追求。

木：對於突然的改變抱持正面樂觀的態度。

土：用客觀的角度試圖在新舊衝突之中找到雙方交流的可能。

冥：在人們想法的轉變之中找到隱藏的利益。

凱：有能力去療癒那些不被主流社會價值觀所接納的人。

金天冥

A. 行星象徵

金：女性（female）、美麗（beauty）、娛樂（entertaiment）、藝術（art）、美學（aesthetics）、金錢（money）、財物（finance）、價值（value）、自我價值（self esteem）、生產（reproduction）、外交（diplomatic）、大使（ambassador）、溫和（mildness）、和平（peaceful）、甜美（sweetness）。

天：改變（Changing）、革命（Revolution）、科技（Technique）、未來（Future）、反對（Against）、切割（Cut）、距離疏遠（distancing）、冷漠（cold）、突然的（Suddenly）、驚訝（Surprise）、自由（Freedom）、核能（Nuclear）。

冥：黑暗（Darkness）、隱藏（Hidden）、掩埋（Buried）、危機（Crisis）、恐懼（Fear）、控制（Control）、挖掘（Digging）、調查（investigation）、研究（research）、洞悉（insight）、死亡（death）、重生（rebirth）。

B. 不同行星主題的考量

針對金星主題的符號象徵分析

和平主題：以和平（金）的手法推動革除弊端（冥）的社會改變（天）。

女性主題：突顯女性（金）在可危機（冥）之中扮演的不同角色（天）。

針對天王星主題的符號象徵分析

切割主題：透過迅速切割（天）的手段處理金融（金）危機（冥）。

疏遠主題：與具有控制（冥）傾向的女性（金）保持疏遠距離（天）。

針對冥王星主題的符號象徵分析

隱藏主題：透過保持距離（天）來隱藏（冥）愛意（金）。

意志力主題：因爲喜愛（金）的人事物而在劇變（天）之中展現堅強的意志力（冥）。

生活中可能的呈現（可能的議題）

天王與冥王暗示著重大的時代改變，金星則象徵著個人的女性關係、女性身分、金錢、價值觀、情感與社交生活受到這個重大改變的影響相當顯著，雖然帶有些宿命不可抗拒的感受，但是個人也可能因此擁有堅強的意志力可以達成目標。這也顯示個案需要去探究一些因爲莫名原因保持距離的事物，很可能會因此帶來重大的生活改變。

C. 第四行星

火：做出重大改變的決定時也讓周遭人們表達他們的感受。

木：突如其來的幸運時刻可能出現在金錢、財務與情感上。

土：對於討人喜歡的事物抱持著不同的看法並保持距離。

海：在劇烈的改變之中因爲所愛的人事物而做出犧牲。

凱：深入內心以及隱藏在歷史之間的故事找出療癒的線索。

金天凱

A. 行星象徵

金：女性（female）、美麗（beauty）、娛樂（entertaiment）、藝術（art）、美學（aesthetics）、金錢（money）、財物（finance）、價值（value）、自我價值（self esteem）、生產（reproduction）、外交（diplomatic）、大使（ambassador）、溫和（mildness）、和平（peaceful）、甜美（sweetness）。

天：改變（changing）、革命（revolution）、科技（technique）、未來（future）、反對（against）、切割（cut）、距離疏遠（distancing）、冷漠（cold）、突然的（suddenly）、驚訝（surprise）、自由（freedom）、核能（nuclear）。

凱：傷痛（wound）、療癒（healing）、修理（fix）、拋棄（abandon）、認養（adopt）、排擠（exclusion）、導師（mentor）、薩滿（shaman）、照顧者（caretaker）、病人（patient）、受害者（victim）、局外人（outsider）、弱勢族群（minority group）。

B. 不同行星主題的考量

針對金星主題的符號象徵分析

女性主題：因為對女性身分（金）抱持與眾不同的觀點（金）而受到傷害（凱）。

價值主題：認為傷痛（凱）會在未來（天）帶來價值（金）。

針對天王星主題的符號象徵分析

改變主題：因為傷痛與療癒（凱）而造成價值觀（金）的徹底改變（天）。

自由主題：在情感上（金）因為自由（天）的議題而感到傷痛（凱）。

針對凱龍主題的符號象徵分析

導師主題：鼓勵學生培養獨立（天）價值觀（金）的導師（凱）。

排擠主題：因為獨立（天）的個性而在社群（金）之中被排擠（凱）。

生活中可能的呈現（可能的議題）

這個行星組合強調著在社交生活上疏離與孤獨的感受，特別是因為與眾不同的情感觀點或者價值觀，而造成這種格格不入的現象。但因為這些不同的觀點也培養出特殊專長，甚至可以用來幫助同樣需要幫助的人。仔細聆聽家中與女性或金錢有關的故事很可能會帶來療癒的契機。

C. 第四行星

火：了解擁有健康的社交生活也仍然可以維持獨立的自我特質。

木：對於自由與獨立有著相當複雜的感受，如何與人保持距離又不冷漠是一門課題。

土：在生活的經驗中培養跨越世代隔閡的交流能力。

海：透過藝術影像療癒人與人之間的距離。

冥：曾有的分離帶來的重大傷痛需要去療癒。

金海

金星與海王星可能暗示著情感上的包容、價值觀的包容與無所限制，但在沒有界限的情況下，迷惑混淆可能是一條必經的過程。這兩個行星也都同時具有完美與藝術的特性，但往往會需要象徵行動力與實現能力的行星或星座，才能暗示藝術的呈現。

金海冥

A. 行星象徵

金：女性（female）、美麗（beauty）、娛樂（entertaiment）、藝術（art）、美學（aesthetics）、金錢（money）、財物（finance）、價值（value）、自我價值（self esteem）、生產（reproduction）、外交（diplomatic）、大使（ambassador）、溫和（mildness）、和平（peaceful）、甜美（sweetness）。

海：影像（image）、願景（vision）、幻覺（illusion）、想像（imagination）、無形（intangible）、融合（merge）、偉大（great）、消失（disappear）、犧牲（scarify）、補償（redemption）、虛弱（weak）、病毒（virus）、上癮（addiction）、超越（transcend）。

冥：黑暗（darkness）、隱藏（hidden）、掩埋（buried）、危機（crisis）、恐懼（fear）、控制（control）、挖掘（digging）、調查（investigation）、研究（research）、洞悉（insight）、死亡（death）、重生（rebirth）。

B. 不同行星主題的考量

針對金星主題的符號象徵分析

情感主題：對於祕密（冥）的戀情（金）有一些幻想與期盼（海）。

美學主題：喜歡（金）他人覺得恐怖（冥）的影像（海）。

針對海王星主題的符號象徵分析

狂熱主題：狂熱（海）的追求隱藏（冥）起來的財富（金）。

精神領域主題：在高度神祕（冥）的精神領域（海）團體當中受到歡迎（金）。

針對冥王星主題的符號象徵分析

摧毀主題：摧毀（冥）了對於金錢或情感（金）上的願景（海）。

控制主題：成爲情感（金）控制 (冥) 的犧牲者（海）。

生活中可能的呈現（可能的議題）

並非每一個擁有這組相位的人都會成爲情感控制的犧牲者，很可能因爲自身的不安進而對他人進行無形的控制而不自覺。當自身意識到上述的狀態出現時，或許應試圖尋求專業諮商的協助。這也可能指向對於恐懼、危機的在藝術主題表現有不同的見解，同時冥王星的意志力，可以展現在對情感、金錢與藝術或任何理想的狂熱追求上，奮不顧身的態度可能令周圍的人感到驚訝。

C. 第四行星

火：對所喜愛的事物展現強韌的意志力而且不容易放手。

木：因爲抱持著希望，再怎麼困難都能樂觀地面對挑戰。

土：透過藝術影劇可以實現腦中恐懼的想像。

天：透過科技探索被掩埋的藝術。

凱：在神祕的精神成長團體當中療癒傷痛。

金海凱

A. 行星象徵

金：女性（female）、美麗（beauty）、娛樂（entertaiment）、藝術（art）、美學（aesthetics）、金錢（money）、財物（finance）、價

值（value）、自我價值（self esteem）、生產（reproduction）、外交（diplomatic）、大使（ambassador）、溫和（mildness）、和平（peaceful）、甜美（sweetness）。

海：影像（image）、願景（vision）、幻覺（illusion）、想像（imagination）、無形（intangible）、融合（merge）、偉大（great）、消失（disappear）、犧牲（scarify）、補償（redemption）、虛弱（weak）、病毒（virus）、上癮（addiction）、超越（transcend）。

凱：傷痛（wound）、療癒（healing）、修理（fix）、拋棄（abandon）、認養（adopt）、排擠（exclusion）、導師（mentor）、薩滿（shaman）、照顧者（caretaker）、病人（patient）、受害者（victim）、局外人（outsider）、弱勢族群（minority group）。

B. 不同行星主題的考量

針對金星主題的符號象徵分析

喜愛主題：喜歡（金）薩滿巫術（凱）具有超越現實（海）的靈性感受。

女性主題：認為女性（金）應具有精神上（海）療癒（凱）的能力。

針對海王星主題的符號象徵分析

影像主題：透過影像（海）治療情感（金）的傷痛（凱）。

虛弱主題：認為表現喜愛（金）是一種虛弱（海）且容易受傷（凱）的表現。

針對凱龍主題的符號象徵分析

療癒主題：透過藝術（金海）展開對傷痛的治療（凱）。

窘困主題：因為表現出實現自身喜好（金）的願景（海）而受到羞辱（凱）。

生活中可能的呈現（可能的議題）

海王星與凱龍都暗示著虛弱與疾病的連結，也同時都與療癒有著一些關聯。並不是每一個擁有這組相位的人都會身體虛弱或是走上醫療專業，但是都有能力幫助他人面對傷痛，特別是透過藝術或者同理心的展現。

C. 第四行星

火：衝動的投入情感將可能讓自己感到窘困。

木：對人的信任將可能帶來金錢與情感的困境。

土：透過藝術的創作療癒自身與他人的傷痛。

天：對於他人不同的感情觀採取包容的態度是療癒的開始。

冥：洞悉完美形象之下的曾有的傷痛。

金冥

金星冥王的相位可能象徵著被隱藏起來的珍貴事物，需要透過挖掘才能得到的財富與美麗。這也可能暗示著金錢、人際、情感上的危機，透過這一層危機讓人們了解眞正的價值爲何。這一組相位也可能暗示著與女性之間具有張力的關係，不一定是危機或衝突，有時也會透過緊密到無法喘息的互動來呈現。

金冥凱

A. 行星象徵

金：女性（female）、美麗（beauty）、娛樂（entertaiment）、藝術（art）、美學（aesthetics）、金錢（money）、財物（finance）、價值（value）、自我價值（self esteem）、生產（reproduction）、外交（diplomatic）、大使（ambassador）、溫和（mildness）、和平（peaceful）、甜美（sweetness）。

冥：黑暗（darkness）、隱藏（hidden）、掩埋（buried）、危機（crisis）、恐懼（fear）、控制（control）、挖掘（digging）、調查（investigation）、研究（research）、洞悉（insight）、死亡（death）、重生（rebirth）。

凱：傷痛（wound）、療癒（healing）、修理（fix）、拋棄（abandon）、認養（adopt）、排擠（exclusion）、導師（mentor）、薩滿（shaman）、照顧者（caretaker）、病人（patient）、受害者（victim）、局外人（outsider）、弱勢族群（minority group）。

B. 不同行星主題的考量

針對金星主題的符號象徵分析

喜愛主題：喜歡（金）被主流忽略（凱）且隱藏（冥）的事物。

自我價值主題：受到傷痛（凱）而傾向隱藏（冥）自己的價值（金）。

針對冥王星主題的符號象徵分析

生存主題：透過療癒（凱）自身的價值（金）而獲得生存的力量（冥）。

挖掘主題：需要去挖掘（凱）因爲什麼原因而使得自己成爲人際圈（金）中的局外人（凱）。

針對凱龍主題的符號象徵分析

醫療主題：喜好（金）神祕（冥）且非主流的治療方式（凱）。

照顧者主題：女性（金）的照顧者（凱）可能帶來恐懼（冥）。

生活中可能的呈現（可能的議題）

這一組相位可能強調需要檢視與女性之間的關係，同時，若個案身爲女性，可能暗示著對於身爲女性的價值感到困擾，也可能需要去面對與女性有關的疾病，特別是那些隱藏在基因中不容易被察覺的遺傳困擾。這也可能暗示著個案擁有治療或者協助他人面對痛苦的能力。

C. 第四行星

火：擁有著保護弱勢族群伸張正義的能力。

木：關注政權對社會福利分配的態度。

土：受到壓抑而無法輕易地表達情感。

天：透過科技找出治療基因疾病而獲得名聲利益。

海：以藝術去療癒一整群受到權力迫害的人。

火星圖形相位

火木

從火星的行動角度來看，在生活中，這一組相位暗示著透過行動尋找生命的意涵，積極地面對未來，對於行動抱持著正面積極樂觀的看法，也象徵著大規模的行動或者距離遙遠的行動。從木星的信念與文化來看，除了去實踐自己所相信的事物之外，也願意挺身去保護，有時將所相信的事情與個人的生死產生緊密的結合。

火木土

A. 行星象徵

火：行動（action）、攻擊（attack）、對抗（against）、刺激（stimulate）、加速（assertion）、加劇（aggressive）、憤怒（anger）、敏感（sensitive）、生存議題（survival issue）、自我呈現（self expression）、性與繁衍（sex and reproduce）。

木：信仰（believe）、宗教（religion）、人生意涵（life meaning）、擴張（expansion）、寬廣（broad）、成長（growth）、冒險（adventure）、接納（accept）、調節（adjustment）、希望（hope）、自由（freedom）、高等教育（higher education）、異國文化（foreign culture）。

土：踏實（practical）、實際（reality）、保護（protection）、定義（definition）、界線（boundary）、限制（restraint）、蕭條（depression）、壓力（stress）、擔憂（worried）、困難（difficulty）、訓練（training）、時間

（time）、權威（authority）、實現（implement）。

B. 不同行星主題的考量

針對火星主題的符號象徵分析

追逐主題：在追逐目標（火）的過程當中必須謹慎（土）卻又不放棄希望（木）。

敏感憤怒主題：對於權威式（土）的理念（木）感到敏感憤怒（火）。

針對木星主題的符號象徵分析

未來主題：因爲看見未來（木）的壓力（土）而感到憤怒並準備迎戰（火）。

自由主題：因爲自由（木）被限制（土）而感到無力（火）。

針對土星主題的符號象徵分析

蕭條主題：以刺激（火）國際貿易（木）的做法對抗蕭條（土）。

實現主題：必須以生死決戰（火）的態度去實現（土）理想（木）。

生活中可能的呈現（可能的議題）

木星與土星暗示著個案對社會議題有著敏感的察覺，而火星可能會帶來積極的作爲，可能透過政治、宗教、商業等行爲，讓個案的生活與社會脈動緊密相連。在生活中，個案可能需要一些時間學會社會不是只有單一的聲音與訴求，社會的融合需要考量不同的觀點。個人生活也一樣，行動不是一味地向前衝，謹慎也不是全然的自我設限。

C. 第四行星

天：對於權威相當敏感甚至起而反抗，但本身也可能扮演權威的角色。

海：對生活的某些片段可能迷惘，但可憑藉信念而回到穩定的步調。

冥：認爲社會上發生的許多事情都與人們的生存息息相關。

凱：因爲考量社會的觀點而不敢盡情地表達自我。

火木天

A. 行星象徵

火：行動（action）、攻擊（attack）、對抗（against）、刺激（stimulate）、加速（assertion）、加劇（aggressive）、憤怒（anger）、敏感（sensitive）、生存議題（survival issue）、自我呈現（self expression）、性與繁衍（sex and reproduce）。

木：信仰（believe）、宗教（religion）、人生意涵（life meaning）、擴張（expansion）、寬廣（broad）、成長（growth）、冒險（adventure）、接納（accept）、調節（adjustment）、希望（hope）、自由（freedom）、高等教育（higher education）、異國文化（foreign culture）。

天：改變（changing）、革命（revolution）、科技（technique）、未來（future）、反對（against）、切割（cut）、距離疏遠（distancing）、冷漠（cold）、突然的（suddenly）、驚訝（surprise）、自由（freedom）、核能（nuclear）。

b. 不同行星主題的考量

針對火星主題的符號象徵分析

衝動主題：衝動（火）的爭取自由（木）的未來（天）。

自我呈現主題：強調個人的特色（火）是充滿希望（木）而且不受規範約束（天）。

針對木星主題的符號象徵分析

信仰主題：反對（天）具有侵略性（火）的信仰（木）。

成長主題：成長（木）的過程當中強調獨立（天）不受約束的行動（火）。

針對天王星主題的符號象徵分析

改變主題：因爲衝突（火）而徹底的改變（天）人生的信念（木）。

切割主題：因？信仰（木）的衝突（火）而切斷（天）與某些人的關聯。

生活中可能的呈現（可能的議題）

火星與天王星都有著切割的特質，也都帶有些反抗與衝突，而木星則象徵著這樣的衝突容易展現在個案的信仰、理念、文化環境之中。木星、天王星也暗示著個案的行動需要比別人更多的自由，一但受到約束將可能引發激烈的衝突，如果約束的力量強大到個案無法反抗，那麼對個案可能會覺得生活毫無意義。

C. 第四行星

土：責任與成就對於自由的生活帶來約束與不適，卻是必須面對的課題。

海：透過科技與海外進行交易帶來財富。

冥：因爲個人理想，渴望改變社會帶來正義。

凱：對於人與人之間的距離感到敏感，並以極端的方式回應。。

火木海

A. 行星象徵

火：行動（action）、攻擊（attack）、對抗（against）、刺激（stimulate）、加速（assertion）、加劇（aggressive）、憤怒（anger）、敏感（sensitive）、生存議題（survival issue）、自我呈現（self expression）、性與繁衍（sex and reproduce）。

木：信仰（believe）、宗教（religion）、人生意涵（life meaning）、擴張

（expansion）、寬廣（broad）、成長（growth）、冒險（adventure）、接納（accept）、調節（adjustment）、希望（hope）、自由（freedom）、高等教育（higher education）、異國文化（foreign culture）。

海：影像（image）、願景（vision）、幻覺（illusion）、想像（imagination）、無形（intangible）、融合（merge）、偉大（great）、消失（disappear）、犧牲（scarify）、補償（redemption）、虛弱（weak）、病毒（virus）、上癮（addiction）、超越（transcend）。

B. 不同行星主題的考量

針對火星主題的符號象徵分析

追求主題：追求（火）烏托邦理想國（海）一樣的社會發展（木）。

加速主題：透過化學藥劑（海）刺激（火）成長（木）。

針對木星主題的符號象徵分析

人生意義主題：對於人生（木）的虛無（海）感到憤怒（火）。

自由主題：追求（火）一種完全不受約束（海）的自由（木）。

針對海王星主題的符號象徵分析

消融主題：期盼以包容的力量消融（海）社會（木）衝突（火）。

熱忱主題：將極大的熱忱（海）用在保護（火）所相信的事物（木）上。

生活中可能的呈現（可能的議題）

這組行星組合常被解釋爲虛弱的行動力和身體上的虛弱，並且與肝臟問題、酒精藥物有關的健康議題相關。在行爲上暗示著不受約束的行動力，但也可能帶來逃避的行動。從精神層面上來解釋，暗示著信念能夠帶來行動的力量，是一種充滿理想的行動，熱情地去追求，也可能將自己的行動誇張戲劇化，或者戲劇化地看待衝突（特別是社會衝突）。

C. 第四行星

土：能夠務實地看待自身理想的追求，卻也不失寬廣的視野。

天：對於宗教信仰與社會價值觀相當的敏感，可能參與相關的改革運動。

冥：遭遇危機挑戰時，去尋找心中的信念將可帶來更多的勇氣。

凱：捍衛弱勢團體的權益並促進社會的融合。

火木冥

A. 行星象徵

火：行動（action）、攻擊（attack）、對抗（against）、刺激（stimulate）、加速（assertion）、加劇（aggressive）、憤怒（anger）、敏感（sensitive）、生存議題（survival issue）、自我呈現（self expression）、性與繁衍（sex and reproduce）。

木：信仰（believe）、宗教（religion）、人生意涵（life meaning）、擴張（expansion）、寬廣（broad）、成長（growth）、冒險（adventure）、接納（accept）、調節（adjustment）、希望（hope）、自由（freedom）、高等教育（higher education）、異國文化（foreign culture）。

冥：黑暗（darkness）、隱藏（hidden）、掩埋（buried）、危機（crisis）、恐懼（fear）、控制（control）、挖掘（digging）、調查（investigation）、研究（research）、洞悉（insight）、死亡（death）、重生（rebirth）。

B. 不同行星主題的考量

針對火星主題的符號象徵分析

行動主題：爲了更多的個人自由（木）而採取隱密（冥）的行動（火）。

憤怒主題：對於操弄（冥）社會大眾（木）的行爲感到憤怒（火）。

針對木星主題的符號象徵分析

擴張主題：爲了爭取更多生存機會（火）隱密（冥）的擴張（木）自己的影響力。

異國文化主題：認爲異國文化（木）具有威脅（冥）的侵略性（火）。

針對冥王星主題的符號象徵分析

生存主題：爲了爭取（火）生存機會（冥）而出走海外（木）。

洞悉主題：洞悉（冥）社會文化（木）衝突（火）背後的祕辛。

生活中可能的呈現（可能的議題）

火星、冥王星暗示著隱密的行動，並強調生死存亡的議題，個案可能將個人的文化與信仰視爲與個人生死一樣重要的課題，也可能暗示著一個人在面對危機之下，可能出走海外，進入宗教團體，或者發揮個人的影響力。火星冥王也可能暗示著衝突，但這裡的衝突比較傾向針對社會層面與文化信仰層面。

C. 第四行星

土：勇敢的面對巨大的社會壓力揭露眞相。

天：對於社會控制感到不滿，渴望更多自由。

海：看似無爲，但在無形之中已經開始產生許多影響。

凱：憤怒與生存的力量可以是一體的，可以去了解是什麼讓你無法對人發脾氣。

火木凱

A. 行星象徵

火：行動（action）、攻擊（attack）、對抗（against）、刺激（stimulate）、加速（assertion）、加劇（aggressive）、憤怒（anger）、敏感（sensitive）、生存議題（survival issue）、自我呈現（self expression）、性與繁衍（sex and reproduce）。

木：信仰（believe）、宗教（religion）、人生意涵（life meaning）、擴張（expansion）、寬廣（broad）、成長（growth）、冒險（adventure）、接納（accept）、調節（adjustment）、希望（hope）、自由（freedom）、高等教育（higher education）、異國文化（foreign culture）。

凱：傷痛（wound）、療癒（healing）、修理（fix）、拋棄（abandon）、認養（adopt）、排擠（exclusion）、導師（mentor）、薩滿（shaman）、照顧者（caretaker）、病人（patient）、受害者（victim）、局外人（outsider）、弱勢族群（minority group）。

B. 不同行星主題的考量

針對火星主題的符號象徵分析

爭取主題：在追求爭取（火）事物因爲信任（木）議題而帶來困境（凱）。

敏感主題：對於社會發展（木）所帶來傷痛（凱）的議題相當的敏感（火）。

針對木星主題的符號象徵分析

自由主題：因爲自由（木）的態度而受到排擠（凱）感到憤怒（火）。

成長主題：因爲成長（木）的傷痛（凱）而對事物更加敏感（火）。

針對凱龍主題的符號象徵分析

排擠主題：因爲突顯個人特質（火）而遭社會大眾（木）的排擠（凱）。

療癒主題：透過信仰（木）療癒（凱）個人的憤怒議題。

生活中可能的呈現（可能的議題）

火星與凱龍都帶有傷害的意味，這可能暗示著個案某些特質與社會期盼相異，因而被排擠而造成傷痛。個案也可能對於異國文化、宗教、不同社會文化相當的敏感，甚至可能因爲一些內容感到被傷害與憤怒。木星訓練我們包容這一組相位的人，讓可能採取兩極化的反應，隨著智慧的增長，或許能夠了解包容不是懦弱，堅持立場卻可以不傷人。

C. 第四行星

土：學習如何可以包容又堅持保護自己的立場是重要的課題。

天：傾向以旁觀者的角色觀察社會衝突，並提供療癒機會。

海：相信某些事情並且積極的投入推廣。

冥：因爲一些無法抗拒的人生挑戰而積極的投入宗教並尋求療癒。

火土

這一組相位暗示著謹慎的行動以及根據經驗來行動，但是許多人的體驗是行動受到阻礙或挫折。土星是經驗與時間的象徵，在我們擁有經驗之前，土星可能透過一連串的挫折，引導我們用有架構且負責任的態度來處理事務。對於擁有火土相位的人來說，追求任何事物都需要長時間與謹慎的規劃，並且以正面的態度看待挫折。

火土天

A. 行星象徵

火：行動（action）、攻擊（attack）、對抗（against）、刺激（stimulate）、加速（assertion）、加劇（aggressive）、憤怒（anger）、敏感（sensitive）、生存議題（survival issue）、自我呈現（self expression）、性與繁衍（sex and reproduce）。

土：踏實（practical）、實際（reality）、保護（protection）、定義（definition）、界線（boundary）、限制（restraint）、蕭條（depression）、壓力（stress）、擔憂（worried）、困難（difficulty）、訓練（training）、時間（time）、權威（authority）、實現（implement）。

天：改變（changing）、革命（revolution）、科技（technique）、未來（future）、反對（against）、切割（cut）、距離疏遠（distancing）、冷漠（cold）、突然的（suddenly）、驚訝（surprise）、自由（freedom）、核能（nuclear）。

B. 不同行星主題的考量

針對火星主題的符號象徵分析

對抗主題：以科技（天）對抗（火）權威的鎮壓（土）。

自我呈現主題：以實際（土）且獨特（天）的方式呈現自己（火）的特色。

針對土星主題的符號象徵分析

保護主題：採取令人驚訝（天）的行動（火）來保護自己（土）。

界線主題：以疏遠（天）的行動（火）來劃清彼此的界線（土）。

針對天王星主題的符號象徵分析

科技主題：利用科技（天）建造自我防衛（土）的武器或工具（火）。

改變主題：徹底改變（天）僵化（土）的行動（火）。

生活中可能的呈現（可能的議題）

當憤怒時，這組相位可能暗示著冷靜或壓抑的態度，面對衝突或者不愉快時可能採取疏遠的方式。在生活中，個案可能經常處於創新與守舊的衝突之中，進而訓練能夠兼具安全與創新的處事態度，或以獨特且實際的方式去爭取自己渴求的事物。由於土星與天王星也同時蘊藏了權威的議題，此一組合可能暗示著與權威之間的競爭與衝突，可能成爲家庭與工作上的特色。

C. 第四行星

木：勇敢的挑戰宗教或學術上的權威。

海：對於新舊事物的衝突感到混淆且憤怒。

冥：在世代衝突當中隱藏自我保障生存契機。

凱：去療癒那些因爲遺棄與疏離所帶來的傷痛。

火土海

A. 行星象徵

火：行動（action）、攻擊（attack）、對抗（against）、刺激（stimulate）、加速（assertion）、加劇（aggressive）、憤怒（anger）、敏感（sensitive）、生存議題（survival issue）、自我呈現（self expression）、性與繁衍（sex and reproduce）。

土：踏實（practical）、實際（reality）、保護（protection）、定義

（definition）、界線（boundary）、限制（restraint）、蕭條（depression）、壓力（stress）、擔憂（worried）、困難（difficulty）、訓練（training）、時間（time）、權威（authority）、實現（implement）。

海：影像（image）、願景（vision）、幻覺（illusion）、想像（imagination）、無形（intangible）、融合（merge）、偉大（great）、消失（disappear）、犧牲（scarify）、補償（redemption）、虛弱（weak）、病毒（virus）、上癮（addiction）、超越（transcend）。

B. 不同行星主題的考量

針對火星主題的符號象徵分析

行動主題：因爲行動（火）的虛弱（海）而感到沮喪（土）。

刺激主題：受到偉大理念（海）的刺激（火）而去實現（土）。

針對土星主題的符號象徵分析

限制主題：因爲想像力（海）受到限制（土）而感到憤怒（火）。

保護主題：免疫能力（土）的虛弱（海）而引發高燒（火）。

針對海王星主題的符號象徵分析

願景主題：用更爲積極的（火）態度去實現（土）自己的願景（海）。

犧牲主題：爲了保護（土）一些人事物而勇敢（火）的選擇犧牲（海）。

生活中可能的呈現（可能的議題）

土星與海王最積極的地方在於夢想的實現，而火星帶來了更強勁的動能，在過程中土星會不斷的修正不切實際的方向，或許容易感到挫折，但是卻不會完全的迷失方向。火星與海王星可能也暗示著防衛力的虛弱，例如身體免疫力的虛弱，而土星則透過專業知識或是日常的訓練來加強自己的保護能力。

C. 第四行星

木：對於社會發展與規範有著相當理想的期待。

天：用實際的態度去看待宗教改革的爭論。

冥：因爲巨大的壓力而更奮力地爭取美好的未來。

凱：容易因爲自身防禦能力的虛弱而經常地進出醫院，更學會療癒自我的方式。

火土冥

A. 行星象徵

火：行動（action）、攻擊（attack）、對抗（against）、刺激（stimulate）、加速（assertion）、加劇（aggressive）、憤怒（anger）、敏感（sensitive）、生存議題（survival issue）、自我呈現（self expression）、性與繁衍（sex and reproduce）。

土：踏實（Practical）、實際（reality）、保護（protection）、定義（definition、界線（Boundary、限制（restraint）、蕭條（depression）、壓力（stress）、擔憂 Worried）、困難（difficulty）、訓練（training）、時間（time）、權威（authority）、實現（implement）。

冥：黑暗（Darkness）、隱藏（Hidden）、掩埋（Buried）、危機（Crisis）、恐懼（Fear）、控制（Control）、挖掘（Digging）、調查（investigation）、研究（research）、洞悉（insight）、死亡（death）、重生（rebirth）。

B. 不同行星主題的考量

針對火星主題的符號象徵分析

行動主題：因為擔憂（土）而隱藏（冥）自己的行動（火）。

自我呈現主題：對於權威（土）的恐懼（冥）而不敢呈現自我的能力（火）。

針對土星主題的符號象徵分析

實際主題：踏實（土）的行動對抗（火）生命威脅（冥）。

定義主題：鼓起勇氣（火）面對自身的恐懼（冥）去學習並下定義（土）。

針對冥王星主題的符號象徵分析

意志力主題：堅強的意志力（冥）展現在長時間（土）的爭取自己所要爭取的（火）。

生存主題：在面對生死存亡（冥）的議題時展現勇氣（火）與專業能力（土）。

生活中可能的呈現（可能的議題）

這樣的組合特別強調踏實、謹慎地去面對威脅以及危機，或許會有一段時間會對許多事情感到恐懼，但透過經驗還有學習，去了解哪些事情才會真的帶來生命的威脅，進而更無畏地展現自己。在行動上謹慎而低調，但也可能背負著極大的壓力，確定力量與經歷是放在最需要的地方。

C. 第四行星

木：對於隱藏的黑手控制社會感到憤怒。

天：果決勇敢的去突破危機與威脅。

海：對於在危機中求生存有著非常多的想像。

凱：有能力在脅迫與壓力之下求生。

火土凱

A. 行星象徵

火：行動（action）、攻擊（attack）、對抗（against）、刺激（stimulate）、加速（assertion）、加劇（aggressive）、憤怒（anger）、敏感（sensitive）、生存議題（survival issue）、自我呈現（self expression）、性與繁衍（sex and reproduce）。

土：踏實（practical）、實際（reality）、保護（protection）、定義（definition）、界線（boundary）、限制（restraint）、蕭條（depression）、壓力（stress）、擔憂（worried）、困難（difficulty）、訓練（training）、時間（time）、權威（authority）、實現（implement）。

凱：傷痛（wound）、療癒（healing）、修理（fix）、拋棄（abandon）、認養（adopt）、排擠（exclusion）、導師（mentor）、薩滿（shaman）、照顧者（caretaker）、病人（patient）、受害者（victim）、局外人（outsider）、弱勢族群（minority group）。

B. 不同行星主題的考量

針對火星主題的符號象徵分析

憤怒主題：因為長輩（土）的傷痛（凱）遭遇而感到憤怒（火）。

獲得主題：因為自身的遭遇經驗（土）而努力去爭取（火）幫助別人的機會（凱）。

針對土星主題的符號象徵分析

經驗主題：因為傷痛（凱）的經驗（土）而對周圍可能的攻擊（火）十分敏

感。

保護主題：鼓起勇氣（火）去保護（土）弱勢（凱）的人。

針對凱龍主題的符號象徵分析

療癒主題：以果決（火）和實際（土）的態度去面對傷痛的療癒（凱）。

排擠主題：因爲嚴肅（土）與粗魯（火）而被人排擠（凱）。

生活中可能的呈現（可能的議題）

凱龍容易讓我們以極端的態度面對火星與土星的議題，極端的憤怒並立即採取行動，或是放棄了憤怒的權利並且不再保護自己。在面對生活議題上可能非常實際，對許多事情謹慎，但也可能不願意接受物質和規範的束縛。在許多時候，這樣過程是在訓練我們了解兩個極端特質的必須性與可能造成的問題，然後學會在兩者之中找到中間的道路

C. 第四行星

木：認爲一個社會的進步是去保護弱勢的族群。

天：冷漠與拒絕可能帶來的傷痛讓人採取保護行動。

海：以包容與慈悲去化解冷漠和衝突。

冥：對於危險與威脅有著敏銳的觀察，並教導他人如何自保。

火天

火星與天王暗示著突然的行動，以及暗示著行動的激烈程度。火星與天王星都暗示著切割與分裂，任何行星與這兩個行星產生相位，都暗示著相關的領域可能會遭遇到分裂的狀況，在與個人行星產生相位時，可能暗示著對於獨立不受約束的重視。我們也可以應用天王星的變異與獨創，展現獨特的行動或者令人驚訝的行動。

火天海

A. 行星象徵

火：行動（action）、攻擊（attack）、對抗（against）、刺激（stimulate）、加速（assertion）、加劇（aggressive）、憤怒（anger）、敏感（sensitive）、生存議題（survival issue）、自我呈現（self expression）、性與繁衍（sex and reproduce）。

天：改變（Changing）、革命（Revolution）、科技（Technique）、未來（Future）、反對（Against）、切割（Cut）、距離疏遠（distancing）、冷漠（cold）、突然的（Suddenly）、驚訝（Surprise）、自由（Freedom）、核能（Nuclear）。

海：影像（image）、願景（vision）、幻覺（illusion）、想像（imagination）、無形（intangible）、融合（merge）、偉大（great）、消失（disappear）、犧牲（scarify）、補償（redemption）、虛弱（weak）、病毒（virus）、上癮（addiction）、超越（transcend）。

B. 不同行星主題的考量

針對火星主題的符號象徵分析

攻擊主題：因爲理念（海）的不同（天）而發動攻擊（火）。

追逐主題：追逐（火）自身獨特（天）的願景（海）。

針對天王星主題的符號象徵分析

未來主題：追逐（火）關於美好未來（天）的夢想（海）。

革命主題：某件事物刺激（火）了改革（天）的熱潮（海）。

針對海王星主題的符號象徵分析

病毒主題：因爲受到病毒感染（海）發燒（火）而隔離（天）。

影像主題：以科技電腦（天）影像（海）作爲攻擊的武器（火）。

生活中可能的呈現（可能的議題）

這一組相位在追逐夢想的過程中帶有顯著的獨立特質，不容易與周圍融合，也不會因爲現實而妥協。這也可以用在藝術上，展現對未來的夢想，以及透過藝術展現自由與獨立的主題。不過在健康上可能暗示著因爲抵抗力虛弱所引起的許多狀況，需要注意病毒感染、細菌感染可能引發的隔離甚至是切除手術。

C. 第四行星

木：因爲深信人生而自由而極力去爭取。

土：透過觀念的改變而放下了長久累積的憤怒。

冥：面對酒精、藥品時反應相當敏感，需要更爲謹慎。

凱：因爲宏觀的視野，個人的憤怒而得以療癒。

火天冥

A. 行星象徵

火：行動（action）、攻擊（attack）、對抗（against）、刺激（stimulate）、加速（assertion）、加劇（aggressive）、憤怒（anger）、敏感（sensitive）、生存議題（survival issue）、自我呈現（self expression）、性與繁衍（sex and reproduce）。

天：改變（Changing）、革命（Revolution）、科技（Technique）、未來（Future）、反對（Against）、切割（Cut）、距離疏遠（distancing）、冷漠

（cold）、突然的（Suddenly）、驚訝（Surprise）、自由（Freedom）、核能（Nuclear）。

冥：黑暗（Darkness）、隱藏（Hidden）、掩埋（Buried）、危機（Crisis）、恐懼（Fear）、控制（Control）、挖掘（Digging）、調查（investigation）、研究（research）、洞悉（insight）、死亡（death）、重生（rebirth）。

B. 不同行星主題的考量

針對火星主題的符號象徵分析

對抗主題：爲了對抗（火）操控的幕後（冥）黑手，必須切斷（天）所有與過去的關聯。

侵略主題：透過科技（天）暗中（冥）入侵（火）。

針對天王星主題的符號象徵分析

科技主題：與網路（天）上的霸權（冥）宣戰（火）。

自由主題：爲了爭取（火）自由（天）而密謀（冥）計畫。

針對冥王星主題的符號象徵分析

挖掘主題：挖掘（冥）網路（天）衝突（火）的背後祕辛。

恐懼主題：對於分離切割與獨立（天）的行動（火）感到恐懼（冥）。

生活中可能的呈現（可能的議題）

這樣的相位暗示著因爲無意識的影響而採取突如其來的舉動，或者想要了解莫名其妙的切割分離的關係，需要從心裡無意識的層面下手。在心理層面上，我們可能必須考慮爲了求生而做出的決定；在社會層面上，天王星與冥王星的相位暗示著劇烈的社會變動，也可能使得這些社會變動不公義的根源浮上檯面。

C. 第四行星

木：在劇烈的變動中勇敢地採取行動獲得幸運。

土：謹慎地面對環境變動之中的衝突。

海：因爲不滿被統治壓迫而狂熱的投入反抗運動。

凱：徹底改變什麼都不敢面對的懦弱狀態。

火天凱

A. 行星象徵

火：行動（action）、攻擊（attack）、對抗（against）、刺激（stimulate）、加速（assertion）、加劇（aggressive）、憤怒（anger）、敏感（sensitive）、生存議題（survival issue）、自我呈現（self expression）、性與繁衍（sex and reproduce）。

天：改變（Changing）、革命（Revolution）、科技（Technique）、未來（Future）、反對（Against）、切割（Cut）、距離疏遠（distancing）、冷漠（cold）、突然的（Suddenly）、驚訝（Surprise）、自由（Freedom）、核能（Nuclear）。

凱：傷痛（Wound）、療癒（Healing）、修理（Fix）、拋棄（Abandon）、認養（adopt）、排擠（exclusion）、導師（mentor）、薩滿（shaman）、照顧者（caretaker）、病人（patient）、受害者（victim）、局外人（outsider）、弱勢族群（minority group）。

B. 不同行星主題的考量

針對火星主題的符號象徵分析

自我呈現主題：以行動呈現（火）出自己的與眾不同（天）以及一種客觀的局外人（凱）特色。

憤怒主題：因為曾有的憤怒（火）而帶來的困窘（凱），開始採取冷漠（天）回應周遭事物。

針對天王星主題的符號象徵分析

突然主題：因過去的傷痛（凱）引起的憤怒（火）突然（天）爆發。

獨立主題：因為沒有勇氣（火）去爭取個人的獨立（天）而感到傷痛（凱）。

針對凱龍主題的符號象徵分析

困窘主題：認為無法獨立（天），需要他人協助的行動（天）帶來困窘的局面。

助人主題：透過科技（天）去療癒（凱）受到攻擊（火）的人。

生活中可能的呈現（可能的議題）

除了強調獨立特質可能帶來的創痛之外，這一組相位往往暗示著因為一些過去的不愉快，而使得個案找出與眾不同的行事風格，這些不同的行動往往進一步帶動了他人療癒的機會。對於當事人來說，當再次陷入困境時或許需要去檢視曾經有過的傷痛，以及促使自己採取不同途徑的原因，並不再被傷痛給侷限住。

C. 第四行星

木：仔細審視行動被限制時感受到的憤怒以及背後的深刻意涵。

土：如果沒有任何事物是完美的，那麼或許可以試圖妥協不同的意見。

海：照顧他人不代表一定要犧牲自己，拒絕別人不一定就不是慈悲。

冥：對個案來說劇烈的改變是透過緩慢而且不容易被察覺的過程來進行。

火海

海王星所象徵的理想與願景可以激起火星的行動力，追逐理想與實現夢想是這一組相位最佳的實現。但是海王星的理想願景並非每一個都能夠與現實契合，所以這一組相位很可能帶來一些行動上的迷惘。這組相位同時也暗示著犧牲的行動或者行動的無用，或可能暗示身體上因爲感染或藥物而活力降低。

火海冥

A. 行星象徵

火：行動（action）、攻擊（attack）、對抗（against）、刺激（stimulate）、加速（assertion）、加劇（aggressive）、憤怒（anger）、敏感（sensitive）、生存議題（survival issue）、自我呈現（self expression）、性與繁衍（sex and reproduce）。

海：影像（image）、願景（vision）、幻覺（illusion）、想像（imagination）、無形（intangible）、融合（merge）、偉大（great）、消失（disappear）、犧牲（scarify）、補償（redemption）、虛弱（weak）、病毒（virus）、上癮（addiction）、超越（transcend）。

冥：黑暗（Darkness）、隱藏（Hidden）、掩埋（Buried）、危機（Crisis）、恐懼（Fear）、控制（Control）、挖掘（Digging）、調查（investigation）、研究（research）、洞悉（insight）、死亡（death）、重生（rebirth）。

B. 不同行星主題的考量

針對火星主題的符號象徵分析

行動主題：對於積極熱情（海）的行動（火）感到危險恐懼（冥）。

憤怒主題：憤怒（火）被壓抑掩埋（冥）所帶來的虛弱無力感（海）。

針對海王星主題的符號象徵分析

影像主題：透過影像（海）傳遞生存（火）的危機（冥）。

願景主題：爲了達成願景（海）而採取令人恐懼的極端（冥）行動（火）。

針對冥王星主題的符號象徵分析

控制主題：夢想或影像（海）被審查控制（冥）而引發憤怒（火）。

調查主題：調查（冥）那些神祕模糊不清（海）的行動（火）。

生活中可能的呈現（可能的議題）

在健康上，這一組相位可能暗示著污染、毒品、藥物、病毒、細菌感染可能帶來的重大危機，也多半與大規模的傷亡有關。在心理上，可能暗示著憤怒與自我防衛的態度需要深入檢視討論，這一組相位也可以積極地被用在調查、研究看起來顯得模糊迷惘的議題，發現一些狂熱行動、流行疾病背後的眞相。

C. 第四行星

木：重視污染危機的擴大而採取行動。

土：對於恐懼害怕的事物採取實際面對檢視的方法。

天：用科技檢視那些原因不明的傷害事件。

凱：透過神祕的身心靈儀式進行傷痛的療癒。

火海凱

A. 行星象徵

火：行動（action）、攻擊（attack）、對抗（against）、刺激（stimulate）、加速（assertion）、加劇（aggressive）、憤怒（anger）、敏感（sensitive）、生存議題（survival issue）、自我呈現（self expression）、性與繁衍（sex and reproduce）。

海：影像（image）、願景（vision）、幻覺（illusion）、想像

（imagination）、無形（intangible）、融合（merge）、偉大（great）、消失（disappear）、犧牲（scarify）、補償（redemption）、虛弱（weak）、病毒（virus）、上癮（addiction）、超越（transcend）。

凱：傷痛（Wound）、療癒（Healing）、修理（Fix）、拋棄（Abandon）、認養（adopt）、排擠（exclusion）、導師（mentor）、薩滿（shaman）、照顧者（caretaker）、病人（patient）、受害者（victim）、局外人（outsider）、弱勢族群（minority group）。

B. 不同行星主題的考量

針對火星主題的符號象徵分析

刺激加速主題：透過心靈、藝術與影像（海）加速（火）療癒（凱）的成效。

行動主題：因為行動（火）的迷惘（海）而感到困窘（凱）。

針對海王星主題的符號象徵分析

融合主題：因為傷痛（凱）的體驗而將力量（火）團結（海）起來。

願景主題：保護（火）弱勢族群（凱）的偉大願景（海）。

針對凱龍主題的符號象徵分析

排擠主題：因為自身的願景（海）受到攻擊（火）與排擠（凱）。

療癒傷痛主題：透過藝術（海）對曾經受過的攻擊（火）進行治療（凱）。

生活中可能的呈現（可能的議題）

在生活中，可能暗示著對於受傷的人或是弱勢族群有著強烈的同理心，並積極地展開幫助別人的行動。火星、海王、凱龍可能暗示著虛弱的防衛狀況，在面對污染、疾病、感染時需要特別注意。這也可能暗示著雖然行動力的消極或虛弱，但是在精神思想理念上的活躍並不被限制，甚至可能因而創造出具有療癒能力且感動人心的作品。

C. 第四行星

木：透過自身的經驗創造出受人歡迎且具有療癒性的作品。

土：深怕傷害而謹慎地面對那些無法掌握的事物。

天：接納與自身理念不同的人將替自己帶來更多活力。

冥：在危機當中，夢想理念將與自身的生存意志力有著密切的關連。

火冥

在心理上，這一組相位可能暗示著無意識中事物如何影響我們的行動，同時這兩個行星也多半與生存議題有著密切的關連。在社會中，象徵一些權力衝突、權力鬥爭，但若回到基本面，這底下仍然隱藏著求生的議題。在生活中可能暗示著低調與隱密的行動，因爲個案可能在許多行動中遭遇阻擾與危機，也可能展現強韌的意志力，以及危機處理的能力。

火冥凱

A. 行星象徵

火：行動（action）、攻擊（attack）、對抗（against）、刺激（stimulate）、加速（assertion）、加劇（aggressive）、憤怒（anger）、敏感（sensitive）、生存議題（survival issue）、自我呈現（self expression）、性與繁衍（sex and reproduce）。

冥：黑暗（Darkness）、隱藏（Hidden）、掩埋（Buried）、危機（Crisis）、恐懼（Fear）、控制（Control）、挖掘（Digging）、調查（investigation）、研究

（research）、洞悉（insight）、死亡（death）、重生（rebirth）。

凱：傷痛（Wound）、療癒（Healing）、修理（Fix）、拋棄（Abandon）、認養（adopt）、排擠（exclusion）、導師（mentor）、薩滿（shaman）、照顧者（caretaker）、病人（patient）、受害者（victim）、局外人（outsider）、弱勢族群（minority group）。

B. 不同行星主題的考量

針對火星主題的符號象徵分析

對抗主題：對抗（火）權力控制（冥）帶來的傷痛（凱）。

侵略主題：對弱勢族群（凱）造成不易察覺（冥）的侵略剝削（火）。

針對冥王星主題的符號象徵分析

危機主題：與危機（冥）和生活對抗（火），並學會如何照護這樣的傷痛（凱）。

掩埋主題：因爲傷痛（凱）而壓抑掩埋（冥）了自身的活力與自我的特色（火）。

針對凱龍主題的符號象徵分析

傷痛主題：將突顯自我（火）的困窘（凱）遭遇深深地埋藏（冥）在無法被挖掘的記憶當中。

受害者主題：受到權力控制（冥）的受害者（凱）的憤怒反抗（火）。

生活中可能的呈現（可能的議題）

冥王與凱龍可能暗示著人們在生存壓力之下所面對的傷痛，這樣的生存壓力多半又帶有控制、威脅、恐懼的色彩。火星可能暗示著對此一狀況的憤怒與反抗，或者試圖尋求突破這樣的狀態。同時這也可能暗示著因爲類似的經驗而展開對於受到暴力侵害的人的療癒途徑。

C. 第四行星

木：對於放任以及無拘無束感到憤怒，認爲這有可能帶來傷害。

土：認爲政權機構需要對曾經有過的暴力傷害展開調查與療癒。

天：鼓起勇氣去對抗那些令人害怕的事物，而逐步展開自我的療癒。

海：可以將熱情理想與犧牲的勇氣放在對抗暴力威脅之上。

木星圖形相位

木土

木星與土星的相位強調個案對社會發展與制度的敏感，換句話說，這些人通常與社會變遷有著強烈的互動，積極參與或是被動影響而改變了人生。發展、自由、安全、保障、法律、制度這些議題環繞在個案的生活之中。整合開放與保守，自由冒險同時顧及安全穩定，通常是這些人透過經驗去學習的。

木土天

A. 行星象徵

木：信仰（believe）、宗教（Religion）、人生意涵（life meaning）、擴張（expansion）、寬廣（broad）、成長（growth）、冒險（adventure）、接納（accept）、調節（adjustment）、希望（hope）、自由（freedom）、高等教育（higher education）、異國文化（foreign culture）。

土：踏實（practical）、實際（reality）、保護（protection）、定義（definition）、界線（boundary）、限制（restraint）、蕭條（depression）、壓力（stress）、擔憂（worried）、困難（difficulty）、訓練（training）、時間（time）、權威（authority）、實現（implement）。

天：改變（changing）、革命（revolution）、科技（technique）、未來（future）、反對（against）、切割（cut）、距離疏遠（distancing）、冷漠（cold）、突然的（suddenly）、驚訝（surprise）、自由（freedom）、核能

（Nuclear）。

B. 不同行星主題的考量

針對木星主題的符號象徵分析

擴張主題：透過高科技技術協助（天）謹愼的（土）擴張（木）。

人生意涵主題：在困境（土）與孤立中（天）發現人生意涵（木）。

針對土星主題的符號象徵分析

踏實主題：劇烈的改變（天）帶來踏實（土）的人生觀（木）。

保護主題：爲了保護自我（土）而選擇切斷原有的關係（天）並前往國外（木）。

針對天王星主題的符號象徵分析

改變主題：需要用宏觀（木）的角度來思考如何改變（天）僵化（土）的制度。

未來主題：從非常保守（土）的角度來看社會發展（木）的未來（天）。

生活中可能的呈現（可能的議題）

這一組相位可能暗示著一些社會變遷對個案有顯著的直接影響，例如社會改革可能影響到個案固有的權益，或是幫助個案脫離困境等。在生活當中，可能暗示著對於自由及安全的需求，並在兩者之中作出妥協，同時也暗示著突如其來的改變將轉變個案對人生的態度與看法，與國外或異國文化接觸的陌生與挑戰。

C. 第四行星

海：以包容異己的宏觀觀點來面對挑戰。

冥：被動接受社會改變而成爲受害者，或是主動爭取改變以保護自我。

凱：成爲社會的局外人並從療癒過程中得到智慧。

木土海

A. 行星象徵

木：信仰（believe）、宗教（religion）、人生意涵（life meaning）、擴張（expansion）、寬廣（broad）、成長（growth）、冒險（adventure）、接納（accept）、調節（adjustment）、希望（hope）、自由（freedom）、高等教育（higher education）、異國文化（foreign culture）。

土：踏實（practical）、實際（reality）、保護（protection）、定義（definition）、界線（boundary）、限制（restraint）、蕭條（depression）、壓力（stress）、擔憂 worried）、困難（difficulty）、訓練（training）、時間（time）、權威（authority）、實現（implement）。

海：影像（image）、願景（vision）、幻覺（illusion）、想像（imagination）、無形（intangible）、融合（merge）、偉大（great）、消失（disappear）、犧牲（scarify）、補償（redemption）、虛弱（weak）、病毒（virus）、上癮（addiction）、超越（transcend）。

B. 不同行星主題的考量

針對木星主題的符號象徵分析

成長主題：釐清理想（海）是否能夠被實現（土）對個案來說是相當重要的成長（木）議題。

信仰主題：對於沉迷（海）於宗教（木）感到擔憂（土）。

針對土星主題的符號象徵分析

踏實主題：謹慎踏實的去實現（土）未來的（木）夢想（海）。

困難主題：將未來（木）想得太過美好（海）可能帶來自身的困境（土）。

針對海王星主題的符號象徵分析

影像主題：透過影像（海）展現對社會發展（木）的擔憂（土）。

同理心主題：透過同理心（海）去幫助在異國（木）遭遇困境（土）的人。

生活中可能的呈現（可能的議題）

這個組合可能在生活中帶來許多發展的限制，但若我們仔細觀察，就會發現並非如此，土星並不是全然的阻礙，而是要求謹慎以及更加安全地發展。也因此，個案經常會有著糾結的感受，一方面無法克制內心的熱忱，一方面擔憂那些不確定的因素，在執行的過程中也經常感受到挫折，必須抱持信念與夢想堅持下去。

C. 第四行星

天：若既有的執行選項無法達成任務，或許有另一條令人意外的途徑。

冥：樂觀背後的隱憂值得個案去深入探索。

凱：透過同理心去療癒或保護社會上的弱勢團體。

木土冥

A. 行星象徵

木：信仰（believe）、宗教（religion）、人生意涵（life meaning）、擴張（expansion）、寬廣（broad）、成長（growth）、冒險（adventure）、接納（accept）、調節（adjustment）、希望（hope）、自由（freedom）、高等教育（higher education）、異國文化（foreign culture）。

土：踏實（practical）、實際（reality）、保護（protection）、定義（definition）、界線（boundary）、限制（restraint）、蕭條（depression）、

壓力（stress）、擔憂（worried）、困難（difficulty）、訓練（training）、時間（time）、權威（authority）、實現（implement）。

冥：黑暗（darkness）、隱藏（hidden）、掩埋（buried）、危機（crisis）、恐懼（fear）、控制（control）、挖掘（digging）、調查（investigation）、研究（research）、洞悉（insight）、死亡（death）、重生（rebirth）。

B. 不同行星主題的考量

針對木星主題的符號象徵分析

人生意涵主題：透過生死危機（冥）的挑戰更加明確定義（土）人生的意涵（木）。

自由主題：為了避免個人自由（木）遭受打壓（土）而隱身（冥）。

針對土星主題的符號象徵分析

實際主題：懷抱著希望（木）並以實際（土）的態度面對危機（冥）。

限制主題：信仰（木）遭到限制（土）而帶來生活危機（冥）。

針對冥王星主題的符號象徵分析

挖掘主題：挖掘（冥）宗教團體（木）對社會發展所帶來的限制（土）。

意志力主題：堅定的（土）信念（木）帶來強大的意志力（冥）。

生活中可能的呈現（可能的議題）

這些行星組合有絕大多數的影響力來自於社會外界，有時外界事物的影響強烈到個人無法抵抗與改變，因此帶來一種宿命的感受。在面對事物時，越是踏實的態度越有助於發展，懷抱著一點希望在挑戰中繼續前進。在面對宗教、信仰、高等教育、國際貿易、外國事務時，建議抱持著比較謹慎的態度。

C. 第四行星

天：在新舊事物的衝突之中運用創造力而獲得利益。

海：可以將心力放在鑽研神祕難懂的事物上。

凱：注意到整個社會制度轉變可能帶來的無形傷害。

木土凱

A. 行星象徵

木：信仰（believe）、宗教（religion）、人生意涵（life meaning）、擴張（expansion）、寬廣（broad）、成長（growth）、冒險（adventure）、接納（accept）、調節（adjustment）、希望（hope）、自由（freedom）、高等教育（higher education）、異國文化（foreign culture）。

土：踏實（practical）、實際（reality）、保護（protection）、定義（definition）、界線（boundary）、限制（restraint）、蕭條（depression）、壓力（stress）、擔憂 worried）、困難（difficulty）、訓練（training）、時間（time）、權威（authority）、實現（implement）。

凱：傷痛（wound）、療癒（healing）、修理（fix）、拋棄（abandon）、認養（adopt）、排擠（exclusion）、導師（mentor）、薩滿（shaman）、照顧者（caretaker）、病人（patient）、受害者（victim）、局外人（outsider）、弱勢族群（minority group）。

B. 不同行星主題的考量

針對木星主題的符號象徵分析

釋放主題：釋放（木）壓力（土）的治療方式（凱）。

自由主題：陷入追求個人自由（木）與家庭社會責任（土）的兩難（凱）。

針對土星主題的符號象徵分析

保護主題：爲了保護（土）自身的信仰（木）而遭到羞辱（凱）。

困難主題：擁有解決（凱）與外國人（木）互動的困難（土）的專長。

針對凱龍主題的符號象徵分析

照顧者主題：照顧（凱）來自於異鄉（木）的老人（土）。

局外人著題：被宗教（木）的權威（土）排擠的局外人（凱）。

生活中可能的呈現（可能的議題）

很可能在高等教育、宗教、異國語言文化的領域上遭遇到困難挑戰，許多人可能會因此擔心高等教育的問題，或許可以選擇與療癒、治療、醫療（凱龍）或是政治、法律、工程（土星）甚至是一些強調土星色彩的主修選項。同時在面對權威挑戰時，必須懷抱著希望，不要因爲挫折而氣餒或是全盤放棄。

C. 第四行星

天：疏離與反叛的態度可能帶來與權威的衝突。

海：透過藝術與信仰療癒權威所帶來的集體傷痛。

冥：必須從時代背景與不同信仰的角度來療癒極權曾經帶來的傷痛。

木天

木星與天王星的共同主題是不受限制，當這兩個行星產生相位以及同時出現在圖形相位時，我們必須注意到關於自由、獨立不受限制的主題將在個案的生活當中被強調。在社會層面上象徵著高等教育變革、宗教的改革，暗示著激烈的社會進程，社會改革的擴大。在生活當中可能暗示著信念的改變，以及對未來美好的期盼。

木天海

A. 行星象徵

木：信仰（believe）、宗教（religion）、人生意涵（life meaning）、擴張（expansion）、寬廣（broad）、成長（growth）、冒險（adventure）、接納（accept）、調節（adjustment）、希望（hope）、自由（freedom）、高等教育（higher education）、異國文化（foreign culture）。

天：改變（changing）、革命（revolution）、科技（technique）、未來（future）、反對（against）、切割（cut）、距離疏遠（distancing）、冷漠（cold）、突然的（suddenly）、驚訝（surprise）、自由（freedom）、核能（nuclear）。

海：影像（image）、願景（vision）、幻覺（illusion）、想像（imagination）、無形（intangible）、融合（merge）、偉大（great）、消失（disappear）、犧牲（scarify）、補償（redemption）、虛弱（weak）、病毒（virus）、上癮（addiction）、超越（transcend）。

B. 不同行星主題的考量

針對木星主題的符號象徵分析

擴張主題：污染的（海）突然（天）增加（木）。

自由主題：對未來（木）充滿了不受約束（天）的願景（海）。

針對天王星主題的符號象徵分析

科技主題：透過科技（天）的影像（海）改變社會（木）。

反對主題：反對（天）化學藥物（海）的濫用（木）。

針對海王主題的符號象徵分析

熱忱主題：對於宗教或學術（木）的狂熱（海）在人群中顯得特立獨行（天）。

消失主題：因爲理想（木）消失（海）而以冷漠（天）的態度回應周遭事物。

生活中可能的呈現（可能的議題）

不願意受到約束的行動與思想，擁有相當豐富的想像力，也可能暗示著對生活對未來充滿了希望。透過藝術、宗教、精神成長徹底改變生活。對於異鄉充滿自由的夢想而出走，從物質層面來說，這可能暗示著對於藥物、酒精、輻射相當敏感，身體容易受到這些刺激而產生明顯的變化，增高增長變胖或是異常的細胞增生。

C. 第四行星

土：客觀冷靜謹慎地看待狂熱的夢想。

冥：深入探索污染擴大危機背後的眞相。

凱：以藝術來療癒社會疏離的感受。

木天冥

A. 行星象徵

木：信仰（believe）、宗教（religion）、人生意涵（life meaning）、擴張（expansion）、寬廣（broad）、成長（growth）、冒險（adventure）、接納（accept）、調節（adjustment）、希望（hope）、自由（freedom）、高等教育（higher education）、異國文化（foreign culture）。

天：改變（changing）、革命（revolution）、科技（technique）、未來（future）、反對（against）、切割（cut）、距離疏遠（distancing）、冷漠

（cold）、突然的（Suddenly）、驚訝（Surprise）、自由（Freedom）、核能（Nuclear）。

冥：黑暗（Darkness）、隱藏（Hidden）、掩埋（Buried）、危機（Crisis）、恐懼（Fear）、控制（Control）、挖掘（Digging）、調查（investigation）、研究（research）、洞悉（insight）、死亡（death）、重生（rebirth）。

B. 不同行星主題的考量

針對木星主題的符號象徵分析

信念主題：科技（木）的進步帶來信仰（木）的危機（冥）。

釋放主題：透過先進科技（天）將人們從恐懼（冥）中釋放（木）出來。

針對天王星主題的符號象徵分析

革命主題：社會發展（木）的革命（天）正在暗中（冥）醞釀發生。

未來主題：樂觀（木）的面對未來（天）可能發生的危機（冥）。

針對冥王星主題的符號象徵分析

洞悉主題：洞悉（冥）未來（天）的發展（木）。

挖掘主題：挖掘（冥）仰賴科技（天）的社會發展（木）可能遭遇的狀況。

生活中可能的呈現（可能的議題）

這三個行星的組合暗示著生活中對自由、獨立的恐懼或是深入探索，透過客觀的深入檢視而對事物更爲樂觀，也可以暗示研究那些不爲人知科技可能帶來突如起來的巨大利益或是名聲。同樣的，因爲這三個行星象徵著世代的變革，比起他人，個案更容易察覺到自身生活受到劇烈的社會改變的影響。

C. 第四行星

土：謹慎地看待自由對社會的影響，甚至認爲需要對自由加以規範。

海：透過玄祕的幻想事物，從日常生活當中解脫。

凱：透過深入未知的心靈領域療癒成長的傷痛。

木天凱

A. 行星象徵

木：信仰（believe）、宗教（religion）、人生意涵（life meaning）、擴張（expansion）、寬廣（broad）、成長（growth）、冒險（adventure）、接納（accept）、調節（adjustment）、希望（hope）、自由（freedom）、高等教育（higher education）、異國文化（foreign culture）。

天：改變（changing）、革命（revolution）、科技（technique）、未來（future）、反對（against）、切割（cut）、距離疏遠（distancing）、冷漠（cold）、突然的（suddenly）、驚訝（surprise）、自由（freedom）、核能（nuclear）。

凱：傷痛（wound）、療癒（healing）、修理（fix）、拋棄（abandon）、認養（adopt）、排擠（exclusion）、導師（mentor）、薩滿（shaman）、照顧者（caretaker）、病人（patient）、受害者（victim）、局外人（outsider）、弱勢族群（minority group）。

B. 不同行星主題的考量

針對木星主題的符號象徵分析

希望主題：透過對未來（天）的希望（木）療癒過去傷痛（凱）。

信仰主題：因為信仰（木）而與周遭的人疏離（天）感到傷痛（凱）。

針對天王星主題的符號象徵分析

切割主題：因為宗教（木）而療癒（凱）了情感切割（天）的傷痛。

改變主題：寄望信仰（木）能夠改變（天）生活並帶來療癒（凱）。

針對凱龍主題的符號象徵分析

拋棄主題：因爲出國（木）切斷了（天）原有親情關聯而有著被拋棄（凱）的感受。

社會主題：社會發展（木）改革（天）的受害者（凱）。

生活中可能的呈現（可能的議題）

這三個行星在某種程度上都帶有疏離與不受影響的特質，對於自由、獨立可能抱持著兩種極端的看法，某些人的反應是強烈的渴望自由，但另一個極端可能發展成對於自由的懷疑。曾經有過對人的信任造成的傷痛，也可能帶來與社群之間的疏離狀態，但是這樣的距離有時也可能帶來療癒與解脫的機會。

C. 第四行星

土：對於權威的信任可能帶來自身的傷害。

海：因爲社會冷漠的傷痛而活在想像世界之中。

冥：深入心底探索冷漠與疏離的原因。

木海

這兩個行星都具有某種程度的理想特質，可能暗示著個案對美好事物的期盼，這一組相位可能暗示著對於未來的夢想與熱忱，進步的社會觀點主導人生，對於宗教藝術的喜愛狂熱，並且期待這些事情能夠影響社會。幸運、熱情與膽試可能讓人對許多事情抱持樂觀且忽視危險。

木海冥

A. 行星象徵

木：信仰（believe）、宗教（religion）、人生意涵（life meaning）、擴張（expansion）、寬廣（broad）、成長（growth）、冒險（adventure）、接納（accept）、調節（adjustment）、希望（hope）、自由（freedom）、高等教育（higher education）、異國文化（foreign culture）。

海：影像（image）、願景（vision）、幻覺（illusion）、想像（imagination）、無形（intangible）、融合（merge）、偉大（great）、消失（disappear）、犧牲（scarify）、補償（redemption）、虛弱（weak）、病毒（virus）、上癮（addiction）、超越（transcend）。

冥：黑暗（darkness）、隱藏（hidden）、掩埋（buried）、危機（crisis）、恐懼（fear）、控制（control）、挖掘（digging）、調查（investigation）、研究（research）、洞悉（insight）、死亡（death）、重生（rebirth）。

B. 不同行星主題的考量

針對木星主題的符號象徵分析

冒險主題：危機（冥）可能激發了冒險（木）的熱忱（海）。

信念主題：在危機（冥）中迷失（海）了原本的信念（木）。

針對海王星主題的符號象徵分析

消失主題：渴望自由（木）不願意受到危機（冥）的控制而消失在人群中（海）。

想像力主題：因為想像力（海）而使得挖掘調查（冥）的層面擴大（木）。

針對冥王星主題的符號象徵分析

控制主題：可望控制（冥）宗教（木）可能帶來的狂熱（海）。

意志力主題：因爲信仰（木）的狂熱（海）而帶來堅強的意志力（冥）。

生活中可能的呈現（可能的議題）

透過豐富的想像力去挖掘眞相，也可能是豐富的想像力帶來更大的恐懼，因爲對於生存的疑慮或是危機的感受，而渴望控制那些不能夠被約束的事物，可能將自由、無拘無束、無法定義的事物視爲是危險的根源。海王與木星也都可能有著逃避的意涵，可能暗示著以這樣的方式處理危機。若將海王與木星視爲樂觀的象徵，那麼可能暗示著對於危機、危險感到樂觀。

C. 第四行星

土：強調因爲安全感而渴望掌握、控制那些難以控制的事物。

天：在危機發生時離群索居避開傷害。

凱：以走入心靈世界的方式療癒曾經有的迫害傷痛。

木海凱

A. 行星象徵

木：信仰（believe）、宗教（religion）、人生意涵（life meaning）、擴張（expansion）、寬廣（broad）、成長（growth）、冒險（adventure）、接納（accept）、調節（adjustment）、希望（hope）、自由（freedom）、高等教育（higher education）、異國文化（foreign culture）。

海：影像（image）、願景（vision）、幻覺（illusion）、想像（imagination）、無形（intangible）、融合（merge）、偉大（great）、消失

（disappear）、犧牲（scarify）、補償（redemption）、虛弱（weak）、病毒（virus）、上癮（addiction）、超越（transcend）。

凱：傷痛（Wound）、療癒（Healing）、修理（Fix）、拋棄（Abandon）、認養（adopt）、排擠（exclusion）、導師（mentor）、薩滿（shaman）、照顧者（caretaker）、病人（patient）、受害者（victim）、局外人（outsider）、弱勢族群（minority group）。

B. 不同行星主題的考量

針對木星主題的符號象徵分析

冒險主題：因爲狂熱（海）的冒險（木）而受傷（凱）。

釋放主題：透過藝術的創作（海）將傷痛（凱）釋放出來（木）。

針對海王星主題的符號象徵分析

消失主題：因爲弱勢（凱）的地位而使得理想（木）消失（海）了。

願景主題：對未來（木）的美好願景（海）是身心均衡的療癒（凱）。

針對凱龍主題的符號象徵分析

局外人主題：因爲熱忱（海）的追求個人的信念（木）而成爲社群的局外人（凱）。

療癒主題：因爲同理心（海）感到被接納（木）而產生療癒的感受（凱）。

生活中可能的呈現（可能的議題）

由於木星與海王都象徵著抽象的事物，藝術的、精神的、理念的、理想性的，凱龍則說明了這些領域可能帶來的傷害與療癒。從傷害來說，或許對於無形的事物無法感到信任，或者懷疑不具有形體的事物是否能眞的帶來好處。療癒則明顯地透過宗教、心靈成長與藝術而達到身心均衡的成果。

C. 第四行星

土：謹慎地看待那些強調心靈能力抽象型態的治療方式。

天：透過包容接納而療癒了冷漠的人。

冥：因爲逃避被控制的狀態而出走。

木冥

羅馬的冥王是掌管地下寶藏之神，而木星則象徵著豐盛的狀態，從這個意象著手，可能暗示著豐富的地下資源，對個人來說很可能與這些看不見的豐富資源有著緊密的連結，這些資源可能是具體的寶藏財富也可能是想法、意見、信念等。而這個相位同時暗示著在信仰與成長的過程當中可能充滿刺激與挑戰。

木冥凱

A. 行星象徵

木：信仰（believe）、宗教（religion）、人生意涵（life meaning）、擴張（expansion）、寬廣（broad）、成長（growth）、冒險（adventure）、接納（accept）、調節（adjustment）、希望（hope）、自由（freedom）、高等教育（higher education）、異國文化（foreign culture）。

冥：黑暗（darkness）、隱藏（hidden）、掩埋（buried）、危機（crisis）、恐懼（fear）、控制（control）、挖掘（digging）、調查（investigation）、研究（research）、洞悉（insight）、死亡（death）、重生（rebirth）。

凱：傷痛（wound）、療癒（healing）、修理（fix）、拋棄（abandon）、認

養（adopt）、排擠（exclusion）、導師（mentor）、薩滿（shaman）、照顧者（caretaker）、病人（patient）、受害者（victim）、局外人（outsider）、弱勢族群（minority group）。

B. 不同行星主題的考量

針對木星主題的符號象徵分析

希望主題：因爲傷痛（凱）而將希望（木）掩埋（冥）起來。

高等教育主題：研讀（木）以研究無意識（冥）爲主的心理治療（凱）。

針對冥王星主題的符號象徵分析

危機主題：因爲被排擠（凱）而對自己產生信心（木）上的危機（冥）。

意志力主題：成長（木）過程的傷痛（凱）帶來了強韌的意志力（冥）。

針對凱龍主題的符號象徵分析

療癒主題：因爲恐懼的（冥）釋放（木）而獲得療癒（凱）。

受害者主題：宗教（木）醜聞（冥）的受害者（凱）。

生活中可能的呈現（可能的議題）

如同之前所說，木星與冥王可能暗示著有形或無形的隱藏資源，而凱龍暗示著這些資源所帶來的傷害或者幫助，這個組合可能象徵著這個資源就是與凱龍有關的療癒能力、照顧指導他人的能力。但也請注意這樣的危機挑戰可能帶來的傷害，或者是濫用資源能力可能帶來的災害。

C. 第四行星

土：療癒由宗教權威所帶來的傷痛。

天：釋放因爲理念不同而被監禁的受害者。

海：相信心靈的力量能夠帶來療癒的效果。

土星圖形相位

土天

土星與天王星在占星學上象徵著新舊衝突，不受約束的天王星打破了土星的限制與邊界，同時土星可能限制天王星的自由，兩者的相位經常暗示著衝突。有這組相位的人往往有著內在同時渴望自由與安全感的掙扎，如何在渴望自由與抗拒改變之中徘徊，如何讓改革與理想更符合實際的狀況，同時這兩個行星都有著冷漠以及疏離的特質。

土天海

A. 行星象徵

土：踏實（practical）、實際（reality）、保護（protection）、定義（definition、界線（boundary）、限制（restraint）、蕭條（depression）、壓力（stress）、擔憂（worried）、困難（difficulty）、訓練（training）、時間（time）、權威（authority）、實現（implement）。

天：改變（changing）、革命（revolution）、科技（technique）、未來（future）、反對（against）、切割（cut）、距離疏遠（distancing）、冷漠（cold）、突然的（suddenly）、驚訝（surprise）、自由（freedom）、核能（nuclear）。

海：影像（image）、願景（vision）、幻覺（illusion）、想像（imagination）、無形（intangible）、融合（merge）、偉大（great）、消失

（disappear）、犧牲（scarify）、補償（redemption）、虛弱（weak）、病毒（virus）、上癮（addiction）、超越（transcend）。

B. 不同行星主題的考量

針對土星主題的符號象徵分析

權威主題：擁有對抗（天）權威（土）的夢想（海）。

保護主題：透過科技（天）讓眞實身分消失（海）來保護自我（土）。

針對天王星主題的符號象徵分析

革命主題：透過同理心（海）與實際（土）的態度來進行改革（天）。

未來主題：爲了應付現實（土）的狀況犧牲（海）了未來的夢想（天）。

針對海王星主題的符號象徵分析

融合主題：融合（海）實用性（土）與創新（天）的概念。

影像主題：透過科技（天）重現過去古老（土）影像（海）。

生活中可能的呈現（可能的議題）

土天海的組合可能暗示著人們處於崇拜權威與對抗權威的迷惘之中，個案有可能透過一連串與權威的互動或衝突，來意識到自己對於權威有著複雜的看法，無法完全地屈服也無法徹底的掙脫，讓個案感到相當困擾。在另一方面，個案的夢想願景可能是能夠讓新的事物與舊的事物融合且共同存在。

C. 第四行星

冥：透過深入檢視探討，找出讓新舊事物和諧共存的方式。

凱：透過藝術療癒反抗權威所的來的傷痛。

土天冥

A. 行星象徵

土：踏實（practical）、實際（reality）、保護（protection）、定義（definition）、界線（boundary）、限制（restraint）、蕭條（depression）、壓力（stress）、擔憂 worried）、困難（difficulty）、訓練（training）、時間（time）、權威（authority）、實現（implement）。

天：改變（changing）、革命（revolution）、科技（technique）、未來（future）、反對（against）、切割（cut）、距離疏遠（distancing）、冷漠（cold）、突然的（suddenly）、驚訝（surprise）、自由（freedom）、核能（nuclear）。

冥：黑暗（darkness）、隱藏（hidden）、掩埋（buried）、危機（crisis）、恐懼（fear）、控制（control）、挖掘（digging）、調查（investigation）、研究（research）、洞悉（insight）、死亡（death）、重生（rebirth）。

B. 不同行星主題的考量

針對土星主題的符號象徵分析

困難主題：洞悉（冥）未來（天）的困難（冥）。

壓力主題：因爲抗拒（天）控制（冥）而遭受極大壓力（土）。

針對天王星主題的符號象徵分析

革命主題：因爲恐懼（土）而帶來了改革（天）的危機（冥）。

科技主題：透過科技（天）克服生存（冥）的壓力（土）。

針對冥王星主題的符號象徵分析

生存主題：客觀（天）地看待實際生活（土）中的生存的危機（冥）。

挖掘主題：挖掘（冥）古老的（土）科技變革（天）。

生活中可能的呈現（可能的議題）

在生活中有一種強烈掙扎的感受，清意識到生活之中的種種限制，並渴望改變現實狀態中的不滿。另一個人生課題，可能是要清楚的意識生活與生命之中那些不可能改變的事物，並找出面對這些事物的態度，極力反抗或接受臣服。由於這些經驗，可以促使個案在面對社會大規模挑戰時以冷靜實際的態度來面對。

C. 第四行星

海：接受生命之中無法改變的限制，才能以實際的方法去改變生活。

凱：因爲遭受控制的傷痛而強烈的渴望自由。

土天凱

A. 行星象徵

土：踏實（practical）、實際（reality）、保護（protection）、定義（definition）、界線（boundary）、限制（restraint）、蕭條（depression）、壓力（stress）、擔憂（worried）、困難（difficulty）、訓練（training）、時間（time）、權威（authority）、實現（implement）。

天：改變（changing）、革命（revolution）、科技（technique）、未來（future）、反對（against）、切割（cut）、距離疏遠（distancing）、冷漠（cold）、突然的（suddenly）、驚訝（surprise）、自由（freedom）、核能（nuclear）。

凱：傷痛（Wound）、療癒（Healing）、修理（Fix）、拋棄（Abandon）、認養（adopt）、排擠（exclusion）、導師（mentor）、薩滿（shaman）、照顧者（caretaker）、病人（patient）、受害者（victim）、局外人（outsider）、弱勢族群（minority group）。

B. 不同行星主題的考量

針對土星主題的符號象徵分析

擔憂主題：因爲曾經有過的被排擠（凱）經驗令個案對他人冷漠（天）的態度感到擔憂（土）。

保護主題：曾有的拋棄經驗（凱）使得個案將與人保持疏離（天）當作一種保護自我（土）的方式。

針對天王星主題的符號象徵分析

驚訝主題：對於長輩（土）遭遇過的傷痛（凱）感到驚訝（天）。

反對主題：反對（天）在處理傷痛（凱）的時刻給予更多的壓力與限制（土）。

針對凱龍主題的符號象徵分析

療癒主題：透過與長輩（土）的接觸去療癒（凱）疏離（天）的傷痛。

困窘主題：因爲權威（土）的否定（天）而感到困窘（凱）。

生活中可能的呈現（可能的議題）

這一組行星組合強烈的暗示著疏遠與距離所帶來的傷痛，使個案在成長過程中學會如何面對孤獨。凱龍的影響往往透過極端的作爲，讓人們學會如何適切地面對傷痛，因此個案可能從獨立拒絕外援到緊密的保持人我互動這兩種態度開始嘗試，直到了解與人的互動不代表失去個人自主的權利，並了解如何維持適切的人際關係。

C. 第四行星

海：透過無差別的包容療癒了冷漠與疏離。

冥：深入心靈的深處了解孤獨對人生所造成的影響。

土海

土海的相位象徵著夢想的實現，而土星暗示著實現的過程可能充滿磨練與考驗，這種能將想像或理想化為眞實的力量，包括了各種創作過程，從藝術、政治到科技。而這一組相位也暗示著個案特別容易關注到事物的消長，從生成到傾毀消失，並藉此一察覺超越自我的侷限，走向更寬廣的格局來看待生活。

土海冥

A. 行星象徵

土：踏實（practical）、實際（reality）、保護（protection）、定義（definition）、界線（boundary）、限制（restraint）、蕭條（depression）、壓力（stress）、擔憂（worried）、困難（difficulty）、訓練（training）、時間（time）、權威（authority）、實現（implement）。

海：影像（image）、願景（vision）、幻覺（illusion）、想像（imagination）、無形（intangible）、融合（merge）、偉大（great）、消失（disappear）、犧牲（scarify）、補償（redemption）、虛弱（weak）、病毒（virus）、上癮（addiction）、超越（transcend）。

冥：黑暗（darkness）、隱藏（hidden）、掩埋（buried）、危機（crisis）、

恐懼（Fear）、控制（Control）、挖掘（Digging）、調查（investigation）、研究（research）、洞悉（insight）、死亡（death）、重生（rebirth）。

B. 不同行星主題的考量

針對土星主題的符號象徵分析

保護主題：強烈的使命感（海）要在危機（冥）中保護（土）自己與眾人。

實現主題：把對於危機（冥）的想像（海）實現（土）出來。

針對海王星主題的符號象徵分析

願景主題：有堅強的意志力（冥）去實現（土）自己的願景（海）。

影像主題：透過攝影、電影等影像（海）揭露被隱瞞（冥）的實際困境（土）。

針對冥王星主題的符號象徵分析

掩埋主題：因為生活困境（土）而掩埋（冥）了對生活的美好願景（海）。

重生主題：對於實現（土）願景（海）的熱忱而帶來重生（冥）的力量。

生活中可能的呈現（可能的議題）

這一組相位帶來對於神祕想像力的實踐能力，驚悚、恐怖、或者帶有危機特質的想法，可能需要找到適當的方向抒發，同時也帶來強烈的創作力量，實現的過程需要更多人的合作。對於事物的失去與擁有充滿了獨特的洞見，將有可能因為在乎某些人、事、物的存在與消失，而經歷強烈的感受與人生的變化。

C. 第四行星

天：透過科技的協助，揭露那些隱藏的污染所帶來的危害。

凱：因自身傷痛而帶來同理心，並促使個案在危機中保護他人。

土海凱

A. 行星象徵

土：踏實（practical）、實際（reality）、保護（protection）、定義（definition）、界線（boundary）、限制（restraint）、蕭條（depression）、壓力（stress）、擔憂（worried）、困難（difficulty）、訓練（training）、時間（time）、權威（authority）、實現（implement）。

海：影像（image）、願景（vision）、幻覺（illusion）、想像（imagination）、無形（intangible）、融合（merge）、偉大（great）、消失（disappear）、犧牲（scarify）、補償（redemption）、虛弱（weak）、病毒（virus）、上癮（addiction）、超越（transcend）。

凱：傷痛（wound）、療癒（healing）、修理（fix）、拋棄（abandon）、認養（adopt）、排擠（exclusion）、導師（mentor）、薩滿（shaman）、照顧者（caretaker）、病人（patient）、受害者（victim）、局外人（outsider）、弱勢族群（minority group）。

B. 不同行星主題的考量

針對土星主題的符號象徵分析

壓力主題：因爲逃避（海）壓力（土）而陷入困窘（凱）的狀態。

實現主題：實現（土）療癒（凱）傷痛的夢想（海）。

針對海王星主題的符號象徵分析

熱忱主題：對於權威（土）有著相當程度的熱忱崇拜（海）而陷入困窘的狀態（凱）。

虛弱主題：因爲免疫系統防禦力（土）的虛弱（海）而需要接受治療（凱）。

針對凱龍主題的符號象徵分析

療癒主題：透過藝術或化學藥劑（海）療癒（凱）僵化（土）的身心。

局外人主題：被政權（土）放逐（海）的局外人（凱）。

生活中可能的呈現（可能的議題）

這個組合可能暗示著個案的夢想與傷痛有某種程度的連結，因爲想像力豐富而被嘲笑？因爲太過實際而錯失夢想？但透過謹慎的實現夢想，或者透過藝術創作的實現可以療癒過去的傷痛，甚至是一整群人的傷痛療癒。擁有這樣的組合，個案往往可以扮演著精神世界與物質世界的溝通橋樑。

C. 第四行星

天：因爲改革的熱忱被政權驅逐的傷痛。

冥：透過深入調查了解才知道治療的困難阻礙在哪裡。

土冥

這一組相位暗示著恐懼與安全感、穩定、制度有著密切的關連，這可以從因爲不安全感而接受制度的保障，或者對於政權控制的深刻恐懼，甚至可能在生活之中受到生存的威脅，而對周遭事物有著強烈的警戒，同時也與權威之間有著相當敏感的互動關係。力量、生存、權利、控制與安全感是個案星盤當中突顯的主題。

土冥凱

A. 行星象徵

土：踏實（practical）、實際（reality）、保護（protection）、定義（definition）、界線（boundary）、限制（restraint）、蕭條（depression）、壓力（stress）、擔憂（worried）、困難（difficulty）、訓練（training）、時間（time）、權威（authority）、實現（implement）。

冥：黑暗（darkness）、隱藏（hidden）、掩埋（buried）、危機（crisis）、恐懼（fear）、控制（control）、挖掘（digging）、調查（investigation）、研究（research）、洞悉（insight）、死亡（death）、重生（rebirth）。

凱：傷痛（wound）、療癒（healing）、修理（fix）、拋棄（abandon）、認養（adopt）、排擠（exclusion）、導師（mentor）、薩滿（shaman）、照顧者（caretaker）、病人（patient）、受害者（victim）、局外人（outsider）、弱勢族群（minority group）。

B. 不同行星主題的考量

針對土星主題的符號象徵分析

界線主題：爲了療癒（凱）傷痛與外界隔絕（土）並且將自己隱藏（冥）起來。

權威主題：權威或長輩（土）的生死威脅（冥）所帶來的傷痛（凱）。

針對冥王星主題的符號象徵分析

洞悉主題：洞悉（冥）權威（土）可能帶來的傷痛（凱）。

意志力主題：在保護（土）弱勢（凱）族群上展現堅強的意志力（冥）。

針對凱龍主題的符號象徵分析

困窘主題：醜聞（冥）或恐懼被具體呈現（土）出來而帶來困窘（凱）的局面。

傷痛主題：對於傷痛（凱）有關的人事物感到恐懼（冥）而拒絕接觸（土）。

生活中可能的呈現（可能的議題）

這一組相位在於生存傷痛、暴力傷害、權威控制主題的療癒上，往往帶來一種隔絕與被掩埋的傷痛，同時這些相位往往暗示著一個年代的特殊體驗，重大的社會事件帶來了生存的危機。凱龍不僅僅是傷痛，也可能暗示著從挖掘過去歷史的眞相之中得到療癒傷痛的機會。需要注意到的是，由於這些行星影響的時間較長，占星師需要更深刻地考慮這三個行星所落入的宮位與守護的宮位，還有同時產生相位的行星的暗示，才能判斷個案如何受到影響。

C. 第四行星

天：因爲劇烈的社會制度的改變而受到傷痛。

海：以藝術或身心靈成長的方式，療癒成長過程中權威所帶來的傷痛。

外行星圖形相位

天海

這一組相位往往跟科技、文化的巨大變化有著密切的關連，例如對科技的狂熱、資本主義對金錢財富的追逐、社會主義思想所帶來的改變。同樣的，因爲這是一組世代的相位，擁有這一組相位並不代表個案會主動參與這樣的變化，當星盤上個人行星或四軸點同時與這兩個行星產生相位時，個人生活受到時代變化影響的可能性才會增加。

天海冥

A. 行星象徵

天：改變（Changing）、革命（Revolution）、科技（Technique）、未來（Future）、反對（Against）、切割（Cut）、距離疏遠（distancing）、冷漠（cold）、突然的（Suddenly）、驚訝（Surprise）、自由（Freedom）、核能（Nuclear）。

海：影像（image）、願景（vision）、幻覺（illusion）、想像（imagination）、無形（intangible）、融合（merge）、偉大（great）、消失（disappear）、犧牲（scarify）、補償（redemption）、虛弱（weak）、病毒（virus）、上癮（addiction）、超越（transcend）。

冥：黑暗（Darkness）、隱藏（Hidden）、掩埋（Buried）、危機（Crisis）、恐懼（Fear）、控制（Control）、挖掘（Digging）、調查（investigation）、研究

（research）、洞悉（insight）、死亡（death）、重生（rebirth）。

B. 不同行星主題的考量

針對天王星主題的符號象徵分析

未來主題：對於未來（天）充滿了美麗的想像（海）而帶來堅強的意志力（冥）。

自由主題：因爲強烈的恐懼（冥）而犧牲（海）了自由（天）。

針對海王星主題的符號象徵分析

幻想主題：對於科技（天）的美好幻想（海）而帶來危機（冥）。

超越主題：透過客觀的（天）態度超越（海）了恐懼（冥）。

針對冥王星主題的符號象徵分析

洞悉主題：洞悉（冥）混亂（ 海）的狀態而保持超然的立場（天）。

恐懼主題：因爲恐懼（冥）犧牲（海）而與周遭切斷聯繫（天）。

生活中可能的呈現（可能的議題）

這一組相位可能暗示著洞悉時代變化的能力，對於重要事件的出現擁有敏銳的觀察，並產生興趣去探索那些不爲人知的眞相。同時可能暗示著因爲對某些事情的堅持與執著，憑著熱情找到不一樣的途徑去達成目標。

C. 第四行星

凱：因爲不同的理想熱忱而可能導致危機，並陷入兩難的局面

天海凱

A. 行星象徵

天：改變（Changing）、革命（Revolution）、科技（Technique）、未來（Future）、反對（Against）、切割（Cut）、距離疏遠（distancing）、冷漠（cold）、突然的（Suddenly）、驚訝（Surprise）、自由（Freedom）、核能（Nuclear）。

海：影像（image）、願景（vision）、幻覺（illusion）、想像（imagination）、無形（intangible）、融合（merge）、偉大（great）、消失（disappear）、犧牲（scarify）、補償（redemption）、虛弱（weak）、病毒（virus）、上癮（addiction）、超越（transcend）。

凱：傷痛（Wound）、療癒（Healing）、修理（Fix）、拋棄（Abandon）、認養（adopt）、排擠（exclusion）、導師（mentor）、薩滿（shaman）、照顧者（caretaker）、病人（patient）、受害者（victim）、局外人（outsider）、弱勢族群（minority group）。

B. 不同行星主題的考量

針對天王星主題的符號象徵分析

改變主題：透過領養照護他人（凱）的慈悲（海）帶來重大的生命改變（天）。

切割主題：透過想像（海）與傷痛（凱）做切割（天）。

針對海王星主題的符號象徵分析

熱忱主題：對於科技（天）的狂熱（海）造成了傷害（凱）。

補償主題：透過自由不受約束（天）來補償（海）曾經受過的傷痛（凱）。

針對凱龍主題的符號象徵分析

療癒主題：藉由放射性物質（天）與化學物質（海）展開治療（凱）。

傷痛主題：因爲疏離（天）與消失（海）所帶來的生命傷痛（凱）。

生活中可能的呈現（可能的議題）

在生活中，可能暗示著透過創新的視覺影像科技可能帶來療癒的效果，或者是客觀的釐清混亂的狀況來修復事物的狀態，或是突然地受到污染、感染而造成嚴重的健康問題，並需要長期的照護。在社會範疇當中，可能暗示著革命的熱忱可能帶來的傷痛與療癒。

C. 第四行星

冥：深入心靈的傷痛療癒，同時帶來了對未來的夢想。

天冥

這一組相位在世俗占星上象徵著重大的時代改變，連根拔起的改革態度。但在個人生活中也可能象徵著藉由科技處理危機或者透過科技所引發的危機、重大改變所帶來的危機或者是因爲危機而徹底改變生活的態度，當然也可能象徵著科技上不爲人知的秘密。

天冥凱

A. 行星象徵

天：改變（Changing）、革命（Revolution）、科技（Technique）、未來

（Future）、反對（Against）、切割（Cut）、距離疏遠（distancing）、冷漠（cold）、突然的（Suddenly）、驚訝（Surprise）、自由（Freedom）、核能（Nuclear）。

冥：黑暗（Darkness）、隱藏（Hidden）、掩埋（Buried）、危機（Crisis）、恐懼（Fear）、控制（Control）、挖掘（Digging）、調查（investigation）、研究（research）、洞悉（insight）、死亡（death）、重生（rebirth）。

凱：傷痛（Wound）、療癒（Healing）、修理（Fix）、拋棄（Abandon）、認養（adopt）、排擠（exclusion）、導師（mentor）、薩滿（shaman）、照顧者（caretaker）、病人（patient）、受害者（victim）、局外人（outsider）、弱勢族群（minority group）。

B. 不同行星主題的考量

針對天王星主題的符號象徵分析

驚訝主題：對於發現隱藏（冥）的傷痛（凱）感到驚訝（天）。

解放主題：透過傷痛的療癒（凱）從恐懼（冥）之中獲得釋放（天）。

針對冥王星主題的符號象徵分析

研究主題：深入研究（冥）藉由科技（天）可能帶來的療癒（凱）方式。

洞悉主題：洞悉（冥）傷痛（凱）背後可能帶來的自由地與解脫（天）。

針對凱龍主題的符號象徵分析

療癒主題：透過深入心靈的探索（冥）療癒（凱）疏離感受（天）。

受害者主題：解放（天）被控制（冥）的弱勢族群（凱）。

生活中可能的呈現（可能的議題）

這一組相位往往暗示著在劇烈的時代變動之下可能帶來的傷痛，或者透過時代的劇烈改變而療癒了曾經受傷的人。因爲制度與結構的改變，有些人可能失去利益與好處，而有些原本被認爲是對的事情可能也不再是正確的。因爲看見危機而改變制度，也可能釋放那些曾經被控制奴役的弱勢族群。這個組合也可能暗示著新的科技、不同的想法可幫助人們從恐懼與被控制的狀態中走出來，並獲得療癒。

海冥

這兩個最外圍的行星都與深層的無意識有著密切的關連，也是許多當代社會最畏懼的象徵，非理性、虛無、摧毀、死亡與重生。從某些角度來看，可能暗示著污染、藥物可能帶來的危機，混亂狀態可能帶來的威脅，但也帶來了我們對於許多不了解的事物的探討。他們可能象徵著心靈力量的強韌，以及混屯狀態所能夠帶來的生命力量。

冥凱

冥王與凱龍的相位可能暗示著許多人最深層的恐懼死亡所帶來的傷痛。人們如何面對死亡的議題？逃避、漠視、用醫療科技藥物來抵擋，或者以神話、身心靈來幫助自己接納死亡。這一組相位也可能暗示著深入了解那些造成傷痛的原因而獲得更堅強的力量。在生活中，這一組相位也可能暗示著力量、權力、暴力可能帶來的傷痛，可以深入了解來療癒傷痛。

海冥凱

A. 行星象徵

海：影像（image）、願景（vision）、幻覺（illusion）、想像（imagination）、無形（intangible）、融合（merge）、偉大（great）、消失

（disappear）、犧牲（scarify）、補償（redemption）、虛弱（weak）、病毒（virus）、上癮（addiction）、超越（transcend）。

冥：黑暗（Darkness）、隱藏（Hidden）、掩埋（Buried）、危機（Crisis）、恐懼（Fear）、控制（Control）、挖掘（Digging）、調查（investigation）、研究（research）、洞悉（insight）、死亡（death）、重生（rebirth）。

凱：傷痛（Wound）、療癒（Healing）、修理（Fix）、拋棄（Abandon）、認養（adopt）、排擠（exclusion）、導師（mentor）、薩滿（shaman）、照顧者（caretaker）、病人（patient）、受害者（victim）、局外人（outsider）、弱勢族群（minority group）。

B. 不同行星主題的考量

針對海王星主題的符號象徵分析

熱忱主題：探索挖掘（冥）的熱忱（海）導致傷痛的療癒（凱）。

想像主題：藉由幻想（海）療癒了死亡（冥）帶來的傷痛（凱）。

針對冥王星主題的符號象徵分析

控制主題：爲了撫平虛無（海）感受的傷痛（凱）而接受控制（冥）。

洞悉主題：洞悉了（冥）藥物（海）可能帶來的傷痛（凱）。

針對凱龍主題的符號象徵分析

療癒主題：以藝術（海）來療癒（凱）暴力（冥）所帶來的傷害。

局外人主題：因爲熱忱（海）調查眞相（冥）而被放逐的局外人（凱）。

生活中可能的呈現（可能的議題）

這一組相位組合可能暗示著長期潛伏的藥物影響、污染影響而帶來的身心傷害，也可能暗示著受到狂熱宗教控制的受害者。但是善用這一個組合，可能象徵著對深層心靈的探索而帶來的療癒效果。因爲同理心而去了解人們對死亡的恐懼，可以對自己與周遭的人帶來幫助。

國家圖書館出版品預行編目資料

占星圖形相位全書／魯道夫著. -- 初版 .-- 臺北市：春光出版：家庭傳媒城邦分公司發行, 2018（民107.11）
面；　公分

ISBN 978-957-9439-47-3（平裝）

1. 占星術

292.22　　107017553

占星圖形相位全書

作　　者／魯道夫
企劃選書人／王雪莉
責任編輯／何寧
內文編輯／劉毓玫

版權行政暨數位業務專員／陳玉鈴
資深版權專員／許儀盈
資深行銷企劃／周丹蘋
業務主任／范光杰
行銷業務經理／李振東
副總編輯／王雪莉
發 行 人／何飛鵬
法律顧問／元禾法律事務所　王子文律師
出　　版／春光出版
台北市104中山區民生東路二段 141 號 8 樓
電話：(02) 2500-7008　傳真：(02) 2502-7676
部落格：http://stareast.pixnet.com/blog
E-mail：stareast_service@cite.com.tw
發　　行／英屬蓋曼群島商家庭傳媒股份有限公司城邦分公司
台北市中山區民生東路二段 141 號11 樓
書虫客服服務專線：(02) 2500-7718 / (02) 2500-7719
24小時傳眞服務：(02) 2500-1990 / (02) 2500-1991
服務時間：週一至週五上午9:30～12:00，下午13:30～17:00
劃撥帳號：19863813　戶名：書虫股份有限公司
讀者服務信箱E-mail: service@readingclub.com.tw
城邦讀書花園網址：www.cite.com.tw
香港發行所／城邦（香港）出版集團有限公司
香港灣仔駱克道 193 號東超商業中心 1 樓
電話：(852) 2508-6231　傳眞：(852) 2578-9337
E-mail : hkcite@biznetvigator.com
馬新發行所／城邦（馬新）出版集團【Cite(M)Sdn. Bhd.(458372U)】
11, Jalan 30D/146,Desa Tasik,
Sungai Besi, 57000 Kuala Lumpur, Malaysia.
電話：(603) 9056-3833　傳真：(603) 9056-2833
E-mail：cite@cite.com.my.

封面設計／黃聖文
內頁排版／游淑萍
印　　刷／高典印刷有限公司

■ 2018 年（民 107）11 月 1 日初版
■ 2023 年（民 112）10 月 11 日初版2.6刷

Printed in Taiwan

城邦讀書花園
www.cite.com.tw

售價／799元

ISBN　978-957-9439-47-3

廣　告　回　函
北區郵政管理登記證
台北廣字第000791號
郵資已付，免貼郵票

104台北市民生東路二段141號11樓

英屬蓋曼群島商家庭傳媒股份有限公司

城邦分公司

請沿虛線對折，謝謝！

愛情．生活．心靈
閱讀春光．生命從此神采飛揚

春光出版

書號：OC0080　**書名**：占星圖形相位全書

請於此處用膠水黏貼

讀者回函卡

謝謝您購買我們出版的書籍！請費心填寫此回函卡，我們將不定期寄上城邦集團最新的出版訊息。

姓名：______________________

性別：□男　□女

生日：西元__________年__________月__________日

地址：______________________

聯絡電話：______________ 傳真：______________

E-mail：______________________

職業：□1.學生 □2.軍公教 □3.服務 □4.金融 □5.製造 □6.資訊

□7.傳播 □8.自由業 □9.農漁牧 □10.家管 □11.退休

□12.其他 ______________________

您從何種方式得知本書消息？

□1.書店 □2.網路 □3.報紙 □4.雜誌 □5.廣播 □6.電視

□7.親友推薦 □8.其他 ______________________

您通常以何種方式購書？

□1.書店 □2.網路 □3.傳真訂購 □4.郵局劃撥 □5.其他 __________

您喜歡閱讀哪些類別的書籍？

□1.財經商業 □2.自然科學 □3.歷史 □4.法律 □5.文學

□6.休閒旅遊 □7.小說 □8.人物傳記 □9.生活、勵志

□10.其他 ______________________

為提供訂購、行銷、客戶管理或其他合於營業登記項目或章程所定業務之目的，英屬蓋曼群島商家庭傳媒（股）公司城邦分公司，於本集團之營運期間及地區內，將以電郵、傳真、電話、簡訊、郵寄或其他公告方式利用您提供之資料（資料類別：C001、C002、C003、C011等）。利用對象除本集團外，亦可能包括相關服務的協力機構。如您有依個資法第三條或其他需服務之處，得致電本公司客服中心電話 (02)25007718請求協助。相關資料如為非必要項目，不提供亦不影響您的權益。

1. C001辨識個人者：如消費者之姓名、地址、電話、電子郵件等資訊。
2. C002辨識財務者：如信用卡或轉帳帳戶資訊。
3. C003政府資料中之辨識者：如身分證字號或護照號碼（外國人）。
4. C011個人描述：如性別、國籍、出生年月日。

請於此處用膠水黏貼